Financial Statement Analysis

财务报表分析

薛云奎 郭照蕊◎编著

图书在版编目（CIP）数据

财务报表分析 / 薛云奎，郭照蕊编著 . —北京：机械工业出版社，2019.10（2023.11 重印）

ISBN 978-7-111-63683-0

I. 财… II. ① 薛… ② 郭… III. 会计报表－会计分析 IV. F231.5

中国版本图书馆 CIP 数据核字（2019）第 204209 号

本书分为会计的本质与操控、财务报表的结构与要素以及财务报表的分析与案例三篇，全书采用“去繁就简”的写作风格，对会计标准的解读、会计控制的方法等内容进行极简化的阐述，重点剖析公司融资、投资、经营与战略对财务报表的影响。全书贯穿公司的经营、管理、财务和业绩四个层面的核心评价指标，并提炼出财务四维分析法，以清晰地呈现财务报表信息，分析财务报表背后隐藏的秘密。

读者对象：高等院校会计学、财务管理学专业本科生，兼顾工商管理、财政金融等其他经管类非财会专业本科生，MBA、EMBA 学生。此外，本书也可作为公司非会计专业的高层管理人员学习财务知识的参考用书。

出版发行：机械工业出版社（北京市西城区百万庄大街 22 号 邮政编码：100037）

责任编辑：章集香　　责任校对：殷 虹

印 刷：固安县铭成印刷有限公司　　版 次：2023 年 11 月第 1 版第 5 次印刷

开 本：185mm×260mm 1/16　　印 张：18.5

书 号：ISBN 978-7-111-63683-0　　定 价：69.00 元

客服电话：（010）88361066 68326294

前言

会计是一门艺术，它是描述商业活动的过程及其结果的一门艺术，所以，人们习惯上将其称为“商业的语言”。马克思在《资本论》中指出“过程越是按社会的规模进行，越是失去纯粹个人的性质，作为对过程的监督和观念上的总括的簿记就越是必要”。现代会计虽然比马克思当时所说的簿记已经有了很大的发展，但它作为商业语言的本质却并未有丝毫改变。

现代会计，尤其是作为现代财务会计基石的资产负债表，诞生于资本主义萌芽时期。1494 年，意大利修士卢卡·帕乔利（Luca Pacioli）出版了世界上第一本会计著作——《算术、几何、比及比例概要》，又称《数学大全》，书中用很大篇幅描述了复式簿记的原理。所谓复式簿记，也就是以双重记录的方式来描述一个经济主体的资源及其索偿权。当一项交易发生时，一重记录用于表达资源的变动，另一重记录，则用于表达其背后索偿权的变动。举例来说，当企业从银行获得 100 元借款，一方面，其资源会因此增加 100 元；另一方面，它与银行的债务也会增加 100 元。如果这 100 元不是源自银行借款，而是源自公司股东的出资，那么，企业所拥有的资源仍然会增加 100 元，但银行债务不会增加，实收股东资本会因此增加 100 元。一项交易发生，同时记录资源的变动及其索偿权的变动，这样的双重记录就被称为复式簿记。以此为基础而诞生的资产负债表，则被称为“平衡表”，因为资源及其索偿权是一个硬币的两个方面，它们之间具有一种天然的恒等关系，这也被称为“会计恒等式”，即“资产 = 负债 + 股东权益”。这也就成为资产负债表的经典结构，其左方列示企业所拥有的资源多寡，表现了一个企业的生产规模与能力，其右方则列示了它背后的索偿权，代表了这家企业的经济利益关系，也可称为生产关系。由此，资产负债表既浓缩了资本主义的生产力，也浓缩了资本主义的生产关系。所以，有史学家指出：很难设想会存在没有复式簿记的资本主义。我也非常赞同这一见解，甚至可以说：没有复式簿记，或许就没有当代资本主义文明。

然而，本书编写的目的并非讨论如何建立账簿系统，以及如何记账，而是要重点探讨在复式记账原理下所产生的财务报表及其数字背后所表达的含义。在我超过 30 年的教学经验中，我深深懂得复式簿记系统对企业科学管理的重要性。但这种重要性不应当只是会计人员的一种认识，而应当成为企业管理阶层的一种共识，尤其是高层管理人员的共识。目前市面上，写给会计专业人员的会计书籍万千，但写给那些非会计人员的会计书籍却寥寥可数。为了帮助那些零会计基础的高层管理人员快速了解并掌握财务报表的基本结构与原理，提高对会计信息认知和解读的能力，我们编写了此书。

本书共分为三篇：会计的本质与操控、财务报表的结构与要素以及财务报表的分析与案例，力求体现党的二十大报告提出的“两个相结合”，即财务报表分析也要与企业实际相结合，与中国特色社会主义市场经济的实际情况相结合。在内容的编排上，我们采用“去繁就简”的原则，对复式簿记的原理、会计标准的解读和会计控制的方法与技巧进行了大幅度的简化，但对于公司融资、投资、经营与战略等商业活动与财务报表的关联，则做了较深入的探讨和梳理，这样做的目的旨在帮助公司非会计专业的高层管理人员能够更准确地理解财务报表数据的含义。最后，我们就公司的经营、管理、财务和业绩四个层面的核心评价指标进行了提炼和总结，以期更加清晰地呈现财务报表信息与商业活动的内在逻辑。所以，本书更加适合公司非会计专业的高层管理人员学会利用专业财报来理解公司的商业真实，同时也适合会计专业人员学会如何采用更好的会计计量与披露技巧，以提高财务报表的公允性与透明度。

基于此，本书既可作为 MBA、EMBA 教学的指定教材，也可作为工商管理相关专业本科高年级及研究生的实践教学教程或课外参考书，更可以为信奉价值投资理念的投资者提供一个必备的方法论。

我们真诚地希望本书能够在会计专业与非专业高层管理人员之间架起一座相互理解与沟通的桥梁，使那些无论是否有会计专业基础的企业高管人员，都能够学会利用现有的财务报表体系，加深对公司商业活动的理解，在原有认识的基础上提升或修正对会计的理解，不断创造出新的商业成功或会计信息披露的典范。

由于编著者水平和认知的影响，书中缺陷和错误在所难免，诚恳期待各位读者不吝指正，以便我们能够在下次修订中及时改正，使更多的读者受益。

薛云奎

目录

前　言

第一篇
会计的本质与操控

第一章　会计的本质 · 2

第一节　什么是会计 · 2
第二节　会计的特征 · 5
第三节　会计的标准 · 13
第四节　财务报表初窥 · 23

第二章　企业的本质与会计操控 · 28

第一节　企业的本质 · 28
第二节　会计操控 · 32
第三节　会计标准的目标：公允性 · 43

第二篇
财务报表的结构与要素

第三章　融资活动与财务杠杆 · 68

第一节　融资活动 · 68
第二节　财务杠杆 · 79
第三节　资本结构的相关研究问题 · 89

第四章　投资活动与经营杠杆 · 94

第一节　投资活动 · 94
第二节　资产构成 · 113
第三节　经营杠杆 · 123

第五章　会计收入、费用与利润 · 130

第一节　会计收入 · 130
第二节　费用：兼论成本 · 140
第三节　利润 · 147
第四节　绩效评价 · 155

第三篇

财务报表的分析与案例

第六章 现金流量与自由现金流 · 163

第一节 现金流量表概述 · 163
第二节 现金流量与会计收益 · 176
第三节 自由现金流 · 184

第七章 财务报表综合分析 · 190

第一节 财务报表分析概述 · 190
第二节 战略分析 · 194
第三节 会计分析 · 201
第四节 财务分析 · 214
第五节 前瞻性报表 · 220
附录7A 常见的财务比率指标 · 227

第八章 四维分析法 · 229

第一节 四维分析法的定义及构建基础 · 229
第二节 四维分析法：穿透财报 · 235
第三节 分配杠杆 · 243

第九章 四维分析法应用案例解析 · 246

第一节 科大讯飞：风险巨大 · 246
第二节 穿透财报看华为 · 255
第三节 华大基因：事业不是吹出来的 · 263
第四节 乐视网的会计“妙手”与“鬼手” · 271

主要参考文献 286

第一篇

会计的本质与操控

第一章　会计的本质

第二章　企业的本质与会计操控

第一章

会计的本质

【本章学习目的】

通过本章的学习，了解会计及财务会计的本质、会计的特征及会计标准的发展历程，并对财务报表进行简要介绍，以使初学者对会计学及财务会计学有一个初步的认识，为后续章节的学习打下理论基础。

第一节　什么是会计

一、会计的含义

关于会计的含义，无论学术界还是实务界都存有较大的争论。特别是在 20 世纪 80 年代初期，我国会计界还就此展开过激烈的争论，形成了以下两种最具代表性的观点。

（一）信息系统论

信息系统论最早起源于 20 世纪 60 年代的美国，1980 年由厦门大学余绪缨教授率先引入中国。其后，经葛家澍教授等的论文加以阐述，使会计是一个以提供财务信息为主的经济信息系统的观点得以逐步被学术界所接受，并与管理活动论共同成为会计含义最具代表性的两大观点。

然而这一观点的形成，有着曲折的历程。在信息系统论产生之前，美国会计界曾对“会计是艺术还是科学”进行过争论。1912 年亚历山大 · 史密斯（Alexander Smith）在《销售证券审计中的舞弊》一文中写道，会计是，或者应该是一门科学，而不是一种道德标准的体系，会计经得起公理的检验，且能在实务中产生清晰、精确的结果。这一观点即刻招来了众多的批评，比较有代表性的当属会计师乔治·奥·梅（George O. May）。他在其1943年所著的《财务会计：经验总结》一书中明确指出：会计是一门艺术，而不是一门科学，是一门具有广泛的、多种用途的艺术。会计是一门艺术的观点得以持续，主要原因在于会计师们担心一旦建立了会计的规章制度，他们就不能再以自己的技术夸耀于职业界，而使垄断会计行业的神话不再。

直到20世纪60年代中期，美国会计界对会计才有了更为深入的认识。1964年，美国会计学会为纪念该学会成立50周年，建立了以查尔斯·兹拉托维奇（Charles T. Zlatovich）为首的基础会计理论报告委员会。该委员会于1966年发表了著名的《基础会计理论报告》，在报告的第五章中明确提出：会计是一个信息系统，它用来跟踪和记录一个企业经济交易和事项，形成一个系统性的信息，呈现给信息需求者。信息系统论将会计程序分解为确认、计量、记录和报告四个步骤。确认是对各项经济活动的数据按会计要素的本质特征记入会计系统；计量是将各具体经济业务对各会计要素的影响按其货币单位予以量化；记录是运用复式簿记方法对各经济活动进行具体的反映；报告是会计系统最终的信息输出。作为一个信息系统，会计是由若干子系统组成的。会计的子系统可以从不同角度来区分。例如，按照各自所起作用的不同，可以分为：会计核算、会计分析和会计检查三个子系统，它们都能提供有助于经营管理的信息。

信息系统论的提出与发展与当时几乎运用到一切领域的系统论、信息论和控制论存在着直接的关系。随着计算机的广泛应用，信息科学带来的新思想、新技术打开了会计人员的思路，人们开始重新探索和认识会计的本质和作用。信息系统论的产生不但符合时代的发展要求，更重要的是，能够较好地解释相关的会计理论和方法，使会计向科学道路的发展更进一步。这一观点迅速成为美国会计理论界的主流观点，并得到了大量权威文献和学者的认同。信息系统论的观点经过我国学者的努力，又有所发展。“根据当前的现实及今后的发展，应把会计看成一个信息系统，主要是通过客观而科学的信息，为管理提供咨询服务”（余绪缨，1980）。葛家澍等（1983）认为，会计是为提高企业和各单位活动的经济效益，加强经济管理而建立的一个以提供财务信息为主的经济信息系统。

（二）管理活动论

在阐述管理活动论之前，不得不先提一下工具论。“文革”之前，工具论是我国会计学界的主流思想。学者们普遍认为会计是经济管理的工具，它服务于管理者的需要。工具论是与当时的整个社会政治气氛相适应的产物。

“文革”以后，为了提高会计及会计从业人员在社会主义经济建设中的地位与作用，我国学者杨纪琬、阎达五教授首创了管理活动论，从根本上否定了长期流行的工具论。在1980年中国会计学会成立大会上，他们做的题为《开展我国会计理论研究的几点意见——兼论会计学的科学属性》的报告中指出，过去把会计说成经济管理的工具，今天看来显然是不够全面的。应该说，无论从理论还是实践上看，会计不仅是管理经济的工具，它本身就具有管理的职能，从而“会计是一种管理活动，是一项经济管理工作”（杨纪琬，1984）。他们强调，会计是经济管理的重要组成部分，是经营管理活动的核心；在微观经济中，会计管理是一种重要的价值管理，是企业管理的重要组成部分；在宏观经济中，会计管理是国民经济的重要组成部分（杨纪琬和阎达五，1984）。管理活动论在我国会计理论界产生了深远的影响。

关于会计的含义，信息系统论和管理活动论是最具代表性的两个观点。两者虽似各自独立，但并非完全排斥。笔者认为，信息系统论较好地将会计理论进行了梳理，管理活动论则突出了会计在经济管理中的重要作用，两者的侧重点有所不同。而将会计视为一种商业语言（language of business）则较好地表达了会计的公允性。各类工商业企业经营范围、所属行业、所有者性质千差万别，会计则为它们架起了沟通的“桥梁”，它汇集了商业活动所有的经济元素，跨越差异，寻求共识。随着全球一体化的发展，越来越多的国家和地区实现了会计的国际趋同，会计更是变成一种国际通用的商业语言。它和音乐、绘画一样，不同的种族有不同的语言，但记账方法是一致的、通用的，人们都能在这一框架下实现有效的沟通。以我国为例，2007 年 1 月 1 日我国正式执行了与国际会计准则趋同的新会计准则。这标志着我国的会计准则正式与国际接轨，跨国商业沟通的障碍得以排除，使得我国企业能够采用国际通用的商业语言参与到全球竞争中。

二、会计的本质含义

会计作为一种商业的语言，其本质就是报告企业的资产和利润。资产是指企业过去的交易或者事项形成的、由企业拥有或者控制的、预期会给企业带来经济利益的资源；利润则是指企业在一定会计期间的经营成果，利润包括收入减去费用后的净额、直接计入当期利润的利得和损失等。

企业的资产信息不但包括不同种类资产（如由货币资金、应收账款等组成的流动资产，由固定资产、无形资产等组成的非流动资产）的信息，还包括这些资产来源于何处，即有多少是负债，有多少是所有者权益。资产等于负债和所有者权益 之和，是会计学中最基本、最重要的一个恒等式。从以上的叙述中可以看出，资产注定是一个时点值，进而负债和所有者权益也是时点值。这些信息得以体现的外在形式就是通常所说的资产负债表，也称财务状况表，它记录了一定日期的财务状况，即资产、负债和所有者权益的状况。

会计上，所有者权益又称净资产，即股东权益，是指公司总资产中扣除负债所余下的部分，是指股本、资本公积、盈余公积、未分配利润之和，代表了股东对企业的所有权，反映了股东在企业资产中享有的经济利益。

企业的利润信息不仅含有企业一定时期内利润净额的信息，还对利润的来源追根溯源，全面揭示企业在某一特定时期实现的各种收入、发生的各种费用、成本或支出。可见，利润的概念是一个不同于资产性质的时期值，它记录的是一个时间段内企业的经营成果。利润信息通过利润表向外界报告，利润表根据“利润 = 收入 – 费用”的基本关系编制，其项目是收入、费用和利润要素内容的具体体现。

既然会计的本质是报告企业的资产和利润信息，那么，如何计量资产和利润就成为会计首先要解决的基础问题。计量需要标准，标准的产生又是建立在一系列理论之上的。本章以下两节将对这一问题进行解析。

第二节　会计的特征

按照知识和内容的不同分类，会计学主要可分为基础会计、财务会计、管理会计和审计四大部分。会计的含义和本质是会计学最基础的内容，属于基础会计的研究范畴，但同时也适用于财务会计。与之相同，本节将对包括会计假设、会计过程和会计结果在内的会计特征进行表述，而这些特征同时也适用于财务会计。

一、会计假设

会计假设亦称会计的前提，由 1922 年美国现代会计理论之父佩顿（Paton）在所著的《会计理论》一书中首次提出，是指在特定的经济环境中，人们根据以往的会计实践和理论认识，对会计领域中尚未肯定的事项做出的合乎情理的假说或设想。会计假设不是人们的主观想象，而是客观实践的产物，是有客观依据的，一般在会计实践中长期奉行，无须证明便能为人们所接受，是从事会计工作、研究会计问题的前提。我国《企业会计准则》规定的会计假设包括会计主体、持续经营、会计分期和货币计量。除此之外，我们认为历史成本作为最基本的会计计量属性，理应也归为会计基本假设之一。

（一）会计主体

会计主体又称会计个体，是指会计工作为之服务的特定单位或组织，是企业会计确认、计量、记录和报告的空间范围。可见，会计主体是一个空间的概念，它界定了会计边界。该概念早在 1494 年就由现代会计学之父帕乔利明确提出，是会计的第一个基本假设和第一个基本概念，同时，也是财务会计的第一个也是最重要的特征。会计核算和财务报告的编制应当集中于反映特定对象的活动，并将其与其他经济实体区别开来，才能实现财务报告的目标，即为财务报告使用者反映企业财务状况、经营成果和现金流量，提供与其决策有用的信息。

明确界定会计主体是开展会计确认、计量和报告工作的重要前提。只有明确了会计主体，才能划定会计所要处理的各项交易或事项的范围，才能将会计主体的交易或者事项与会计主体所有者的交易或者事项以及其他会计主体的交易或者事项区分开来。

这时，将会计主体与法律意义上的法人主体区分开来就显得尤为重要。一般来说，法人主体可作为一个会计主体。例如一个企业作为一个法人主体，应当建立财务会计系统，独立反映其财务状况、经营成果和现金流量。但是，反之则不一定成立，会计主体有可能并不是一个法人主体。例如，在企业集团的情况下，一个母公司拥有若干子公司。母子公司虽然是不同的法人主体，但是母公司对于子公司拥有控制权，为了全面反映企业集团的财务状况、经营成果和现金流量，就有必要将企业集团作为一个会计主体，编制合并财务报表。此例中，会计主体的空间范围就大于法人主体。同样，也完全有可能会计主体的空间范围小于法人主体。例如，作为总公司分支机构的下属分公司，从法律上来讲，并不是一个法人主体，但为了明确权责、独立考核，各分公司就可以是一个会计主体，在这一会计主体范围下编制相关的财务报表。可见，两个主体的概念虽有一定的联系，但其区别也不容忽视。

（二）持续经营

持续经营是一个时间概念，它是指会计主体的生产经营活动将无期限持续下去，在可预见的将来不会因倒闭而结算。在持续经营假设的前提下，会计确认、计量、记录和报告应当以企业持续、正常的生产经营活动为前提。

明确这个基本假设，就意味着会计主体将按照既定用途（耗用或出售）使用资产，按照既定的合约条件清偿债务，会计人员就可以在此基础上选择会计原则和会计方法。如果判断企业会持续经营，就可以假定企业的固定资产会在生产经营过程中长期发挥作用，并服务于生产经营过程。进而，固定资产就可以根据历史成本进行记录，并采用折旧的方法，将历史成本分摊到各个会计期间或相关产品的成本中。可见，持续经营假设同样也是一个非常重要的概念；没有这一假设，历史成本和折旧等概念也就无从谈起。

当然，持续经营毕竟只是一个假设，企业破产清算的风险始终存在。如果判断企业不再能够持续经营，依据这一前提假设条件采用的会计处理方法和程序不再适应，破产清算会计的程序和方法将是其不二选择。

（三）会计分期

持续经营的假设认为企业的生命周期是无限的。但是，无论是企业的生产经营决策还是投资者、债权人等的决策都需要及时的信息，这就必须进一步考虑提供信息的时间要求，把会计主体持续经营的“时间长河”人为地分割为若干时间片段，分期确认、计量、记录和报告企业的财务状况、经营成果和现金流量。会计分期的假设也就由此而生，它是指将一个企业持续经营的生产经营活动划分为一个个连续的、长短相同的期间，即会计期间，以便在这一期间内核算收入、费用和利润，确定该期间期初和期末的资产、负债和所有者权益的数量，从而及时向财务报告使用者提供有关企业财务状况、经营成果和现金流量的信息。

在提出“持续经营”的假设之后，再提出“会计分期”的假设，实乃顺理成章之事。这是因为在持续经营的基础上，只有进行会计分期才能使定期报告公司财务状况和经营成果等信息成为可能，解决了市场对会计信息及时性的要求。会计分期和持续经营假设，两者相辅相成、缺一不可。由于会计分期，产生了当期与以前期间、以后期间的差别，才使不同类型的会计主体有了记账的基准，进而出现了折旧、摊销等会计处理方法，所以会计分期假设的意义重大。

最佳的会计分期应该使会计期间与公司的生产周期相一致，以使财务报表能够完整地反映一家公司的生产经营周期的财务状况和经营业绩。但这个最佳毕竟离现实太远，因为每个公司的生产周期各不相同，以此编制的财务报表缺乏横向可比性，对监管部门来说也难以监管。现实的会计分期是会计期间可以分为年度、半年度、季度、月度；随着科技的发展和计算机的广泛利用，甚至可以是周、日。会计期间的缩短提高了会计信息的及时性，却影响了会计信息的可靠性，且有可能违背成本收益原则。所以，按年度进行会计分期便成为一个国际惯例，即便监管部门有可能要求公司提供更短期间的会计信息，但对会计年度信息的质量要求始终是最高的。

既然会计期间是人为划分的，对于按会计年度的分期来说，只要是会计期间长度为 1 年，从理论上来讲都是可行的。完全没有必要强制性要求与公历年度的划分相一致。美国等发达国家便是如此，以美国公司为例：谷歌（Google）的会计年度分期是 1 月 1 日至 12 月 31 日，而微软的则是当年的 7 月 1 日至次年的 6 月 30 日，沃尔玛（Walmart）的会计年度为当年的 2 月 1 日至次年的 1 月 31 日，苹果（Apple）公司的会计年度为当年的 10 月 1 日至次年的 9 月 30 日。企业可以根据自身的特点自由选择会计分期的节点，这一方面使企业可以选择与生产周期相对一致的会计期间，提高了会计信息的质量；另一方面也使投资者不必在一个相对集中的时间段吸收大量的会计信息，提高了他们通过会计信息进行决策的能力。目光转向国内，于 2000 年 7 月 1 日正式实施新修订的《中华人民共和国会计法》(以下简称《会计法》) 明文规定：“会计年度自公历 1 月 1 日起至 12 月 31 日止”，看似整齐划一，实则是有待商榷的。如此法定会计年度的规定不仅危害会计信息质量及披露的及时性，而且还会导致社会资源的巨大浪费，这一点值得引起相关部门的注意。

（四）货币计量

货币计量假设是指会计主体在会计确认、计量、记录和报告时以货币作为计量单位，

详见薛云奎《法定会计年度，危害会计信息质量》，刊载于《首席财务官》2009 年第 6 期。

记录和反映会计主体的生产经营过程和经营成果。

对企业经济活动的计量，存在着多种计量单位，如重量、长度、容积、台、件等，甚至是一些实物。在美国建国后至19世纪初期，由于货币的短缺且价格不稳定，会计计量里的实物计量相当普遍，很多付款是以朗姆酒、牛肉、黄油及其他形式的商品货物进行的。会计发展至今，最终确定使用货币作为计量单位，是由货币的本身属性决定的，同其他计量单位相比，货币是最好的选择。采用重量、长度等计量单位，只能从一个侧面反映企业的生产经营情况，无法在总量上进行汇总和比较，不便于会计计量和经营管理。而货币作为一般等价物，是衡量一般商品价值的共同尺度，具有价值尺度、流通手段、贮藏手段和支付手段等特点。只有选择货币尺度进行计量才能充分反映企业的生产经营情况。当然，会计在选择货币作为统一的计量尺度的同时，要以实物量度和时间量度等作为辅助的计量尺度。

货币作为会计核算的计量单位，需同时满足以下两个条件。

其一，如果企业的经济业务涉及多种货币，必须确定一种货币作为记账本位币，亦称功能货币。在我国，会计法规定会计核算以人民币为记账本位币；业务收支以人民币以外的货币为主的单位，可以选定其中一种外币作为记账本位币，但是在编报财务会计报表时应当折算为人民币；境外企业报送国内有关部门的会计报表，也应当折算成人民币。

其二，假定币值稳定。因为只有在币值稳定或相对稳定的情况下，不同时点上的资产价值才有可比性，不同期间的收入和费用才能进行比较，并计算确定其经营成果，会计核算提供的会计信息才能真实反映会计主体的经济活动情况。美国建国至19世纪初期，会计计量里的实物计量相当普遍。这并非因为没有货币，而恰恰是由货币种类太多且币值极不稳定造成的。当时，美国各州银行发行了数百种纸币，至1837年，共计有8 000多种已发行的货币在市场上流通，造成了金融混乱，公众不再信任纸币，并最终引起了大恐慌。同时，这也是以发行币值稳定并广为接受的联邦票据为基础的货币体系的开始，由此一度盛行的实物交换经济开始走向终结，会计开始使用货币作为计量单位。

货币计量假设也存在一定的弊端。譬如，现实中，并非所有的财富都能够用货币来计量，往往不能或者难以用货币计量的资产才是企业最为重要、最为宝贵的资产。企业的人力资源就是一个绝佳的例子，人类认识到人才的重要性已有悠久的历史，然而因为难以通过作为计量单位的货币所计量，人力资源会计发展缓慢，这些宝贵的财富自然也无法在会计信息中得以体现。随着科技的发展，这一问题将变得更加突出，甚至削弱现有会计体系的重要性，这一点不得不值得我们警惕并不懈探索！

（五）历史成本

历史成本又称为实际成本或原始成本，是指取得或制造某项财产物资时所实际支付的现金或现金等价物。历史成本是当时的成本，而非现时市场价格或重置成本。特殊情况下，资产或者负债的历史成本有时也根据交易时有关的资产或者负债的公允价值来确定。

历史成本假设指的是，对会计要素的记录应以经济业务发生时的取得成本为标准进行计量计价。按照会计要素的这一计量要求，资产的取得、耗费和转换都应按照取得资产时的实际支出的现金或现金等价物，或者按照所付出的对价的公允价值来计量和记录；负债的取得和偿还都按取得负债的实际支出进行计量计价和记录。

我们之所以将历史成本视为会计假设之一，原因在于历史成本较其他计量属性，具有广泛的普适性，同时可靠性也能得以保证。在五种计量属性中，历史成本是最常用的一种。即便是今日，公允价值似乎有大行其道之势，但历史成本仍是构成会计信息的基础，会计对资产和负债的计量主要以历史成本为前提，这一点毋庸置疑。

单从资产负债表的目的来讲，它不在于以市场价格表示企业资产的现状，而在于通过资本投入与资产形成的对比来反映企业的财务状况和经营业绩，这种对比必须以历史成本为基础。所以，传统的资产和负债，特别是长期资产，大多按照历史成本来计量，只有金融资产和金融负债以及少数无从寻找历史成本证据的资产或负债，才使用公允价值这一计量属性。正如美国会计原则委员会（Accounting Principles Board，APB）报告书第 4 号所说，财务会计与财务报表主要是历史性的，即记录有关已经发生的事项和交易的信息。同它的本质相适应，已经发生的、过去的交换价格就是历史成本。

历史成本不但能够量化企业的历史财务图景，而且有原始凭证作为依据，有证可查，具备可验证性，也是可靠性中重要的一个方面。同时，历史成本计价无须经常调整账目，可防止随意改变会计记录，维护了会计信息的可靠性。虽然由于允许会计人员的职业估计与判断，历史成本的精确客观性有待提高，但至少比公允价值可靠。尤其是当可靠性和相关性发生矛盾时，应当从具有可靠性的计量属性中选取最相关的属性。除与公允价值相关的项目，一般的资产和负债还是应当按历史成本计量。

当然，历史成本假设是建立在会计主体、持续经营、会计分期和货币计量四个假设之上的。会计计量方法的确立需要假设企业会永续存在，否则诸如固定资产等就不应采用历史成本进行记录并按期计提折旧。在币值不稳定的时期，采用历史成本计量的会计信息的有用性也会大打折扣。

以上 5 个会计假设只是目前为止最为重要的会计基础，但会计假设并非一成不变。由于它们本身是会计人员在有限的事实和观察的基础上做出的判断，随着经济环境的变化，会计假设也需要不断的修正。在信息时代，会计主体边界变得不再清晰；持续经营假设不再适用于所有企业，对清算会计的运用渐增；在通货膨胀时代，对币值稳定假设的否定产生了物价变动会计或现时成本会计；货币计量假设不足以满足人们对信息的需求，人力资源会计应运而生……

二、会计的过程

会计的过程是一个通过对所有引起企业资产发生变动的交易或事项信息的采集，然后加以分类、汇总，并最终形成报告的过程。因为它是按照企业处理会计业务的先后顺序进行的，会计过程又称为会计程序。又因为企业在每一个会计期内，必须将这一系列的会计程序执行一遍，只要企业持续存在，这个程序就不会停止，周而复始，所以会计过程也称为会计循环。

作为信息系统的会计，通过数据向外界传递信息，主要是通过确认、计量、记录和报告四个元素，它们共同形成了系统运行的内部加工程序。从理论上讲，这四个程序也是基本概念，但它们又具有可操作性，含有一系列可供操作的原则与步骤。

会计过程的第一步是确认。确认有初始确认和再确认之分。其中，初始确认是指确认每一项与企业资产变动有关的交易或事项的发生；再确认则是为了保证财务报表的正确性再次进行的确认。这里着重讲解的是初始确认。会计确认的标准可简单概括为可定义、可计量、相关性和可靠性。同时要洞悉会计确认的两个不同的基础：权责发生制和收付实现制。早在 1970 年，美国会计原则委员会就将两者结合起来，明确提出了会计确认的三原则：第一，进入会计程序的数据；第二，做出分录的时点；第三，予以记录的金额。第一项原则确定了企业发生的交易或事项能否进入会计信息系统，通过会计程序来处理；第二项原则则是确定应进入会计程序的交易或事项的记录和确认时点；第三项原则涉及计量问题。

第二步是计量。计量是应用会计专门方法对信息加以分类与汇总、定量描述企业经营活动及其经济结果的过程。会计计量的主要内容包括资产、负债、所有者权益、收入、费用、成本、损益等，并以资产计价和盈亏决定为核心，其特征是以数量（主要是以货币单位表示的价值量）关系来确定物品或事项之间的内在联系，或将数额分配于具体事项。它是会计过程中的重要一环，甚至被视为会计系统的核心职能（Yuji Iriji，1979）。计量是以货币为计量单位的，计量属性的选择就显得尤为重要，除了上文视为假设之一的历史成本外，还有公允价值、重置成本、可变现净值和现值 4 种不同的计量属性。

记录是会计程序的第三步，通过凭证账簿系统，记录交易或事项的影响结果。在记录中，对于经过确认而可以进入会计信息系统处理的每项数据，要运用预先设计的账户（账户是会计要素的再分类与具体化）和有关文字及计量金额，按复式记账规则的要求，在账簿上加以登记。按照用途的不同，账簿分为序时账簿、分类账簿和备查账簿三种。

报告是会计过程的最后一步，通过反映企业某一特定日期的财务状况和某一会计期间的经营成果、现金流量等会计信息的文件（即财务报告），向外界公布企业计量的资产价值及其增长的结果。所谓会计结果，将在下一小节中进行详细的阐述。

总之，按照信息系统论观点，确认是会计信息系统的输入子系统，输入符合确认条件的交易或事项的原始信息；计量和记录是会计信息系统的存储与转换子系统，经过其内部的加工和重塑，制造出系统的会计信息；报告则是这一系统的输出子系统，通过财务报告向外界信息使用者传递决策有用的会计信息。

三、会计结果

会计结果就是呈现给外部投资者的财务报告，它也是会计过程中的最后一步。财务报告包括财务报表和其他应当在财务报告中披露的相关信息和资料。其中，财务报表由报表本身及其附注两部分构成，是必须经注册会计师进行审计的；其他应当在财务报告中披露的相关信息和资料由其他财务报告和其他报告构成，这些报告不需进行审计，或者由专家进行审阅即可。

财务报表亦称会计报表，是以企业的会计凭证、会计账簿和其他会计资料为依据，按照公认会计原则（GAAP）和会计制度的要求，定期编制并对外报送的书面报告文件。财务报表以货币作为计量单位，总括地反映企业某一特定日期的财务状况和某一会计时期的经营成果、现金流量的信息。它至少应当包括资产负债表、利润表、现金流量表、所有者权益变动表等报表。财务报表是整个财务报告的核心部分，它不但为企业管理者评价经营业绩，进行经营决策提供重要依据；还为企业投资者和债权人进行投资和信贷决策及国家经济管理部门对国民经济进行宏观调控和管理提供重要依据。

财务报表附注是财务会计报告体系的重要组成部分，包括对资产负债表、利润表、现金流量表和所有者权益变动表等报表中列示项目的文字描述或明细资料，以及对未能在这些报表中列示项目的说明等。它是对财务报表的补充说明，使财务报表更加全面、系统地反映企业财务状况、经营成果和现金流量的全貌，从而有助于向报表使用者提供更为有用的信息，助其做出更加科学合理的决策。随着经济环境的复杂化以及人们对相关信息要求的日益提高，附注在整个报告体系中的地位日益突出。

除了财务报表本身及其附注，财务报告还包括其他财务报告和其他报告。这两部分是为了进一步有助于使用者决策而进行的补充信息披露，且可能含有非监管部门强制要求的自愿性披露，如公司的企业文化、公司战略等。

遵照中国证券监督管理委员会（简称“证监会”）的最新要求，财务报告一般应由 12 个部分构成，按披露的先后顺序依次列示如下：

△ 重要提示、目录和释义

△ 公司简介和主要财务指标

△ 公司业务概要

△ 经营情况讨论与分析
△ 重要事项
△ 股份变动及股东情况
△ 优先股相关情况
△ 董事、监事、高级管理人员和员工情况
△ 公司治理
△ 公司债务相关情况
△ 财务报告
△ 备查文件目录

四、会计的细分

本节的开端即已指出，会计学主要可分为基础会计、财务会计、管理会计和审计四大部分。因审计同会计的其他分支相比，存在明显的差异，易于辨析，故本书不再赘述。这里主要就财务会计和管理会计的差异进行简要的分析；与管理会计相比，财务会计的主要特点表现在以下几个方面。

第一，服务的对象不同。财务会计编制的财务报告既为企业外部使用者提供会计信息，同时也为企业内部管理者提供会计信息。所以，财务会计又称为“外部会计”。而管理会计则被称为“内部会计”，这是因为它是为内部管理者服务的。管理会计不仅要反映企业过去和现在的经济活动，更重要的是围绕管理者的决策和控制，提供经济活动现时和未来的企业内部预测、决策、控制、分析等方面的信息。

第二，遵循的规范不同。财务会计需严格遵循公认会计原则，具有强制性。具体到我国，遵循的就是由财政部颁布的《企业会计准则》。而管理会计不受这一束缚，主要考虑的是经营决策过程中的“成本－收益”原则，相对来说比较灵活。

第三，会计核算的过程不同。财务会计必须执行规定的会计程序，从制作凭证到登记账簿，直至编报财务报告，都必须按规定的程序处理，不得随意变更其工作内容或颠倒工作顺序。同时，必须以货币为计量单位，综合反映并定期提供有关企业资产、负债和所有者权益的增减变动，收入的取得和费用的发生，以及利润的形成及分配的情况和结果等信息。而管理会计则没有固定的程序限制，有较大的回旋余地，企业可根据自己实际情况设计管理会计工作的流程。

第四，信息的表现形式不同。财务会计以提供历史信息为主，对资产负债表、利润表、现金流量表和所有者权益变动表及其报表附注的内容和格式均有统一的规定，且要定期编制，具有法律效力。年度报告等还要经第三方注册会计师的审计。而管理会计主要强调对企业管理者提供信息的有用性，不注重信息报告的具体形式，也不具有法律效力；同时，管理会计也不需外部审计。

第三节　会计的标准

“不以规矩，不能成方圆”，会计标准是财务报表编制者编制财务报表的依据，同时也是财务报表使用者恰当理解财务报表的依据。财务报表之所以有时不被信任，缺乏恰当的会计标准是重要的原因之一 。会计标准的建立和健全是会计核算以及会计信息披露的根本保证。对于一个特定的国家或地区，所谓的会计标准就是指由当地权威机构约定的、计量会计收益的一整套可选计量方法和指引，即会计准则。

一、美国会计标准的发展历程

美国的会计准则，亦称 GAAP（Generally Accepted Accounting Principles，公认会计原则），是指适用于各个不同行业企业的，包含从会计的基本概念、基本假设等基本原理到具体会计计量和编制财务报表的程序及方法的规定。美国的会计准则是全世界最详细、最浩繁的会计标准，被众多国家和地区视为其制定会计准则的圭臬。随着会计理论和实务的发展,GAAP 的外延也随之拓展，可以分为国际性和区域性的，已不单指美国会计准则。如中国的 GAAP 就是 2006 年颁布的、与国际会计准则趋同的会计准则。

在美国，会计准则由私人部门团体（现为 FASB，即财务会计准则委员会，1973 年之前历次为 CAP 和 APB，后文将依次介绍）制定，但政府机构（美国证券交易委员会，即 SEC）认可准则的权威性。保证这种权利分享制度有效运作的关键是 1973 年 SEC 颁布的《会计系列公告第 150 号》(ASR 150)，该公告确认民间部门在构建和改进会计原则方面的领导地位，FASB 在其公告和解释中所发布的原则、准则和实务将被 SEC 认可为具有实质性的权威支持，那些与 SEC 发布的公告和解释相背离的，将不具有这种支持。

然而，美国对会计标准化的尝试却远早于 1973 年，甚至可以追溯到 20 世纪初。1909 年，当时的公共会计师协会任命了一个会计术语特别委员会，希望对实务中的术语进行规范以达到统一会计（Uniform Accounting）处理的目的。1917 年，美国联邦储备委员会和联邦贸易委员会发布了统一会计公告，要求企业向银行申请贷款时提供格式和内容标准化的资产负债表。尽管如此，真正意义上的会计准则的制定起源于 1929 年的经济大萧条。“大萧条”过后，美国国内对此进行深刻的反思，认为当时混乱的会计实务是导致“大萧条”的重要原因之一。随后的 1933 年和 1934 年，美国先后颁布了《美国证券法》和《美

另外两个原因：一是财务报表编制者可以造假；二是使用者对财务报表存在错误的理解。

国证券交易法》，要求上市公司提供统一的会计信息，并责成 SEC 负责制定会计准则。SEC 经过表决决定，将会计准则的制定权下放到美国会计师协会（AIA），自己保留最终的否决权。此后，美国的会计准则制定机构经历了数次更迭。

1. 1938 ~ 1959 年期间

1938 ~ 1959 年的会计程序委员会（Committee on Accounting Procedure，CAP）时期。成立当年，CAP 就发布了会计研究公报（Accounting Research Bulletin，ARB）第 1 号，开创了由政府机关或行业组织颁布 GAAP 的先河。CAP 仅存续了 21 年，因为其制定的 ARB 备选方案过多、缺乏逻辑一致性等被会计实务界和理论界所诟病、强烈抵制，并最终解散。21 年间，CAP 共制定了 51 份 ARB。

2. 1959 ~ 1973 年期间

1959 ~ 1973 年的会计原则委员会（APB）时期。尽管 APB 建立之初就吸取了 CAP 的教训，成立了专门研究重大理论问题的会计研究部（Accounting Research Division，ARD），但仍未挽回其仅存续 14 年的命运。APB 颁布的、可归于 GAAP 的是《会计原则委员会意见书》（APB Opinions），共包括 31 份。尽管已意识到 CAP 缺乏理论和逻辑一致性的缺陷，但并没有采取针对性的措施加以解决，APB 救火式的工作方式无法对经济环境变化做出迅速的反应，导致压力重重，最终于 1973 年被财务会计准则委员会替代。

3. 1973 年至今

1973 年至今的财务会计准则委员会（FASB）时期。FASB 成立至今已有 40 余年，这得益于它摆脱了隶属行业协会的局面。CAP 隶属于美国会计师协会（AIA），APB 则隶属于美国注册会计师协会（AICPA）。FASB 由具有广泛代表性的、独立的专职委员构成，这从形式上确保了 FASB 的独立性。另外，FASB 从创立之初就致力于构建财务会计概念框架，以此作为抵御外来利益集团压力的借口。1973 年 SEC 颁布的《会计系列公告第 150 号》（ASR 150），也再一次确认了民间部门在制定会计准则方面的权威性，夯实了 FASB 在构建和改进会计原则方面的领导地位。截至 2009 年，FASB 共制定了 168 份财务会计准则（Financial Accounting Standards，FAS；Statements of Financial Accounting Standards，SFAS）。

也正是这第 168 号准则宣告结束了美国长达 70 多年的 GAAP 体系数量庞大、内容繁多、编排无序、难以检索和难以应用的时代，进入了美国会计准则汇编新时代。2009 年 6 月 29 日，FASB 发布 SFAS 168《FASB 会计准则汇编和公认会计原则的级次——取代

ARD 专注于重大理论问题的研究，研究成果以“会计研究论文系列”（Accounting Research Studies，ARS）的名称统一结集出版。由于研究成果过于具有前瞻性，APB 还专门发表了 4 份 APB Statements 表明对会计基本问题的看法，其中最著名的要数第 4 号《财务报表的基本概念和会计原则》。

本小节内容由财政部会计司资料、FASB 官方网站（https://www.fasb.org）及汪祥耀（2009）等综合而成。

AIA 为 AICPA 的前身，1957 年更为现名。

SFAS 162》。发布该准则的目的有二：其一，替换 FAS 162 号准则《公认会计原则的层次关系》；其二，确立 FASB 准则汇编（FASB Accounting Standards Codification™）是遵循 GAAP 编制财务报表的所有非政府企业适用的权威 GAAP 的唯一来源，所有包含在汇编中的准则内容具有同等效力，其中没有包含在汇编中的所有会计准则都将不被视为权威。FASB 时任主席罗伯特·赫茨（Robert Herz）先生称，“准则汇编的发布在美国会计准则发展史上具有里程碑意义”。从 2009 年 7 月 1 日起，FASB 会计准则汇编作为美国新的会计准则体系，正式对外发布，从而宣告取代美国会计程序委员会（CAP）、会计原则委员会（APB）和财务会计准则委员会（FASB）等机构原先发布的各种会计准则文告。

在过去几十年中，美国多个不同的准则制定机构共制定出了大约 2 000 项会计准则，这些参差不齐、类型不同、编号各异的会计准则共同构筑了当今美国庞大的 GAAP 体系。美国 GAAP 如此浩繁、复杂，亟须一个层次框架来说明具体包括哪些内容，以及这些内容在 GAAP 中的地位如何。然而严格地说，没有！美国并无一个权威的、十分明确的表述。因此，有越来越多的问题暴露出来，这些问题不仅增加了财务报告的风险，同时也因为会计准则的低效利用而导致使用成本增加。具体表现在如下几个方面。

由于 GAAP 中各项准则之间缺乏内在一致性和严密的逻辑结构，使得公众很难准确找到恰当的 GAAP 指引；由于 GAAP 内在的分散性，使得很多使用者在他们的研究过程中难以获得相关的全部资料，常常会出现顾此失彼的情形；另外，GAAP 的数量、复杂性和缺乏一体化，使得会计专业人士在知识更新和后续教育方面也困难重重。

正是在这种大的背景下，FASB 于 2004 年对 1 400 个受访者进行有关 GAAP 的调查，结果触目惊心。调查发现，有 80% 的人认为 GAAP 的结构难以控制、难以理解和难以使用，更有 96% 的受访者希望 FASB 作为美国准则制定的权威机构，尽快梳理和编纂统一的 GAAP，尽早结束 GAAP 纷繁杂乱的局面。基于此，FASB 决定启动一个准则汇编项目来解决这一问题，并随即得到了财务会计基金会（FAF）受托人的批准。

“五年磨一剑”，该汇编项目从 2004 年启动，2009 年对外正式发布，历时 5 年之久，先后有来自不同机构的 200 多人参与，汇编的结构与以前 GAAP 有显著不同。汇编的基本定位是获取和编纂那些具有实质性内容的准则和应用指南，因此排除了非实质性内容的材料，如准则中多余的概述、历史内容、应用前的讨论、反馈意见综述以及其他内容。准则汇编包括了美国会计准则制定机构至今所发布的所有 a ~ d 层次的 GAAP（a ~ d 层次 GAAP 是 FAS 162 中所定义的 GAAP 四个层次），不包括适用于政府部门的准则，也不包括针对各州和地方政府的准则。为了提高汇编对公众公司的有用性，由美国证券交易委员会（SEC）发布的权威内容的相关部分、经选择的 SEC 工作人员解释和监管指引也作为参考内容纳入汇编中。准则汇编的具体内容来自以下 8 个方面。

（1）FASB，包括财务会计准则（FAS）、会计准则解释（FIN）、技术公告（FTB）、工作人员立场公告（FSP）、工作人员问题解答和应用指南（Q&A）和第 138 号准则的示例。

（2）紧急问题工作小组（EITF），包括摘要（Abstracts）和主题 D。

（3）衍生品应用组（DIG）问题。

（4）会计原则委员会（APB）意见。

（5）会计研究公告（ARB）。

（6）会计解释（AIN）。

（7）美国注册会计师协会（AICPA），包括立场公告（SOP）、审计和会计指南（AAG）、实务公告（PB）和技术咨询服务（TIS）。

（8）SEC，包括财务信息披露规则（Regulation S-X）、财务报告文件（FRR）、会计公告文件（ASR）、解释文件（IR）、SEC 工作人员指南（部分）。

准则汇编是一个完整的准则系统，其最大的特色集中体现在框架结构上，设计者通过在一个统一的结构中将所有权威的 GAAP 准则编入 90 个会计主题中，极大地简化了当前纷繁复杂的 GAAP。汇编共分为五个层次，分别为类别（Areas）、主题（Topics）、子主题（Subtopics）、章节（Sections）、子章节（Subsections）。在子章节下，是与准则内容相关的文字段落组和段落。为了便于在汇编系统中存储和检索准则，项目组还开发了一套分类代码系统。

可以说，准则汇编从重新界定 GAAP 的级次开始，在提升概念框架地位和重视准则制定的充分程序的宗旨下，对 GAAP 的文献来源及其重要性进行了全面梳理和重整，大大简化了原有 GAAP 体系的结构，从根本上消除了多个机构、多种来源和多种形式的问题。关于准则汇编的成效，FASB 认为主要有以下几点。

第一，通过准则汇编并"一店式"提供 GAAP 的所有权威性来源，可以方便使用者接触，从而简化解决某一会计研究问题所需要的时间和精力。

第二，通过改进文献的有效性降低了不执行的风险。

第三，当"会计准则更新公告"发布后，提供了准确和实时更新的信息。

第四，在准则制订的过程中，能够对 FASB 的研究和趋同工作提供所需要的帮助。

第五，可以为"可扩展商业报告语言"（XBRL）分类系统提供权威文献来源。

第六，明确没有包含在"准则汇编"中的文献是非权威性的。

这里就"会计准则更新公告"做一说明。准则汇编改进了以往准则制订的程序，不再"以准则为重点"（Standards Focused），而将"以汇编为重点"（Codification Focused）。准则汇编生效以后，如有新的变化，均将通过"会计准则更新公告"来及时更新"准则汇编"的内容。"会计准则更新公告"以某某年第几号的方式发布，对"准则汇编"相应主题的更新提供背景信息和结论基础。迄今为止，FASB 已发布更新公告 160 项，其中 2009 年 17 项、

2010年29项、2011年12项、2012年7项、2013年12项、2014年18项、2015年17项、2016年20项、2017年15项，2018年截至8月已发布13项。

概括地说，CAP遵循惯例，然而惯例太多；APB尝试科学，然而太过超前；相对而言，FASB汲取了CAP和APB的经验教训，注重共识，坚持走实用主义的道路，以超然独立的投票方式决定推荐的会计标准，抵御了外界压力，得以持续存在。但FASB也屡遭诟病，尤其是“安然事件”及随后一系列的财务丑闻使FASB的权威性一度受到极大的冲击和挑战。一向被奉为全球GAAP标杆的美国会计准则也不得不正视其存在的漏洞和不足，2002年《萨班斯－奥克斯利法案》(SOX法案)的横空出世即是美国随后快速做出反应的、最具代表性的事件。SOX法案被视为继《美国1933年证券法》《美国1934年证券交易法》后，美国资本市场又一重大变革。SOX法案被签署成为法律，极大扩展了美国对公司治理、披露和报告范围的要求以及对审计职业界的监管。该法案对审计师向客户提供服务的活动进行了限制，不得在提供审计服务的同时提供非审计服务（包括咨询服务）；审计合伙人必须5年一轮换。302条款规定公司的CEO和CFO必须对财务报告做出保证；404条款要求管理层评价财务报告内部控制的有效性，独立审计师也应出具相关报告。时至今日，FASB在不断变革中求得生存和发展，尤其是其发端于2009年的准则汇编再一次开创了全球之先河，毫不夸张地说，FASB的会计准则体系仍是全世界最为完善的会计标准。

二、中国会计标准的发展历程

中国的会计有着悠久的历史。西方人也承认，中国对受托责任功能的行使最早可追溯到公元前2200年。历史资料表明：在夏朝，会计就被用来计量财富和比较诸侯的成就；孔子年轻时就是一个库房主管，在他所传授的内容中，强调了保持历史的必要性，而会计记录就是历史的一部分。

然而，当代中国会计则应以1949年新中国的成立为起点。新中国实行了高度集中的计划经济，反映了马克思主义原理，并全盘采用了苏联的模式。从那时起，会计准则或者会计规范由官方机构制订的状况就从未发生过改变。直到1951年上半年，中央人民政府主要致力于医治战争创伤，改造国民党政府留下的烂摊子经济，争取财政经济状况的根本好转。1950年3月中央政府做出《关于统一国家财政经济工作的决定》，该决定要求集中全国的人力、物力、财力，建立强有力的集中统一的财政经济体制，会计的重要任务则是建立统一的制度，恢复正常的会计秩序。从此，我国“财政制度决定财务制度，财务制度

本段转引自由Choi和Meek所著的*International Accounting*, 7e（Pearson Education，2011），内容有所删减和调整。

决定会计制度”的宏观格局得以确定。

为了满足1953年起开始执行的第一个五年计划的需要，1951年下半年，财政部在苏联专家的帮助下，陆续制订了服务于计划经济的会计制度。到了1953年，除把原先分散在统一会计制度中共性的内容修订为单项的“方法”或“规程”外，其他核算内容则建立了分部门、分行业的制度。这样，我国从1953年就确定了分部门、分行业、分所有制一统到底的会计规范体制，并一直持续了40年左右。无论从账户名称到账簿格式还是从成本核算方法到材料核算方法，几乎所有的方面都照搬苏联。这种统一的会计制度从属于财政制度和财务制度，顺应了当时集中的计划经济体制，对于维护财政纪律、保障财政收入、推动企业增产节约，起到了重要的作用。

但是到了20世纪80年代末，在邓小平理论的指引下，我国开始从苏联的计划经济模式，转向更为面向市场的社会主义市场经济体制。原有的一统到底的会计逐渐暴露出其弊端：对内缺乏可比性，不同部门、不同行业和企业的会计信息不能进行比较；对外缺乏灵活性，企业对会计制度的运用受到严重的束缚。这就强烈地要求改革会计规范体制，学习和引进西方会计模式，建立适应经济发展的会计制度和规则。

经过各方的不断努力，几经易稿，财政部于1992年11月正式颁布了《企业会计准则》，并确定自1993年7月1日起生效。该准则是用来指导新会计准则制订的概念框架，更是中国走向市场经济的里程碑。中国会计自此开始走向与国际会计全面接轨的进程。《企业会计准则》发布之后，财政部又用13个分行业和2个分所有制的制度，取代了40多个统一会计制度。这些制度作为具体会计准则颁布之前的过渡，适用于在中国从事经营活动的所有企业。《企业会计准则》于2001年进行了重新修订。

为了适应会计准则的国际化趋同以及中国加入WTO后欧盟各国的要求，财政部于2005年开始在此前制定会计准则和会计制度的基础上，借鉴国际财务报告准则，全面启动了中国会计准则体系的修订、完善和制订工作。2006年2月15日，财政部发布了新的《企业会计准则》，其中包括1个基本准则和38项具体准则，要求从2007年1月1日起所有上市公司、部分非上市金融企业和中央大型国有企业必须执行，同时鼓励其他企业执行。 这一事件被西方学者视为会计“大爆炸”式的趋同过程，标志着中国会计准则与国际会计准则开始进入实质性趋同。基本准则建立了框架，具体准则阐明了广泛的原则和详细的应用指引；它们共同构成了一套中国会计准则综合系统，实现了与国际会计准则的实质性趋同。2007年12月6日，财政部与香港会计准则制订机构——香港会计师公会联合签署《关于内地企业会计准则与香港财务报告准则等效的联合声明》，确认两地会计准则等效互认；此后，内地和香港一直保持密切沟通，2017年9月，财政部与香港会计师公

2006年也是我国审计重大变革年，48项新审计准则也被同时推出，所有的中国会计师事务所和注册会计师必须遵守这些审计准则。

会充分沟通协调，继续认可内地进行的企业会计准则修订工作与香港会计准则（直接采用国际财务报告准则）和国际财务报告准则原则上趋同。欧盟委员会在对中国会计准则国际趋同和有效实施情况进行评估后，于 2008 年 12 月 12 日就第三国会计准则等效问题发布规则，正式认同中国新会计准则与欧盟所采用的国际财务报告准则等效，决定自 2009 年起至 2011 年年底的过渡期内，允许中国企业进入欧盟资本市场时直接采用按中国企业会计准则编制的财务报告。

为了保持与国际会计准则的持续趋同，财政部于 2010 年 4 月 1 日发布了《中国企业会计准则与国际财务报告准则持续趋同路线图》，明确指出："中国企业会计准则将保持与国际财务报告准则的持续趋同，持续趋同的时间安排与 IASB 的进度保持同步，争取在 2011 年年底前完成对中国企业会计准则相关项目的修订工作，同时开展必要的宣传培训，确保所有上市公司和非上市大中型企业掌握相关会计准则的变化，并得到有效应用。"截至 2017 年年底，财政部陆续更新了包括《企业会计准则第 14 号——收入》《企业会计准则第 22 号——金融工具确认和计量》《企业会计准则第 23 号——金融资产转移》《企业会计准则第 24 号——套期会计》等多项具体准则；同时，新制定 4 项具体准则，具体包括《企业会计准则第 39 号——公允价值计量》《企业会计准则第 40 号——合营安排》《企业会计准则第 41 号——在其他主体中权益的披露》《企业会计准则第 42 号——持有待售的非流动资产、处置组和终止经营》。其中，前 3 项具体准则于 2014 年发布，已从 2014 年 7 月 1 日开始执行；第 42 号具体准则于 2017 年发布，自 2017 年 5 月 28 日起施行。

以上可以看出，财政部作为官方机构在中国会计准则的发展历程中起着主导作用。但除财政部之外，中国证监会（CSRC）在中国的资本市场上也扮演着相当重要的角色，是又一重要官方机构。CSRC 负责管理中国的两大股票交易所，即 1990 年开市的上海证券交易所和 1991 年开市的深圳证券交易所，同时还负责制定监管指南、市场规则，审批首次发行的新股。2002 年引入公司治理规范后，CSRC 还发布了上市公司的其他披露要求。因此，对上市公司来说，其信息披露要求由财政部和 CSRC 两个政府机构制订。

三、会计的全球化趋同

上文中不止一次提到与国际会计准则趋同，这里的国际会计准则到底是由哪个机构制订的？其又有什么样的魅力，使包括中国在内的众多国家愿意调整甚至改变原有的会计准则体系，与之趋同？国际趋同又有哪些好处和不利之处？本小节将依次对这些问题进行解答。

国际会计准则是由国际会计准则理事会（International Accounting Standards Board, IASB）和其前身国际会计准则委员会（International Accounting Standards Committee,

IASC）颁布的会计准则。IASC是由澳大利亚、加拿大、法国、德国、日本、墨西哥、荷兰、爱尔兰、英国9个国家的会计职业团体共同发起，于1973年组建的一个独立制订会计准则的民间机构，注册地为英国伦敦。IASC的任务是通过制订和推广国际会计准则，协调各国的会计准则并用之改善财务报表，提高财务报表的可比性，力求使财务报表易于理解，使投资者在全世界范围内做出趋利避害的最佳投资。IASC颁布的会计准则为国际会计准则（International Accounting Standards，IAS）。至1990年，IASC共颁布31份IAS。由于这些IAS大多注意了普适性和易于理解性，涵盖了各个国家或地区不同的会计处理和会计披露，导致会计处理的备选方案过多。这既不利于缩小各国会计准则的差异，又降低了财务报表的可比性。

为了扭转这一局面，1990年后IASC通过比较和优选允许的会计处理方案，鲜明地表达了自己的观点，从而后续修订的系列IAS具有较高的水平，成为对国际投资者真正有用的会计准则。同时，IASC积极争取证券委员会国际组织（IOSCO）的合作与支持，以最大限度地向全球推广国际会计准则。为了实现终极目标，IASC付出了艰辛的努力，并于2001年改组为IASB，其颁布的会计准则改称为国际财务报告准则（International Financial Reporting Standards，IFRS）。IASB不懈的努力得到了众多国家和地区的认可：2002年，欧洲议会支持欧盟关于几乎所有欧洲上市公司必须不得迟于2005年开始采用IASB的IFRS编制合并财务报表的规定，IASB和FASB达成了《诺沃克协议》；2003年，澳大利亚、中国香港、新西兰、南非决定采纳IFRS；2005年，中国财政部承诺到2007年实现中国会计准则与IFRS的实质性趋同；2006年，IASB和FASB签署了谅解备忘录，阐明了两大理事会必须实现的里程碑，旨在说明从美国GAAP和IFRS之间到证券交易委员会和欧盟委员会之间的趋同；2007年，巴西、加拿大、智利、印度、日本、韩国颁布采纳国际准则的时间表，SEC决定若境外公司采用IASB发布的IFRS编报财务报表不需另行编制差异调节表，随后甚至确定了到2011年需要实现的几个里程碑，以此作为从2014年开始向IFRS过渡的基础 。截至2017年年末，全球有超过125个国家和地区采用IFRS，其中超过70%的国家和地区为完全采纳IFRS，其余国家和地区为相当程度采纳IFRS或允许采纳IFRS。

财务报告所选用的会计准则不同，约定的规则就有可能不同，其所报告的资产及收益也会随之不同，进而缺乏财务报告的可比性。所以，提高会计信息可比性，使会计真正成

美国GAAP与IFRS的趋同进程远没有预设的顺利，从目前的情况来看，处于停滞状态。2015年5月，SEC公开承认，美国投资者、审计师、监管机构及标准制定者均不支持美国上市公司强制执行IFRS。截至2017年年末，美国与IASB再无任何实质性内容的双边接触。相反，FASB还参加了旨在制定全球性的标准并致力于监测单个项目以寻求可比性的组织——会计准则咨询论坛（Accounting Standards Advisory Forum）。可以说，美国不愿承诺实施IFRS是目前IASB面临全球化推广的最大障碍。

为“国际通用的商业语言”，无疑是会计国际趋同的最大好处。IASB 为此做出了不懈的努力，并取得了丰硕的成果。全球趋同的会计准则提高了资本配置的效率，从而降低了资本成本；对投资者来说，能够制订更好的投资决策，投资组合更加多元化，从而降低了财务风险；会计知识和技能能够被持续不断地传播到世界各地；在制订高质量的会计准则中，能够吸纳各国会计准则制订过程中产生的好想法，这些也都是会计国际趋同的好处。

但就此也有不同的声音，对全球趋同持否定态度。反对者认为，国际会计准则没有足够的弹性去解决由于国家背景、传统、经济环境不同而产生的差异，甚至可能对主权国家来说是一种不可接受的政治挑衅；由于执行不力和各国企业报告的动机不同，可比性并不能得以实现，反而牺牲了反映企业业绩和财务状况的当期现实；对非国际化的中小企业来说，使用国际会计准则也可能不符合“成本—收益”原则；趋同具有滞后性，国际会计准则的修改导致主权国家处于被动的境地，诸如此类。但目前来看，这些尚不足以阻碍全球会计趋同的步伐。

四、“Non-GAAP” VS.“GAAP”

除了上述的 GAAP，各国和地区还存在不同的 Non-GAAP。所谓 Non-GAAP 就是以非“公认会计原则”定义的计量方法来报告公司收益及盈利的一种会计计量。

Non-GAAP 信息的披露可能是企业情非所愿，因为这些披露会把企业的真实经营状况更多地曝光于公众面前，甚至可能包括以前视为商业机密的信息。但是，Non-GAAP 信息却可能给投资者提供更具实际参考意义的信息。例如，对网游公司来说，披露在线人数、付费人数等 Non-GAAP 信息对某些投资者来说，远比 GAAP 规范下的三大报表信息重要得多。再如，企业的主营业务利润、自由现金流、EBITDA、ROIC、净负债、净资本等信息，同样也能使投资者获得增量信息。遵循 GAAP 的核算方法，会计利润等于收入减产品成本，再减期间费用，但是看似精确的结果却含有大量的“大概”加“估计”。一家公司可以选择直线法计提固定资产折旧，也可以选择加速法计提；抑或即便选择直线法计提折旧，折旧的年限也可以有所不同，因此，会计利润会有相应的不同。从投资的角度来讲，该利润信息不一定能准确地反映出企业业务的真实状况。而 EBITDA 则不然，它记录的是息税、折旧及摊销前利润，剔除了折旧、摊销和息税的影响，显然能够提供增量信息。

此外，某些特定的情况下，GAAP 的会计信息若得不到 Non-GAAP 信息的有效补充还可能对投资者产生严重的误导。以 2018 年 7 月 9 日登陆港交所的小米集团为例：2018 年 5 月 3 日，其向香港联交所递交的上市申请书中显示，根据 IFRS 编制的财务报表中的净利润为亏损438.89亿元，较上年盈利4.92亿元有相当大幅度地下降。如果没有Non-GAAP信息补充，这一严重亏损公司还能申请上市而且还能被港交所火速批准、跑步上市，着实让人费解。但洞悉了Non-GAAP信息就会豁然开朗，原来小米集团的巨额亏损是由可转换可赎回优先股公允价值变动损失540.72亿元造成的。如果扣除该项因素的影响，小米集团2017年度税后净利润应为101.83亿元；其中包括2017年经营性净利润38.12亿和63.71亿元的投资公允价值变动收益。之所以将可转换可赎回优先股公允价值变动损失纳入到利润构成当中是因为IFRS的明确要求。小米集团截至2017年年底，先后进行了9轮融资，发行了大量可转换可赎回优先股。从会计角度来说，如果把优先股看作“股”的话，那么，其公允价值变动应当与公司盈亏无关，盈亏自然由股东承担。但由于它可赎回，所以，“股”的性质就变成了“债”。作为“债”，IFRS明确要求其公允价值上升应为投资人赎回时的公司损失。但事实却是，投资者既可以把它看成公司的亏损，又可以忽略这笔巨额亏损，因为如果这些优先股持有人选择在公司上市后转股的话，这笔潜在亏损就自然被消除。即使不能被消除，它也只是影响公司经营业绩的偶然因素。

巴菲特对美国GAAP也颇有抱怨。在2018年致伯克希尔–哈撒韦公司股东的信中，他说：“我必须先向各位介绍一个新的会计规则——公认会计原则（GAAP），这项规则很可能在将来严重扭曲伯克希尔–哈撒韦的季度和年度净收益数字，并很可能会经常误导评论家和投资者。”

他又进一步说：“这项新规则要求我们必须将所持股票的未实现投资利得或损失全数计入我们报告给各位的净收益数字内。这项要求将会使按公认会计原则编制的报表最下面一行 产生反复无常的波动。因为伯克希尔–哈撒韦持有总价值1 700亿美元的可出售股票（这还不包括Kraft Heinz的股份在内），这些股票在一个季度的报告期内波动100亿美元上下会很平常。如果将如此巨额的波动也包括在用以描述公司经营业绩的净收益内，将会严重淹没会计数字背后的真相，从而在分析层面上使得伯克希尔–哈撒韦财报最下面一行的数字变得毫无用处。”

他还说：“该项新规则带来的沟通问题会更进一步强化我们长期在试图弱化的问题。在过去的季度或年度报告中，我们将会计规则已实现利得（或损失）计入净收益，但我们一再警告大家不要太过重视这些利得，因为它们都是随机波动的。这与上述未实现利得的道理是一样的，不值得重视。”

可以看出，会计概念和核算因其自身的特点和规则，产生的信息对于投资者而言，可能需要做进一步的分析和调整才可以变为有价值的估值基础。但是，同GAAP相比，Non-GAAP也存在很多问题。比如，缺乏可比性和一致性，这也就产生了SEC对美国上市公司Non-GAAP披露的要求。受SOX法案影响，SEC于2002年11月4日发布

即净收益。

Regulation G，以规范美国上市公司的“Non-GAAP”信息披露。该规则于 2003 年 3 月 28 日生效，并于 2010 年 1 月 11 日进行了修正。修正后的规则更加强调 Non-GAAP 的内外一致性，即公司向公众披露的 Non-GAAP 信息应与公司在 SEC 文件中备案的信息相一致。同时，对 GAAP 与 Non-GAAP 信息的法律责任加以明确，GAAP 信息负有法定责任，而 Non-GAAP 信息则只需承担一般反欺诈责任，这也表明 SEC 是鼓励公司披露更多的 Non-GAAP 信息的。

第四节　财务报表初窥

财务报表是在会计准则这一“规矩”下产生的财务会计系统最终的主要“成果”；从会计角度看，它是企业财务报告的最核心部分。从 1494 年意大利修士帕乔利出版世界上第一本会计著作算起，历经 500 余年的发展，今天的财务报表已经从单一的“账户余额表”演变成目前以资产负债表、利润表和现金流量表三张财务报表为基础，同时包括多项报表附注的财务报表体系。

一、资产负债表

资产负债表是最早出现的财务报表，其雏形为“账户余额表”，用于反映企业在某一特定时点上的财务状况。它是依据“资产 = 负债 + 所有者权益”的会计等式，依照一定的分类标准和次序，对企业某一时点的资产、负债和所有者权益予以安排，按一定的要求编制而成的。

由于资产负债表各项目在表中的排列顺序及采用的结构不同，形成了资产负债表不同的列报格式，具体分为报告式和账户式两种。其中，报告式资产负债表将资产、负债和所有者权益项目采用垂直分列的形式，又可具体分为两种形式：按照“资产 = 权益”的等式和按照“资产 − 负债 = 所有者权益”的等式；账户式资产负债表则按照 T 形账户的形式设计资产负债表，将资产列在报表左方（借方），负债及所有者权益列在报表右方（贷方），左（借）右（贷）两方总额相等。我国现行资产负债表即采用账户式的格式，左侧列报资产方，按资产的流动性大小排列；右侧列报负债方和所有者权益方，一般按要求清偿时间的先后顺序排列。同时，企业需要提供比较资产负债表，以便报表使用者通过比较不同时点（年初和期末）的资产负债表数据，掌握企业财务状况的变动情况及发展趋势。一般企业资产负债表的具体格式如表 1-1 所示。

表 1-1 资产负债表

编制单位：XX 有限公司　　2017 年 12 月 31 日　　单位：元

资　产	期末余额	期初余额	负债和所有者权益	期末余额	期初余额
流动资产：			**流动负债：**		
货币资金	48 274 200	17 196 070	短期借款	2 584 102	3 024 426
以公允价值计量且其变动计入当期损益的金融资产			以公允价值计量且其变动计入当期损益的金融负债		
衍生金融资产	353 327	412 813	衍生金融负债	90 432	89 838
应收票据	10 854 226	7 427 488	应付票据	25 207 785	18 484 939
应收账款	17 528 717	13 454 511	应付账款	35 144 777	25 356 960
预付款项	1 672 248	1 587 366	预收款项	17 409 063	10 252 375
应收利息			应付职工薪酬	5 247 500	3 154 387
应收股利			应交税费	3 544 154	2 364 446
其他应收款	2 657 568	1 140 133	应付利息	94 801	21 343
存货	29 444 166	15 626 897	应付股利	95 317	105 641
其他流动资产	59 026 224	63 776 042	其他应付款	3 170 405	1 571 422
			一年内到期的非流动负债	136 605	158 545
			其他流动负债	26 366 916	24 599 678
流动资产合计	169 810 676	120 621 320	**流动负债合计**	119 091 857	89 184 000
非流动资产：			**非流动负债：**		
可供出售金融资产	1 831 051	5 187 732	长期借款	32 986 325	2 254 348
长期应收款	362 248	33 868	应付债券	4 553 054	4 818 769
长期股权投资	2 633 698	2 211 732	长期应付款	250 536	369 286
投资性房地产	420 802	494 122	递延收益	536 443	502 316
固定资产	22 600 724	21 056 791	长期应付职工薪酬	2 465 854	1 449 954
在建工程	879 576	580 729	递延所得税负债	3 972 823	1 831 973
生产性生物资产			其他非流动负债	1 324 795	1 213 369
无形资产	15 167 036	6 868 538	**非流动负债合计**	46 089 830	12 440 015
开发支出			**负债合计**	165 181 687	101 624 015
商誉	28 903 785	5 730 995	**所有者权益：**		
长期待摊费用	859 106	625 971	股本	6 561 053	6 458 767
递延所得税资产	4 023 334	3 030 383	资本公积	15 544 662	13 596 569
其他非流动资产	614 822	4 158 530	其他综合收益	122 255	161 727
			盈余公积	3 882 232	2 804 469
			未分配利润	47 627 235	38 105 391
			归属于母公司所有者权益合计	73 737 437	61 126 923
			少数股东权益	9 187 734	7 849 773
非流动资产合计	78 296 182	49 979 391	**所有者权益合计**	82 925 171	68 976 696
资产总计	248 106 858	170 600 711	**负债和所有者权益总计**	248 106 858	170 600 711

二、利润表

利润表也称为收益表或损益表，是反映企业在一定会计期间（如年度、月度或季度）内生产经营成果（或亏损）的财务报表。利润表是一个动态报表，它一方面利用企业一定时期的收入、成本费用及税金数据，确定企业的利润；另一方面，按照有关规定和具体实际将实现的利润在有关当事人之间进行分配。

利润表有两种格式：单步式利润表和多步式利润表。单步式利润表是将所有的收入汇集在一起，所有的费用汇集在一起，两者差额即为当期净利润。单步式利润表编制方便、钩稽关系清楚，但它仅反映收入、费用和净利润的信息，而不能为深入分析提供更多的信息。多步式利润表则满足了这一需求，它的特征是按利润形成的几个环节，分步骤将有关收入与成本费用相减，从而得出一些中间性的利润数据，方便使用者理解企业经营成果的不同来源。我国会计制度规定的利润表采用多步式的列报格式，一般企业的利润表的具体格式如表 1-2 所示。

三、现金流量表

相比于资产负债表和利润表，现金流量表是出现时间最晚的一个财务报表，美国证券监管部门要求上市公司自 1988 年 7 月 15 日起披露现金流量表，而中国财政部则将这一事件又推迟了近 10 年，要求上市公司自 1998 年起对外编报现金流量表。

现金流量表实际上是资金变动表的一种形式，它反映企业在一定会计期间现金和现金等价物流入和流出的动态情况。现金流量表按照企业发生的经济业务性质，将企业的活动分为经营活动、投资活动和筹资活动三项活动，依此记录经营活动现金流量、投资活动现金流量和筹资活动现金流量。

编制现金流量表时，列报经营活动现金流量的方法有直接法和间接法之分。其中，直接法是直接通过现金收入和现金支出的主要类别列示经营活动的现金流量，能够较详细地列示来自经营活动的现金流入量和流出量，便于分析现金来源和用途，有利于预测未来现金流和正确评价企业的偿债能力和变现能力；间接法则是将净利润调节为经营活动现金流的一种方法。根据《企业会计准则第 31 号——现金流量表》的要求，企业现金流量表应以直接法编制，同时必须在报表补充资料中按间接法将净利润调整为经营活动的现金净流量。一般企业的现金流量表的具体格式如表 1-3 所示。

表 1-2 利润表

编制单位：× × 有限公司　　2017 年 12 月 31 日　　单位：元

	本期金额	上期金额
一、营业收入	241 918 896	159 841 701
减：营业成本	180 460 552	115 615 437
税金及附加	1 416 428	1 077 119
销售费用	26 738 673	17 678 451
管理费用	14 780 236	9 620 777
财务费用	1 069 591	–563 533
资产减值损失	269 112	380 812
加：公允价值变动净收益	–25 045	117 376
投资收益	1 830 221	1 285 961
其中：对联营企业和合营企业的投资收益	310 016	165 904
资产处置收益	1 327 251	
其他收益	1 311 123	
二、营业利润	21 627 854	17 435 975
加：营业外收入	467 204	1 819 009
减：营业外支出	240 284	340 381
其中：非流动资产处置净损失		172 663
三、利润总额	21 854 774	18 914 603
减：所得税费用	3 243 584	3 052 691
四、净利润	18 611 190	15 861 912
归属于母公司所有者的净利润	17 283 689	14 684 357
少数股东损益	1 327 501	1 177 555
五、其他综合收益	–310 628	1 188 215
六、综合收益总额	18 300 562	17 050 127
归属于母公司普通股东综合收益总额	17 025 872	15 768 633
归属于少数股东的综合收益总额	1 274 690	1 281 494

表 1-3 现金流量表

编制单位：× × 有限公司　　2017 年 12 月 31 日　　单位：元

项　目	2017 年	2016 年
一、经营活动产生的现金流量		
销售商品、提供劳务收到的现金	12 590 244	10 549 910
收到的税费返还	390 082	366 167
收到其他与经营活动有关的现金	447 503	305 470
经营活动现金流入小计	13 427 829	11 221 547
购买商品、接受劳务支付的现金	7 173 322	5 128 077
支付给职工以及为职工支付的现金	1 049 358	1 042 638
支付的各项税费	832 388	846 541
支付其他与经营活动有关的现金	1 696 335	1 725 439
经营活动现金流出小计	10 751 404	8 742 695

（续）

项　目	2017 年	2016 年
经营活动产生的现金流量净额	2 676 425	2 478 851
二、投资活动产生的现金流量		
收回投资收到的现金	4 206 196	
取得投资收益收到的现金	208 890	134 543
处置固定资产、无形资产和其他长期资产收回的现金净额	59 028	127 349
投资活动现金流入小计	4 474 114	261 893
购建固定资产、无形资产和其他长期资产支付的现金	313 093	267 818
投资支付的现金	5 959 940	2 880 314
投资活动现金流出小计	6 273 033	3 148 132
投资活动产生的现金流量净额	−1 798 919	−2 886 240
三、筹资活动产生的现金流量		
吸收投资收到的现金	170 163	793
其中：子公司吸收少数股东投资收到的现金	5 344	793
取得借款收到的现金	2 451 527	3 728 885
收到其他与筹资活动有关的现金	16 672	
筹资活动现金流入小计	2 638 362	3 729 677
偿还债务支付的现金	2 935 224	3 965 431
分配股利、利润或偿付利息支付的现金	590 803	505 260
其中：子公司支付给少数股东的股利、利润	55 255	53 005
筹资活动现金流出小计	3 526 027	4 470 690
筹资活动产生的现金流量净额	−887 665	−741 013
四、汇率变动对现金的影响	1 667	−762
五、现金及现金等价物净增加额	−8 492	−1 149 164
期初现金及现金等价物余额	527 224	1 676 387
六、期末现金及现金等价物余额	518 732	527 224

本章小结

业界对会计的含义存在两种不同的观点：信息系统论和管理活动论，但本书中，将会计视为一种商业语言则能较全面地概括会计的含义。会计的本质就是报告企业的资产和利润。会计主体、持续经营、会计分期、货币计量和历史成本等 5 项是会计的假设。会计过程是一个通过对所有引起企业财富（资产）发生变动的交易或事项信息的采集，加以分类、汇总，并最终形成报告的过程。而会计结果就是呈现给外部投资者的财务报告，它也是会计过程中的最后一步。

会计准则的制订是一个漫长的过程，无论是 FASB、中国的财政部还是 IASB，均是如此。随着全球一体化进程的不断加剧，会计的国际趋同已势不可挡。同 GAAP 相比，Non-GAAP 虽然缺乏可比性和一致性，却能给投资者提供更具实际参考意义的信息。财务报表是企业财务报告的最核心部分，具体包括资产负债表、利润表和现金流量表三张财务报表和多项报表附注。

第二章

企业的本质与会计操控

【学习目标】

通过本章的学习，对企业的本质和会计操控以及两者之间的脉络关系有一个清晰的认识。同时，理解稳健会计、激进会计和公允会计的含义和区别，并能在此基础上对具体的财务报表稳健与否做出初步判断。

第一节 企业的本质

一、显性定义的企业

关于企业的定义，国内外至今尚未形成一个统一的表述。但是也有一些共识：企业是组织形式的一种，它通常是盈利组织，但也不排除是非营利组织的可能性。然而，企业研究的重点大多聚焦于作为盈利组织的企业，而较少考虑其他。

公司是依据《公司法》设立的一种企业组织形式。在中国境内，根据《公司法》的规定，可设立有限责任公司和股份有限公司。它们都是企业法人，有独立的法人财产，享有法人财产权，并以其全部财产对公司的债务承担责任。广义的企业除了公司这一形式之外，还包括个人独资企业、合伙企业等。这些企业与公司相比，则没有企业法人资格，对企业的债务承担无限连带责任。

企业作为社会中微观经济的主体，好比国民经济的细胞，是市场经济活动中最重要的参与者，在社会经济生活中发挥着巨大的作用。现实中，既有仅容一两个人就业的小微企业，也有动辄几十、上百万员工，富可敌国的“超级航母”，如沃尔玛公司；既有从事农业、工业生产的传统公司，也有靠虚拟网络提供社交服务的新型互联网公司，如Facebook、Twitter等。正是这千千万万形式各异的企业组成了一个国家或地区的国民经济体系，这也成为推动世界文明进程的最活跃的因素。

二、企业的本质：基于新制度经济学视角

企业除了前述所讨论的表象上的差异外，其共同性的本质特征究竟是什么？1937年，科斯（Coase）从契约角度给予了一个比较准确的解释，并由此开创了一个经济学新天地——新制度经济学。在此之前，无论是西方经济学的鼻祖亚当·斯密还是后来的集大成者萨缪尔森都没有关注这一问题，他们认为企业充其量是一个生产函数，或者是一个一成不变地追求利润最大化的装置。将企业视为一个"黑箱"，并直接迈过这一"黑箱"，对经济学问题进行了所谓的逻辑缜密、力求均衡的分析，形成了对现实经济指导乏力的"黑板经济学"。

1937年，科斯的一篇题为《企业的性质》(*The Nature of The Firm*) 的论文，从根本上扭转了这一局面。年轻的科斯，没有盲从于前人的研究成果，而是通过数年的思考，发表了其旷世之作。他创造性地利用交易成本分析了企业与市场的关系，阐述了企业存在的原因，并于1991年获得了诺贝尔经济学奖。科斯指出，企业本质是一种资源配置的机制，是价格机制的替代物。具体来讲，在信息不完备的条件下，受主客观因素的影响，欲使交易符合双方当事人的利益，交易合同就变得十分复杂，为追求一个完备合约，势必增加相应的费用。于是，由于市场合同的高费用而使一些交易采用企业内部交易方式，企业的出现一定是企业的交易费用低于市场的交易费用，交易成本的差别就是企业出现的原因。企业与市场是两种可以互相替代的资源配置方式，它们之间的不同表现在于：在市场上，资源的配置由价格机制调节；在企业内，资源的配置则通过企业管理当局的管理协调完成。从资源配置的效率出发，为了节约交易成本，有些交易通过市场完成，有些交易在企业内完成，选择在哪里完成，依赖于市场定价的成本与企业的组织成本之间的平衡关系。

从20世纪70年代开始，企业理论便沿着两个分支发展：一是交易成本理论，二是委托代理理论。其中，交易成本理论着眼于企业与市场的关系、企业的性质与边界的讨论；代理理论则侧重于分析企业内部组织结构及企业成员之间的委托代理关系。但这两个理论都强调了企业的契约性，因此又将企业理论称为企业的契约理论。

阿尔奇安（Alchian）和德姆塞茨（Demsetz）评判性地继承了科斯关于交易成本促使企业代替市场机制的思想，并在此基础上对企业理论加以发展和创新。他们两人于1972年在《美国经济评论》上发表了著名的《生产、信息成本和经济组织》一文，该文把企业

科斯本人曾经为此调侃地说道："要想得到诺贝尔经济学奖就必须活得足够老才行。"

视为生产要素的一组契约，企业的实质不是雇主与雇员的长期合同，而是团队生产过程。在企业的团队生产中，全体生产成员共同决定生产效率。如果团队生产的成果大于团队个体分别生产成果的总和，足以弥补组织管束团队成员的成本，团队生产就会被采纳，企业就是使用团队投入的、市场的专业化替代物。既然是团队生产，就面临着考核问题，使团队成员的所得与贡献相匹配。但是，从最终产品里难以对生产过程中每一个成员的贡献进行分解和观测，这就引起企业团队成员的“偷懒”和“搭便车”问题。因此，企业团队中必须选出专门的人员扮演监督者的角色，在生产过程中监督其他成员，以避免“偷懒”和“搭便车”的行为，并计量每一成员的生产贡献。那么，谁又来监督监督者的“偷懒”和“搭便车”呢？他们认为，再运用监督的手段就陷入了一个永无止境的“死循环”，激励和约束便被提上日程。为了激励和约束监督者，企业团队必须给予监督者剩余索取权和对其他成员的指挥权以及企业合约条款的修改权，使他们有动力去监督团队的其他成员。为了监督的效率，监督者必须处于企业契约集合中的中心位置，并愿意承担这一位置中潜在的较大风险。

20 世纪 80 年代初，张五常对科斯的企业理论提出了更为透彻的解释。在其于 1983 年发表的《企业的契约性质》一文中，企业和市场的边界变得模糊了，他认为企业不过是不用于市场组织活动的一个简略说法，企业和市场之间还存在一些过渡地带。企业内部关系是一组契约关系，如果说非得对企业和市场进行区别的话，那就是企业用生产要素契约关系代替了市场的产品契约关系。在企业的生产要素契约中，私有要素的所有者按契约将要素使用权转让给代理者以取得收入，他们遵从代理人的指挥而不再频频计算自己投入要素的市场价格，这就形成了企业。那么，人们为什么会愿意采用企业这种契约形式呢？张五常认为，这是因为估价某产品及获得某产品的有关信息通常须支付成本；企业通过对某些投入品代替物进行估价的方式，其成本通常小于对产出物的直接定价，由此节约的交易费用足以弥补由于信息不足造成的损失。张五常提出的关于企业性质的解释，改进和发展了科斯的企业理论，对现代企业理论的发展产生了深远影响。

以上简单概述了新制度经济学对企业本质全新的认识。归结为一句话就是：企业是一系列契约的集合。这些契约既包括企业内部的契约（如董事会与管理层、管理层与员工等之间的契约），也包括企业与外部利益相关者的契约（如股东与公司、政府与公司、债权人与公司、客户 / 供应商与公司、社区居民与公司等契约）。正是这一系列或显性或隐性的契约缔结了现实中千差万别、形态迥异的企业。

三、契约的本质和委托代理理论

科斯论文“企业的性质”的发表，不仅冲破了对企业认识的禁忌，而且创立了企业的契约理论。企业契约理论的核心观点就是对企业本质的探索，即企业是一系列契约的集合。在过去的几十年里，委托代理理论是契约理论最重要的发展之一。所以，在谈到契约本质时，委托代理理论是其浓重的一笔。该理论是20世纪70年代左右，经济学家通过深入研究企业内部信息不对称和激励问题发展起来的。但最早可追溯到1932年美国经济学家伯利（Berle）和米恩斯（Means）出版的《现代公司与私有财产》一书，在书中两位经济学家认识到企业所有者兼具经营者的做法存在着极大的弊端，于是提出“委托代理理论”，倡导所有权和经营权分离，企业所有者保留剩余索取权，而将经营权利让渡给管理层。这只能说是对委托代理理论的初步认识，其丰富的内涵还远没有被发掘。

1976年，詹森（Jensen）和麦克林（Meckling）针对西方企业所有权与控制权相分离这一事实，发表了迄今引用率无人能敌的经典论文“企业理论：管理行为、代理成本和所有权结构”，真正把委托代理理论发扬光大，成为企业契约理论中最为重要的部分。他们认为，由于企业管理人员不是企业的完全所有者，管理者努力工作时只能获取一小部分剩余权益；而当他消费额外收益时，他得到全部好处却只承担一小部分成本。这就造成企业管理人员的工作积极性不高，却热衷于追求额外消费。于是，企业的价值就小于所有者直接管理企业时的价值，两者之间的差异被称之为“代理成本”。减少或消除代理成本的办法是让管理者成为企业完全的剩余权益所有者。这一论断是大胆的，但在现实中也是难以实现的。除了极少数的企业通过管理层收购（Management Buy-Out，MBO）实现了管理者到所有者角色的转移外，大多数企业仍在企业所有权与控制权相分离状态下存在着，且在不断地发展和壮大。如此看来，詹森和麦克林的理论分析中应该忽略了某些能够抑制代理成本的因素。尤金·法玛（Eugene Fama）在其1980年的论文“代理问题与企业理论”中对此进行了进一步探讨，他指出，所有权与控制权的分离可以被理解为经济组织的一种有效形式。由于存在着经理人市场和股票市场，管理者的行为受到了约束，代理费用得以降低。具体来讲，经理人市场通过对管理者的“声誉”的评价而发挥作用，股票市场的存在使得股东可以用脚投票的方式避免管理者滥用职权带来的损失，同时引起的股票价格的跌落又间接地评价出管理者的绩效。

以上的分析主要针对的是所有权和经营权的分离导致的所有者与管理层之间的委托代理关系，这只是企业契约关系中的一部分，而非全部。除此之外，还存在大量的其他委托代理关系。因此，企业契约理论研究的范围不单也不应只局限于所有者和管理层的契约关系，企业与政府、外部投资者（股权和债权人）等相关利益者的契约关系也理应涵盖其中。

只要是信息是非对称的，存在着某些参与人拥有但另一些参与人不拥有的信息，而且不拥有信息的参与人对信息的获取由于搜索成本的高昂而在经济上不现实，就有委托代理关系存在的“土壤”。这里的非对称性可以从两方面划分：一是，信息发生的时间存在非对称；二是，信息的内容存在非对称。在现实经济生活中，信息的非对称是永续存在的，委托代理理论就是建立在非对称信息博弈论的基础上的。只要在建立或签订契约前后，市场参与者双方掌握的信息不对称，这种契约关系都可以被认定为委托代理关系。所以，从本质上讲，契约关系就是一种委托代理关系，是一种居于信息优势与处于信息劣势的市场参与者之间的相互关系。在这个关系中，掌握信息多（或具有相对信息优势）的市场参与者称为代理人，掌握信息少（或处于信息劣势）的市场参与者称为委托人。委托代理理论的中心任务是研究在利益相冲突和信息非对称的环境下，委托人如何设计最优契约激励代理人。

需要特别说明的是，随着缔约人关系的不同，一个主体在契约关系中是委托人还是代理人并非一成不变，而是依其所居的信息地位而定。对股东和公司管理层之间的契约关系来说，股东就是委托人，公司管理层是代理人；而对员工和公司管理层之间的契约关系而言，员工明显处于信息劣势，员工是代理人，而管理层则变成委托人了。

契约约定了不同利益主体各自在企业中所应承担的责任与分享的利益。诸如，管理层的报酬、激励员工的薪酬与奖金、政府的税收、股东的红利、银行的本息，等等。契约的约定如何去实现？有没有具体的衡量标准？这些问题最终得以解决都要追溯到会计的功用。因为大多数利益的约定通常以会计收益数字为基础，从而赋予了会计以分配的职能。

第二节 会计操控

一、会计系统的监督作用

由于企业中普遍存在的信息不对称，促使了委托代理关系的产生。委托代理关系中的双方，无论是委托人还是代理人都是理性人，都会为自身利益的最大化而制订自己的行为决策。这就促使处于信息优势的代理人通过偷懒、盗窃等各种方式提高自身的收益，也就是所谓的“机会主义行为”的产生。相对于小股东来说，处于信息优势的大股东就有可能通过控制现金消费权来侵占其利益，多表现为大股东占款；在所有权和经营权分离的情况下，相对于公司的所有者，管理层更是可以通过各种名目的在职消费侵占股东的利益；同样，由于信息的不对称，员工就有可能通过偷工减料侵占公司的利益，公司通过偷税漏税侵占政府的利益，公司通过制假售假侵占消费者的利益，诸如此类，不胜枚举。

如何抑制或降低这些普遍存在的机会主义行为呢？消除信息不对称现象无疑是标本兼治的最好方法。然而，彻底消除信息不对称又是极不现实的，不符合成本收益原则，即使在不计成本的情况下也只可能无限接近，不可能完全消除。那么，在符合成本收益原则的前提下，能最大限度降低信息不对称程度的方法则成为最优选择。对企业来说，尽管委托代理关系错综复杂，但外部投资者与内部管理层之间的委托代理关系无疑是最重要的一环。如何降低企业外部投资者和内部管理层之间的信息不对称自然就成为公司治理研究中的重中之重。此时，信息的披露就成为降低信息不对称最为重要的方式。正如美国大法官路易斯·布兰戴斯在其 1914 年所著的 *Other People's Money* 所说："公开是救治现代化社会及工业弊病的最佳良药，阳光是最好的防腐剂，灯光是最有效的警察"。公司通过对其经营情况和财务成果进行充分、有效地披露，投资者才能对公司的质量做出恰当的判断并进而确定其投资的决策。市场也是朝此方向发展的，市场经济体制下的各国都不约而同地认识到信息披露是资本市场健康发展的基石。

在各种信息披露中，公司的会计信息披露无疑又是其中最为重要的环节。这是因为，在所有的有关公司信息中财报信息是硬信息。信息时代的信息源是多种多样的，但财报信息也许是全球范围内共识程度最高的有关企业业绩与风险评估的信息源。作为一门国际通用的商业语言，按照公认会计原则或权威会计准则编制的财报信息，是一种格式化的标准信息，它建立了企业之间财报信息的可比性基础。虽然不同国家或地区所采用的会计标准各有不同，但公开资本市场上各个国家或地区所采用的会计标准几乎是大同小异。为了使公开财报信息更具可靠性，各个国家或地区的财报信息都要求必须有可靠证据的支持。可以说，所有公开资本市场上的每一项财报信息都是有可靠证据支持的信息。除此之外，财报信息在正式披露前，还要求企业花费巨资聘请独立第三方专业机构加以鉴证或背书，以进一步表示它是值得人们信赖的，公允表达了公司财务状况、经营业绩和财务风险的硬信息。

会计信息能够缓解资本市场上的信息不对称，从而促进资本市场的健康发展。作为委托人的投资者在对代理人（即企业管理层）进行监督和激励时，需要对其受托责任的履行情况进行恰当的评价。而在现代企业制度下，企业的所有者和债权人通常处于企业外部，很难通过直接的观察来度量经营者受托责任的履行情况。可行的办法就是通过观察会计盈余等企业的产出变量来间接评价其受托责任履行情况，即依据会计信息作为评价的主要标准，并由此决定监督和激励的措施。同时，代理人的利益侵占行为通常都会透过公司交易进行，而这些交易都会在会计系统中留有记录和相关证据。通过会计信息的披露有助于减轻委托代理关系中的利益侵占行为。可以这样说，只要企业中还存在委托代理关系，会计便永远会是"防范腐败"的重要机制。

会计信息不但对监督和激励企业管理层起着重要的作用，在企业契约签订、执行的过程中的作用也不容忽视。在企业成立之初，投资者要向企业投入自己的资源，才能使企业得以成立和运转，这时就需要会计系统对他们投入资源进行初始计量，并以此作为契约所有权安排的重要基础。之后，企业要在经营过程中产生源源不断的利润，这也是企业存在的理由；而企业到底产生了多少利润，同样也需要进行会计系统进行计量，并在此基础上将利润在各个利益主体之间进行分配。在契约的执行过程中，契约各方也不可避免地依赖大量的会计信息。比如，管理层利用会计信息作为其预测、计划、决策、控制等各相关管理活动的依据，为企业持续健康之发展注入活力。

由于信息不对称的严重程度、契约的复杂程度有所差异，会计系统在不同性质的公司中所起的重要性亦有所不同。相对而言，会计系统对公众持股的公司比对私人公司更重要，对私人公司又比对个体企业更重要。

二、会计操控的动机

既然会计信息如此重要，处于信息占优一方的会计信息提供者就有动机进行会计操控，以期使其利益最大化。所谓会计操控指的是公司管理层由于自身的利益驱动，在信息不对称及会计准则不完备的情况下做出有违会计真实、公允原则的经济行为。会计操控通常包括会计政策选择和盈余管理 ，但其涵盖的范围又有所拓展。按其是否合法可区分为两类：一类是指在公认会计原则和相关法律许可的范围内，利用剩余会计规则制定权 对有关的会计数据进行有意识的处理，使这些数据反映的是管理层期望表现的状态，是合法的会计操控。另一类是非法的会计操控，这类会计操控通常表现为对当前会计制度、会计准则和相关法律法规的严重违背，它所生产出的会计信息必然是扭曲的、失真的会计信息，将会误导会计信息使用者做出错误的决策。

以上仅是对会计操控概念的理论分析，在会计实务中，针对某一具体会计操控，判断其是属于合法的会计政策选择或者盈余管理还是非法的会计操控，往往是一件特别困难的事情。而且，从重要性程度来看，对会计操控进行具体的区分远没有探析其产生的动机更为重要，因为我们更关注产生各种会计操控的动机，只有正确地“把脉”动机，才能从根本上更精确地识别会计操控并在一定程度上抑制会计操控的产生。还有一点就是，各种不同种类的会计操控，从动机上来看，并不存在明显的差异，所以对动机的研究更具有普适性。

会计系统对监督和激励企业管理层起着重要的作用，同时在企业契约签订、执行的过程中的作用也不容忽视。企业契约不仅以会计信息作为签约基础，而且还以会计信息作为评估契约履行情况的重要依据。因此，会计数字（尤其是盈余数字）的大小关系到各契约关系人的利益。会计数字的变化，完全可能导致各契约关系人的利益分配格局发生变化。进而，拥有会计信息制定权的企业管理层就有动机通过会计操控千方百计地使会计数据

包括会计政策选择在内的各种调节利润的方式统称为“盈余管理”。会计操控的概念涵盖盈余管理，而盈余管理的概念又大于会计政策选择。

剩余会计规则制定权不单单指会计政策选择，还有如利用关联交易、资产重组、表外筹资、现金流量等调节利润的方式。

（尤其是盈余数据）朝着对自己有利的一方变化，这就是会计操控的契约动机。

另外，股价的良好表现有利于提高公司声誉、吸引潜在的投资者并有利于公司在资本市场上进一步融资，因此公司管理层会重视本公司股价在资本市场上的表现。除了国家和行业层面的宏观信息外，作为最重要的公司层面信息的会计信息有着强烈的“信号”作用，对股价有着直接的影响。因此，公司管理层在进行信息披露时有可能利用会计操控来调整公司会计信息，进而影响公司股票在资本市场的表现，这就是会计操控的资本市场动机。

除了契约动机和资本市场动机外，政治成本动机也是影响会计操控的又一重要因素。正是这些动机或各自或相互交融的影响，才使得公司管理层或单独或与控股股东合谋，绞尽脑汁地在会计上“动手脚”，造就了形式各异的、防不胜防的会计操控 。

（一）契约动机

1. 奖金 / 分红计划假设

企业所有者与管理层在签订契约时，除规定管理层按期获得的基本薪酬外，通常还有为数可观的奖金，而管理层最终能够获得的奖金通常和当期的报告盈利结合起来。也就是说，企业当期的报告盈利越高，则管理层当期能够得到的奖金就越多。这样，在其他条件不变的情况下，实施分红计划的企业，管理人员更有动机通过会计操控（主要方式是会计政策选择）把未来盈利提前至本期确认，以提高当期可能得到的红利，这就是所谓的“寅吃卯粮”。根据权责发生制的原理，这种提前预支了以后年度的会计盈利和红利的方法，使得以后年度相应的盈利和奖金会降低。但考虑到货币的时间价值，提前获取红利实际上提高了管理层的整体薪酬水平。

当然，“寅吃卯粮”并非奖金 / 分红计划假设的全部。还可能存在这样的情况，即如果奖金 / 分红计划涉及了盈利的上限，超过上限的部分不再作为计算奖金的考量基础，那么当净收益偏高时，管理人员就有动机通过会计操控降低当期的报告收益，因为如果不进行会计操控，超过盈余上线的那部分净利润会永远丧失带来奖金的机会。除此之外，还有一种因奖金计划而产生的会计操控现象，谓之“洗大澡”(taking a big bath)。它的意思是，上市公司在报告年度故意通过会计操控来制造“亏过头”的现象。具体方式有两种：一种是把以前年度虚增的利润在报告年度冲掉；另一种则是把报告年度的利润往以后年度推移。手法无非是将该确认的收入不确认或少确认以减少当期销售收入、采用增加折旧或摊销的方法以增加当期销售成本、虚增期间费用。出现这一会计操控手段多是因为公司因宏观环境或者自身的原因，遭遇了经营困境，且无论通过怎样的会计操控都无法实现当期红

从结果来看，会计操控并非一定扭曲了对公司财务成果的反映，它也有可能是出于“真实公允”的表达需要，更能反映客观事实。但本书讨论的会计操控则意味着，无论是否合法，其都扭曲了公司的财务信息，从而给外界释放出误导性的信号。

利的获得，为了以后年度尽快“翻身”，管理层会倾向于把原本已经不佳的业绩做得更差。

洗大澡也可能出现在其他的情况下，诸如新任管理层上任、公司被并购之后，新管理层也会倾向于把公司业绩做差，“痛痛快快”地洗个大澡，以便把责任推给前任，轻装上阵，以求来年的“好收成”。

2. 债务契约

债权人与公司管理层之间存在道德风险问题，即管理层与债权人的利益函数并不一致，产生所谓的“资产替代”问题和“投资不足”问题。资产替代问题指的是，由于信息的不对称，公司将贷款资金投资于一个风险较高的项目，使贷款的实际风险增大，从而降低了贷款负债的价值。投资不足问题指的是，由于债权人为了自身的利益而钟爱于那些风险不大但其净现值（NPV）足以偿付利息并到期能偿付本金的项目，从而削弱了公司对风险较高但 NPV 更优的好项目进行投资的积极性。这两个问题都能导致公司价值的降低，进而影响债权人的利益。然而，理性的债权人也会预料到这些行为，为了控制这些行为的发生，债券契约中通常包含了一系列的保护性条款；例如，保持一定标准的权益负债率、利息保障系数、营运资本和所有者权益。如果公司管理层违反了这些保护性条款，其违约代价是高昂的。比如，对其股利发放或继续贷款进行限制，或者提前收回贷款等，这就极大限制了公司管理层的经营自由。因此，若其他条件不变的情况下，当公司的经营状况恶化而导致相关财务比率指标可能突破债务契约条款的限制时，公司管理层就有动机通过会计操控来“粉饰”公司的财务状况，选择将未来期间报告盈利转到当期的会计程序和方法，以避免违约行为的发生。

大量的实证研究也证实了这一点，Deakin 等（1979）在研究了石油和天然气行业的会计处理时就发现，公司负债对收入的比例越高，公司越有可能选择能够“改善”公司业绩的完全成本法，而不是更为稳健的成功成本法。DeFond 和 Jiambalvo（1994）更是对违约公司进行了直接的检验，他们选择了 1985 ~ 1988 年间年报中披露有债务违约的 94 家上市公司作为研究样本，结果发现，在违约事件发生的前一年度，非正常应计利润总额和非正常营运资金应计利润额均显著为正。这表明在违约发生之前，企业管理层已经进行了会计操控来调增报告盈利。

3. 平滑收益 / 以丰补歉

“人有旦夕祸福，月有阴晴圆缺”。从理论上讲，作为微观经济主体的公司也不可能永远保持收益稳步递增的良好势头。这一方面可能是因为公司自身的原因，造成经营不佳、业绩下滑或者“突飞猛进”“一日千里”；另一方面也可能与公司自身的原因关系不大甚至无关，仅仅是因为公司受到了外部各种因素的影响而导致的，比如国家的宏观经济政策的改变、行业竞争的加剧，等等。因为公司毕竟不是存在于真空中，各种内外部因素都有可能导致公司收益水平出现大的波动。

所谓平滑收益，指的就是在公司收益水平出现大的波动时，管理层有意隐瞒公司的实际业绩表现，而利用应计项目等会计操控方式来平滑各期收益。即有意地压低生意兴旺年度的报表利润，将其转移到亏损年度，使公司各年度的财务报表整体反映出持续稳定的盈利趋势。

严格地讲，公司管理层平滑收益既有契约动机又有资本市场动机。从契约动机来看，当公司处于财务困境时，管理层调高当期报告盈余有助于保全职位，并减少公司董事会和监管部门的监督和干预。另外，当公司处于财务困境时，相关的债务契约条款限制很可能被突破，调高当期报告盈利也能够避免或者延缓违约事件的发生。从资本市场动机来看，当公司处于财务困境时，调高当期报告盈余能够有助于股价的稳定，避免投资者信心的丧失。

契约动机除了以上所讲的奖金 / 分红计划、债务契约和平滑收益 / 以丰补歉等三种外，还包括总经理变更假设、财务困境假设、劳资契约假设。在总经理非常规更迭的上一年度，前任总经理为了保全其职位，会做出调增当期报告盈利的会计操控；而在总经理非常规更迭当年，新任总经理为了显示前任总经理的经营不善及以后期间的盈余大幅增加做准备，会进行减少当期报告盈利的会计操控；其后的一年，总经理则会增加当期报告盈利的会计操控，以显示其“经营有方”；此即为总经理变更假设。财务困境假设是说，当公司处于财务困境时，公司管理层会调高当期报告盈利，这一方面有利于保全其职位，另一方面也能够避免或延缓债务违约事件的发生。劳资契约假设则是指，企业管理层为了在劳资谈判过程中更少地让利于员工，有动机在劳资谈判期间通过会计操控调减报告盈利。

（二）资本市场动机

所谓的资本市场动机，就是指公司管理层在进行对外信息披露时，有可能利用对公司盈利进行会计操控，进而影响公司股票的价格表现。对上市公司来说，良好的股票价格表现有助于提高公司的声誉、吸引潜在投资者并有利于公司进一步在资本市场融资，所以公司管理层会非常在意股票价格在资本市场上的表现。

会计操控的资本市场动机除了平滑收益假设外，还包括以下几种。

（1）管理层收购。若公司管理层有意于收购上市公司，多会在准备收购之前一期或多期通过各种形式的会计操控调减公司报告盈利，进而打压公司股价，降低收购成本。

（2）发行股票。无论是 IPO 还是后续的增发，公司管理层为了使股价得到最大程度的提升，进而提高股票发行收入，有动机通过会计操控调增公司报告盈利并进而提升股票价格。

（3）实现盈利预测。这里的盈余预测可能来自于财务分析师，也有可能来自公司管理层。财务分析师通过对公司未来盈利的预测，引导投资者是继续持有、买进还是卖出公司股票。所以，分析师在资本市场上起着重要的作用。那些没有满足财务分析师盈利预测的公司会被市场认为存在“坏消息”，其股票价格也因此受到市场的打压。为了减少公司股价的不利波动，公司管理层不得不采用会计操控的方式调节报告盈利以便达到分析师的预测。同时，随着投资者对信息要求的不断提高，公司管理层也会定期、不定期地对未来盈利情况进行预测。如果公司对外公布的报告盈利不能达到其自己之前的预期，无疑“自己打自己的嘴巴”，给股价造成不利的影响，这也会使管理层采用会计操控的方式调节报告盈利。

（三）政治成本

很多公司会受到公众和政府的关注，也许仅仅是因为它们规模较大、活动与很多人相关；除此之外，行业管制和政府的反垄断调查也使得公司不能“独善其身”。公司需要为降低关注度而耗费成本，这就是所谓的“政治成本”。政治成本假设认为会计信息是政治家/政府官员们对公司进行裁量的重要决策依据，公司管理层有动机通过会计操控的方式来影响公司的信息披露，进而影响有关是否应受到管制或反垄断处理的决策，这就是会计操控的政治动机。

实际上，所有行业都会面临不同程度的管制，但其中某些行业面临的管制更为严格，而且和会计信息直接挂钩，比如石油、金融、公用事业等。在这些行业中，为了避免违反有关管理的规定，企业管理层有动机通过会计操控调节企业盈余。另外，公司规模越大，其政治敏感性越强，受到垄断指控的概率越大。比如，微软和规模较小的软件企业相比，利润同样增加一倍，所引起的关注度会截然不同，甚至有人会因此质疑前者的利润是否来源于垄断。世纪之交，微软不断受到反垄断调查的事实也证明了这一点。对于规模庞大的“企业帝国”，为了降低受到垄断指控的可能性，采用控制操控来降低报告盈利不失为一种“好办法”。在其他条件不变的情况下，企业的规模越大，其政治成本就越高，它的管理人员就越有可能选择那些能够将当期利润递延到以后期间的会计政策。

实证结果也验证了这一假设，Jones（1991）发现，在美国国际贸易委员会调查期间，被调查公司为调减收益而调整应计项目的金额明显超过了未进行调查的年份。Cahan（1992）采用类似的方法也发现，在1970 ~ 1983年间，被美国司法部和联邦贸易委员会进行垄断性调查的公司相对于未调查期间，大量调减了利润的应计项目。

三、中国企业的特殊考虑

以上所述的各种会计操控动机普遍存在于世界各国，且都不同程度地得到了实证研究的支持。本小节则更近一步，专门就中国特有的一些会计操控动机进行阐述。

（一）偷税、避税

根据《中华人民共和国税收征收管理法》第六十三条规定，偷税是指纳税人采用伪造、变更、隐匿、擅自销毁账簿、记账凭证，或者在账簿上多列支出或者不列、少列收入，或者经税务机关通知申报而拒不申报或者进行虚假的纳税申报，不缴或者少缴应纳税款的行为。而避税则是指纳税人利用税法上的漏洞或税法允许的办法，做适当的财务安排或税收策划，在不违反税法规定的前提下，达到减轻或解除税负的目的。可见，偷税和避税之间是有严格区别的，偷税触犯了法律，而避税则是合法的。但从其最终的目的来讲，是充分一致的，两者都是为了不纳税或者少纳税而有意为之。为了实现这个目的，公司管理层有动机通过各种会计操控方式降低本期的报告盈利。

事实也证实了这一点。财政部于 2011 年 10 月 8 日了公布《中华人民共和国财政部会计信息质量检查公告（第二十一号）》，对 2010 年 114 家公司的会计信息质量进行检查。结果显示，部分房地产企业采用少计销售收入、多计成本费用的会计操控方法，以达到少缴或迟缴税款等问题，包括恒大地产、远洋地产、中信地产在内的多家大型房地产企业少缴迟缴税款共计逾 20 亿元 。可见，在中国现阶段，为少缴或不缴税而进行会计操控的动机如此之强！

（二）上市包装

上市公司 IPO 后即遭遇业绩变脸是被投资者最为诟病的问题之一，而上市不足一年便遭遇业绩变脸的公司更被指责为是过度包装的恶果。大量的证据表明，中国资本市场上市包装问题十分普遍，而过度的上市包装案例也屡见不鲜。上市公司为了最大程度地在资本市场募集资金，或者更直白地说，就是为了尽量“圈”更多的钱，而去使用各种会计操控方法，这就是公司管理层惯用的“提高”公司收益水平的伎俩之一。IPO 的巨大财富效应足以让公司股东、中介机构联手造假，粉饰业绩，上市闯关。一旦上市成功，大股东一夜暴富，中介服务机构也赚得盆满钵满。正是他们甚至不惜提前透支以后年度收益的严重会计操控，导致不少公司 IPO 后即迅速变脸，股价暴跌，只剩下中小投资者最后买单。

金亚科技（300028.SZ）应该是近几年来被曝光的此类案件中的典型。 公开资料显示，金亚科技成立于 1999 年，是一家从事广播电视器材研发和销售的公司。公司最早大股东为周旭辉的弟弟周旭忠，2004 年周旭辉从国营成都金丰无线电厂厂长辞职，接手周旭忠的 75% 股权。期间，周旭辉多次融资，将股权稀释至 36.36%，借助创业板推出的机会，2009 年金亚科技成为首批登陆创业板的企业。

证监会 2018 年 6 月 26 日发布的消息显示，金亚科技为了达到发行上市条件，通过虚构客户、虚构业务、伪造合同、虚构回款等方式虚增收入和利润，骗取首次公开发行

资料来源：王涛，“恒大等多家大型房企曝资产不实和少缴税款问题”，《经济参考报》，2011 年 10 月 12 日。

资料来源：叶青，“造假触目惊心，涉嫌欺诈发行，金亚科技跌成仙股或‘落幕’”，《华夏时报》，2018 年 8 月 25 日。

（IPO）核准。金亚科技的造假行为令人发指，证监会稽查人员曾透露，其公司的合同是假的，发货单是假的，发票是假的，银行回款的进账单是假的，公司的公章是假的，银行的公章是假的，审计询证函的回函也是假的。其中2008年、2009年1月至6月虚增利润金额分别达到3 736万元、2 287万元，分别占当期公开披露利润的85%、109%。上述行为涉嫌构成欺诈发行股票罪。同时，金亚科技及其相关人员还存在伪造金融票证、挪用资金以及违规披露、不披露重要信息等犯罪嫌疑。值得注意的是，不仅涉嫌欺诈发行，2014年年报中，金亚科技还虚增利润超过8 000万元，是当期披露利润的3倍多，从而将当期亏损状态伪装成盈利。证监会通过与公安机关会商，决定将金亚科技及相关人员涉嫌欺诈发行等犯罪问题移送公安机关依法追究刑事责任。此后深圳证券交易所宣布，因欺诈发行，已正式启动对金亚科技的强制退市机制，公司简称变更为“＊金亚”。随后，其股价应声从6月27日起断崖式下跌，连续多个交易日跌停，截至“＊金亚”在A股的最后一个交易日2018年8月7日，股价跌至0.77元/股。

然而就是这样一家公司，从2013年开始，陆续开始多次业务调整，至2014年已成为一家拥有6家子公司和4家孙公司的集团公司，主营业务从数字电视业务延伸到游戏、广电新媒体等新业务。2015年2月，金亚科技宣布计划以溢价14.87倍，以22亿元的价格收购游戏企业天象互动。这一并购消息一公布，市场反响热烈，金亚科技股价快速攀升，自2015年2月16日至5月14日，区间涨幅最高甚至超过400%。

（三）操纵股价

操纵股价是指少数人以获取利益或者减少损失为目的，利用其资金、信息等优势或者滥用职权，影响证券市场价格，制造证券市场假象，诱导或者致使普通投资者在不了解事实真相的情况下做出证券投资决定，扰乱证券市场秩序。看似操纵股价与公司管理层的会计操控关系并不明显。但实际情况却是：如果没有相关的上市公司紧密配合，没有上市公司一些高管人员的别有用心，操纵市场者在二级市场上将寸步难行，一事无成。公司管理层为了自身的利益，与操纵市场者“狼狈为奸”，配合得“天衣无缝”，使用各种会计操控方式对收益进行包装，要么调高收益、要么调低收益，一切唯操纵市场者“马首是瞻”。当然，会计操控仅是其中一种方式而已；除此之外，制造各种题材，炮制各种虚假消息也是其惯用的伎俩。

2016年震惊全国的“徐翔案”为操纵股价做出了“最好”的诠释。2016年12月5日至6日，由山东省青岛市人民检察院提起公诉的徐翔等操纵证券市场案，在青岛市中级人民法院一审公开开庭审理。根据判决书，经青岛市中级人民法院审理查明：2009年至2015年，徐翔成立上海泽熙投资管理有限公司和上海泽熙资产管理中心（普通合伙）等有限责任公司及合伙企业（以下统称泽熙公司），由徐翔实际控制，设立“泽熙1～12期”“泽煦”“泽熙增煦”“瑞金1号”（以下统称泽熙产品）等信托计划及合伙企业型私募基金进行证券投资。同时，徐翔又控制了亲友郑素贞和以泽熙公司员工以及员工亲友名义开设的证券账户，注入自有资金进行证券交易或者要求他人按其指令进行证券交易。徐翔实际控制 139 个证券账户，涉及 76 个自然人和 1 个合伙企业。

2010 年至 2015 年间，徐翔单独或伙同他人，先后与 13 家上市公司的董事长或者实际控制人合谋操纵上述公司的股票交易。在 11 起上市公司股票交易的操纵中，徐翔等人约定由上市公司董事长或者实际控制人控制上市公司择机发布“高送转”“业绩预增”等利好消息，引入“乙型肝炎治疗性疫苗”“石墨烯”“手机游戏”“在线教育”“机器人”“PPP”“上市公司 +PE”“泽熙产品举牌”等热点题材。徐翔基于上述信息优势，使用泽熙产品及其控制的证券账户，在二级市场进行上述公司股票的连续买卖，拉升股价。上市公司股票价格拉升后，徐翔用泽熙产品及其控制的证券账户以大宗交易的方式接盘上述公司股东减持的股票，并随后在二级市场全部抛售，抛售过程中伴有大量竞价买卖行为。上述公司股东将大宗交易减持股票超过约定底价的部分，按照约定的比例与徐翔等人五五或者四六分成，汇入徐翔等人指定的账户。徐翔等人收到分成款项后，销毁双方签署的协议。在 2 起上市公司股票交易的操纵中，徐翔动用泽熙产品或以他人名义与上市公司实际控制人（以他人名义）共同认购非公开发行（以下统称定向增发）股票后，上述公司实际控制人负责控制上市公司择机发布“高送转”等利好消息，引入“影视文化”“互联网金融”等热点题材。徐翔基于信息优势，使用泽熙产品及其控制的证券账户在二级市场进行上述公司股票的连续买卖，拉升股价，将定向增发股票抛售获利或实现股票增值。

经过以上操纵，徐翔等人在二级市场竞价交易及大宗交易接盘后在二级市场抛售获利 49.78 亿元；徐翔单独获取大宗交易减持分成款 21.24 亿元，持有东方金钰定向增发股票 1.44 亿股；徐翔等人共同获取大宗交易减持分成款 15.91 亿元；王某在二级市场竞价交易获利 6.45 亿元。徐翔等人实际非法获利共计高达 93.38 亿元，外加持有东方金钰定向增发股票 1.44 亿股，堪称中国资本市场之最。

（四）配股、特别处理和摘牌

中国特有的配股、特别处理及摘牌制度也是造就会计操控屡禁不止的重要动机。按照中国证监会的有关规定，上市公司在申请配股时，必须满足一定的业绩条件，即最近三个会计年度加权平均净资产收益率平均不低于 6%（原来是 10%）。当公司需要进行配股时，公司管理层就有动机通过会计操控达到这一规定之要求。1998 年 4 月 22 日，沪深两市同时宣布，将对财务状况或其他状况出现异常的上市公司股票交易进行特别处理（ST），一年后的 1999 年又实施 PT 制度，规定连续 3 年亏损者，则戴上 PT（Particular Transfer）的帽子，并取消其正常交易的资格。2001 年 2 月 22 日证监会颁布了《亏损上市公司暂停

资料来源：王珑娟，“徐翔案细节披露：139 个账户 5 年非法获利 93 亿，入市 24 年从‘私募一哥’到阶下囚”，《投资界》，2017 年 6 月 8 日，https://pe.pedaily.cn/201706/20170608414934.shtml。

上市和终止上市实施办法》，标志着我国股市退市制度的正式实施。上市公司连续两年亏损将被“特别处理”，连续三年亏损将被摘牌。正是这一系列规则的“威慑”，上市公司不能再像以往那样连年“亏而不死”。已出现亏损的上市公司为了避免被戴上不大光彩的ST帽子，或是已经连续两年亏损的上市公司为了避免退市的厄运，公司管理层就有强烈的动机在报表上做文章，通过会计操控以达到配股的要求或避免被ST甚至摘牌。或者先亏损一年，再微利两年，然后再亏损一年；或是先亏损两年，为防止退市再盈利一年，然后再亏损两年，如此循环往复，创造着“不死的神话”。

以上介绍了形形色色的会计操控动机，正是这些动机使会计操控在现实中屡禁不止。除了少数操纵者满足了个人私利外，广大的外部投资者，尤其是中小投资者的利益受到了严重的损害；同时也阻碍了资本市场的资金趋利性流动，降低了资源优化配置的效率。但是，情况要远比以上分析的乐观，资本市场也未因形形色色的会计操控而停滞不前。这一方面归因于识别会计操控的技术日新月异；另一方面也得益于一条“颠扑不破的真理”，那就是应计项目的反转。无论会计操控的技术多么高超、设计的方案多么隐蔽性，“出来混，迟早要还的”，既可能如安妮股份（002235.SZ）那样，仅上市一年就“东窗事发”；也可能像乐视网（300104.SZ）那样，侥幸上市，但最终落下“一地鸡毛”；甚至极少数可能像奥林巴斯那样，会计操控持续了长达20年之久才被发现。通过会计操控增加的当期盈余会在随后的期间以应计项目反转的形式降低公司的盈余。这样，如果报告的亏损要进一步延迟，则应进行更多的会计操控，“撒一个谎就要用十个谎来圆”。事实上，如果公司业绩很差，会计操控不可能无限期推迟清算的时间。同时，适度的会计操控可能是好的这一论断，并不能作为公司误导性或欺骗性会计操控的“借口”。尽管在实务中并不存在一个辨析会计操控是合法还是非法的明确界限，但这也恰恰考验了公司管理层的能力和诚信程度。

四、是否会计操控尚需具体情况具体分析：东阿阿胶会计变更的启示

2018年3月16日，东阿阿胶（000423.SZ）发布一份“关于公司会计估计变更的公告”，决定将成熟生产性生物资产的成龄种驴，按照年限平均法计提折旧，从原来的折旧年限为5年、净残值率为5%，变更为折旧年限为10年、净残值率为60%。单就变更的内容来说，这个变更不可谓不显著。变更前，成龄种驴的折旧年限为5年，变更后为10年。这一变更，平白无故使每年的折旧少了一半。净残值率从5%变更为60%，变更前，一头成龄种驴要折旧其价值的95%，而变更后，只需折旧40%，转瞬间，这又要少计一

详见2017年10月31日《财经》杂志的文章“因乐视网IPO财务造假发审委多人被抓，最终名单超过10人”。

半以上的折旧费。这两项变更都会大幅度地减少公司计提折旧，增加公司当期利润。

公司的这种会计估计变更究竟是为了操控利润还是为了更加真实、公允地反映客观事实呢？公司给出的理由是，“根据公司当前经营情况，对生产性生物资产折旧年限、残值率进行的重新评估，符合公司实际情况，变更后能够更加客观和真实地反映公司财务状况及经营成果，不存在损害公司利益和股东利益的情形”。

对于上市公司的解释，投资者的态度应该是不能完全不信，亦不能盲目地全信，需要具体情况具体分析。针对东阿阿胶这一具体会计估计变更而言，根据公司测算，这并不算是一个十分了不起的会计估计变更。此项变更对公司净利润的影响仅仅是增加了区区325.55万元的年度净利润。这相对于公司2017年度20.44亿元的净利润来说，连一个零头都不到。所以，披露或者不披露，其实并不会改变公司的业绩形象。因此，我们有理由相信，东阿阿胶的这一会计估计变更真如公司所言，修正了之前的不合理而回归现实，更加公允，因为它的影响结果实在是微不足道，公司没必要利用这个微不足道的结果来操控公司的利润。

第三节　会计标准的目标：公允性

一、会计标准的刚性与柔性

为了公司会计数据各年度纵向可比和同年度公司间会计数据横向可比，更为了会计信息披露的公允性，会计标准必不可少，各国GAAP应运而生。在这一系列的会计标准中，既有刚性又富含柔性。所谓“刚性”，即照章办事，没有变通的余地；“柔性”则是指事物的灵活可变性，它是由环境的变化而引起的，根据不确定性而设立。会计标准中的刚性与柔性体现在会计的每一个细节中。

（一）会计标准的刚性

先说会计标准的刚性，“有借必有贷，借贷必相等”这个会计中亘古不变的“真理”可能是会计标准中最大的刚性。企业中任何一笔交易或事项都必须满足这一要求，否则就不能进入会计系统中。由此而顺延出的一个恒等式“资产 = 负债 + 所有者权益”，也深刻体现出了会计的刚性。无论会计的货币计量单位是精确到百万元，还是继续精确到元、角、分，都是必须要遵守这一恒等式的。

各国或地区在具体制订GAAP的过程中也强烈地体现出了准则的刚性。以现金折扣的处理方法为例，国际会计准则采用净价法 ，而我国无论是旧的会计制度还是2007年

净价法是将剔除最大现金折扣后的金额作为应收账款的入账价值。该方法将客户为取得折扣而在折扣期内付款视为正常现象，而将由于客户超过折扣期限而多付的金额视为提供信贷获得的收入，在收到账款时冲减财务费用。

新实施的《企业会计准则第 14 号——收入》均采用总价法 。无论是总价法还是净价法都无所谓对错，人为规定不同而已，但既然上升到 GAAP 层面，在其适用领域内的所有企业都必须遵守，此即为刚性。事实上，无论是净价法还是总价法各有利弊。净价法处理现金折扣更加符合收入实质含义更合理，但也更复杂；而总价法则相对简便，但对于存在销售折让或退回条款时，需等到销售折让或退回实际发生再冲减当期收入，相对而言，对收益的计量不稳健。

再以存货的期末计量为例，我国《企业会计准则第 1 号——存货》规定：会计期末，应当按照成本 与可变现净值 孰低计量，就是说在存货期末计量时，若成本低于可变现净值时，则以成本计价；若可变现净值低于成本时，则以可变现净值计价。这也是会计准则的刚性，任何企业在计量期末存货时必须按照成本与可变现净值孰低进行。

除此之外，有关金融资产的收益是直接计入利润表还是绕过利润表在资产负债表中予以体现的规定、对投资性房地产一旦采用公允价值计量就不得转为成本模式计量的规定等，也均体现了会计标准的刚性。

（二）会计标准的柔性

再说会计标准的柔性，更是体现在会计准则的方方面面。企业可以根据自身的情况，本着真实、公允的原则，在不同的会计标准和会计估计中自行选择。

先以会计标准选择为例，相同或类似交易允许企业选择不同的会计计量标准。对于发出存货的计量，《企业会计准则第 1 号——存货》第十四条规定“企业应当采用先进先出法、加权平均法或者个别计价法确定发出存货的实际成本”，也就是说存货具体采用何种方式计量由各企业裁量；同理，对于固定资产折旧方法的选择也由企业自行决定，《企业会计准则第 4 号——固定资产》第十七条规定，可选用的折旧方法包括年限平均法、工作量法、双倍余额递减法和年数总和法等。这些都是会计标准柔性的体现。

再者，在会计系统中存在着大量的估计和判断。既然是估计和判断，就必然受到人为的、主观的因素影响，不同的人对同一经济交易或事项未来预期利益和风险的评估会存在差异，所以其估计和判断的结论也有可能截然不同。诸如，对存货的可变现净值大小的判断、固定资产使用寿命（即折旧年限）及其预计净残值的判断，乐观或者保守的人其结论会存在显著的差异。这些都是会计标准的柔性使然。

可见，会计标准中处处体现出刚性和柔性。更为有趣的是，两者并非截然分离、泾渭

总价法是将未剔除折扣前的金额作为应收账款的入账价值，只有在客户在折扣期内支付货款时，才予以确认。该方法将销售方给予客户的现金折扣视为融资费用，会计处理上作为增加的财务费用。

这里的成本是指存货的历史成本，即按照先进先出法、加权平均法等存货计价方式计算出的期末存货的实际成本。

可变现净值是指企业在正常生产经营中，以估计售价减去完工成本及销售所必需的费用和相关税金后的金额。

分明的，会计标准更多体现出了刚性与柔性互为影响、相互糅杂的局面。例如：存货的期末计量应当按照成本与可变现净值孰低计量，可谓会计标准刚性的体现。然而可变现净值的定义却是指企业在正常生产经营中，以估计售价减去完工成本及销售所必需费用和相关税金后的金额，其本身就是一个估计的结果，充满着柔性，可见会计标准中“刚中带柔”。还有，企业可以根据自身的需要，在计量发出存货的成本时在先进先出法、加权平均法或者个别计价法中进行选择；在选择固定资产折旧时在年限平均法、工作量法、双倍余额递减法和年数总和法中进行选择，这都可谓会计标准的柔性体现。但紧随而来的是准则规定，无论是发出存货的计量方法还是固定资产的折旧方法，一经确定，不得随意变更，刚性又现，可见会计标准中“柔中带刚”。更进一步，会计准则中的“不得随意变更”，并不意味着不能变更，只是不得随意而已。只要言之有理、“师出有名” ，其不同方法的选择又是可以变更的。如《企业会计准则第 4 号——固定资产》第十九条就明文规定，企业应当至少于每年年度终了，对固定资产的使用寿命、预计净残值和折旧方法进行复核。如果使用寿命预计数与原先估计数有差异的，应当调整固定资产折旧年限；如果预计净残值预计数与原先估计数有差异的，应当调整预计净残值；如果固定资产包含的经济利益预期实现方式有重大改变的，应当改变固定资产折旧方法……

正是会计标准中的“刚中带柔、柔中带刚、刚柔并济”，才导致了会计是科学还是艺术的百年之争，才使会计历经百年沧桑仍散发着迷人的魅力。

二、激进会计和稳健会计

如果会计标准中充斥着皆为刚性的规则而无任何柔性可言，那么自然也就没有激进会计和稳健会计之争。正是因为会计标准中处处体现的“刚中带柔、柔中带刚、刚柔并济”，才给予管理者自由裁量权的空间。而自由裁量权需要人为的主观判断，才导致了激进会计和稳健会计之争。

激进会计和稳健会计是相对而言的两个概念，区分激进会计和稳健会计至少要从两个方面着手：第一，对未来预期所持的态度；第二，对会计政策和方法的使用是否有一定的稳定性，遵循一贯性原则。但是，无论是激进会计还是稳健会计都应在法律、法规允许的情况下进行，而不应该踏破法律、法规的底线。

先从第一方面来说，对未来预期所持态度的不同，使得管理层对会计政策和方法的选择上有所差异。乐观的预期与保守的预期或者相对悲观的预期相比，对未来经营环境和发

当然，这既可能是企业为了更加真实公允地反映客观交易或事项的会计体现，也可能仅仅是会计操控的方式而已。但是，无论企业给出的变更理由看起来多么合理、如何“言之凿凿”，也无论外部审计给出的审计意见多么肯定，对于外部信息使用者来说，都不能仅仅停留于此；而应该关注公司会计方法发生变更的深层次原因是出于税收支出和（或）融资成本的考虑、数据收集成本的影响，出于相关利益者之间财富再分配的考虑，还是其他原因。

展走向更为充满希望，对同样的一笔交易或事项，其在会计政策和方法的选择上就显得更为激进。具体表现在对资产、收入类科目的确认标准相对降低，而对成本、费用类科目的确认标准则相对提高，并最终体现了较高的公司盈余。故此，持有乐观的预期，并在会计政策和方法选择中得以体现的会计系统称之为“激进会计”；而持有保守的或者相对悲观的预期，并在会计政策和方法选择中得以体现的会计系统视之为“稳健会计”。

举例来说：对完全相同的公司房屋、建筑物等固定资产使用年限的判断体现了会计的柔性，是企业内部人员主观判断的结果。乐观的预期可能认为使用 50 年完全没有问题，而保守的预期则可能认为 30 年较为合适。这 20 年的使用年限差异表现在折旧的计量上将产生巨大的经济影响，预期使用年限较长而导致的当期收益显然要高于使用年限较短者。对同样一笔公司应收账款未来可能发生的坏账率，乐观的预期可能是 1% 或者 2%，而保守的预期可能是 10% 甚至 20%；体现在收入的确认上，差别却是巨大的。以上的选择都没有问题，都是在法律、法规允许的范围内进行的。但激进会计相比稳健会计而言，增加了公司当期的盈余。

再说第二方面的区别，即对会计政策和方法的使用是否具有一定的稳定性，遵循一贯性原则。此时的激进会计多表现在公司管理层为了实现“一己私利”，将会计政策（折旧政策、坏账政策和资产减值准备政策等）和方法随意地进行更改 ，来作为会计操控的手段，会计政策和方法选择的稳定性不再。虽然此类会计操控并不违背相关法律、法规，但却使会计信息的可靠性 和相关性 都受到极大的负面影响，使得公司的会计数据不能真实地反映公司财务状况和经营业绩，降低了会计信息的质量。大多数情况下，公司采取激进会计的政策和方法多表明其真实经营状况遭遇较大困难，甚至是危机，不得不靠改变会计政策和方法来粉饰账面利润。而与之相对的稳健会计则表现在不随意更改会计政策和方法，遵循一贯性原则，相对而言，其会计信息的质量较高。

四川长虹（600839.SH）的应收账款案则提供了一个绝佳的激进会计的例证，堪称此类案例中的经典之经典。该案例始于 2004 年，直到 2011 年年末才算告一段落，持续了近十年的时间。2004 年，四川长虹新上任的公司管理层由于“季龙粉事件”一次性计提 25.97 亿元的应收账款坏账准备，导致当年度公司巨亏。但第二年由于确认实际损失有所

当然，公司的管理层可以在对外信息的公布中给出各种“冠冕堂皇”的理由，来说明其会计政策和方法发生变更的合理性和必要性。

可靠性是指企业应当以实际发生的交易或事项为依据进行确认、计量和报告，如实反映符合确认和计量要求的各项会计要素及其他相关信息，保证会计信息内容真实可靠、完整。会计可靠性具体包括真实性（如实表述）、可验证性和中立性（不偏不倚）。其中，真实性是可靠性的核心质量标志，而可验证性与中立性是可靠性的辅助质量标志。

相关性是指企业提供的会计信息应当与投资者等财务报告使用者的经济决策需要相关，从而有助于投资者等财务报告使用者对企业过去、现在或者未来的情况做出评价或者预测。会计信息是相关的，必须满足具有预测价值、反馈价值和及时性三个基本质量特征。

减少，使得账面业绩实现高速增长，新管理层甩掉包袱得以轻装上阵。而事实却是，这些应收账款坏账并非 2004 年“突袭”长虹，从长虹的年报来看，其与 APEX（季龙粉所拥有公司）的交易始于 2001 年 9 月。当年长虹来自 APEX 的应收账款为 3.46 亿元，次年即攀升至 38.3 亿元，而 2002 年全年长虹应收账款是 42.2 亿元。2003 年，长虹应收账款为 49.9 亿元，其中 44.4 亿元来自 APEX。从常识来讲，如此数额巨大的应收账款来自同一家公司，自然容易产生极大的货款拖欠甚至无法收回的信用风险，进而产生坏账。事实也证明，早在 2004 年之前，就不断有媒体报道季龙粉的“声名狼藉”，长虹可能在美国市场遭遇巨额诈骗 ；然而，长虹最初却矢口否认，声称其与 APEX 的合作状态良好，且应收账款回收正常，还信誓旦旦地表示要保留追究曝光媒体法律责任的权利 。最后，“纸包不住火”，才有了 2004 年的巨额坏账计提。然较为稳健的做法理应是，长虹遵循会计核算的基本方法，具体分析 APEX 应收账款的特征、金额的大小、信用期限、债务人的信誉和当时的经营环境等因素，一旦发现有确凿证据表明该款项无法收回或者收回的可能性不大时，及时计提应收账款坏账准备。这样，其坏账应该早在 2003 年甚至更早年份在年报中予以体现，而不是如实际情况那样：之前“充耳不闻”，而后在 2004 年一次性计提数十亿元的坏账进行“洗大澡”。

然而，如此的“洗大澡”并未使四川长虹彻底实现“轻装上阵”，而是留有后患，且这一后患直到 2011 年年末才得以妥善解决。2004 年，四川长虹未收 APEX 公司应收货款余额 4.64 亿美元，采用个别认定法计提了 3.14 亿美元（折合人民币 25.97 亿）后尚有 1.5 亿美元余额。当时公司估计，这 1.5 亿美元能够收回，因此并未计提坏账准备。事与愿违，除很少一部分以回款和退货的方式实现外，大部分货款仍未追回。为此，长虹集团于 2006 年 11 月 28 日出具的《承诺函》以及绵阳市国资委 [2006] 26 号《关于同意长虹集团公司承诺收购股份公司应收美国 APEX 公司 1.5 亿美元债权的批复》文批复，长虹集团承诺，在资产置换的基础上，若公司后续执行 APEX 公司和解框架协议及补充协议时，实现的相应资产价值仍不足以弥补对 APEX 公司 1.5 亿美元债权时，长虹集团将收购该 1.5 亿美元的全部或部分债权。长虹集团于 2007 年 10 月 8 日又进一步承诺：2010 年 12 月 31 日前，若四川长虹未能全额回收 APEX 公司 1.5 亿美元债权，长虹集团将按账面净值收购该 1.5 亿美元的全部或部分债权。2011 年 1 月 28 日，长虹集团再出具了《关于收购四川长虹电器股份有限公司 APEX 应收账款的承诺函》，长虹集团认可截至 2010 年 12 月 31 日对 APEX 应收账款账面净值为 4.24 亿人民币，承诺将按账面净值在 2011 年 12 月 31 日前收购该债权。最终，2011 年 12 月 28 日，四川长虹与长虹集团签署《债权转让协议》，长虹集团以现金 4.24 亿人民币收购对美国 APEX 公司的剩余债权。至此，这一延续近十

徐明天，“传长虹在美国遭巨额诈骗，受骗金额可能高达数亿”，《深圳商报》，2003 年 3 月 5 日。
薄继东，“G 长虹放弃诉讼认赔 23 亿元”，《上海青年报》，2006 年 4 月 24 日。

年的四川长虹应收账款案才以集团公司“买单”的方式“尘埃落定”。

无论从第一方面（对未来预期所持的态度），还是第二方面（对会计政策和方法的使用是否有一定的稳定性，遵循一贯性原则）来看，相较于激进会计，稳健会计都更受外部投资者、审计师和监管机构的欢迎。首先，持有保守或较为悲观的预期使公司管理层在会计政策和方法选择上更为审慎，尽量多计成本和费用、少计资产和收入，致使公司盈余数量较低、质量提高，这和会计的稳健性原则 是一脉相承的。再者，稳定的会计政策和方法的应用，使会计系统提供的信息更为真实地反映公司的财务状况和经营业绩，增加了外部利益相关者对公司未来盈余预测的准确性。尽管如此，也必须承认，无论是稳健会计还是激进会计都不是好会计，其对公司会计信息都有一定程度的扭曲，都不能将公司信息以会计信息的形式予以客观、准确地表现出来。由此，会计的公允性便成为会计领域不懈追求的目标，公允价值会计的概念也就应运而生。

三、会计的公允性

公允价值会计就是会计领域不断追求公允性的最好的一个例证。 以下主要叙述的是将公允价值视为一个计量属性，或者说一个计量模式，以实现对相关资产、负债等的“最佳估计”。但是，这绝不是会计公允性的全部，会计公允性不单单体现在具体的方法应用中，更重要的是将其思想贯穿到会计的确认、计量、记录、报告的全过程中，使整个会计信息系统体现公允性。

（一）公允价值计量

公允价值计量是指以市场价值作为资产和负债的计量基础的会计模式，是当前会计计量的一种发展趋势。

公允价值最大的特征就是来自于公平交易的市场，是参与市场交易的理智双方充分考虑了市场的信息后所达成的共识。这种达成共识（一致）的市场交易价格即为公允价值。它是与公平市场的交易价格相一致的，其本质就是市场对计量客体价值的确定。因此，公允价值作为来自于公平市场的确认，是一种具有明显观察性和决策相关性的财务会计信息。正是由于公允价值是理智的双方自愿达成的交换价格，对其的确定并不在于业务是否

稳健性原则又称谨慎性原则（Consevatism），是指在处理企业不确定的经济业务或事项时，应持谨慎的态度。也就是说，凡是可以预见的损失和费用都应予以记录和确认，而没有十足把握的收入则不能予以确认和入账。稳健性原则是企业会计核算中运用的一项重要原则，GAAP 中充分体现了这一原则。如对存货资产进行计价时，采用成本与市价孰低法；在对固定资产计提折旧时，采用加速折旧法等。

这里需要强调，会计公允性是指会计报告的结果是公允的，不以照顾或损害某一方面利益关系人的利益为前提进行有偏的会计信息披露，更应理解为财报信息披露的根本目标或立场。公允价值会计只是一种为追求会计公允性的具体计量属性或方法，其中很可能因其信息的不可验证性或可操纵性使其偏离公允性的目标。

发生，而在于双方一致同意就会形成一个价值，故公允价值最适用于对金融工具尤其是期货、期权、远期合约、互换等衍生金融工具产生的权利与义务的计量。这是因为很多金融工具的交易和事项并未实际发生，签约双方的权利与义务亦未履行，也不可能有历史成本的发生，传统的计量方法很难对其进行计量，采用公允价值计量则可以解决这一问题。

2000 年 2 月，FASB 发布了具有里程碑意义的财务会计概念公告第 7 辑《在会计计量中使用现金流量信息与现值》。此公告为在初始确认或新开始计量时，运用未来现金流量作为一项会计计量基础以及摊销的利息法提供了一个框架，提出了指导现值使用的一般原则，指出在初始确认和新开始计量时，使用现值的唯一目的是估算公允价值。2006 年 9 月，FASB 发布了旨在指导企业在财务报告中如何确定公允价值的财务会计准则公告（FAS）第 157 号《公允价值计量》。该公告广泛适用于金融资产、非金融资产和负债的公允价值计量。FAS157 定义公允价值为存在活跃市场中资产的售出价格或转移负债的支付价格，即通常所说的转售价格（Exit Value）。在期货市场上，公允价值为期货契约的均衡价格，它等于在一定时期内考虑折现率的时点价格。负债的公允价值等于在现行交易中导致或消除负债的价格。FAS157 第 21 段明确提出一个重要基本原则："用于计量公允价值的估值技术将最大程度地使用可观察输入值（Observable Inputs），并最小程度地使用不可观察输入值"。FAS157 强调在计量资产或负债公允价值时充分考虑诸如报价、信用数据、成本曲线等市场因素，并认为公允价值计量中，报价是最精确的计量。可问题在于很多情况下，并不存在活跃的市场，导致报价并不可得。此时公允价值的计量强调不相关的市场参与者视角。该公告对反映公允价值的判断水平具体提供了三个层次。第一层次，存在活跃的二级市场，此时资产或负债的报价就是公允价值；否则，第二层次，存在次活跃市场或者类似资产、负债的市场，或者两者皆不具备，但存在可观测的市场数据，以此来确定资产或负债的公允价值；若以上两个层次皆不满足，则第三层次，使用估值技术来计量公允价值，但其准确性欠佳。

FAS 157 实施后不久，即爆发了全球金融危机，欧美政界和金融界对公允价值进行了猛烈抨击，将危机的罪魁祸首归咎于公允价值，并建议废除或暂停使用公允价值会计。2008 年 10 月 3 日，美国国会通过的《紧急经济稳定法》授权 SEC 可以在其认为必要的情况下，停止执行 FAS157 等 FASB 制定的会计准则。针对新的极端市场环境和金融界等对公允价值的无端诘难，FASB 于 2008 年 10 月 10 日发布了 FAS157-3 号《在不存在活跃市场时如何计量公允价值》。也许因为起草过于匆忙，所以阐述不够充分，该文告被 2009 年 4 月 9 日发布的 FAS157-4 所取代。作为 FAS157 的附加指南，FAS157-4 在相当大的程度上弥补和修正了 FAS15 以活跃市场作为该准则背景的缺陷。2011 年 5 月，FASB 就会计准则汇编主题《公允价值计量》（Topic 820）发布了长达 331 页的更新公告，对以往关于公允价值会计的准则、法规等进行了整理、归档和汇编，并本着与国际会计准则趋同的原则对部分内容和用词进行了修正。

毫无疑问，在存在活跃的二级市场时，报价即公允价值是最佳估计。但在不存在活跃的二级市场时，公允价值的计量就远非如此简单明了了。一种被广泛应用的方法就是市场模型法（如 Black-Scholes 模型）。但采用这种方法至少存在两方面的问题。一是模型输入数据的可靠性，举例来说：在计量员工股票期权时，大量的证据表明管理当局操作模型的输入数据，以此来降低其公允价值，进而降低对利润表的不利影响（Bartov et al., 2007）；二是模型本身的可靠性，仍以员工股票期权为例，因为其期权不满足 Black-Scholes 模型要求的公开市场可交易性假设，运用这一模型本身就是不可靠的，将高估员工股票期权的公允价值（Kothari et al., 2010）。这样计量出的公允价值含有太多的管理层的主观判断，应用公允价值计量同可靠性之间没有一个能够消除资产负债表（历史成本）数字和利润表（公允价值）数字之间存在不一致性的框架，所以对 FAS157 有关非金融资产和负债的适用是存在一定质疑的。

可见，作为资产和负债的计量基础的会计模式，公允价值计量的合理性取决于当前的市场成熟度。公允价值的特点在于其作为计量属性时，更多地应用于“重新计量”，因此它的适用性有限，至少不适用在那些企业并不准备出售和变现的资产。事实上，公允价值的应用即便在会计最成熟、最发达的美国，适用的领域仍然很小，主要限于衍生金融工具、随时准备变现的有价证券等。

作为新兴的资本市场国家，一方面，中国存在较西方资本市场国家更为严重的信息不对称，内部人拥有更多的私有信息，而作为利益相关者的外部人获取公司信息的渠道有限，决定了会计信息的专有性更强，导致所谓的公允价值更难“公允”；另一方面，即便存在活跃的二级市场，作为产权的重要保护方式——公平交易也不一定能够真正实现。这是因为中国的市场化程度虽有较快发展，但与较发达的市场经济国家相比，尚处于发展期，水平较低，同时地区间差异较大；还有就是政府行为虽然逐步规范，但对微观主体运行的干预却仍较为强势；公司治理水平仍不完善，这些都可能导致一系列特殊交易的存在（刘浩和孙铮，2008），而这些特殊交易往往打着“公允”的幌子行“不公允”之事。

另外，不同的企业性质、不同的契约关系、不同的行业管制也可能会对公允价值的运用产生深远的影响。具体来说，同民营上市公司相比，国有上市公司可能更偏好通过公允价值的计量来满足国有资产运作绩效的考核目标。尤其是自 2010 年始，国资委要求所有央企采用经济增加值（EVA） 指标对公司业绩进行度量以来，央企这方面的问题可能更

经济增加值（Economic Value Added，EVA），指从税后净营业利润中扣除包括股权和债务的全部投入资本成本后的所得。其核心是资本投入是有成本的，企业的盈利只有高于其资本成本（包括股权成本和债务成本）时才会为股东创造价值。公司每年创造的经济增加值等于税后净营业利润与全部资本成本之间的差额。其中资本成本包括债务资本的成本，也包括股本资本的成本。EVA 综合了所有投入资本的成本，剔除了资本结构的差别对经营业绩的影响，将不同投资风险、不同资本规模和资本结构的企业放在同一起跑线上进行业绩评价，是当今世界上公认度较高的企业经营业绩评价指标。

甚。随着以央企为代表的国有企业规模越来越大，涉及行业和范围越来越广，民营企业面临的挑战日趋严峻。虽然所得税征缴过程中应纳税所得是独立的，但是所得税的税基仍然依赖于公司会计信息。为了将更多的资本留存于企业内部，而不是通过缴税等形式从企业流出，民营企业可能更愿意用历史成本把真实的财务盈利掩盖起来，而拒绝采用公允价值。不同的契约关系也可能会影响到公允价值的计量，例如在债务契约没有明确约定的情况下，经理人员可能利用资产的公允价值升值来掩盖资产流动性的实际降低。严格受政府管制的行业（例如石油、电力等垄断性行业），往往依靠其垄断地位获得远超过正常利润的垄断收益，此时若采用公允价值计量可能进一步暴露利润。为了能够刻意地隐藏利润，这些行业采用公允价值计量的可能性就不会太高。

若根本就不存在活跃的二级市场，公允价值会计存在的问题就会更加突出。无论采用市场模型法还是其他现值技术，在计量公允价值时所需要的数据中均有相当一部分是估计值（如贴现率、是否包含福利以及或有事项等），这就为管理层调节利润提供了空间。这种表象的公允价值严重违背了会计“经济实质重于法律形式” 的原则，导致负债计量的扭曲，其相关性、可靠性和稳健性自然也就无从谈起。

中国特殊的制度背景决定了在运用公允价值会计时，同西方发达国家相比，需慎之又慎。2006 年，由中华人民共和国财政部颁布的与国际会计准则趋同的《企业会计准则》，对公允价值有较大范围的使用。例如在首次执行并需调账的 15 项业务中，涉及公允价值的竟有 13 项之多。可见，公允价值在此次会计准则的变革中扮演着极其重要的角色。《企业会计准则——基本准则》中第 42 条表明：公允价值是相对于历史成本、重置成本、可变现净值、现值这四种基本计量属性外，第五种基本计量属性。公允价值是指“在公平交易中，熟悉情况的交易双方自愿进行资产交换或者债务清偿的金额”。但紧接着又指出“企业在对会计要素进行计量时，一般应当采用历史成本，采用重置成本、可变现净值、现值、公允价值计量的，应当保证所确定的会计要素金额能够取得并可靠地计量”。变更后的《企业会计准则》允许对市场条件成熟的资产应用公允价值计量，如金融类资产，足见准则制定者对待公允价值问题还是相当审慎的。在中国，产权法律保护体系虽然不断健全，但依然比较薄弱，政府干预较为严重，关联方交易又较多的情况下，这种审慎的态度和做法是必要而又及时的。

（二）绝不仅仅是公允价值

公允价值显然是会计公允性的一部分，而且是重要的且已经实现的一部分，但这绝非

所谓“经济实质重于法律形式”原则指的是企业按照交易或事项的经济实质进行会计核算，而不应当仅仅按照它们的法律形式作为会计核算的依据。经济实质重于法律形式原则在会计实务中体现在多个方面：如对融资租赁固定资产在会计报表中予以反映，对委托受托代销商品业务的会计处理，对销售商品的售后回租或回购（代销）行为的会计处理等。

会计公允性的全部，或者只能称之为“狭义的公允性概念”。除此之外，会计的公允性应该体现在整个会计系统的方方面面。GAAP 对财务报告的总体要求就是公允性，又称为公允列报。其涉及的问题相当广泛，不仅要求交易或事项的结果是公允的，还要求交易或事项发生的过程是公允的，这也就是所谓的“广义的公允性概念”。

激进会计和稳健会计相比较，会出现一边倒的局面，无论是外部投资者、审计师还是监管机构都对稳健会计持拥护态度。然而，正如上文所言，无论是激进会计还是稳健会计都不是好会计，其不能将公司信息以会计信息的形式予以客观、准确地表现出来。而会计的公允性则要求在对称的情况下公平反映企业资产和负债的价值变化，以及由此带来的企业损益的波动。从这点来看，会计公允性理应更受推崇。但事实却表明，即便是会计政策的制定者也会表现出在稳健性与公允性之间取舍的“左右摇摆”，不同的公司管理层在具体的会计信息计量中由于会计柔性的存在，更是表现的千差万别。以下就软件研发成本的会计处理为例，对此予以说明。

【案例分析】软件研发成本的会计处理

20 世纪 80 年代以前，美国对于软件研发成本的处理统一按照 SFAS-2 号《研究与开发成本会计》规定处理，也就是将软件研发成本作为当期费用处理。此后，随着美国软件行业的急速发展，FASB 专门针对软件研发成本制定了准则，即著名的 SFAS No.86。该准则明确将计算机软件行业的研发成本从普通的研发费用中分离出来，无论是内部开发和制造的软件还是外购的软件，只要软件用于出售、租赁或以其他方式上市所发生的成本皆适用。其中规定，软件研发成本与软件开发成本两者的界限在于“技术可行性”（Technological Feasibilities）。在确定计算机软件产品出售、租赁或以其他方式上市的技术可行性前，所发生的所有成本都应计入研发成本，当期费用化；在确定技术可行性之后发生的生产母版产品所发生的成本（包括执行编译和测试所发生的成本）应资本化。

准则的处理方式使得研发成本中能够带来未来确定受益的一部分得以资本化，以无形资产的形式在资产中得到反映。这样的信息能够真实反映企业进行软件研究开发的投入和进展情况，比全部费用化更能反映经济实质。这样的处理符合会计原则中划分收益性支出与资本性支出原则，而且后续的资本化形成的无形资产的处理也使得交易符合配比原则，这都是会计公允性的具体表现。对于软件企业来说，其研发的投入通常都是非常高的。按照该准则规定，研发成本就可以部分资本化，形成资产反映在资产负债表中，使投资者可以了解企业的发展潜力。同时，准则提供真实信息帮助投资人做出正确的投资决策，也有利于软件行业的长远发展。

但这也可能是准则制定机构“一厢情愿”，并非所有的软件公司都会“买账”，尤其是对那些资产规模和净利润规模都较大的软件公司来讲更是如此，微软即是一个这样的例子。微软认为，软件研发成本与软件开发成本两者间并没有明显的区别。而且，即使资本化，因技术很容易过时也需要在短期内摊销。所以，研发成本和开发成本发生时，予以全部当期费用化。微软采取这种极为保守的会计政策来进行向下的管理盈余，不断降低证券市场期望，夸大软件经营风险，从而达到递延收入、平滑公司盈利的目的，显然应归于稳健会计的类别。但这种做法 SEC 并不认同，认为其增加了盈利操纵机会，从而把会计数字变成游戏。

除软件的研发成本外，其他研发成本仍遵照 FASB 于 1974 年 10 月发布的 SFAS-2 号执行：将研究与开发成本（包括直接成本）在发生的当期进行费用化处理，计入当期损益，在各个期间的财务报表的附注中进行披露。显然，在制定 SFAS No.2 时，稳健会计思想又占了“上风”，FASB 认为研发项目未来收益是高度不确定的。除美国之外，德国也是采用类似的方法处理研发成本。

将目光转移到中国，迄今并没有专门针对软件研发成本的相关准则，和其他研发成本一样，2007 年之前的会计准则要求全部研发成本当期费用化，2007 年及之后则遵照《企业会计准则第 6 号——无形资产》有关研发费用的条款。借鉴了国际会计准则的做法，体现了会计的公允性，将企业在研究开发过程中发生的费用区别对待：对于研究阶段的支出进行费用化处理，于发生时计入当期损益，此处的研究是指为获取新的科学或技术知识并理解它们而进行的独创性的有计划调查。开发阶段的费用，在能够证明符合相关条件 的前提下，允许资本化，确认为无形资产，此处的开发则是指在进行商业性生产或使用前，将研究成果或其他知识应用于某项计划或设计，以生产出新的或具有实质性改进的材料、装置、产品等。新准则的这一规定体现了与国际会计准则的趋同，日本、法国、英国等国也都采用与之类似的方法，一定条件下资本化研发成本。

相较而言，荷兰、巴西、瑞士等国对研发成本的会计处理则较为激进。与上述的当期费用化和一定条件下资本化均不同，这些国家对研发成本当期全部资本化，等到开发成功取得收益时开始予以摊销，这种做法假定企业在连续几年之内存在着若干研究开发项目。

当期全部费用化和当期全部资本化是处理研发成本问题的两个极端，要么过于稳健，要么过于激进，但它们体现了会计的刚性。而一定条件下的资本化处理则体现了会计的公允性，既遵循了谨慎性原则又遵循了配比性原则，只要企业在具体实施时，按照准则规定的方法将研究阶段与开发阶段进行合理的划分，进一步加强研发费用的信息披露，就能将研究开发项

根据《企业会计准则第 6 号——无形资产》第九条之规定，企业内部研究开发项目开发阶段的支出，同时满足下列条件的，才能确认为无形资产：①完成该无形资产以使其能够使用或出售在技术上具有可行性；②具有完成该无形资产并使用或出售的意图；③无形资产产生经济利益的方式，包括能够证明运用该无形资产生产的产品存在市场或无形资产自身存在市场，无形资产将在内部使用的，应当证明其有用性；④有足够的技术、财务资源和其他资源支持，以完成该无形资产的开发，并有能力使用或出售该无形资产；⑤归属于该无形资产开发阶段的支出能够可靠地计量。

目是否会带来未来收益的不确定性降到最低，使研发费用得到合理恰当的会计处理，看似十分美好。但如何合理的划分则充满着主观判断，这也正是美国迄今仍全部费用化的原因。这不是对会计公允性的否定，而是各准则制定机构认识上存在差异，美国将软件研发成本单独制定准则就是例证。

总之，无论什么样的规定，都是各方利益集体在准则制定机构游说并最终达成“妥协”的结果，都会产生相应的经济后果性。

四、会计的经济后果

会计之所以得到如此之多的关注是因为会计是有经济后果性的。所谓经济后果，按照泽夫（Zeff）的理解，是指会计报告将影响企业、政府、工会、投资人和债权人的决策行为。即会计报告不仅仅是反映管理者和其他利益相关者决策行为的结果；同时，会计报告也会反过来影响他们的决策行为。因此，会计准则的制定者在制订会计准则时，应当将可能出现的不利后果纳入到考虑范畴。斯科特（Scott）在其《财务会计理论》一书中则将经济后果更为简洁地定义为：不论证券市场理论的含义如何，会计政策的选择会影响公司的价值。会计的经济后果被泽夫 视为会计思想真正的革命，是当今会计的中心问题。

（一）1929~1933 年美国“大萧条”与 GAAP 的建立

始于 1929 年的美国大萧条，是导致 GAAP 建立的直接原因。“大萧条”过后，美国对此进行深刻的反思，认为第一次世界大战后由于偏离了以历史成本为基础的、稳健的会计而导致了当时混乱的会计实务。正如 May（1936）所言，“20 世纪的会计师堕落了，沉溺于调整资产账面价值到了一种前所未有的程度。作为减轻罪过的借口，他们可能会声称法律不健全、经济理论不切实际以及财产新秩序的信念没有事实根据却广为接受一起导致了这种行为。但是，更明智的行为是承认错误并不再受误导”。

仅从美国当时铁路业的折旧问题就可窥见一斑。美国早期的铁路业是不计提折旧的。当时的人们认为只要通过不断维修和更新，便可以使诸如车站、火车、铁轨等长期资产永远保持寿命，因此也就根本没有必要计提折旧。这种做法从会计的视角来看，显然是激进的。企业直接以收入和当期的费用来计算收益，使当期会计收益虚高、资本将被逐步侵蚀，牺牲了长期投资者和债权人的利益；同时，以虚高的收益作为考量的基础来发放大量的股利，使短期投资者得到意外的收获，增加了民众对铁路业的投资热情，进而造成了铁路业的过度投资。

Zeff, S. A. 1978. The Rise of“Economic Consequences”. The Journal of1 Accountancy, 12:56-63.

有意思的是，“塞翁失马，焉知非福”。从长期的经济后果来看，美国铁路业的飞速发展，为美国后续的经济注入持久的动力。就连 May 也不得不承认，如果没有当时的会计环境而是将折旧纳入到成本的范畴之中，就不可能有美国铁路业的飞速发展（May，1936）。

1929 ~ 1933 年的大萧条改变了会计师的议程。接下来的十年里，职业界将大部分时间用于应对批评家及重申相对于管理者的独立性。20 世纪 30 年代，会计理论工作者和执业者忙于解决建立会计和审计准则以保护职业自治等更紧迫的问题。1933 年和 1934 年，美国先后颁布了《美国证券法》和《美国证券交易法》，并责成 SEC 负责制定会计准则。SEC 经过表决决定又将会计准则的制定权下放到美国会计师协会（AIA），自己保留最终的否决权。

（二）1995~2001 年互联网泡沫与历史成本原则

所谓“互联网泡沫”指的是 1995 ~ 2001 年间，在欧美及亚洲多个国家的股票市场中，与高科技及新兴的互联网相关企业股价高速上升的事件。2000 年 3 月 10 日是该事件的最高峰，当日 NASDAQ 指数一度攀升至 5 132.52 的历史最高点，此后便一路狂泻。直到 15 年后的 2015 年 3 月 2 日，NASDAQ 指数才重新站上 5 000 点，但此时的 NASDAQ 指数同 15 年前相比已发生质的改变：在 1999 年年底，该指数的市盈率高达“超脱俗世”的 152 倍，而重新站上 5 000 点时该指数的市盈率仅为 26 倍。

我们将此事件分成两个时间区间来阐述其与会计之间的关系。1995 ~ 1998 年是互联网泡沫的第一阶段，更准确一点来说，更像是互联网泡沫的蛰伏期，因为真正的泡沫还没有来临。第二阶段，1999 ~ 2001 年才是真正迎来了泡沫的“暴风骤雨”。

市场经济发展到了 20 世纪末期，以历史成本原则为计价基础的传统会计不断地暴露出其弊端。随着一群通常被称为“ COM”的互联网公司的成立和发展，传统会计越来越不能承受之重。对这些高科技公司来说，大量的甚至属于企业核心的真正资产因为不符合传统会计的要求，而被“拒之门外”，导致真正体现在会计报表中的资产和公司价值远低于其实际价值。以人力资源为例，企业是一个人力资源和非人力资源的组织，在工业化时代，决定企业生存与发展的主导要素是企业拥有的物质资本，会计能够尽其所能、最大程度地展示企业的真实状况。然而，随着知识经济的来临，物质资本与人力资本的地位发生了重大变化，物质资本的地位相对下降，而人力资本的地位相对上升，特别对那些高科技和互联网企业来说更是如此。尽管人力资源会计在理论上由来已久，且取得了一定的研究成果，但在实际应用中，因其定义存在争议、计量方法存在难点，不符合传统会计资产的定义，也就不能体现在会计报表中。因此从会计报表入手，这些公司的价值将被低估。

1995 ~ 1998 年这一阶段，尽管资本市场因为 COM 公司的概念，指数不断攀升，但仍属理性范围之内。之所以这样讲，是因为投资者的预期基础突破了传统会计的束缚，指数的不断攀升更是对公司真实价值不断逼近的体现。截至 1998 年年初，微软、IBM 等十大高科技公司中，有一半以上的公司，其真实收益率远高于股价的增幅，而这些高科技公

有关 GAAP 发展历程的详述，请参见本书第一章第三节的内容。

司理应是最可能被市场“非理性繁荣”推高的目标。所以，这一阶段美国高科技公司的股价不是太高，而是太低了。之所以造成互联网泡沫产生于1995年的假象，原因就在于以往这些公司的股价被大大低估了。

然而，这种持续走高的资本市场行情并没有适可而止。股价的飙升和金融买家炒作的结合，以及风险投资的广泛利用，给这些企业创造了一个急速发展的温床，1998 ~ 1999年美国的持续低利率更是起到助“一臂之力”的作用，使得这些企业摒弃了标准的商业模式，突破传统经营模式的底线，转而关注于如何增加市场份额。而这些企业大部分缺乏切实可行的计划和管理能力，却由于新颖的COM概念，仍能将创意出售给投资者。至此，股市泡沫产生，大量的投机者因预期到股价会进一步上升，而不是因为其公司被低估而买入股票。同时，大量的股票期权被支付给了公司的高管和员工。许多高管在公司IPO时，瞬时变成了百万富翁，公司的原始股东更是一夜暴富，而许多人又把他们的新财富投资到更多的COM公司上面，加上公司难以估价，把许多股价推上了令人瞠目结舌的高度。股指一路狂奔，NASDAQ指数一度攀升至5 132.52点（2000年3月10日），明显偏离了资本市场上价值投资的理论基础。随后，由于利率被美联储连续提高了6倍，出轨的经济开始失去了速度，再加上联邦政府诉微软垄断案等一系列事件的影响，2000年3月13日（星期一）股市一开盘即一路狂跌，一发不可收拾，大量COM概念企业因此而破产。

股票期权是由企业的所有者向经营者提供激励的一种报酬制度，最早产生于20世纪70年代，随后便得以迅速发展。其产生的最初目的是为了体现人力资本的产权价值，解决所有者和经营者之间的委托代理问题，将公司管理层的个人利益同公司股东的长期利益联系起来，避免以基本工资和年度奖金为主的传统薪酬制度下经理人员的行为短期化倾向，使管理人员从公司股东的长远利益出发实现公司价值的最大化。大量的实践也证明，这是一种建立激励机制的行之有效的方法。通常的做法是给予企业的高级管理人员一种权利，允许他们在特定的时期内，按某一预定价格（通常是该权利被授予时的价格）购买本公司普通股。这种权利不能转让，但所购股票仍能在市场上出售。这样，经营者就可以获得行权（Exercise）当日股票市场价格和行权价格 (Exercise Price) 之间的差价。

在这一时期，股票期权的发放和使用开始失控，其对资本市场泡沫的高企起到了推波助澜的作用。股价的攀升与管理层的薪酬密切相关，以思科公司为例，时任CEO约翰·钱伯斯（John Chambers）就在2000年享受到了与期权有关的1.56亿美元的分红，这使得他大约130万美元的薪金和奖金简直成了九牛一毛。至此，公司管理层会为股价的提升使尽浑身解数，甚至和金融炒家“沆瀣一气”。这种负面影响本是股票期权生而具有的，但在互联网泡沫时期发挥到了极致。

（三）2008年至今，全球性金融危机与公允价值会计

为减少实施股票期权产生的负面影响，从而造成股市泡沫再起，FASB鼓励企业采用

公允价值会计。因为看涨期权必然使企业每期分摊的酬劳费用较高，公允价值会计可以部分抵消公司为推高股价而有意操纵利润的可能性，更可靠地衡量酬劳成本与公司利润。然而，好的会计惯例未必导致好的经济后果，2008年开始的全球金融危机又将公允价值会计置于“水深火热”之中。

这是一场由美国的次贷危机引发的全球性的经济危机。美国的金融家们和国会议员们先是把引起这场危机的原因矛头指向了评级机构，继而又指向了会计界，认为会计界的“公允价值”是压垮美国这头骆驼的“最后一根稻草”。他们认为公允价值计量模式夸大了次贷产品的损失，放大了次贷危机的广度和深度。迫于形势所压，美国东部时间2009年4月2日FASB就公允价值问题展开讨论，决定修改FAS第157号准则《公允价值计量》，尽管没有中止“公允价值”原则，但还是做出了重大的让步：给予金融机构在资产计价方面更大的灵活性，允许金融机构在证明市场不流动、价格不正常的情况下，可以用其他的合理的价格估算方法估算自己的资产价格。就此问题，IASB随即宣布，不会效仿美国财务会计标准委员会的做法。

那么，公允价值会计为何落得如此田地，被视为导致次贷危机的“罪魁祸首”呢？这里简单梳理一下其中的逻辑。曾经让美国经济与房地产市场繁荣一时的次贷在2006年出现逆转。当时，美国为了控制全面的通货膨胀，在两年时间里17次加息至5.25%，次贷利率由此也同步上升。高利率抑制了住房需求，房价下跌，致使供房人开始断供，资金链断裂，次贷危机全面爆发。由房屋贷款衍生出的资产抵押债券（ABS）和债务抵押债券（CDO）等价格持续下跌，使用公允价值计价的此类资产价格的下跌必然引起公允价值的变动，进而直接进入损益，导致亏损。如果投资人恐慌性抛售次贷类资产，公允价值将会急剧下跌，可收回金额远低于账面价值。这就需其计提减值准备，加剧亏损。资产由于大量计提减值而缩水的情况下，负债却不会减少，企业为了维持资产负债平衡，不得不快速、低价抛售资产，以免计提更多的减值。低价抛售资产除带来直接损失外，剩余资产又不得不因市价下跌进一步计提减值，由此形成恶性循环。正是由于公允价值这种独特的反馈效应，彻底打击了投资者信心，市场出现恐慌性抛售持有次贷产品的狂潮，华尔街的银行家们纷纷指责公允价值也就不足为奇了。

客观地讲，将公允价值会计视为“罪魁祸首”有点言过其实，但它在这轮金融危机中的确起到了“推波助澜”的作用。这不是对公允价值会计计量方式本身的质疑，而只是指出公允价值会计并非完美无缺，对其应用过程提出了更高的要求。公允价值会计存在顺周期的问题，在一个平稳的市场中运行得不错。但是，当市场发生突然变化的时候，情形就不一样了。经济周期通常会依次经历发展、顶峰、衰退和触底反弹这四个阶段，公允价值会计具有助长周期性波动的特点，尤其在经济周期中的特殊阶段或者临界拐点处，公允价值计量的放大效应更是一览无余。公允价值使资产负债表的扩张或者收缩速度加快，导致盲目的、不顾后果的行为产生，从而促使泡沫膨胀或萧条加剧，造成一荣俱荣、一损俱损的局面。

另外，公允价值受到市场有效性的影响。如果市场处于正常状况，采用市场价格的公允价值计量模式显然优于历史成本计量模式。但是，一旦市场的流行性发生了急速的转变，金融秩序遭到严重的破坏，资本市场也就犹如脱缰的野马。在极度恐慌情绪弥漫下的市场价格就脱离了理性的轨道，依此决定的公允价值会计显然就不再公允了，其反映的仅仅是偏离均衡价值的市场价格。

历次的经济危机都会对包括会计准则在内的游戏规则进行一系列的反思和重建。这次对公允价值会计的质疑也许是给会计界的一次契机：不断完善公允价值的确认标准、计量方法和披露要求，使公允价值会计提供更准确的公司财务信息，更好地为相关利益者服务。事实也证明了这一点，美国 FASB 也并未就此止步，而是将所有有关公允价值计量和披露方面的研究成果公告列入会计准则汇编主题 820，并于 2011 年发布了主题 820 的更新，使公允价值会计日趋完善。

五、会计公允性的制度保证

邓小平同志有句名言："制度问题更带有根本性、全局性、稳定性和长期性"，说明了制度的重要性。诺斯在其所著的《西方世界的兴起》一书中认为，制度因素是经济增长的关键，一种能够对个人提供有效激励的制度是保证经济增长的决定性因素。具体到会计公允性而言，其有关准则制定得再好，如果没有更高级别的制度保证，也可能仅仅体现在纸面上，而难以落到实处。这就是为什么包括美国在内的众多西方国家，掌握会计准则制定权的民间组织也努力寻求官方支持的原因。

（一）会计法律

在中国，1985 年 1 月 21 日发布的《中华人民共和国会计法》，历经 1993 年 12 月 29 日的修正、1999 年 10 月 31 日的修订和 2017 年 11 月 4 日的修正，已日臻完善，是我国社会主义市场经济法律体系中的一部重要法律，是会计行为的最高法律规范。它为规范经济秩序提供了重要法律保证。该法明文规定，各单位必须依法设置会计账簿，并保证其真实、完整（第三条）；单位负责人对本单位的会计工作和会计资料的真实性、完整性负责（第四条）；会计机构、会计人员依照本法规定进行会计核算，实行会计监督（第五条）。为了发挥注册会计师在社会经济活动中的鉴证和服务作用，加强对注册会计师的管理，维护社会公共利益和投资者的合法权益，促进社会主义市场经济的健康发展，1993 年 10 月 31 日发布了《中华人民共和国注册会计师法》，2012 年 3 月 30 日又发布了其修正案的征求意见稿，并于2014年8月31日发布了修正的《中华人民共和国注册会计师法》。

在美国，2002年颁布了《萨班斯法案》，该法案又被称为《萨班斯—奥克斯利法案》（*Sarbanes-Oxley Act*），其全称是《2002年公众公司会计改革和投资者保护法案》。它对《美国1933年证券法》和《美国1934年证券交易法》做出了大幅修订，在公司治理、会计职业监管、证券市场监管等方面做出了许多新的规定，旨在通过改善公司披露的准确性与可靠性以保护投资人利益；重塑公众对美国资本市场的信任。《萨班斯法案》的制订源于美国安然公司倒闭后引起的美国股市剧烈动荡，其主要内容包括：设立独立的上市公司会计监管委员会（简称PCAOB），负责监管执行上市公司审计的会计师事务所；特别加强执行审计的会计师事务所的独立性；特别强化了公司治理结构并明确了公司的财务报告责任及大幅增强了公司的财务披露义务；大幅加重了对公司管理层违法行为的处罚措施；增加经费拨款，强化美国证券交易委员会（SEC）的预算及职能。《萨班斯法案》是继《美国1933年证券法》《美国1934年证券交易法》之后，又一里程碑式的法律，对美国资本市场和公司治理产生了巨大的影响且这一影响仍在持续。

（二）审计鉴证

作为独立第三方的专业机构，注册会计师专业鉴证会计信息披露的公允性，并就此发表独立意见。从企业理论来讲，独立的审计鉴证也是缓解剩余控制权和剩余索取权相分离所衍生的代理成本的有效治理机制。注册会计师在实施了必要的审计程序后，以经过核实的审计证据为依据，对于鉴证对象是否符合鉴证标准而形成审计意见并出具审计报告。对于财务报表审计而言，则是对财务报表是否已按照适用的会计准则编制，以及财务报表是否在所有重大的方面公允反映了被审计者的财务状况、经营成果和现金流量等发表意见。对于被审计单位各利益相关者来说都具有十分重要的意义。

审计意见包括标准的无保留意见、带强调事项段的无保留意见、保留意见、否定意见和无法表示意见5种类型，其中后4种类型又统称为非标准意见。大量的实证研究表明，审计意见的类型对资本市场有着重要的影响。下面依次对此含义及标准格式进行说明。

1. 标准的无保留意见

标准的无保留意见是指注册会计师对被审计单位的会计报表，依照独立审计准则的要求进行审查后，确认被审计单位编制的财务报表采用的会计处理方法遵循了会计准则及有关规定，并在所有重大方面公允反映了被审计者的财务状况、经营成果和现金流量。历史数据表明，中国上市公司被出具标准无保留意见的比例历年均在90%以上，其标准格式如下。

◇ 审计报告

×××会计师事务所审字（20××）第×号

ABC股份有限公司全体股东：

一、审计意见

（一）我们审计的内容

我们审计了ABC股份有限公司（以下简称“ABC公司”）的财务报表，包括20××年12月31日的合并及公司资产负债表，20××年度的合并及公司利润表、合并及公司现金流量表、合并及公司股东权益变动表以及财务报表附注。

（二）我们的意见

我们认为，后附的财务报表在所有重大方面按照企业会计准则的规定编制，公允反映了ABC公司20××年12月31日的合并及公司财务状况以及20××年度的合并及公司经营成果和现金流量。

二、形成审计意见的基础

我们按照中国注册会计师审计准则的规定执行了审计工作。审计报告的“注册会计师对财务报表审计的责任”部分进一步阐述了我们在这些准则下的责任。我们相信，我们获取的审计证据是充分、适当的，为发表审计意见提供了基础。按照中国注册会计师职业道德守则，我们独立于ABC公司，并履行了职业道德方面的其他责任。

三、关键审计事项

关键审计事项是我们根据职业判断，认为对本期财务报表审计最为重要的事项。这些事项的应对以对财务报表整体进行审计并形成审计意见为背景，我们不对这些事项单独发表意见。

我们在审计中识别出的关键审计事项汇总如下：

……（因公司不同而异）

四、其他信息

ABC公司管理层对其他信息负责。其他信息包括ABC公司20××年年度报告中涵盖的信息，但不包括财务报表和我们的审计报告。

我们对财务报表发表的审计意见不涵盖其他信息，我们也不对其他信息发表任何形式的鉴证结论。

结合我们对财务报表的审计，我们的责任是阅读其他信息，在此过程中，考虑其他信息是否与财务报表或我们在审计过程中了解到的情况存在重大不一致或者似乎存在重大错报。基于我们已经执行的工作，如果我们确定其他信息存在重大错报，我们应当报告该事实。在这方面，我们无任何事项需要报告。

五、管理层和治理层对财务报表的责任

ABC公司管理层负责按照企业会计准则的规定编制财务报表，使其实现公允反映，并设计、执行和维护必要的内部控制，以使财务报表不存在由于舞弊或错误导致的重大错报。

在编制财务报表时，管理层负责评估ABC公司的持续经营能力，披露与持续经营相关的事项（如适用），并运用持续经营假设，除非管理层计划清算ABC公司、终止运营或别无其他现实的选择。

治理层负责监督ABC公司的财务报告过程。

六、注册会计师对财务报表审计的责任

我们的目标是对财务报表整体是否不存在由于舞弊或错误导致的重大错报获取合理保证，并出具包含审计意见的审计报告。合理保证是高水平的保证，但并不能保证按照审计准则执行的审计在某一重大错报存在时总能发现。错报可能由于舞弊或错误导致，如果合理预期错报单独或汇总起来可能影响财务报表使用者依据财务报表做出的经济决策，则通常认为错报是重大的。

在按照审计准则执行审计工作的过程中，我们运用职业判断，并保持职业怀疑。同时，我们也执行以下工作：

（一）识别和评估由于舞弊或错误导致的财务报表重大错报风险；设计和实施审计程序以应对这些风险，并获取充分、适当的审计证据，作为发表审计意见的基础。由于舞弊可能涉及串通、伪造、故意遗漏、虚假陈述或凌驾于内部控制之上，未能发现由于舞弊导致的重大错报的风险高于未能发现由于错误导致的重大错报的风险。

（二）了解与审计相关的内部控制，以设计恰当的审计程序。

（三）评价管理层选用会计政策的恰当性和做出会计估计及相关披露的合理性。

（四）对管理层使用持续经营假设的恰当性得出结论。同时，根据获取的审计证据，就可能导致对ABC公司持续经营能力产生重大疑虑的事项或情况是否存在重大不确定性得出结论。如果我们得出结论认为存在重大不确定性，审计准则要求我们在审计报告中提请报表使用者注意财务报表中的相关披露；如果披露不充分，我们应当发表非无保留意见。我们的结论基于截至审计报告日可获得的信息。然而，未来的事项或情况可能导致ABC公司不能持续经营。

（五）评价财务报表的总体列报、结构和内容（包括披露），并评价财务报表是否公允反映相关交易和事项。

（六）就ABC公司中实体或业务活动的财务信息获取充分、适当的审计证据，以对合并财务报表发表审计意见。我们负责指导、监督和执行集团审计，并对审计意见承担全部

责任。

我们与治理层就计划的审计范围、时间安排和重大审计发现等事项进行沟通，包括沟通我们在审计中识别出的值得关注的内部控制缺陷。

我们还就已遵守与独立性相关的职业道德要求向治理层提供声明，并与治理层沟通可能被合理认为影响我们独立性的所有关系和其他事项，以及相关的防范措施（如适用）。

从与治理层沟通过的事项中，我们确定哪些事项对本期财务报表审计最为重要，因而构成关键审计事项。我们在审计报告中描述这些事项，除非法律法规禁止公开披露这些事项，或在极少数情形下，如果合理预期在审计报告中沟通某事项造成的负面后果超过在公众利益方面产生的益处，我们确定不应在审计报告中沟通该事项。

××× 会计师事务所（特殊普通合伙） 中国注册会计师：张某某（项目合伙人）
（盖章） （签名并盖章）
中国注册会计师：王某某
中国·××市 二〇××年××月××日

2. 带强调事项段的无保留意见

带强调事项段的无保留意见是指注册会计师在审计过程中未受任何阻碍和限制，审计结果令人满意，认为被审计单位编制的财务报表符合相关会计准则的要求并在所有重大方面公允反映了被审计者的财务状况、经营成果和现金流量。但是存在需要说明的事项，如对持续经营能力产生重大疑虑及重大不确定事项等。带强调事项段的无保留意见是非标意见的主体，约占 80%。其格式是在审计报告中增加强调事项段，如 2017 年度的贵人鸟（603555.SH）。

◇ **审计报告**

……

三、强调事项

我们提醒财务报表使用者关注，如财务报表附注五（一）6 所述，报告期内贵人鸟公司及其关联方存在对经销商提供资金支持，主要用于经销商偿还到期金融机构债务和兑付到期商业承兑汇票，截至 2017 年 12 月 31 日贵人鸟公司对经销商的资金支持余额为 90 270 000.00 元。本段内容不影响已发表的审计意见。

……

3. 保留意见

保留意见是指注册会计师对企业所提供的财务报表的某一部分有不同看法，但是对整份报表的意见还是比较客观表述了企业财务情况。这一般是由于某些事项的存在，使无保留意见的条件不完全具备，影响了被审计单位会计报表的合法、公允表达，因而注册会计师对无保留意见加以修正，对影响事项发表保留意见，并表示对该意见负责。其格式是在审计报告中阐述导致保留意见的具体原因，如下 2017 年度的大连港（601880.SH）的审计报告。

◇ 审计报告

……

一、保留意见

（一）我们审计的内容

我们审计了大连港股份有限公司（以下简称“大连港”）的财务报表，包括 2017 年 12 月 31 日的合并及公司资产负债表，2017 年度的合并及公司利润表、合并及公司现金流量表、合并及公司股东权益变动表以及财务报表附注。

（二）保留意见

我们认为，除“形成保留意见的基础”部分所述事项产生的影响外，后附的财务报表在所有重大方面按照企业会计准则的规定编制，公允反映了大连港 2017 年 12 月 31 日的合并及公司财务状况以及 2017 年度的合并及公司经营成果和现金流量。

二、形成保留意见的基础

如财务报表附注四（6）、附注四（7）所述，截至 2017 年 12 月 31 日，大连港合并财务报表中应从大连博辉国际贸易有限公司（以下简称“大连博辉”）收取的应收账款余额为人民币 4 044 万元，计提的应收账款的坏账准备余额为人民币 2 022 万元；其他应收款余额为人民币 15 792 万元，计提的其他应收款的坏账准备余额为人民币 275 万元。

大连港考虑了如财务报表附注九所述相关款项回收的不确定性，按照减去尚处于诉讼保全的相关代理车辆的相关账款后余额的 50% 的比例计提坏账准备，大连港没有根据后附的财务报表附注二主要会计政策和会计估计（10）（a）中所述，分析这些款项的预计未来现金流现值，按照应收款项的预计未来现金流量现值低于其账面价值的差额计提坏账准备，这不符合企业会计准则的规定。同时大连港没有提供其计提比例的具体依据，亦没有提供就剩余应收账款和其他应收款可回收性评估的充分的证据。在审计过程中，我们无法就上述应收账款及其他应收款的坏账准备的计提获取充分、适当的审计证据，无法向大连博辉实施函证程序，也无法对上述应收款项的可回收性实施替代审计程序。因此我们无法确定是否有必要对相关的应收账款和其他应收款余额及坏账准备项目做出调整。

我们按照中国注册会计师审计准则的规定执行了审计工作。审计报告的“注册会计师对财务报表审计的责任”部分进一步阐述了我们在这些准则下的责任。我们相信，我们获取的审计证据是充分、适当的，为发表保留意见提供了基础。

按照中国注册会计师职业道德守则，我们独立于大连港，并履行了职业道德方面的其他责任。

……

4. 否定意见

否定意见是指注册会计师经过审计后，认为被审计单位会计报表存在下述情况之一：第一，会计处理方法的选用严重违反《企业会计准则》及国家其他有关财务会计法规的规定，被审计单位拒绝进行调整；第二，会计报表严重歪曲了被审计单位的财务状况、经营成果和资金变动情况，被审计单位拒绝进行调整。中国第一家被出具否定意见的上市公司是1997年度的渝钛白，审计单位为重庆市会计师事务所，1998年4月29日该公司年报一出炉，其否定意见的审计报告立即在平静的中国资本市场掀起了一场风暴。整体而言，被出具否定意见的上市公司屈指可数，近年来更是几近绝迹。其格式是在审计报告中阐述导致否定意见的具体原因，如下所示。

◇ **审计报告**

……

三、导致否定意见的事项

如财务报表附注 ×× 所述，ABC 公司的长期股权投资未按企业会计准则的规定采用权益法核算。如果按权益法核算，ABC 公司的长期投资账面价值将减少 ×× 万元，净利润将减少 ×× 万元，从而导致 ABC 公司由盈利 ×× 万元变成亏损 ×× 万元。

……

5. 无法表示意见

无法表示意见是指注册会计师工作范围受限制，无法对财务报表获取充分适当的审计证据，比如无法对存货的真实性进行审查等，所产生的影响非常重大和广泛，以至于无法发表审计意见。中国上市公司第一家被出具无法表示意见的是宝石A（000413.SZ），由上海普华大华会计师事务所出具。无法表示意见的格式是在审计报告中阐述导致无法发表意见的具体原因，如2017年度的乐视网（300104.SZ）。

◇ 审计报告

……

一、对财务报表出具的审计报告

（一）无法表示意见

我们接受委托，审计乐视网信息技术（北京）股份有限公司（以下简称乐视网）财务报表，包括2017年12月31日的合并及母公司资产负债表，2017年度的合并及母公司利润表、合并及母公司现金流量表、合并及母公司股东权益变动表以及相关财务报表附注。

我们不对后附的乐视网财务报表发表审计意见。由于“形成无法表示意见的基础”部分所述事项的重要性，我们无法获取充分、适当的审计证据以作为对财务报表发表审计意见的基础。

二、形成无法表示意见的基础

1. 涉及应收账款及其他应收款的事项

如“七、合并财务报表项目注释 5. 应收账款”及附注“七、合并财务报表项目注释 9. 其他应收款”所述，公司对预计无法偿还的除关联方以外的其他单项金额重大及单项金额不重大的应收账款和其他应收款计提了坏账准备。公司没有提供其计提比例的具体依据，亦没有提供上述剩余应收款项的可回收性评估的充分的证据。

期末一年以上应收账款——广告款余额42 780.63万元，公司按照账龄组合计提坏账准备。

在审计过程中，我们无法就上述应收款项的坏账准备的计提获取充分、适当的审计证据，无法通过实施函证程序获取有效的证据，也无法对上述应收款项的可回收性实施替代审计程序。因此我们无法确定是否有必要对相关的应收款项和其他应收款余额及坏账准备项目做出调整。

2. 涉及无形资产减值的事项

公司期末对无形资产计提了减值准备见“七、合并财务报表项目注释 25. 无形资产”。在审计的过程中，我们未能获取到充分、适当的证据对减值迹象出现的时点做出判断。此外，由于如“四、财务报表编制基础 2. 持续经营”所述公司的一系列方案正在推进和实施中，尚未完成，因此我们无法对其中涉及的收入预测的合理性做出判断。

3. 涉及应付账款的事项

如“七、合并财务报表项目注释 37. 应付账款”所述，公司期末应付账款——服务商余额中包含已发生未结算的成本费用的暂估金额。公司未能就这些成本费用的暂估依据提供充分的证据。我们也未能通过实施函证、截止测试等程序获取到充分、适当的证据，无法确定是否有必要对相关的应付账款和成本费用项目做出调整。

……

以上简单介绍了 5 种不同类型的审计意见。每种审计意见类型都是对会计公允性判断的结果，向资本市场传递了不同的信号。但标准的无保留审计意见占到全部审计意见的绝大多数，以 2017 年审计意见为例：3 551 家 A 股上市公司中，被会计师事务所出具非标准意见的有 123 家，占比只有 3.46%。其中，带强调事项段的无保留意见 71 家，占所有非标意见的 57.72%；保留意见 32 家，占比 26.02%；没有否定意见；无法表示意见 20 家，占比 16.26%。

◀ 本章小结 ▶

企业的本质是一系列契约的集合。由于信息的不对称性，导致了企业委托代理关系的产生。会计信息能够减少信息的不对称性，起到了监督的作用。正因为如此，公司管理层才有了会计操控的动机。会计“刚中带柔、柔中带刚、刚柔并济”的特点，给予了管理者自由裁量的空间，导致了激进会计和稳健会计之争。相对而言，稳健会计较之激进会计具有更小的法律与道德风险。然而激进会计和稳健会计都不是好会计，会计的公允性才是会计领域不懈追求的目标，其取决于会计的立场而非技术，而公允价值会计仅是会计技术的体现。每种会计都有不同的经济后果。会计法规及标准、审计制度安排有助于减轻会计信息对经济真实的扭曲。

第二篇

财务报表的结构与要素

第三章　融资活动与财务杠杆
第四章　投资活动与经营杠杆
第五章　会计收入、费用与利润
第六章　现金流量与自由现金流

第三章

融资活动与财务杠杆

【本章学习目的】

资产负债表是根据“资产 = 负债 + 所有者权益”这一基本会计恒等式，按照一定的分类标准和次序，把企业特定日期的资产、负债、所有者权益三项要素的所属项目予以适当排列编制而成。本章及下一章（第四章）借助于资产负债表来讨论公司的融资活动和投资活动。其中，本章基于资产负债表右侧项目，关注的是企业的融资活动与财务杠杆。通过本章的学习，需对融资的组成、财务杠杆的概念与作用、资本结构的有关理论有深入的理解。

第一节　融资活动

融资活动即筹资活动，是一个企业的资金筹集行为与过程。具体来说，就是公司根据自身的生产经营状况、资金拥有状况，以及公司未来经营发展的需要，通过科学的预测和决策，采用一定的方式，从一定的渠道向公司的投资者和债权人去筹集资金（即债务性融资和权益性融资），组织资金的供应，以保证公司正常生产需要、经营管理活动需要的理财行为。

一、所有权理论和实体理论

从“资产 = 负债 + 所有者权益”的会计恒等式来看，负债和所有者权益共同构筑了企业的总资产。然而，负债和所有者权益在总资产中的地位及影响如何，却历经了持久的争论，产生了所有权理论和实体理论。

1. 所有权理论

所谓所有权理论，是指公司的所有权由股东，即权益持有者享有。公司的资产属于股东，公司的负债也由股东承担。公司获得的收入和发生的费用将立即增、减公司股东的净权益。这种理论坚持公司的所有利润或损失，不管是否被分配，都将直接影响股东而不是公司的财产。因此，公司的存在仅仅是为股东执行业务提供的一种手段，资产负债表中的权益部分应表达为：资产 – 负债 = 所有者权益。

2. 实体理论

实体理论则与之不同，实体理论又称主体理论，是从企业的角度围绕经济实体（会计主体）而展开的理论，产生于以公司为组织形式的企业迅速发展的 19 世纪下半叶。该理论认为公司是一个法人实体，债权人和股东一样都对公司做出了贡献，公司是和债权人与股东相对分离的法人实体。资产和负债都属于公司，而不是公司的所有者，利润由公司享有，只有宣布的红利部分才属于股东所有。在实体理论下，资产负债表右边除盈余外的所有项目都属于公司，对公司的资产拥有要求权。当然，各个项目在要求权的性质上有所区别，有债权与所有权之分。这一理论充分体现在“资产 = 负债 + 所有者权益”的会计恒等式上，但其演变也是一个漫长的过程。最初，其会计等式是：资产 = 负债。把企业和所有者的业务看成是一种交易，即企业发行股票取得资本，就承担了支付股利的义务；当企业分配股利时，就履行了这种义务，因而所有者投入资本，也是企业的一种负债。1917 年，威廉·佩顿建议以“权益”取代“负债”这一名词，以避免产生歧义而招致斥责，因而会计等式演变为：资产 = 权益。后来，随着权益概念外延的扩展，既包括债权人权益又包括股东权益，使之最终演变为“资产 = 负债 + 所有者权益”的会计恒等式。

可见，两种理论有显著的差异。所有权理论把权益所有者视作会计业务和财务报告的利益焦点，特别适用于独资企业，因为在独资企业中所有者也是企业的决策者。但随着企业的所有权与经营权日益分离，这种理论就变得难以被人们接受。当企业的形式变得越来越复杂，所有权理论不符合公司制企业的要求，如有限责任公司的股东在负债上承担有限责任的事实与这一理论的本质互相矛盾。主体理论则重视公司实体的地位，资产是债权人和所有者提供给经营实体的权利。债权人和所有者都是权益持有人，尽管他们对收益、风险、管理和清算的权利有所不同，但经营实体应对这两种权益持有人的权利主张负责。甚至有人认为，企业从权益所有者那里获得的资本和从债权人那里获得的资本在其作用上没有本质的区别，所有者和债权人是同等的投资者（夏冬林，1993）。

二、权益性融资

权益性融资即股东投入资本，构成企业的自有资金，表现为资产负债表中的所有者权益部分，是企业资产扣除负债后由所有者享有的剩余权益。权益投资者有权参与或控制企业的经营决策，有权获得企业的红利，但无权撤退资金；在公司破产或清算时，也无权获得优先索偿权。

所有者权益依法定属性分为股本、资本公积、盈余公积、未分配利润等。

（一）股本

股本，亦称实收资本，是经公司章程授权、代表公司所有权的全部股份。它是企业注册登记的法定资本总额的来源，表明了所有者对企业的基本产权关系。股本是企业永久性的资金来源，是保证企业持续经营和偿还债务的最基本物质基础，是企业抵御各种风险的缓冲器。股本既包括普通股也包括优先股，是构成股东出资额的两个组成部分之一（另一部分为资本公积中的资本溢价）。

从数量上来讲，股本等于股票的面值与股份总数的乘积。需要注意的是，这里的股票面值与股票账面价值是两个不同的概念。股票面值，即股票票面价值，是最初用于保证股票持有者在退股之时能够收回票面所标明的资产。但随着股票的发展，购买股票后将不能再退股，所以股票面值的作用变为表明股票的认购者在股份公司投资中所占的比例，作为确认股东权利的根据。而股票账面价值（又称股票净值或每股净资产），则是每股股票所代表的实际资产的价值，是归属于母公司股东权益的合计。每股账面价值是以剔除优先股账面价值后的公司净资产，除以发行在外的普通股股票的股数求得的。

（二）资本公积

资本公积是企业收到的投资者超出其在企业注册资本（或股本）中所占份额的投资，以及直接计入所有者权益的利得和损失等。具体包括资本溢价（或股本溢价）和其他资本公积。

1. 资本溢价或股本溢价

（1）资本溢价。

资本溢价是指有限责任公司的投资者投入的资金超过其在注册资本中所占份额的部分。有限责任公司在创立时，投资者认缴的出资额，都作为资本金记入“实收资本”科目，实际收到或者存入企业开户银行的金额超过其在该企业注册资本中所占份额的部分，计入资本公积。但在以后有新的投资者加入时，为了维护原有投资者的权益，新加入投资者的出资额，并不一定全部作为资本金记入“实收资本”科目。这是因为企业初创时，要经过筹建、开拓市场等过程，从投入资金到取得投资回报，需要较长时间。在这个过程中，资本利润率较低，具有一定的投资风险。经过正常生产经营以后，资本利润率要高于初创时期，同时企业也提留了一定的盈余公积金，使原有投资在质量和数量上都发生了变化。所以，新加入的投资者要付出大于原有投资者的出资额，才能取得与原有投资者相同的投资比例。投资者的出资额等于按其投资比例计算的部分，作为资本金记入“实收资本”科目；超出部分作为资本公积金记入“资本公积”科目。

（2）股本溢价。

股本溢价是针对股份公司而言的。在溢价发行股票的情况下，股东所缴股款超过所购股票面值的那部分金额为股本溢价。为了准确反映和便于计算各股东所持有股份占企业全部股份的比例，确定股东应享有的权利和应承担的义务，企业的资本总额应按股票的面值和发行股份的总数的乘积计算。我国实行的是注册资本制，要求企业的实收资本和注册资本一致。因此，为提供企业股本总额及其构成和注册资本等信息，在采用与股票面值相同的价格发行股票的情况下，企业发行股票取得的收入全部记入“股本”科目；在采用溢价发行股票的情况下，企业发行股票取得的收入相当于股票面值的部分记入“股本”科目，股票发行收入超过面值总额的部分扣除发行费用后的余额应作为股本溢价，计入“资本公积——股本溢价”账户。

2. 其他资本公积

其他资本公积是指除资本溢价（或股本溢价）项目以外所形成的资本公积。其他资本公积不得用于转增资本或股本。其他资本公积主要由以下交易或事项形成。

（1）以权益结算的股份支付。

以权益结算的股份支付，是指企业为获取服务以股份或其他权益工具作为对价进行结算的交易。以权益结算的股份支付换取职工或其他方提供服务的，应按照确定的金额，借记“管理费用”等科目，贷记“资本公积——其他资本公积”科目；应在行权日，按实际行权的权益工具数量计算确定的金额，借记“资本公积——其他资本公积”，按计入实收资本或股本的金额，贷记“实收资本”或“股本”科目，按其差额，贷记“资本公积——资本溢价”或“资本公积——股本溢价”科目。

（2）采用权益法核算的长期股权投资。

长期股权投资采用权益法核算的，被投资单位除净损益、其他综合收益和利润分配以外的所有者权益的其他变动，投资企业按持股比例计算应享有的份额，应当增加或减少长期股权投资的账面价值，同时增加或减少资本公积（其他资本公积）。当处置采用权益法核算的长期股权投资时，应当将原记入资本公积（其他资本公积）的相关金额转入投资收益（除不能转入损益的项目外）。

3. 资本公积转增资本的会计处理

资本公积（资本溢价或股本溢价）的用途主要用于转增资本，不得用于弥补亏损。按照《中华人民共和国公司法》（以下简称《公司法》）的规定，法定公积金（资本公积和盈余公积）转为资本时，所留存的该项公积金不得少于转增前的公司注册资本的25%。经股东大会或类似机构决议，用资本公积转增资本时，应冲减资本公积，同时按照转增前的实收资本或股本的结构或比例，将转增的金额计入“实收资本”或“股本”账户下各所有者的明细分类账。

（三）其他综合收益

其他综合收益是指企业根据其他会计准则规定，未在当期损益中确认的各项利得和损失，包括以后会计期间不能重分类进损益的其他综合收益和以后会计期间满足规定条件时将重分类进损益的其他综合收益两类。

1. 不能重分类进损益的其他综合收益项目

以后会计期间不能重分类进损益的其他综合收益项目，主要包括重新计量设定受益计划净负债或净资产导致的变动，按照权益法核算因被投资单位重新计量设定受益计划进负债或净资产变动导致的权益变动，投资企业按持股比例计算确认的该部分其他综合收益项目，以及在初始确认时，企业可以将非交易性权益工具指定为以公允价值计量且其变动计入其他综合收益的金融资产，该指定后不得撤销，即当该类非交易性权益工具终止确认时，原计入其他综合收益的公允价值变动损益，不得重分类进损益。

根据《企业会计准则第9号——职工薪酬》规定，有设定受益计划形式离职后福利的企业，应当将重新计量设定受益计划净负债或净资产导致的变动计入其他综合收益，并且在后续会计期间不允许转回至损益。在原设定受益计划终止时，应当在权益范围内将原计入其他综合收益的部分全部结转至未分配利润。

投资单位在确定应享有或应分担的被投资单位其他综合收益的份额，该份额的性质取决于被投资单位的其他综合收益的性质，即如果被投资单位其他综合收益属于“以后会计期间不能重分类进损益”类别，则投资方确认的份额也属于“以后会计期间不能重分类进损益”类别。

2. 可以重分类进损益的其他综合收益项目

以后会计期间满足规定条件时，将重分类进损益的其他综合收益项目主要包括以下内容。

（1）符合金融工具准则规定，同时符合两个条件的金融资产应当分类为以公允价值计量且其变动计入其他综合收益：第一，企业管理该金融资产的业务模式既以收取合同现金流量为目标又以出售该金融资产为目标；第二，该金融资产的合同条款规定，在特定日期产生的现金流量，仅为对本金和以未偿付本金金额为基础的利息的支付。当该类金融资产终止确认时，之前计入其他综合收益的累计利得或损失应当从其他综合收益中转出，计入当期损益。

（2）按照金融工具准则规定，对金融资产重分类按规定可以将原计入其他综合收益的利得或损失转入当期损益的部分。

（3）采用权益法核算的长期股权投资。采用权益法核算的长期股权投资，按照被投资单位实现其他综合收益以及持股比例计算应享有或分担的金额，调整长期股权投资的账面价值，同时增加或减少其他综合收益，其会计处理为：借记（或贷记）“长期股权投资——其他综合收益”科目，贷记（或借记）“其他综合收益”。

待该项股权投资处置时，将原计入其他综合收益的金额转入当期损益。

（4）存货或自用房地产转换为投资性房地产。企业将作为存货的房地产转换为采用公允价值模式计量的投资性房地产时，应当按该项房地产在转换日的公允价值，借记“投资性房地产——成本”科目，原已计提跌价准备的，借记“存货跌价准备”科目，按其账面余额，贷记“开发产品”等科目；同时，转换日的公允价值小于账面价值的，按其差额，借记“公允价值变动损益”科目，转换日的公允价值大于账面价值的，按其差额，贷记“其他综合收益”科目。

企业将自用的建筑物等转换为采用公允价值模式计量的投资性房地产时，应当按该项房地产在转换日的公允价值，借记“投资性房地产——成本”科目，原已计提减值准备的，借记“固定资产减值准备”科目，按已计提的累计折旧等，借记“累计折旧”等科目，按其账面余额，贷记“固定资产”等科目；同时，转换日的公允价值小于账面价值的，按其差额，借记“公允价值变动损益”科目，转换日的公允价值大于账面价值的，按其差额，贷记“其他综合收益”科目。

待该项投资性房地产处置时，因转换计入其他综合收益的部分应转入当期损益。

（5）现金流量套期工具产生的利得或损失属于有效套期的部分。现金流量套期工具利得或损失中属于有效套期部分，直接确认为其他综合收益，该有效套期部分的金额，按下列两项的绝对额中较低者确定：第一，套期工具自套期开始的累计利得或损失；被套期项目自套期开始的预计未来现金现值的累计变动额。

（6）外币财务报表折算差额。按照外币折算的要求，企业在处置境外经营的当期，将已列入合并财务报表所有者权益的外币报表折算差额中与该境外经营相关的部分，自其他综合收益项目转入处置当期损益。如果是部分处置境外经营，应当按处置的比例计算处置部分的外币报表折算差额，转入处置当期损益。

（四）专项储备

专项储备是一个权益类会计科目和报表科目，适用于执行中国《企业会计准则》的高危行业企业。专项储备用于核算高危行业企业按照规定提取的安全生产费以及维持简单再生产费用等具有类似性质的费用。高危行业企业如有按国家规定提取的安全生产费的，应当在资产负债表所有者权益项下“其他综合收益”项目和“盈余公积”项目之间增设“专项储备”项目，反映企业提取的安全生产费期末余额。

按照财政部2009年6月发布的《企业会计准则解释第3号》的规定，高危行业企业按照国家规定提取的安全生产费，应当计入相关产品的成本或当期损益，同时记入“专项储备”科目。企业使用提取的安全生产费时，属于费用性支出的，直接冲减专项储备。企业使用提取的安全生产费形成固定资产的，应当通过“在建工程”科目归集所发生的支出，待安全项目完工达到预定可使用状态时确认为固定资产；同时，按照形成固定资产的成本冲减专项储备，并确认相同金额的累计折旧。该固定资产在以后期间不再计提折旧。

在中国境内从事矿山开采、建筑施工、危险品生产以及道路交通运输的企业以及其他经济组织均应按一定比例提取专项储备。如房屋建筑工程、矿山工程为2.0%；电力工程、水利水电工程、铁路工程为1.5%；市政公用工程、冶炼工程、机电安装工程、化工石油工程、港口与航道工程、公路工程、通信工程为1.0%等。

（五）盈余公积

盈余公积金又称公司储备金，是指公司为增强自身财产能力，扩大生产经营和预防意外亏损，依法从公司税后利润中提取的积累资金。该资金不参与股利分配，而主要用于弥补公司亏损、扩大公司生产经营、转增公司资本。根据盈余公积计提是否为法律强制规定，分为法定公积金和任意公积金。

按照《公司法》第一百六十六条规定：公司分配当年税后利润时，应当提取利润的百分之十列入公司法定公积金。公司法定公积金累计额为公司注册资本的百分之五十以上的，可以不再提取。公司的法定公积金不足以弥补以前年度亏损的，在依照前款规定提取法定公积金之前，应当先用当年利润弥补亏损。公司从税后利润中提取法定公积金后，经股东会或者股东大会决议，还可以从税后利润中提取任意公积金。

（六）库存股

库存股是指企业回购的、尚未转让或注销的本公司股份金额。库存股具有以下特征：①其不享有与其他发行在外股票一样的权利，如它不具有投票权、股利分配权、优先认购权等，公司解散时亦不能变现；②其具有一定的库存期限，这是因为若库存期限过长，库存股可能成为公司管理层操纵的一种工具。

依照《公司法》第一百四十二条规定，公司不得收购本公司股份。但是，有下列情形之一的除外：

（1）减少公司注册资本；

（2）与持有本公司股份的其他公司合并；

（3）将股份用于员工持股计划或者股权激励；

（4）股东因对股东大会做出的公司合并、分立决议持异议，要求公司收购其股份；

（5）将股份用于转换上市公司发行的可转换为股票的公司债券；

（6）上市公司为维护公司价值及股东权益所必需。

其中，公司因前款第（1）项、第（2）项规定的情形收购本公司股份的，应当经股东大会决议；公司因前款第（3）项、第（5）项、第（6）项规定的情形收购本公司股份的，可以依照公司章程的规定或者股东大会的授权，经2/3以上董事出席的董事会会议决议。公司依照本条规定收购本公司股份后，属于第（1）项情形的，应当自收购之日起十日内注销；属于第（2）项、第（4）项情形的，应当在六个月内转让或者注销；属于第（3）项、第（5）项、第（6）项情形的，公司合计持有的本公司股份数不得超过本公司已发行股份总额的百分之十，并应当在三年内转让或者注销。上市公司收购本公司股份的，应当依照《中华人民共和国证券法》的规定履行信息披露义务。上市公司因本条第（3）项、第（5）项、第（6）项规定的情形收购本公司股份的，应当通过公开的集中交易方式进行。公司不得接受本公司的股票作为质押权的标的。

（七）少数股东权益

少数股东权益简称少数股权是指在母公司拥有子公司股份不足100%，即只拥有子公司净资产的部分产权时，除属于母公司所有的子公司股东权益外，其余属于外界其他股东所有的部分。由于外界其他股东持有的股权在子公司全部股权中不足半数，对子公司没有控制能力，故被称为少数股权。按照《企业会计准则第33号——合并财务报表》第三十一条：子公司所有者权益中不属于母公司的份额，应当作为少数股东权益，在合并资产负债表中所有者权益项目下以“少数股东权益”项目列示。

三、债务性融资

债务性融资是企业融资的另一种重要方式，主要包含借入资本和商业负债两部分。其中，借入资本的来源可能是银行等金融机构（诸如长期借款、短期借款）也可能是非金融机构，甚至是自然人（如公司债券）；商业负债则是企业商业往来过程中形成的各种欠款，包括应付账款、应付票据、预收账款等。

从会计的角度来讲，按照《企业会计准则——基本准则》第二十三条定义，负债是指企业过去的交易或者事项形成的、预期会导致经济利益流出企业的现时义务 。符合此定义的基础上，同时满足以下两个条件时，确认为公司负债，且应当列入资产负债表。其一，与该义务有关的经济利益很可能流出企业；其二，未来流出的经济利益的金额能够可靠地计量。

与所有者权益相比，负债具有以下特点：①一般的负债具有明确的到期日，尽管到期日的长短可能是两年、三年，也有可能是二十年、三十年；②公司作为负债主体，债权人

现时义务是指企业在现行条件下已承担的义务。未来发生的交易或者事项形成的义务，不属于现时义务，不应当确认为负债。

有权要求公司按期支付利息，到期偿付本金，但债权人没有权力控制公司的日常运营和决策；③在公司清算时，债权人可以优先索偿。在资产负债表的列报中，通常按照偿还期限的长短将负债分为流动负债和非流动负债。

（一）流动负债

流动负债也叫短期负债，是指将在 1 年（含 1 年）或者超过 1 年的一个营业周期内偿还的债务，包括短期借款、交易性金融负债、应付账款、预收账款、应付票据、应付职工薪酬、应交税费、应付股利、其他应付款、一年内到期的非流动负债等。

1. 金融负债

在流动负债中，短期借款、交易性金融负债又统称为金融负债。

短期借款是企业用来维持正常的生产经营所需的资金或为抵偿某项债务而向银行或其他金融机构等外单位借入的、还款期限在一年以下或者 1 年的一个经营周期内的各种借款。

交易性金融负债，指企业采用短期获利模式进行融资所形成的负债，比如应付短期债券，其期限在一年以下。作为交易双方来说，甲方的金融债权就是乙方的金融负债，由于融资方需要支付利息，因比，就形成了金融负债。交易性金融负债以公允价值计量，其大小就是企业承担的交易性金融负债的公允价值。当金融负债符合以下三个条件之一时，企业应当划分为交易性金融负债：①承担金融负债的目的，主要是为了近期内出售或回购；②金融负债是企业采用短期获利模式进行管理的金融工具投资组合中的一部分；③属于衍生金融工具。

2. 应付账款 / 预收账款

应付账款和预收账款都是因购买材料、商品或接受劳务供应等而发生的债务。它们是交易双方在购销活动中，由于取得物资与支付货款在时间上不一致而产生的债务。其中，应付账款更是一种普遍而常见的负债形式。所不同的是，应付账款的产生是由于取得物资的时间在前，而支付货款的时间在后；预收账款的产生则是由于支付货款的时间在前，取得物资的时间在后，预收账款是企业按照合同规定或交易双方之约定，向购买单位或接受劳务的单位在未发出商品或提供劳务时预收的款项。

理论上，应付账款的入账时间应以与所购买物资所有权有关的风险和报酬已经转移给买方或劳务已经接受为标志。预收账款的期限一般不超过 1 年，通常应作为一项流动负债反映在各期末的资产负债表上。若超过 1 年（预收在一年以上提供商品或劳务）则称为“递延贷项”，单独列示在资产负债表的负债与所有者权益之间。

3. 应付票据

应付票据是由收款人或付款人签发，要求付款人在指定日期支付确定金额给收款人或持票人的书面凭证。企业购买材料、商品和接受劳务供应等而开出的商业汇票，包括商业承兑汇票和银行承兑汇票。商业承兑汇票的承兑人为付款人，银行承兑汇票的承兑人为银行。在我国，应付票据通常是企业在经济交易中采用商业汇票方式发生的，付款期一般在1个月以上、6个月以内。其他的银行票据（支票、本票、汇票）等，都是作为货币资金来核算的，而不作为应付 / 应收票据。

4. 其他流动资产

应付职工薪酬是指企业根据有关规定应付给职工的各种薪酬。《企业会计准则第9号——职工薪酬》对于职工薪酬的组成内容做了统一规定，并明确指出无论是工资性质的人工费用还是非工资性质的人工费用，货币性薪酬和非货币性福利都应当设置“应付职工薪酬”科目，按照“工资”“职工福利费”“社会保险费”“住房公积金”“工会经费”“职工教育经费”“非货币性福利”“其他与获得职工提供的服务相关的支出”等应付职工薪酬项目设置明细科目，进行明细核算。外商投资企业按规定从净利润中提取的职工奖励及福利基金也在“应付职工薪酬”科目核算。

应交税费是指企业根据一定时期内取得的营业收入、实现的利润等，按照现行税法规定，采用一定的计税方法计提的、向国家缴纳的各种税费。这些应交未交的税费就形成了企业的负债。应交税费包括企业依法缴纳的增值税、消费税、所得税、资源税、土地增值税、城市维护建设税、房产税、土地使用税、车船税、教育费附加、矿产资源补偿费等税费，以及在上缴国家之前由企业代收代缴的个人所得税等。

应付股利是指企业根据年度利润分配方案确定分配的股利，是企业经董事会或股东大会，或类似机构决议确定分配的现金股利或利润。企业的股利一般存在四种形式，即现金股利、股票股利、负债股利和财产股利。其中，现金股利和股票股利是企业支付股利的主要形式，但两者在会计核算上又有本质的区别，具体如下。

现金股利亦称派现，是股份公司以货币形式发放给股东的股利。企业宣布支付现金股利后，就立刻形成了对投资者的一项流动负债。

股票股利也称为送红股，是指股份公司以增发本公司股票的方式来代替现金向股东派息，通常是按股票的比例分发给股东。企业宣布支付股票股利时，并没有形成对投资者的一项负债，而只是所有者权益内部各个项目的结转，影响的只是所有者权益内部各个项目的结构比例，所有者权益的总额和负债的总额均没有发生金额的变化。

所以，这里的应付股利指的就是企业宣布的、尚未支付给投资者的现金股利，“应付股利”科目核算的也仅是现金股利。企业分配的股票股利，不通过“应付股利”科目核算。

其他应付款是指企业除应付票据、应付账款、应付工资、应付利润等以外的应付、暂收其他单位或个人的款项。通常情况下，该科目核算企业应付、暂收其他单位或个人的款项，如应付租入固定资产和包装物的租金，存入保证金、应付、暂收所属单位、个人的款项、管辖区内业主和物业管户装修存入保证金；应付职工统筹退休金，以及应收暂付上级单位、所属单位的款项。而企业经常发生的应付供应单位的货款，则是在“应付账款”和“应付票据”科目中核算。

一年内到期的非流动负债是反映企业各种非流动负债在一年之内到期的金额，包括一年内到期的长期借款、长期应付款和应付债券。

（二）非流动负债

非流动负债又称长期负债，是指偿还期在一年或者超过一年的一个营业周期以上的债务。除了偿还期较长外，非流动负债还有以下特点：①债务的金额较大；②可以采用分期偿还的方式，或者分期偿还利息，待一定日期后再偿还本金，或者在债务到期时一次性偿还本息。非流动负债的主要项目有长期借款和应付债券。

1. 长期借款

长期借款是指企业向银行或其他金融机构借入的，期限在一年以上或超过一年的一个营业周期以上的各项借款。我国股份制企业的长期借款主要是向金融机构借入的各项长期性借款，如从各专业银行、商业银行取得的贷款；除此之外，还包括向财务公司、投资公司等金融企业借入的款项。

长期借款按有无担保，可分为担保借款和信用借款。担保借款即以企业提供的担保为基础取得的借款。根据企业提供担保的不同，又可细分为保证借款、抵押借款和质押借款。保证借款是指按《中华人民共和国担保法》规定的保证方式，以第三人承诺在借款人不能偿还贷款时，按约定承担连带责任而发放的贷款；抵押借款是指按《中华人民共和国担保法》规定的抵押方式，以借款人或第三人的财产作为抵押物发放的贷款；质押借款是指按《中华人民共和国担保法》规定的质押方式，以借款人或第三人的动产或权利作为质押物发放的贷款。长期借款的抵押品，常常是房屋、建筑物、机器设备、股票、债券，等等。信用借款指不需企业提供抵押品，仅凭其信用或担保人信誉而发放的贷款。

长期借款按照借款币种，可分为人民币借款和外汇借款。人民币借款，即借款为人民币或以人民币为基准计算的借款。外汇借款则是借款为外币或以外币为基准计算的借款。

长期借款按照偿还方式，可分为定期偿还借款和分期偿还借款。

长期借款按提供贷款的机构，分为：政策性银行贷款、商业银行贷款等。政策性银行贷款一般指执行国家政策性贷款业务的银行向企业发放的贷款。如国家开发银行主要为满足企业承建国家重点建设项目的资金需要提供贷款；进出口信贷银行则为大型设备的进出口提供买方或卖方信贷。商业银行贷款则是指由各商业银行向工商企业提供的贷款。这类贷款主要为满足企业建设竞争性项目的资金需要，企业对贷款自主决策、自担风险、自负盈亏。

2. 应付债券

应付债券是指企业为筹集长期资金，按照法定程序报经核准，向社会大众发行的，约定在一定日期或分期偿付本金，并按期支付利息的一种书面承诺。它是企业筹集长期资金的一种重要方式，是有价证券的一种，可以自由转让。企业发行债券的价格受同期银行存款利率的影响较大，一般情况下，企业可以按面值发行、溢价发行或折价发行债券。

债券融资和长期借款融资具有不同的特点。向银行等金融机构借款通常较为便捷，能快速满足企业资金融通的需要，但借款期限一般较短，金额也不会太高，而且资金的使用范围往往也受到严格的限制，甚至还有些信用贷款还附加一定的约束条件；而公司通过发行债券筹集资金，通常期限较长，金额较大，而且在使用方面也更为自由。但债券融资也有不足，那就是没有向银行等金融机构借款便捷，同时发行成本较高、发行周期较长。

总之，债务性融资和权益性融资是企业融资的两种方式。在西方成熟的资本市场上，相比于权益性融资，债务性融资往往更受企业的青睐，特别是企业的债券融资额通常数倍于股权融资。之所以会出现这种现象，原因在于债券融资同股票融资相比，在财务上具有许多优势。譬如税盾作用、财务杠杆作用及资本结构优化作用等。这部分内容在此不再展开，而是放在下一节，我们将对此做进一步详细的阐述。

第二节　财务杠杆

一、财务杠杆的定义及作用

（一）财务杠杆的定义

两千多年前的古希腊科学家阿基米德有句流传甚广的名言："给我一个支点，我就能撬动地球"。他所说的实际上就是杠杆原理，利用一根杠杆和一个支点，就能用很小的力量抬起很重的物体。如今，杠杆原理已成为现代物理学中最基本的原理之一。公司的资本结构中也暗含着杠杆原理，财务学中的财务杠杆概念也就应运而生。

所谓"财务杠杆"，最先出现于西方财务理论。发展至今，对其定义有多种不同的表述。但主要观点有以下两种：一种是强调财务杠杆是对负债的一种利用，认为财务杠杆是企业在制订资本结构决策时对债务筹资的利用，因而财务杠杆又可称为融资杠杆、资本杠杆或者负债经营；另一种则强调通过负债经营而引起的结果，认为财务杠杆是指在筹资中适当举债，调整资本结构给企业带来额外收益。如果负债经营使得企业每股利润上升，便称为正财务杠杆；如果使得企业每股利润下降，通常称为负财务杠杆。究其本质，两种表述并无实质性不同，都是说明负债在资本结构中起着十分重要的作用，不容忽视。

既然强调负债的作用，就不单单要考虑一个企业负债的绝对量，更要重视负债在全部总资产中所占的比例，即资本结构问题。以下几个指标就是对此进行度量的不同表述：

资本结构系数又称产权比率，是负债与所有者权益之比

财务杠杆又称权益乘数或业主权益乘数，是总资产与所有者权益之比

股东权益比率是所有者权益与总资产之比

资产负债率是负债与总资产之比

由于“资产 = 负债 + 所有者权益”恒等式的永续存在，以上指标可以相互转换，只要给定其中一个指标，就可以推导出其他几个指标。举例来讲，如果一家公司总资产规模为 100 亿元，其中负债和所有者权益各为 50 亿元，则该公司的资产负债率为 50%，资本结构系数为 1 : 1，财务杠杆（或权益乘数）为 2，股东权益比率为 50%。

（二）财务杠杆的作用

一般来说，资本结构中债务的比例越高，财务杠杆的强度就越大，财务杠杆对权益报酬率的放大效应也就越大。所以说，“财务杠杆是公司负债对公司股东权益报酬率的放大效应”这句话是没有问题的。

但是，更进一步，影响股东权益报酬率的因素并不止“财务杠杆”这一个指标；除此之外，还有总资产报酬率、负债利息率、所得税税率等因素。综合这些因素，下述式（3-1）反映了决定股东权益报酬率 的全貌：

股东权益报酬率 = [总资产报酬率 +（总资产报酬率 – 负债利息率）
×（负债 / 股东权益）]×（1– 所得税税率） （3-1）

从式（3-1）可以很清晰地看出，由于所得税税率不可能大于等于 1，所以，在总资产报酬率一定的前提下，股东权益报酬率的变化方向与资本结构系数（即负债 / 股东权益）的关系取决于（负债 / 股东权益）这一项之前的系数（总资产报酬率 – 负债利息率）的正负。

当（总资产报酬率 – 负债利息率）> 0，即总资产报酬率大于负债利息率时，财务杠杆

股东权益报酬率的公式推导过程如下：

股东权益报酬率 = 净利润 / 股东权益
= [利润总额 ×（1– 所得税税率）] / 股东权益
=（利润总额 / 股东权益）×（1– 所得税税率）
= [（利润总额 + 利息支出 – 利息支出）/ 股东权益] ×（1– 所得税税率）
= {[（利润总额 + 利息支出）/ 总资产]×（总资产 / 股东权益）– 利息支出 / 股东权益 } ×（1– 所得税税率）
= {[（利润总额 + 利息支出）/ 总资产]×（1+ 负债 / 股东权益）– 利息支出 / 股东权益 } ×（1– 所得税税率）
= {(利润总额 + 利息支出)/ 总资产 +[(利润总额 + 利息支出)/ 总资产]×(负债 / 股东权益)–（利息支出 / 股东权益）×（负债 / 负债）}×（1– 所得税税率）
= {（利润总额 + 利息支出）/ 总资产 +（负债 / 股东权益）×[（利润总额 + 利息支出）/ 总资产 – 利息支出 / 负债]}×（1– 所得税税率）
= [总资产报酬率 +(总资产报酬率 – 负债利息率)×(负债 / 股东权益)]×(1– 所得税税率)

将发生积极的作用，其作用后果是企业所有者获得更大的额外收益。这种由财务杠杆作用带来的额外利润就是财务杠杆利益。

反之，当（总资产报酬率－负债利息率）< 0，即总资产报酬率小于负债利息率时，财务杠杆将发生负面的作用，其作用后果是企业所有者承担更大的额外损失。这些额外损失便构成了企业的财务风险，甚至导致破产。这种不确定性就是企业运用负债所承担的财务风险。

总之，股东权益报酬率与财务杠杆之间的关系取决于总资产报酬率与负债利息率大小关系的比较。而我们通常所说的，资本结构中债务的比例越高，财务杠杆的强度就越大，财务杠杆对权益报酬率的放大效应也就越大；或者说，财务杠杆是公司负债对公司股东权益报酬率的放大效应之所以没有错，就是存在总资产报酬率大于负债利息率这一前提的。现实经济环境下，总资产报酬率大于负债利息率是普遍存在的；但我们又不能完全排除总资产报酬率小于负债利息率的可能性，在中国经济发展的某些阶段，部分制造业企业为银行“打工”，可能就是企业资产报酬率小于负债利息率的真实写照。

此外，这里还需要强调一点，那就是股东权益报酬率与总资产收益率之间的关系。这里的总资产收益率和上述的总资产报酬率是存在一定差异的两个公司整体业绩指标。总资产报酬率等于公司息税前收益与总资产之比，即计算这一指标的分子是“利润总额＋利息支出”；而总资产收益率的计算公式则是公司净利润与总资产之比，可见其分子是净利润。就是这一差异，造就了股东权益报酬率与总资产收益率之间的关系远没有股东权益报酬率与总资产报酬率之间的关系复杂。

$$
\begin{aligned}
\text{股东权益报酬率（ROE）} &= \text{净利润} / \text{净资产} \\
&= (\text{净收益} / \text{总资产}) \times (\text{总资产} / \text{所有者权益}) \\
&= \text{总资产收益率（ROA）} \times \text{财务杠杆（FL）}
\end{aligned} \tag{3-2}
$$

从式（3-2）可以直观地看出，在总资产收益率一定的情况下，公司财务杠杆的强度越大，股东权益报酬率也就越大。这一结论与总资产报酬率与负债利息率之间的孰大孰小没有任何关系。深入地分析能够发现，之所以如此原因就在于无论企业的息税前利润是多少，债务利息和优先股的股利都是固定不变的。当息税前利润增大时，每一元利润所负担的固定财务费用就会相对减少，这就给普通股股东带来更多的盈余。可见，财务杠杆的影响只局限于企业的息税后利润（即净利润），而对企业的息税前利润没有影响。

由股东权益报酬率与总资产报酬率之间关系的讨论，我们已经知道，当负债在总资金所占比重很大时，所支付的利息也相应增大，但只要总资产报酬率大于负债利息率，所有者就能获得更大的额外收益；反之，若出现总资产报酬率小于负债利息率时，其所有者将会承担更大的额外损失。而在股东权益报酬率与总资产收益率之间存在的关系中并未出现有关总资产报酬率与负债利息率大小比较的讨论。这不是说其不再重要了，而是这里使用的净利润指标。净利润指标已经事先考虑了企业可能存在的利息和税费支出问题，并将之提前予以剔除了。

二、资本结构决策

因为根本不存在那样一个“支点”，用来撬起地球，阿基米德的名言被有些人视为“口出狂言”，不过是一句“疯话”而已 。但“给我一个支点，我就能撬动地球”的确有严格的科学依据，只不过在人的有生之年是不可能实现罢了。转入对公司资本结构的探讨，是否也存在一个所谓的“杠杆支点”呢？即公司经营过程中，是否应当负债？负债多少才为恰当？资本结构是否影响企业价值？下面依次对此进行解答。

首先，公司经营过程中是否应当负债，实际上考虑的就是负债的“成本—收益”问题。如果负债的成本低于利用负债融资获得的资金创造的收益，负债经营就是应当的；反之，企业则应该零负债，由所有者权益构成总资产的全部。企业融资渠道的不同，资金成本也大不相同。如对负债中的银行借款来讲，其成本就等于银行借款利息与取得借款的相关费用之和；对企业债券来讲，其成本等于债券利息与发行债券与审批过程中的相关费用之和；而对与公司日常经营直接相关的应付账款、应付票据等商业负债来讲，一般则没有成本。总资产中的所有者权益部分看似没有成本，但其实不然，其成本就是股东期望回报率。通常，负债的成本较为固定，不会随着公司经营业绩的变化而发生变化，至此负债给权益投资者带来的收益就凸显出来：一方面，由于负债成本较为固定，公司经营业绩越好，负债成本就越显得“微不足道”；另一方面，负债部分的银行借款、企业债券的利息又能在所得税前抵扣，起到了“税盾”的作用，使得最终负债的收益大于负债的成本。即通常情况下，企业应当负债经营 。

既然企业应当负债经营，是不是越多越好，还是存在一个恰当的“杠杆支点”，即所谓的“目标资本结构”？从理论上来讲，负债并非越多越好，而是应该存在这样一个“支点”，在这一点上负债边际成本等于边际收益，即 *MC=MR*。但是，无论是负债的成本还是负债的收益本身都难以精确地度量，上升到边际的概念更是“空中楼阁”，因此单纯地

杨涓，阿基米德的支点，《东方艺术·大家》，郑州：东方艺术杂志社，2009。

这里说的是企业应当负债经营，而非必须负债经营，负债与否是企业的个体行为。现实中，也并非所有的公司都是负债经营的。过去，杜邦公司一直以其极其保守的财务政策而闻名，甚至于1960 ~ 1970年奉行着零负债政策。这家成立于1802年，靠生产黑火药起家的公司由于在产品市场上的成功，其高盈利率使其自身积累的资金完全能够满足其财务需要，故这一阶段杜邦公司的现金余额大于总负债，使其财务弹性达到最大，经营免受财务限制。但1970年以后，情况发生了改变，随着市场竞争程度的不断提高、通货膨胀对资本支出的冲击、石油价格的飙升对成本的影响及纤维业的衰退，杜邦最终放弃了零负债政策，转而走向了稳健的负债政策。到了20世纪80年代，由于公司收购科纳克石油公司，公司的负债政策一度十分具有冒险性。

寻求一个“放之四海而皆准”的目标资本结构是不现实的。事实也证明，资本结构受到诸多因素的影响，以下简要介绍几种影响因素。

△ 国别因素：资本结构在不同国家之间，往往存在明显的差异。一般认为，导致不同国家之间资本结构存在差异的原因是由各国的金融市场相对分离，以及各国金融市场运行规则和状态各异而致。相对而言，日本企业的负债率就显著高于其他国家，究其原因主要在于①银企联合，许多企业尤其是大企业，通常和银行保持着紧密的合作，甚至交叉持股；②企业间的合作紧密，商业信用广泛存在；③会计因素，相对于其他国家，日本的会计制度和实务更偏于稳健，使得企业的账面负债率较高。

△ 行业因素：同非制造业相比，制造业的负债率更低，可能的原因是那些处于资金利润率较低行业中的企业，内部盈利从而留存收益不足以支持其正常运营和发展，更为依赖外部的负债融资。

△ 股东和经理人的态度：由于股东和经理人是企业重大经营和财务决策的制定者，其态度的差异也影响公司的资本结构。举例来说，如果公司亟须融资，但大股东十分在意公司的控股权，且其控股比例又接近控制权底线时，大股东就会尽量避免分散股权的普通股融资，转而更多地采用优先股或负债的方式融资。再如，较之稳健的经理人，如果经理人喜欢冒险，他们就会更偏好于负债融资。同时，经理约束机制是否完善也会影响经理人的决策行为。在我国，由于约束机制不完善，经理人往往较少顾及企业长期发展的安全性，而片面地追求短期业绩，导致偏好激进的融资政策，过多地负债。

△ 债权人的态度：通常来说，债权人不希望公司的负债比例过高，因为这可能危及他们自身的利益。将债权人进行细分会发现，相对于短期债权人，长期债权人更加关注企业的资本结构，因为企业的长期偿债能力更取决于公司长期的安全性。债权人对公司的约束机制同样可能影响公司的资本机构，特别突出的现象是，相比民营企业，我国国有企业的负债率在改革的进程中不断攀高，其重要的原因就在于银行信贷的软约束。

△ 企业的成长性：理论上讲，企业的成长性越好，预期收益越可观，其负债融资成本就更低，企业就越可能更多地负债融资。但实践中，企业成长性对资本结构的影响是复杂且不确定的，成长性越好的公司，有可能负债率越高，但也有可能负债率更低。这是因为，成长性越好的公司可能风险更大，而债权人通常又是风险规避者，不愿承担过高的风险而放贷。

△ 负债能力：与一般的商品市场不同，信贷市场的均衡结果不仅仅取决于价格竞争，还取决于数量限制（贷款限额），即债权人并非一直唯“价格”是瞻，将资金放贷

给出价最高者。原因就在于，信息不对称现象在现实生活中普遍存在，致使道德风险和逆向选择 无法避免，这时如果贷款利率过高，只有高风险的借款人才能借款，进而加大了债权人的风险承担。为了控制风险，债权人有可能宁愿降低利率而将资金放贷给风险较低的借款人。在其他条件相同的情况下，已有的研究表明，企业的资产规模越大，可获得的信贷额度就越高。除此之外，企业拥有的资产类型也会一定程度影响企业的资本结构。资产的普适性越高，或者资产专用性 越低，其担保价值就越高，相应的负债能力就越强，企业趋向高负债。

△ 税率和利率：这一点是显而易见的。在其他因素一定的情况下，由于负债利息是税前扣除的，所得税税率越高，企业负债的收益也就越大，进而越倾向于高负债。至于利率的高低更是直接决定了企业的负债成本，进而决定了企业是否倾向于高负债。利率越高，企业因负债所需承担的财务费用越多，故企业会将负债的比例安排得低一些；反之，就会倾向于高负债。利率对负债的影响还表现在预期利率变动趋势上，如果预期利率看涨时，企业就会在当期较多地负债融资，且更偏好负债中的长期负债方式；反之亦然。

以上的分析可以看出，企业的资本结构受到各种因素的影响，并没有一个“放之四海而皆准”的“一刀切”目标资本结构。这一点从理论研究中也得到了证实，在完善的资本市场环境中，资本结构是完全独立于公司价值的，人们可以使用套利原理自制任何财务杠杆，而不会对公司价值产生丝毫的影响。但现实的情况却并非如此，资本市场并不完善，存在着信息不对称、税负不对称和交易成本，从而没有任何一种理论能明确地探寻出负债比例为多高才是最佳的资本结构，在实现这一资本结构时，公司价值最大。这也是公司财务理论迄今尚未解决的一个问题，被称之为“资本结构之谜”。

三、股利政策

所谓股利是指股份公司按发行的股份分配给股东的利润。股份公司通常在年终结算后，将盈利的一部分作为股利按持股比例回馈给股东。上一节中的“应付股利”部分曾对

道德风险通常是指交易双方在交易协定签订后，其中一方利用多于一方的信息，信息占优方有目的地损害另一方的利益而增加自己利益的行为。逆向选择是指市场交易的一方如果能够利用多于另一方的信息使自己受益而对方受损时，信息劣势的一方便难以顺利地做出买卖决策，于是价格便随之扭曲，并失去了平衡供求、促成交易的作用，进而导致市场效率的降低。逆向选择是由于事前的信息不对称造成的，而道德风险是由于事后的信息不对称造成的，这是两者的本质区别。

资产专用性（Asset Specificity）越强，说明改变旧资产的转换成本越高，于是行业的进入壁垒和垄断程度越高。相反，资产同质性越强，则变更经营领域的成本越低。不同行业具有不同的要素品质、要素结构和特征，即资产具有专用性。因此，资产要素在不同行业间的再配置必然涉及一定的费用而产生成本。

股利进行了较为详细的区分，具体有现金股利、股票股利、负债股利和财产股利四种。其中，现金股利和股票股利是企业支付股利的主要形式，但两者在会计核算上有本质的区别，股票股利不过是通过增发股票的形式增加了公司的股本（面值）或资本公积（超面值溢价），而这增加的部分却又是以减少未分配利润为代价的，不影响企业的资产、负债和所有者权益总额的变化，当然也就没有“一分钱”真正从企业流入股东的口袋。本着“经济实质重于法律形式”的原则，股票股利并不是真正的股利，只不过打着股利的“噱头”而已。

股利政策主要是确定公司的利润如何在股东分红和公司留存之间分配。股利政策有广义和狭义之分：狭义的股利政策仅指股利发放比率的确定问题；而广义的股利政策除发放比例确定问题外，还包括股利分配形式的选择和股利宣布日、登记日和发放日的选择等。这里的讨论仅针对狭义的股利政策，研究的重点自然就是现金股利。对股东或者投资者来说，其投资回报的形式一般包括股价上涨和现金股利。所以，现金股利的发放对投资者具有重要的意义，这也是我国多年来对现金股利问题争论不止的原因所在。

股利政策的研究关注发放股利比率的高低和股利的稳定程度；其中，股利的稳定程度又可以从两个角度理解，即每股股利的稳定程度和股利发放率的稳定程度。通常情况下，很少有企业各期发放的每股股利是一成不变的，而在某段时间内将股利支付率固定在一定比例的现象则较为普遍。早在 1956 年，林特纳就发现大部分公司都有一个目标股利发放率，公司每期股利的波动取决于公司上期的股利水平和当期的利润；管理层都试图尽量避免股利的波动，尤其是降低现有股利发放率的、向下的波动；暂时性的收益波动不会导致股利支付率的变动，只有长期、稳定的变动才会导致公司股利支付率的改变。

当然，现实中各企业的股利政策并非整齐划一、步调一致，而是呈现出了不同程度的差异。这是因为企业在制订股利政策时，除了要考虑一些诸如稳定性等共性的因素外，还要综合考虑其他各方面的因素，这些因素包括法律性的限制、债务契约的限制、行业的差异、税负的高低以及公司层面的因素等。但不管影响因素多么复杂，股利政策的制订都不能有违于公司的财务目标，即实现价值最大化。为了探寻股利的支付、股票价格及公司价值之间是否存在某种关联，公司如何在发放股利和未来增长之间达到某种平衡，确定最佳的股利发放比率以实现股票价格和公司价值的最大化，解释现实中的股利政策，金融经济学家们自 20 世纪 60 年代起进行了孜孜不倦的探索。时至今日，已发展了多种股利理论，这些理论又可大致分为两大类，即股利无关论和股利相关论。

1. 股利无关论

股利无关论是由美国经济学家默顿·米勒（Merton Miller）和弗兰科·莫迪利亚尼（Franco Modigliani）于 1961 年在一篇论文中开创性地提出的。他们用严密的数学推导出以下内容。

（1）投资者对股利政策并不关心。若公司留存较多的利润用于再投资，会导致公司股票价格上升。此时，尽管股利较低，但需用现金的投资者可以出售股票换取现金。若公司发放较多的股利，投资者又可以用现金再买入一些股票以扩大投资。也就是说投资者对股利和资本利得并无偏好。

（2）公司的股利支付比率与股票价格无任何关系，股利的支付比率不影响公司的价值。既然投资者不关心股利的分配，公司的价值就完全由其投资的获利能力所决定，公司的盈余在股利与保留盈余之间的分配并不影响公司的价值。

股利无关论的关键是存在一种套利机制，通过这一机制使支付股利与外部融资两项经济业务所产生的效益与成本正好相互抵消，股东对盈利的留存与股利的发放将没有偏好，据此得出企业的股利政策与企业价值无关这一著名论断。

这种理论显然不与现实相符。人们发现，股利政策与股票价格及公司价值有着显著的相关性，这就是下面要讲到的股利相关论。这里先说一下，为什么股利无关论在理论推演中是可行的？这是因为，它与下一小节要讲的MM资本结构理论一脉相承，都是基于一系列严格假设之上的，然而这些假设却又与现实严格不符，其主要包括以下几个方面。

（1）完全市场假设。投资者是充分理性的，对公司信息的理解与公司内部人员完全对称，不存在发行成本和交易成本，证券高度分散，从而任何一个投资者都不可能通过自身的交易操纵股票价格。这个假设不但中国市场不存在，即便是美国这样的发达市场也不可能存在。这是因为，人是有限理性的，再加上信息的不对称性不可能完全消除，机会主义行为不可避免，这些最终导致交易成本不可能为零。

（2）不存在任何税收问题，进而股票的资本利得和现金股利在所得税方面也就没有任何差异。显然这一条与现实也是严重不符的，任何一个国家或地区，完全没有税收是不可能的，而差异只可能表现在具体征税的种类及税率的高低上面。

（3）公司有既定的投资政策，这一政策不受股利分配的影响，也不受筹资方式的影响；只有在投资报酬大于或等于企业平均资本成本时，才会进行投资；对新投资项目的外部融资不会改变公司的经营风险。这一条也是极为苛刻的，现实中同样也不存在。

（4）股利政策对公司的权益资本成本没有影响。

股利无关论如此与现实不符，为何还有放在重要的地位予以剖析呢？原因就在于它不仅是一个崭新的理论，更重要的是其对理论成立的假设条件进行了系统的分析，只要将假设条件稍一放宽，就会发现股利政策的重要性，股利相关论也就应运而生。

2. 股利相关论

股利相关论说的就是股利政策和股票价格以及公司价值存在明显的关联，具体又可细分为以下几个观点。

（1）“一鸟在手”理论。该理论又称为“在手之鸟”理论，源于谚语“千鸟在林，不如一鸟在手”，这是一种流行最广泛和最持久的股利理论。该理论认为，由于公司经营过程中存在诸多不确定性，对投资者来说，现金股利收入要比由留存收益带来的资本收益更为可靠，来得更为实在，故需要公司定期向股东支付较高的股利。股利的支付可以降低投资者的不确定性，增加投资者的信心，进而愿意以较低的收益率对公司的未来收益进行贴现，提高公司的价值；反之，如果公司不发放股利，或降低股利支付率则会降低公司价值。

（2）税差理论。该理论强调税收在股利分配中的作用，由于税收种类及税率的不同，不同的投资者会根据自身利益最大化的目标函数不断调整股利政策的偏好。具体来说就是，如果不存在资本利得税，只存在红利税，且红利税的税率根据股利收入的差异而不同。此时，投资者需承担的红利税税率越高则越不希望公司采取高股利支付率政策。

即便存在资本利得税，其税率也通常低于红利税税率。既然缴纳税费不可避免，投资者就希望将缴税的时间尽量后延，这时的投资者通常希望公司采取低股利的股利政策，将公司未分配利润用于再投资。这样一方面可以获得较高的预期资本利得，另一方面降低个人税费。

中国现阶段的情况是，资本利得不予征税，只征红利税。按照税差理论得出的结论应该是，投资者买卖股票更看重时机的选择，以获取买卖价差，至于为了公司分红而购买股票的动机并不强。这样必然导致投资者追求短期收益无视长期投资，表现在整个资产市场上就是股票换手率极高。现实也的确如此，说明税差理论有一定的生命力。

（3）信号理论。该理论认为，股利政策之所以能够影响公司价值，原因就在于股利能够向外界传递公司层面的信息，诸如盈余状况、资金状况等。由于信息的不对称性，管理者占有更多关于企业前景方面的内部信息，更了解公司的财务状况。为了缓解信息不对称，管理者就有动机向外部投资者传递公司内部信息，股利就是其中的方法之一。

从长远来看，公司发放的股利是公司实际盈余能力的最终体现。如果管理层预计到公司的发展前景良好，未来业绩将大幅度增长，就会通过增加股利的方式将这一信息及时告诉股东和潜在的投资者；相反，如果预计到公司的发展前景不太好，未来盈利持续性不理想时，管理层往往会维持甚至降低现有股利水平，这等于向股东和潜在投资者发出了不利的信号。因此，如果企业在较长一段时间内一直保持稳定的股利支付率，突然增大股利支付率等于向投资者释放了这样一个信号：管理层和董事会深信企业的实际情况比股价反映的状况要好；相应地，股价也会提高。当然这只是一般情况，也有例外情况，信号理论就无法解释在高速发展的行业中股利支付率一般都很低甚至不支付股利，但业绩很好、股价也是节节攀升的情况。反而是，当一家过去从未支付过股利但业绩发展迅速的公司突然宣布发放股利时，股价可能不增反跌。这一现象可能从另外一个角度也能得到解释，仍是信号理论在起作用，只不过传递的是企业“风光不再”的信号而已。

（4）代理理论。由 Jensen 和 Meckling（1976）提出的代理理论是现代股利理论研究中的主流观点，能较好地解释股利存在和不同的股利支付模式。在代理理论中，企业被认为是一组契约的联结。由于这组契约中的诸多利益相关者持有的目标函数各不相同，就容易产生冲突，这些冲突在存在委托代理问题的情况下尤为严重。这里的委托代理问题主要有三种表现形式：一种是股东与债权人之间的代理问题；另一种是股东与管理层之间的代理问题；第三种是控股股东与中小股东之间的代理问题。当然，对不同公司来说，可能只有其中一种或两种代理问题比较严重。但总的来说，公司股利政策的制定和实施是这三种委托代理关系共同影响的结果。

股东和债权人之间存在的代理问题是指股东通过一系列行为掠夺债权人的财富，发放高额股利的方法就是这类行为之一。因此，债权人往往有所预期，将公司现金股利发放限制预先写入到债务契约中。

股东与管理层之间的代理问题是另外一种代理问题。一般来说，在股权高度分散的情况下，股东与管理层之间的代理问题比较严重。根据代理成本理论，公司管理层一般不愿意将利润回馈给投资者，而是更倾向于留存在企业内部，即便没有好的投资项目。此时，现金股利的发放就能够有效地降低股东与管理层之间的代理问题。这是因为，通过分配股利的方式，外部投资者获得了收益，减少了公司管理层谋取个人私利、构筑“企业帝国”的机会。

在股权比较集中的情况下，股东与管理层之间的代理问题就让位于控股股东与中小股东之间的代理问题。Shleifer 和 Vishny（1997）就发现，在东南亚各国由于公司股权相对集中，大股东有强烈的动机去监督管理层，而相对集中的控股权也为此提供了保证。因此，股东与公司管理层之间的代理问题不再严重，严重的是控股股东与中小股东之间的代理问题。控股股东会按照自己的目标函数，通过各种方式将公司的资产和利润转移到自己名下，这就是财务理论中著名的“隧道”（Tunneling）假说。这一假说得到后续实证论文的证实，同时还发现当控股股东通过“金字塔”控股时，由于控股权与现金流量权存在的差异使“隧道”现象比比皆是；且控制权 与现金流量权 差异越大，“隧道”现象越严重。现金股利减少了可供控股股东支配的现金，降低了控股股东通过“隧道”对中小股东利益的损害，进而保护中小股东的利益。

控制权是指拥有公司一定比例以上的股份，或通过协议方式能够对其实行实际控制的权利，采用控制链上各个控制环节的持股比例中的最小值计量。

现金流量权是指最终控制人参与企业现金流分配的权利，是所有权的直接体现，采用控制链上各个控制环节的持股比例的乘积计量。

第三节 资本结构的相关研究问题

资本结构受到诸多因素的影响。在第二节“资本结构决策”部分中已经对国别、行业的差异，股东和经理人的态度不同，企业成长性及负债能力的差异等对资本结构的影响进行了阐述。这些因素均是在实务中被发现的，正是这些因素的共同作用，才使各个公司的资本结构呈现出不同的特点。然而，抽丝剥茧，学者们还是在不停地探索，以期发现被普遍遵循的规律。下面就广为流传的几个资本结构理论进行简要的概括。

一、MM 理论

MM 理论最初是由美国经济学家弗兰科·莫迪利亚尼和默顿·米勒于 1958 年 6 月份发表于《美国经济评论》的“资本结构、公司财务与资本”一文提出的，早于他们提出的股利无关理论。正是这两种理论的提出，奠定了其陆续获得了诺贝尔经济学奖的基础。 MM 理论按照是否存在公司税分为无税下的 MM 理论和有公司所得税下的 MM 理论两种。

（一）无税下的 MM 理论

无税下的 MM 理论认为，在没有公司所得税的情况下，公司价值与资本结构无关。也就是说，不管公司有无负债，负债的比例是高是低，企业的加权平均资本成本将保持不变，公司价值只取决于营业利润的大小。这一理论显然与现实情况存在较大的距离，之所以如此的原因是因为该理论建立在一系列的假设之上，而这些假设在现实中是不存在的基础。 但对于开拓人们的视野，推动资本结构理论乃至投资理论的研究，引导人们从动态的角度把握资本结构与资本成本、公司价值之间的关系以及股利政策与公司价值之间的关系，具有十分重大的意义。

因此，MM 理论被西方经济学界称之为一次“革命性变革”和“整个现代企业资本结构理论的奠基石”。

（二）有公司所得税下的 MM 理论

有公司所得税下的 MM 理论又被称之为“修正的 MM 理论”，仍由这两位经济学家于 1963 年提出。他们发现，在考虑公司所得税的情况下，负债的利息是免税支出，可以

莫迪利亚尼，意大利籍美国人，于 1985 年获得诺贝尔经济学奖，除了和米勒共同提出 MM 理论外，他还是第一个提出储蓄生命周期假设的经济学家，这一假设在研究家庭和企业储蓄中得到了广泛应用。米勒于 1990 年获得诺贝尔经济学奖，学术界普遍认为，米勒教授在奠定现代公司财务理论的基础上所做的开创性工作，彻底地改变了企业制定投资决策与融资决策的模式。

这些假设包括：①经营风险可以衡量；②投资者对企业未来收益以及面临的风险具有一致估计；③资本市场是完善的，不存在交易成本；④负债利率是无风险利率；⑤企业经营利润保持不变。

在税前列支。由于存在这种税负的不对称，债务融资就成为比权益融资更为可取的融资方式。根据这一观点，公司负债越多，杠杆作用越明显，从而提高了财务杠杆的利益，增加了公司价值。当公司融资全部来源于举债而没有权益融资时，公司的价值最大。

（三）后续的发展：Miller 模型

米勒教授有关资本结构理论的研究并未就此止步，而是在不断放宽约束条件下继续探索，于 1976 年提出了个人所得税观下的 Miller 模型。该模型距现实更近了一步，它考虑了个人所得税因素。

公司所得税只是影响公司价值的一种税收因素；除此之外，还有个人所得税，投资者从公司获得收益，通常需要缴纳一定比例的个人所得税。而且，由于不同投资所得（含股票投资的红利收益、债权投资的利息收益和资本利得收益等）的个人所得税税率又有可能不相同。这些共同决定了必须对 MM 理论的传统模型有所调整，考虑个人所得税因素后的负债公司价值的估算公式 如下：

$$V_L = V_U + \left[1 - \frac{(1-T_c)(1-T_s)}{1-T_d}\right] \times D \tag{3-3}$$

式中，V_L 是负债企业的公司价值；V_U 是无负债企业的公司价值；D 是债券价值；T_c 是公司所得税税率；T_s 是个人股票投资者所得税税率；T_d 是个人债券投资所得税税率。

从上式可以看出，MM 理论（包括无税和有公司所得税两种情况）只不过是 Miller 模型的特殊情况而已，根据具体所得税税率的有无及高低就可以计算出负债企业的公司价值。

二、代理成本问题

上一节已经说明，股东、债权人及管理层之间存在利益冲突。资本结构的代理成本问题就源于三方之间的利益冲突，由于这些冲突的存在，负债便影响公司价值。然而，到底负债会增加公司价值还是减少公司价值，无论是理论层面还是实证研究均无一个明确的定论。问题就出在负债既可能因为利益冲突而增加代理成本，也可能因为负债的监督效应而减少代理成本，进而影响公司价值。

这里主要就相关理论问题予以说明。先说负债如何增加代理成本的逻辑脉络，后说负债如何减少代理成本的逻辑脉络。

有关负债如何增加代理成本，这里先说明两个概念：资产替代问题和投资不足问题。资产替代问题指的是，由于公司将贷款资金投资于一个比获得贷款时债权人所理解到的风险更高的项目，使贷款的实际风险增大，从而降低了这笔贷款负债的价值。此时，相当于

具体推导过程不再赘述，有兴趣的读者可参考财务管理相关书籍。

股东剥夺了债权人的财富，即为“资产替代问题”。投资不足问题指的是，企业放弃那些风险不大但净现值为正的投资项目而使债权人利益受损并进而降低企业价值的现象。投资不足问题多发生在企业陷入财务困境且有比例较高的债务时，因股东与债权人之间存在着利益冲突，如果股东预见采纳新投资项目会以牺牲自身利益为代价补偿了债权人，股东就缺乏积极性选择该项目进行投资。资产替代问题和投资不足问题都会增加代理成本，进而降低公司价值。同时，债权人也能预知这两个问题的存在并采取保护措施尽量避免自身利益受到侵害，通常的做法包括签订限制性条款、降低对公司发行债券的出价等。这些保护措施的制订、谈判、执行与监督同样也增加了代理成本，进而降低了公司价值。

负债如何降低代理成本呢？这里主要突出的是监督效应。由于公司负债的利息支付和本金的偿还具有刚性，一旦违约就可能受到债权人的法律诉讼等惩罚，因此，公司管理层为尽量避免出现这种状况而不得不努力工作，实现盈利，此为监督效应表现的一个方面。第二个方面，根据代理理论可知，管理层的利益与股东的利益并不一致，管理层可能置股东的利益于不顾，转而追求自身利益最大化。因此，股东和债权人一样，都用动机去监督公司管理层，此时，若公司进行再次债务融资时，潜在债权人会通过多种渠道和方式了解公司的经营情况和预期风险，评估公司价值。这对现有的债权人和股东来说，无异于一次免费的、对管理层的外部监督，减少了他们的监督成本。

总之，负债是增加了公司价值还是减少了公司价值，尚无一个明确的定论。想要更深入地了解，则需要充分识别出哪些问题是影响代理成本的关键。

三、破产成本观点及权衡理论

之所以将破产成本观点和权衡理论一并提出，是因为两者存在紧密的联系，破产成本观点及前述的 MM 理论是权衡理论的基础。

破产成本观点认为，公司负债之后就会产生预期的破产成本。所谓破产成本是指企业支付财务危机的成本，又称财务拮据成本。它会抵消由于税负不对称等原因导致的杠杆收益。通常来讲，负债率越高，就越难实现财务上的稳定，发生财务危机的可能性就越大，进而破产成本就越高。破产成本包括直接成本和间接成本两个方面。

其中，直接成本主要包括通知费用、法庭费用和诉讼费用等。一般而言，企业破产有两种常见的理解方式：一种视破产等同于清算；另一种则认为破产是一个高价查证的动态过程，在这个动态过程中，债权人会在法庭上要求债务人披露隐藏的信息，向管理层询问企业真实的财务状况，听取专业人士的证词等。无论企业是重组还是清算，一旦进入正式的法律诉讼程序，都要耗费大量的查证成本，所以破产过程不仅增加了公司的直接成本，同时也造就了社会资源的大量浪费。

除了直接成本，还有大量难以估量的间接成本。因为企业一旦陷入财务危机，即便没有破产，经营的低效率也会带来各种机会成本的损失，如企业在融资信誉度、原材料供应和产品出售等方面受到干扰，这也会浪费大量资源，最终提高过度负债企业的加权平均资本成本。有研究表明，当负债率达到某一水平后，破产成本与破产概率将加速上升，增加了公司的破产成本。

在理解了破产成本观点之后阐述权衡理论，就是“水到渠成”之事了。权衡理论强调在平衡债务利息的抵税收益与破产成本的基础之上，实现企业价值最大化的最佳资本结构。此时所确定的债务比率是债务抵税收益的边际价值等于增加的财务困境成本的现值。这个也就是第二节一直在苦苦追寻的“杠杆支点”问题，随着债务比率的增加，财务困境成本的现值也在增加，但在初期阶段（杠杆支点前），债务抵税收益起主导作用；当债务抵税收益与财务困境成本相平衡（杠杆支点处），企业价值达到最大，此时的债务与权益比率即为最佳资本结构；超过这一点（杠杆支点后），财务困境的不利影响超过抵税收益，企业价值甚至可能加速下降。

四、融资优序理论

融资优序理论（Pecking Order Theory）是由梅耶斯（Myers）和梅吉拉夫（Majluf）于1984年提出的。该理论的主要观点是，企业在筹集资本的过程中，遵循“先内源融资，后外源融资”的基本顺序。在需要外源融资时，按照风险程度差异，优先考虑债权融资（先普通债券后可转换债券），不足时再考虑权益融资。

该理论的出发点是从信息不对称的角度考虑公司融资行为，且假定管理层是保护现有股东利益的。由于信息不对称，外部投资者处于信息劣势，担心企业在发行股票或债券时其价值被高估。管理层为摆脱利用价值被高估的股票或债券进行外部融资的嫌疑，会尽量以内源融资方式从留存收益中筹措项目资金。如果留存收益的资金仍不能满足项目资金需求，有必要进行外部融资时，会在外部债务融资和股权融资之间优先考虑债务融资，这是因为投资者认为企业股票被高估的可能性超过了债券。企业最后的选择才是不得已而为之的权益融资。

从国外实证研究来看，上市公司的融资选择一般符合融资优序理论，即优先使用内部融资（即留存收益），其次为债务融资，最后是股权融资。近几年的美国资本市场表现出的上市公司给股东的回报大于从股东手上融资的规模这一现象，也在一定程度上证明了这一理论。但已有的中国研究却表现出了与融资优序理论不同的特点，主要有两点，一是长期债务融资排在外部股权融资之后；二是短期借款这一融资方式高居首位（陆正飞和高强，2003）。

本章小结

时至今日，公司资本结构的相关研究仍在继续。寻求目标资本结构可能确如阿基米德名言那样，理论上可行，现实中却遥不可及；况且，财务学与会计学本身就不是一门精确的科学，掺杂了太多的主观成分，又受各种各样的因素影响。也许，真正的目标资本结构只有公司本身最为清楚，它只不过是公司自主选择的行为，并没有一成不变的程式去遵循。但是，有一点是明晰的：融资活动决定了公司的财务风险，是公司经营中最重要的因素。然而，这一点却往往被企业家有意或无意地忽视。个中缘由就是片面地强调财务杠杆在放大公司权益报酬率中起到的作用，使权益报酬率成为可以被资本结构操纵的对象，资本结构的选择成为他们操纵会计指标的工具。一次次的教训警示着企业家们既要会当家，更要会理财。否则，最终只能成为先烈，而终将不能成为英雄。

第四章

投资活动与经营杠杆

【本章学习目的】

本章继续对资产负债表进行分析，基于资产负债表左侧项目，关注企业的投资活动与经营杠杆。通过本章的学习，需要对投资的相关概念及其种类、资产构成、经营杠杆的概念及其作用有深入的理解，对涉及的具体会计处理方式有初步的认识和了解。

第一节　投资活动

投资活动是指企业长期资产的构建和不包括在现金等价物范围内的投资及其处置活动。投资活动作为企业融资活动的后续和发展，是企业对融资所得合理配置和使用、实现价值增值的一个过程。投资活动具体有广义和狭义之分，狭义的投资仅指对外投资，而广义的投资则同时包括企业内部使用资金的过程和对外投放资金的过程。本章所述的投资活动采纳的是其广义的定义，不仅涵盖对外的长期股权投资、金融资产等投资活动，还包括投资性房地产、无形资产等内部使用资金的投资活动。

一、投资的概念

投资是将资产 ，包括资金、人力、知识产权等投入到某个企业、项目或经济活动中，以获取经济回报的商业行为或过程。其实质是资产形式的一种转换，是用低预期价值

根据《企业会计准则——基本准则》，这里的资产是指企业过去的交易或者事项形成的、由企业拥有或者控制的、预期会给企业带来经济利益的资源。

的资产转为高预期价值的资产。按照投资方式的不同，投资可分为实物投资和证券投资两种。其中，实物投资是指企业以现金、实物、无形资产等投入其他企业进行的投资，投资直接形成生产经营活动的能力并为从事某种生产经营活动创造必要条件，故又称直接投资；证券投资则是以货币或其他资产形式购买企业发行的股票和公司债券，实现间接参与企业利润分配的投资，故又称为间接投资。

在西方发达国家，投资通常以购买股票和公司债券的形式实现，所以投资一般指的就是间接投资。而在我国，投资的概念更为宽泛，不但包括直接投资和间接投资，还包括企业自身购置和建造固定资产、购买和储备流动资产等一系列的经济活动。即只要是为了获取经济回报的资产形式转换，不管发生于企业内部还是企业与其他企业之间，均视为投资。

这里，我们以购买股票为例，阐述一下投资与投机的区别 。从金融学角度来讲，相较于投机而言，投资的时间段更长一些，更趋向是为了在未来一定时间段内获得某种比较持续稳定的现金流收益，是未来收益的累积。但是，时间的长短仅是判断投资和投机区别的一般参考，而并非唯一的标准答案。那么，投资与投机的区别究竟在哪儿？其实，要明白两者间的差异也不难。投资与投机的差别关键在于一个人内心的理念和动机。

买股票的动机是什么？巴菲特说过：如果买股票是买的投资，你会更加关注你所投资的这家公司未来的产出，也就是这家公司未来能够产生的利润或现金流。如果你只关注这家公司的股票价格涨涨跌跌而不关心这家公司未来是否能够赚钱、赚多少钱，那么，你就是在投机、在赌未来，而不是投资未来。当一家公司的市场价值远远超越它未来 10 年或者 100 年所能够创造的利润或现金流时，这家公司的股票就被严重高估了；反之，它就被低估了，是买入的好时机，即使你是今天买明天卖，那也同样是投资而非投机。

如果市场上的投资者更关注一家公司未来能够产生的利润和现金流，这样的市场就是一个理性的投资市场，市场上的公司价值也就不容易背离它自身的内在价值。一个理性、健康和可持续发展的证券市场，是那些市场上的参与者或者说绝大部分参与者具有价值投资的理念、追求价值投资的市场。市场上的股票是因为公司成长而涨上去的，而不是市场上的参与者把它炒上去的。

如果市场上的参与者更关注一家公司股票的涨跌，那么，这样的市场投机气氛则比较浓，市场价格就会扭曲和背离它的内在价值。炒上去的股价不可能持续，只有持续成长的公司，其股票价格才能够持续上涨。

二、投资的相关知识储备：货币的时间价值和风险

投资是资产形式的一种转换，是用低预期价值的资产转换为高预期价值的资产。所

有关投资与投机的区别节选自薛云奎教授所著的《穿透财报，发现企业的秘密》（机械工业出版社，2018 年版）。根据需要，有部分删节和调整。

以，资产只有在有目的的运动（生产和经营）中，遵循一定途径不断循环与周转才能实现增值、取得预期的效果，为企业创造更多的财富，推动经济和科技的发展，推动人类社会的进步。企业在进行投资决策时，有一个普适的规律无法逾越，那就是不同形式的投资方式所承受的风险不同，相应的资产转换带来的未来收益也不同。在理性人 假定的前提之下，风险和收益的匹配是社会经济有效运转的必然结果，相应的货币时间价值和风险观念就显得尤为重要。

（一）复利

货币时间价值是指货币经历一定时间的投资和再投资所增加的价值，从定量分析来看，其就是在没有考虑风险和通货膨胀情况下的投资报酬率。要正确进行投资决策和经营决策时，货币时间价值是首先应予考虑的。有关货币时间价值的指标有很多，包括单利终值与现值、复利终值与现值、年金终值与现值。由于单利是按照固定的本金计算利息的一种方法，相对较为简单，作用也相对有限；而复利则是年金概念及投资决策的基础，被爱因斯坦视为世界第八大奇迹，故这里主要对复利进行重点阐述。

复利是指在每经过一个计息期后，都要将所得利息计入本金，以计算下期的利息，即通常所说的“利滚利”。复利的一般公式为：

$$PV_n = PV_0 \cdot (1+i)^n \text{ 或 } PV_0 = PV_n \cdot (1+i)^{-n} \tag{4-1}$$

式中，PV_0 是第 0 期或第 1 期期初的价值，即现值；PV_n 是第 n 期期末的价值，即终值；i 是利息率；n 为计息期数。

短期内，使用单利和复利计息造成的差异可能并不大；但随着计息期数的增加，单利与复利之间巨大的差异便足以显现。但凡了解复利的人，大都会被其在长期时间所产生的威力所震撼，这也是爱因斯坦将之称为“世界第八大奇迹”的原因。这里仅以一个被众人视为历史上最成功的不动产交易来说明。

【案例分析】曼哈顿岛的投资价值

1626 年 9 月 11 日，荷兰西印度公司在北美的殖民地——新荷兰的总督彼得·米纽伊特（Peter Minuit）从印第安人那里仅用 60 荷兰盾的小饰物（根据当时汇率，折合 24 美元）买下了曼哈顿岛。这次交易看起来对荷兰人十分有利，但事实是否果真如此呢？如果印第安人将这些小饰物在公平市场出售，将所得的 24 美元以 5% 的收益率进行投资，那么，在 392 年后（公元 2018 年）的今天，这笔资金的价值近 49 亿美元。显然，现在曼哈顿的价值

来源于西方经济学的“理性人”或“经济人”假说，该假说是建立现代西方经济学的理论基础。理性人是对在经济社会中从事经济活动的所有人的基本特征的一个一般性的抽象。这个被抽象出来的基本特征就是：每一个从事经济活动的人都是利己的。也可以说，每一个从事经济活动的人所采取的经济行为都是力图以自己的最小经济代价去获得自己的最大经济利益。

不止这些，看似印第安人吃了亏。但是，若以10%的收益率进行投资，其价值将超过403千万亿美元，即：

$$24\times(1+10\%)^{392}\approx 403.78\text{ 千万亿（美元）}$$

这个数字是一个什么样的概念呢？2018年，全世界GDP总和也不过84万亿美元，以此看来，这笔交易对印第安人来说实在是太划算了。当然，话又说回来，历史上谁又能找到一个持续超过390年且年收益率10%的投资项目呢？

以上均是按照复利定义计算的结果，用单利的方式计息，情况又如何呢？如果印第安人将出售所得的24美元存入银行，利息率为5%（长期存款这一利息率有些偏低），若今日取出，本利和仅为494.4美元；抑或利息率为10%（这一利息率现在看来足够高了！），今日取出的本利和也只有964.8美元。计算过程如下：

$$\text{利息率 5\% 的本利和：}24\times(1+5\%\times 392)=494.4\text{（美元）}$$

$$\text{利息率 10\% 的本利和：}24\times(1+10\%\times 392)=964.8\text{（美元）}$$

（二）风险

风险是一个比较复杂的概念，无论是其定义还是计量都存在诸多争议。但是，风险广泛存在于企业财务活动当中却是一个不争的事实。如果企业的一项投资面对多种可能的结果，其将来的财务后果就是不确定的，就存在风险。如果这项投资只面临一种后果，那么就不存在风险。例如，将现金存入银行，基本就可以确知一年后的本利和，几乎没有风险，但其报酬率也相当低，因此很难将银行存款视为投资行为。

一般来讲，风险是指在一定条件下、一定时期内可能发生的各种结果的变化程度，是事件本身的不确定性。所以，风险具有客观性是不以个人意志为转移的。但是，是否去冒风险以及冒多大的风险则是个人可以选择的，是主观决定的。尽管在讲到风险时，不得不提到不确定性，但从严格意义上讲，两者还是有区别的。风险是事前（ex ante）知道所有可能发生的结果，以及每种结果发生的概率；而不确定性则是指或事前不知道所有可能发生的结果，或即便知道各种结果，但却不知道具体发生的概率。然而，在面对一个实际问题时，两者很难区分，风险问题的概率往往并不精确，不确定性问题也可以通过估计大致测算一个可能发生的概率值。所以，在实务中并不把两者进行严格区分，风险和不确定性问题基本都视为风险对待。

从上面的定义可以看出，风险并不必然带来损失，它即可能带来超出预期的损失，也可能带来超出预期的收益。由于现实中大多数人属于风险规避型，相对于超额收益，更关

除非发生战乱、政局动荡、银行破产等极意外的状况，否则，银行存贷的本利和获得基本上是确定的。2018年中国人民银行规定的一年期存款基准利率仅为1.5%，即便是大额存单利率最高上浮55%，也不过是2.3255%的水平。

注超额损失，因此人们在考虑风险时更倾向于从不利的方面考虑，侧重如何降低损失。换句话说，就是将风险视为不利事件发生的可能性，从投资学的角度来说，风险就是指一项投资无法达到预期报酬率的可能性。

在明确了风险的定义后，考虑风险的度量问题。马科维茨（Markowitz）和夏普（Sharp）等将风险用投资可能出现的收益率的方差（或标准差）来度量，该方法量化了风险，改变了人们对风险的认识，且方差（或标准差）计算简便、易行，由此在实际中得到广泛的应用。方差（或标准差）的计算公式如下：

$$Var=\sum_{i=1}^{n}(R_i-\bar{R})^2\cdot P_i \tag{4-2}$$

$$SD=\sqrt{\sum_{i=1}^{n}(R_i-\bar{R})^2\cdot P_i} \tag{4-3}$$

式中，Var 是方差（Variance）；SD 为标准差（Standard Deviation）；R_i 为第 i 种可能的收益率；P_i 为第 i 种可能的收益率相应的概率；$\bar{R}$ 为经计算得出的期望收益率。

方差（或标准差）越小，即风险越小，在期望收益率一定的情况下，通常选择风险较小的项目进行投资。但用方差（或标准差）度量风险亦有一定的不足：作为一个绝对指标，该指标仍无法准确地反映随机变量的离散程度。换成财务语言来说就是，在期望收益率不等的情况下，是否仍唯方差（或标准差）的大小“是瞻”呢？答案显然是否定的。人们解决这一问题的思路是计算反映离散程度的相对指标，即标准离差率（又称变异系数，Coefficient of Variance，CV）。标准离差率的公式为：

$$CV=\frac{SD}{\bar{R}} \tag{4-4}$$

在期望收益率 $\bar{R}$ 不等的情况下，选择标准离差率（CV）较小的项目进行投资。

（三）净现值

净现值（Net Present Value，NPV）是指投资项目未来现金流入的现值与未来现金流出及初始投资现值之差。计算净现值的公式如下：

$$NPV=\sum_{t=1}^{n}\frac{NCF_t}{(1+i)_t}-IC \tag{4-5}$$

式中，NCF_t 为第 t 期项目现金净流量（现金流入减去现金流出之差）；IC 为初始投资；i 为折现率。

从式（4-5）可以看出，影响净现值的因素主要有以下几点。

（1）未来现金净流量。未来现金净流量越大，在其他因素不变的情况下，净现值越大。

（2）未来现金净流量产生的时间。未来现金净流量产生的越早，在其他因素不变的情况下，受折现率的影响就越小，净现值越大。

（3）折现率。在其他因素不变的情况下，折现率越大，净现值越小。

这里对折现率予以重点介绍。所谓折现率是指将未来有限期预期收益折算成现值的比率。从构成上来看，折现率由无风险报酬率和风险报酬率两部分构成，即折现率 = 无风险报酬率 + 风险报酬率。

其中，无风险报酬率即为货币的时间价值问题，在此情形下，投资者仅仅牺牲了某一时期货币的使用价值或效能。对一般投资者而言，国债利率通常成为无风险报酬率的参考标准。以长期国债利率作为安全利率是国际上普遍的做法，如美国就以其 30 年的国债利率作为安全利率。

风险报酬率是投资者因承担风险而要求获得的超过时间价值的那部分额外报酬率，即风险报酬额与原投资额的比率。任何投资都有风险，都存在亏损或低于预期盈利水平的可能，只是风险程度不同而已。通常情况下，风险越大，投资者对收益的要求越高。因此，在无风险报酬率一定的情况下，与较大风险相联系的是较高的风险报酬率，进而具有较高的折现率；同样，与较小风险相联系的是较低的风险报酬率，进而具有较低的折现率。

（四）投资与持有现金的比较

巴菲特称，最差的投资是持有现金，他认为“虽然大家都说现金为王，但随着时间流逝，现金的价值将下降。相反，好的企业会越来越有价值，而且你不需要花太多时间关注好企业，只需要找到并投资于这些好企业”。巴菲特的这一观点已经逐步成为共识，越来越多的人意识到，同投资相比，持有现金有以下两点不足。

第一，现金本身几乎不创造任何价值。这里的现金不是狭义的现金概念，它不但包括库存现金，即企业金库中存放的现金（人们经常接触的纸币和硬币等），还包括银行存款、其他货币资金，甚至短期投资。之所以说现金本身几乎不创造任何价值，是因为要么其不创造价值，要么创造的价值极低。以银行存款为例，其创造的价值就是利息收入，根据公式：实际利息率 = 名义利息率 – 通货膨胀率 ，可以看出，如果其名义利息率小于通货膨胀率，则实际利息率为负。这不但不会创造价值，反而销蚀了货币资金本身。

第二，机会成本。公司大量持有现金就有可能放弃当前看似不够好但实则收益可观的投资项目，同时也为后续的过度投资埋下伏笔。Jensen（1986）自由现金流理论的提出就考虑到了这一问题。他指出，管理层往往喜欢把企业规模扩大，甚至超过其最佳规模，目的只不过是为了满足自己能够控制更多的资源，得到更多的权利和更高的收入。这里的资源就包括现金，大量持现对管理层来说无疑是控制资源，可能造成的不利结果是引发管理

这仅是一个近似公式，仅在通胀率不高的情况下适用。当处于高通胀时期时，该公式将失效，准确的公式如下：(1+ 名义利率)=(1+ 实际利率)×(1+ 通货膨胀率)，从而，实际利率 =(1+ 名义利率)/(1+ 通货膨胀率) –1。

层的过度投资和低效投资，给企业带来深远的负面影响，并最终损害了投资者的权益。因此，Jensen 建议，在现金过量的情况下应该返还给股东。

但这并不意味着持现没有任何好处，正如巴菲特所说，持有足够的现金能令人感到舒服，不会在睡觉的时候感到担忧；你总要有足够的现金，以避免别人可以决定你的未来。现实中，基于交易性需求、预防性需求和投机性需求的考虑，企业必须保持一定数量的现金。企业能否保持足够的现金余额，对于降低或避免经营风险与财务风险具有重要意义。那么持有多少现金为好呢？从理论上讲，每个企业都存在一个最佳现金持有量，即能够使现金管理的机会成本与转换成本之和保持最低的现金持有量。在这个持有量上，现金既能够满足生产经营的需要，又使现金使用的效率和效益最高。但这也仅仅是理论而已，具体到每家企业最佳的现金持有量也许只有他们自己知道。

【案例分析】美国公司持有现金趋势明显

过多的持现会导致资金闲置，对企业来说是一种损失。同时，如果现金管理不严，现金大量外流，还会使企业资金周转延缓，直接影响企业整个生产经营活动，但现实中却仍有一些企业坐拥巨额的现金。2018 年 9 月 1 日，美国金融杂志《环球金融》（*Global Finance*）发布 2017 年度全球现金最富有的 25 家大公司排名，其中 13 家美国公司榜上有名，分别是：微软（持现 1 329.01 亿美元，比上年增加 196.62 亿美元）、ALPHABET（持现 1 018.71 亿美元）、苹果（持现 741.81 亿美元）、思科（持现 704.92 亿美元）、甲骨文（持现 672.61 亿美元）、AT&T（持现 504.98 亿美元）、GE（持现 439.67 亿美元）、FACEBOOK（持现 417.11 亿美元）、安进（持现 416.78 亿美元）、福特汽车（持现 389.27 亿美元）、高通（持现 373.08 亿美元）、亚马逊（持现 280.52 亿美元）、吉利德科学（持现 255.10 亿美元）。这 13 家美国公司持现总额高达 7 500 多亿美元，微软以 1 329.01 亿美元的持现额（现金和短期投资）高居榜首。

从图 4-1 可以看出，微软持现额保持持续增长态势，2018 年度持现额 1 337.68 亿美元，再创历史新高；持现占总资产比例近四年更是稳定在 50% 以上。为何这些庞大的跨国公司如此钟情于高额持现？原因可能错综复杂，但有一点可以肯定，那就是一旦发现投资机会就可以迅速地实现买买买。此外，美国公司持有现金大量增加也可能缘于美国市场较为宽松的货币环境。美联储新增货币冲进金融市场，推升股票债券价格，大公司尤其是科技大公司最先受益。

尽管财务上存在这样或那样的理论，且大多数已得到大样本的实证研究支持。但是，这并不能排除“有悖于”理论的个例，更不能将这些个例斥为“异类”。“鞋子舒服不舒服，只有脚知道”，也许高额的持现对微软来说是最为“合脚”的了。

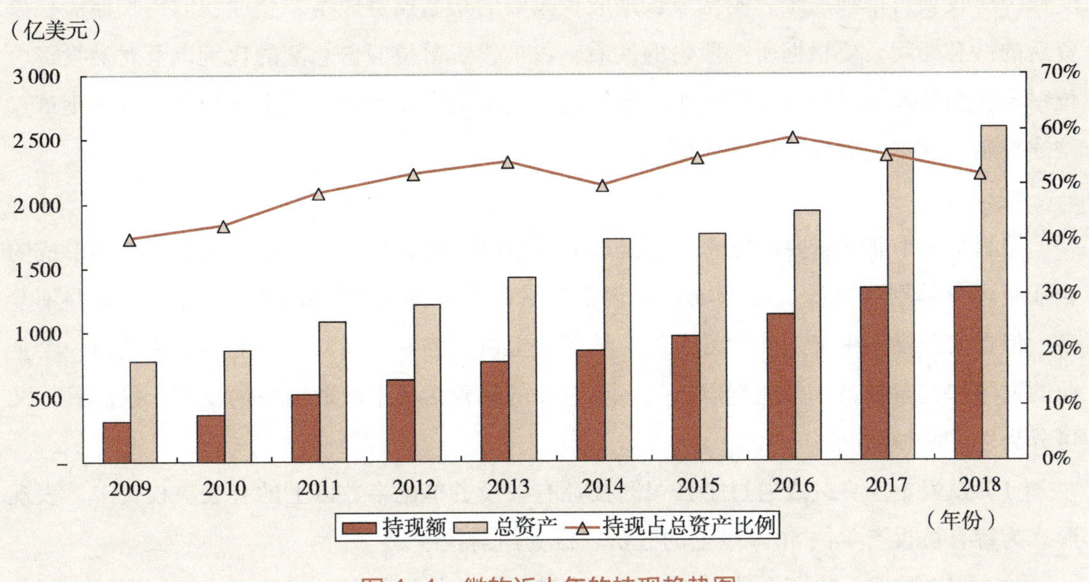

图 4-1　微软近十年的持现趋势图

三、投资的种类

（一）长期股权投资

长期股权投资是指企业准备长期持有的权益性投资。企业持有的以下几类权益性投资，在初始确认时均属于长期股权投资。

△ 具有控制的权益性投资

△ 具有共同控制的权益性投资

△ 具有重大影响的权益性投资

△ 公允价值不能可靠计量的其他权益性投资

其中，第一类投资，即具有控制的权益性投资，具有控股的性质，是编制合并财务报表的前提，我国合并财务报表的合并范围就是以控制为基础来确定的；第二、三、四类投资则不具有控股的性质，属非控股投资。除上述四种情况以外，企业持有的其他权益性投资，应当划分为以公允价值计量且其变动计入当期损益的金融资产或可供出售金融资产。

长期股权投资初始计量时，均应按初始投资成本入账。长期股权投资可以通过企业合并形成，也可以通过非合并的其他方式取得，在不同取得方式下，初始投资成本的确定方法是不同的。因此，企业应当分别就企业合并和非企业合并两种情况确定长期股权投资的初始投资成本。另外，如果企业在取得长期股权投资时，实际支付的价款或其对价中包含已宣告但尚未发放的现金股利或利润，则该现金股利或利润在性质上属于暂付应收款项，应作为应收项目单独入账，不构成长期股权投资的初始投资成本。企业在取得长期股权投资后的持有期间，要根据所持股份的性质、占被投资单位股份总额的比例以及对被投资单位财务和经营政策影响程度的大小，分别选用成本法和权益法进行会计处理。以下则重点阐述控制、成本法和权益法几个概念。

1. 控制

控制是一个非常重要的概念，它是母公司编制综合反映母公司和其全部子公司形成的企业集团整体财务状况、经营成果和现金流量等财务报表时的基础。尽管其定义并不复杂，但在实务操作中又是异常复杂的。从理论上讲，控制是指一个企业能够决定另一个企业的财务和经营政策，并能据以从另一个企业的经营活动中获取利益的权利。控制具体又可分为以下两种情况。

（1）投资企业直接或通过子公司间接拥有被投资单位半数以上的有表决权资本，表现形式为持有被投资单位 50% 以上的股份，成为绝对控股。

（2）相对控股，投资企业虽未直接拥有被投资单位半数以上的有表决权的资本，但通过其他方式对被投资单位具有实际控制权。这种情况又可分为，根据章程或协议，投资企业有权决定被投资单位的财务和经营政策；投资企业有权任免被投资单位董事会或类似权力机构的多数人员；通过与其他投资者的协议，投资企业在被投资单位董事会或类似权力机构会议上具有半数以上的表决权。

概括地讲，控制的最明显标志是取得被投资单位半数以上的表决权。这里的表决权是指对被投资单位经营计划、投资方案、聘任或解聘公司经理及其报酬等事项持有的表决权。而表决权比例通常与其出资比例或持股比例一致，但也不排除其他形式的控制方式。

2. 成本法

成本法是指长期股权投资的价值通常按初始投资成本计量，除追加或收回投资外，一般不对长期股权投资的账面价值进行调整的一种长期股权投资后续计量方法，其适用范围包括以下内容。

（1）投资企业能够对被投资单位实施控制的长期股权投资。

（2）投资企业对被投资单位不具有控制、共同控制或重大影响并在活跃市场中没有报价、公允价值不能可靠计量的长期股权投资。

共同控制指的是，按合同约定对某项活动所共有的控制，仅在与该项活动相关的重要财务和经营决策需要分享控制权的投资方一致同意时存在。其中，投资企业与其他方对被投资单位实施共同控制的，被投资单位为其合营企业。重大影响指的是，对一个企业的财务和经营政策有参与决策的权利，但并不能控制或与其他方一起共同控制这些政策的制订。其中，投资企业能够对被投资单位施加重大影响的，被投资单位为其联营企业。

通常，成本法的核算程序如下所示。

（1）设置“长期股权投资”科目，反映长期股权投资的初始投资成本。在收回投资前，无论被投资单位经营情况如何，净资产是否增减，长期股权投资的账面价值一般都不进行调整。

（2）如果发生追加投资或收回投资，应按追加或收回投资的成本增加或减少长期股权投资的账面价值。

（3）除取得投资时实际支付的价款或对价中包含的以宣告但尚未发放的现金股利或利润外，投资企业应当按照被投资单位宣告发放的现金股利或利润中属于本企业享有的部分确定当期投资收益；超过本企业应享有数额的部分，作为初始投资成本的收回，冲减投资的账面价值。被投资单位宣告分派股票股利时，投资企业应在除权日做备忘记录。

成本法下，投资企业在确认自被投资单位应分得的现金股利或利润后，应当关注有关长期股权投资的账面价值是否大于应享有被投资单位净资产账面价值的份额等情况。出现这类情况时，表明该项长期股权投资出现减值的迹象，应当对其进行减值测试。若减值测试的结果证实长期股权投资的可回收金额低于账面价值，则应当计减值准备。

3. 权益法

权益法是指在取得长期股权投资时，以投资成本计量，在投资持有期间则要根据投资企业应享有被投资单位所有者权益份额的变动，对长期股权投资的账面价值进行相应调整的一种会计处理方法。其适用范围包括：①投资企业对被投资单位具有共同控制；②投资企业对被投资单位具有重大影响。

相比于成本法，权益法无论是在会计科目的设置方面还是在会计计量的处理方面都要复杂。采用权益法核算时，需在“长期股权投资”科目下设置“成本”“损益调整”和“其他权益变动”明细科目，分别反映长期股权投资的初始投资成本、被投资单位发生净损益和其他权益变动而对长期股权投资账面价值进行调整的金额。

在初始计量方面，如果长期股权投资的初始投资成本大于取得投资时应享有被投资单位可辨认净资产公允价值的份额，两者之间的差额本质上是通过投资作价体现的与所取得的股权份额相对应的商誉以及被投资单位不符合确认条件的资产价值，因此不需按该差额调整已确认的初始投资成本；但长期股权投资的初始投资成本小于取得投资时应享有被投资单位可辨认净资产公允价值的份额时，两者之间的差额则体现了投资作价过程中转让方的让步，对投资企业来说，该差额是一项收益，应计入当期的营业外收入，同时调整长期股权投资的账面价值。

权益法是将投资企业与被投资企业作为一个整体来看待的，“一荣俱荣、一损俱损”。投资企业取得长期股权投资后，应当按照在被投资单位实现的净利润或发生的净亏损中应享有或分担的份额确认当期投资损益，同时相应地调整长期股权投资的账面价值。当被投资企业宣告分派现金股利或利润时，投资企业按应获得的现金股利或利润确认应收股利，同时抵减长期股权投资的账面价值；被投资单位派发股票股利时，投资企业不进行账务处理，仅需于除权日在备查簿中登记增加的股份即可。

（二）投资性房地产

投资性房地产是指为赚取租金或资本增值，或两者兼有而持有的房地产。随着我国房地产市场的日益活跃，企业持有的房地产除了用作自身管理、生产经营活动场所和对外销售之外，还出现了将房地产用于赚取租金或增值收益的活动。

投资性房地产应当能够单独计量和出售。投资性房地产主要包括：已出租的土地使用权、持有并准备增值后转让的土地使用权和已出租的建筑物。因此，下列各项不属于投资性房地产的有：

1）自用房地产，即为生产商品、提供劳务或者经营管理而持有的房地产；

2）作为存货的房地产。

投资性房地产属于企业的日常活动，形成的租金收入或转让增值收益确认为企业的主营业务收入。但对于大部分企业而言，是与经营性活动相关的其他经营活动。

投资性房地产在取得时应当按照成本进行初始计量。投资性房地产的成本一般应当包括取得投资性房地产时和直至使该项投资性房地产达到预定可使用状态前所实际发生的各项必要的、合理的支出，如购买价款、土地开发费、建筑安装成本等。投资性房地产的后续计量，通常采用成本模式，采用的会计处理基本与固定资产或无形资产相同，即按月计提折旧或按月摊销成本，计提的折旧或摊销的成本计入其他业务成本。只有在满足下述两个条件时，投资性房地产的后续计量才可以采用公允价值模式：

1）投资性房地产所在地有活跃的房地产交易市场；

2）企业能够从活跃的房地产交易市场上取得同类或类似房地产的市场价格及其他相关信息，从而对投资性房地产的公允价值做出合理的估计。

采用公允价值模式计量的投资性房地产，无须再计提折旧或进行摊销，应当以资产负债表日投资性房地产的公允价值为基础调整其账面价值，公允价值与原账面价值之间的差额计入当期损益。

为了保证会计信息的可比性，《企业会计准则第 3 号——投资性房地产》规定，投资性房地产的计量模式一经确定，不得随意变更。只有在房地产比较成熟、有确凿证据表明投资性房地产的公允价值能够持续可靠取得、可以满足采用公允价值模式条件的情况下，企业才能将投资性房地产的计量方式从成本模式转为公允价值模型。将其转变视为会计政策变更处理，按计量模式变更时投资性房地产的公允价值与账面价值的差额，调整期初留存收益。一旦采用了公允价值模式计量投资性房地产，模式就不得从公允价值模式转为成本模式。

（三）金融资产

金融资产是相对于实物资产而言的，是一种索取实物资产的权利。金融资产的最大特征是能够在市场交易中为其所有者提供即期或远期的货币收入流量。与之密切相关的另一个概念则是金融工具，它是指形成一个企业的金融资产，并形成其他单位的金融负债或权益工具的合同。金融资产、金融负债和权益工具共同构成了金融工具这一庞大的概念。

通常来讲，金融资产包括企业的库存现金、银行存款、应收账款、应收票据、贷款、其他应收款项、股权投资、债权投资和衍生金融工具形成的资产等。企业应当结合自身业务特点，投资策略和风险管理要求，将金融资产在初始确认时划分为下列四类：以公允价值计量且其变动计入当期损益的金融资产、持有至到期投资、贷款和应收款项，以及可供出售金融资产。这些属于金融资产的项目中，本部分着重讲述以下三种金融资产。

1. 以公允价值计量且其变动计入当期损益的金融资产

该类金融资产可以进一步细分为交易性金融资产和直接指定为以公允价值计量且其变动计入当期损益的金融资产两类。

交易性金融资产的认定如下所示。

（1）取得该金融资产的目的，主要是为了近期内出售。例如，企业以赚取差价为目的从二级市场购入的股票、债券和基金等。一般情况下，此类交易性金融资产是企业交易性金融资产的主要组成部分。

（2）属于进行集中管理的可辨认金融工具组合的一部分，且有客观证据表明企业近期采用短期获利方式对该组合进行管理。在这种情况下，即使组合中有某个组成项目持有的期限稍长也不受影响。

（3）属于衍生金融工具。衍生金融工具是在货币、债券、股票等传统金融工具的基础上衍化和派生的，以杠杆和信用交易为特征的金融工具。衍生金融工具形成的资产通常应

根据2017年3月31日财政部修订的《企业会计准则第22号——金融工具确认和计量》，企业应当根据其管理金融资产的业务模式和金融资产的合同现金流量特征，将金融资产划分为以下三类：①以摊余成本计量的金融资产；②以公允价值计量且其变动计入其他综合收益的金融资产；③以公允价值计量且其变动计入当期损益的金融资产。

其中，企业管理金融资产的业务模式指的是，企业如何管理其金融资产以产生现金流量；金融资产的合同现金流量特征指的是，金融工具合同约定的、反映相关金融资产经济特征的现金流量属性。业务模式决定企业所管理金融资产现金流量的来源是收取合同现金流量、出售金融资产还是两者兼有。企业管理金融资产的业务模式应当以企业关键管理人员决定的对金融资产进行管理的特定业务目标为基础确定。企业确定管理金融资产的业务模式应当以客观事实为依据，不得以按照合理预期不会发生的情形为基础确定。

财政部要求，在境内外同时上市的企业以及在境外上市并采用国际财务报告准则或企业会计准则编制财务报告的企业，自2018年1月1日起施行；其他境内上市企业自2019年1月1日起施行；执行企业会计准则的非上市企业自2021年1月1日起施行。考虑到目前绝大多数企业还在执行2017年3月31日修订前的会计准则，且本书后续的案例分析均以上市公司历史数据所得，为保持内容前后的一致性，本书的正文部分仍依照修订之前的会计准则为准予以阐述。

本文后文涉及到此类问题时均依照此方法进行处理，修订后的相关内容在附注中进行说明。

划分为交易性金融资产；但是，被指定为有效套期工具的衍生工具、属于财务担保合同的衍生工具、与在活跃市场中没有报价且其公允价值不能可靠计量的权益工具投资挂钩并须通过交付该权益工具结算的衍生工具除外。

金融资产满足以上三个条件之一，即可认定为交易性金融资产。

指定为以公允价值计量且其变动计入当期损益的金融资产，一般是指该金融资产不满足确认为交易性金融资产条件时，企业仍可在符合某些特定条件的情况下将其直接指定为按公允价值计量，并将其公允价值变动计入当期损益。通常情况下，只有直接指定能够产生更相关的会计信息时，才能将某些金融资产指定为以公允价值计量且其变动计入当期损益的金融资产。具体来说，符合以下两个条件之一，即可说明直接指定能够产生更相关的会计信息：

1）该指定可以消除或明显减少由于该金融资产的计量基础不同所导致的相关利得或损失在确认或计量方面不一致的情况；

2）企业风险管理或投资策略的正式书面文件已载明，该金融资产组合或该金融资产和金融负债组合，以公允价值为基础进行管理、评价并向关键管理人员报告。

企业在初始确认时，一旦将某项资产划分为以公允价值计量且其变动计入当期损益的金融资产后，不得发生变更；同样，其他类别的金融资产也不能再重分类为以公允价值计量且其变动计入当期损益的金融资产。

2. 持有至到期投资

持有至到期投资是指，到期日固定、回收金额固定或可确定，且企业有明确意图和能力持有至到期的非衍生金融资产。通常情况下，债权性投资是持有至到期投资的主要部分，如企业从二级市场上购入的固定利率国债、浮动利率公司债券等，都属于持有至到期投资。持有至到期投资通常具有长期性质，但期限较短的债券投资，如一年以内，符合持有至到期投资条件的，也可以划分为持有至到期投资。

持有至到期投资具有以下三大特征。

（1）到期日固定、回收金额固定或可确定。

（2）有明确意图持有至到期。

投资者在取得投资时意图是明确的，准备将投资持有至到期，除非遇到一些企业所不能控制、预期不会重复发生且难以合理预计的独立事件，否则将持有至到期。存在下列情况之一的，表明企业没有明确意图将金融资产持有至到期：①持有该金融资产的期限不确定；②一旦发生市场利率变化、流动性需要变化、替代投资机会及其投资收益率变化、融资来源和条件变化、外汇风险变化等情况时，将出售该金融资产，但无法控制、预期不会重复发生且难以合理预计的独立事项引起的金融资产除外；③该金融资产的发行方可以按照明显低于其摊余成本的金额清偿；④其他表明企业没有明确意图将该金融资产持有至到期的情况。

（3）有能力持有至到期。

企业有足够的财务资源，不受外部因素影响将投资持有至到期。存在以下情况之一，即表明企业没有能力将具有固定期限的金融资产投资持有至到期：①没有可利用的财务资源持续地为该金融资产投资提供资金支持，以使该金融资产持有至到期；②受法律、行政法规的限制，使企业难以将该金融资产投资持有至到期；③其他表明企业没有能力将具有固定期限的金融资产投资持有至到期的情况。

企业应当于每个资产负债表日对持有至到期投资的持有意图和能力进行评价，一旦持有意图或能力发生变化，应当将其重分类为可供出售金融资产。对于持有至到期投资，企业应设置“持有至到期投资”会计科目，用来核算企业持有至到期投资的价值。此科目属于资产类科目，应当按照持有至到期投资的类别和品种，分“成本”“利息调整”“应计利息”等进行明细核算。

其中，“利息调整”明细科目反映企业持有至到期投资的初始入账金额与面值的差额，以及按照实际利率法 分期摊销后该差额的摊余金额，即债券投资溢价和折价的相应摊销。

3. 可供出售金融资产

可供出售金融资产通常是指企业初始确认时即被指定为可供出售的非衍生金融资产，以及没有划分为以公允价值计量且其变动计入当期损益的金融资产、持有至到期投资、贷款和应收款项的金融资产。企业购入的在活跃市场上有报价的股票、债券和基金等，若没有划分为以公允价值计量且其变动计入当期损益的金融资产或持有至到期投资等金融资产的，即可归为此类。

可供出售金融资产的会计处理，与以公允价值计量且其变动计入当期损益的金融资产的会计处理有类似之处，但也有不同。具体而言：①初始确认时，都应按公允价值计量，但对于可供出售金融资产，相关交易费用应计入初始入账金额；②资产负债表日，都应按公允价值计量，但对于可供出售金融资产，公允价值变动不是计入当期损益，而通常计入所有者权益。

金融资产的分类应是管理层意图的如实表述，某项金融资产具体应划分为哪一类，主要取决于管理层的风险管理、投资决策等因素。但是，由于金融资产的分类与金融资产的确认和计量有着密切的关系，不同类别的金融资产，其初始计量和后续计量采用的方法也不同，为了降低管理层盈余的操纵，金融资产的分类一经确定，不得随意更改。

实际利率法指按实际利率计算摊余成本及各期利息费用的方法；其中，摊余成本为持有至到期投资初始金额扣除已偿还的本金和加上或减去累计摊销额以及扣除减值损失后的金额。

（四）无形资产

按照《企业会计准则第 6 号——无形资产》对其的定义，无形资产是指企业拥有或者控制的没有实物形态的可辨认非货币性资产；《国际会计准则第 38 号——无形资产》对无形资产的表述为，不具备实物形态的、可辨认非货币资产。可见，就无形资产定义而言，我国会计准则与国际会计准则已无实质性差异。一般来讲，作为企业的一项无形资产，应具备以下特点。

（1）没有实物形态。无形资产没有实物形态是它与其他有形资产区别的一个显著标志，但是否拥有实物形态不是作为判断一项资产是否为无形资产的充分必要条件。例如，银行存款、应收账款等资产类别同样缺乏实物形态，但并不能将之归类为无形资产。

（2）可以给企业带来超额的经济利益。无形资产本质上代表的是企业拥有的某些特殊权利或优势，它通过拥有的某些权利或优势使企业获得高于一般盈利水平的额外利益。

（3）具有可辨认性。判断无形资产是否具有可辨认性有两个标准：一是，无形资产能够从企业中分离或者划分出来，并能单独或者与相关合同、资产或负债一起用于出售、转移、授予许可、租赁或者交换；二是，无形资产产生于合同性权利或者其他法定权利，不论这些权利是否可以从企业或者其他权利和义务中转移或分离。

（4）所提供的未来经济利益具有很大的不确定性。相对其他资产而言，无形资产带来的未来经济利益具有高度的不确定性，很大程度上受到企业外部因素的影响，如技术进步、市场需求变化、同行业竞争等。无形资产的价值就在于其优越性和独占性，一旦由于外部因素导致优越性或独占性消失，它原本所能带来的超额利益可能大打折扣甚至片刻间荡然无存。另外，无形资产通常不能单独获利，常需借助于有形资产才能发挥作用，因而辨认究竟企业受益中多少由无形资产创造十分困难。

由于无形资产没有实物形态，只是一种虚拟资产，因而其确认要比有形资产困难得多。作为无形资产的项目，只有同时满足：①符合无形资产的定义；②与该无形资产相关的预计未来经济利益很可能流入企业；③无形资产的成本能够可靠计量时，才能将其确认为无形资产。因而，会计上对无形资产的处理是十分保守的，必然有很大一部分没有实物形态的虚拟资产被刨除在外。根据我国会计准则关于无形资产定义的要求，无形资产具体包括专利权、商标权、非专利技术、著作权、土地使用权、特许权等。

知识经济时代，随着经济全球化进程的进一步加速，无形资产的地位和作用得到了普遍的认可。尤其是在一些高新技术企业中，科技含量与日俱增，相应地，所形成的无形资产的价值也会为企业带来预期的经济利益，无形资产增强了企业的竞争力。从整个国家层面来讲，无形资产也是重要的实力象征，当今的世界强国无一不是专利大国、商标大国和计算机软件大国，世界上绝大多数的专利权、商标权、软件著作权等无形资产要素都被这些国家所拥有。从我国《公司法》就无形资产出资规定的变化也能看出国家对无形资产的重视度逐步提高。2006年前的《公司法》规定，无形资产的出资比例不得高于注册资本的20%，之后的《公司法》提高了这一上限：股东可以用货币出资，也可以用实物、知识产权、土地使用权等可以用货币估价并可以依法转让的非货币财产作价出资，全体股东的货币出资金额不得低于有限责任公司注册资本的30%。这意味着无形资产可占到注册资本的70%。2013年12月28日最新修订且自2014年3月1日起施行的《公司法》则取消了上述70%比例的限制，企业注册时可以以实物、知识产权和土地使用权出资。也就是说，极端情况下无形资产甚至可以100%作为注册资本注资，这对于促进科技成果产业化具有极大的推动作用。

初始计量时，因无形资产取得的来源不同，其具体的入账价值也有所差异。如外购的无形资产，应以实际支付的价款、相关税费以及直接归属于使该项资产达到预定用途所发生的其他支出的合计数作为入账价值；投资者投入的无形资产则应按照投资协议或合同约定的价值作为入账价值，但约定价值有失公允的除外。后续计量时，由于对其使用和科学技术进步等因素的影响，无形资产的价值会由于转移和贬值而减少。因此，企业应当于取得无形资产时分析判断其使用寿命。无形资产的使用寿命为有限的，应当估计该使用寿命的年限或者构成使用寿命的产量等类似计量单位数量，无形资产应摊销金额在使用寿命内系统合理摊销；无法预见无形资产为企业带来经济利益期限的，应当视为使用寿命不确定的无形资产，不需进行摊销。我国会计准则规定，企业至少应当于每年年度终了，对使用寿命有限的无形资产的使用寿命及摊销方法进行复核；对使用寿命不确定的无形资产进行减值测试，如果有证据表明其使用寿命是有限的，则应视为会计估计变更，应当估计其使用寿命并按照使用寿命有限的无形资产的处理原则进行处理。

（五）商誉

按照《企业会计准则第6号——无形资产》对无形资产的定义，以及商誉的不可辨认性，新准则将其从无形资产中分离而独立确认为一项资产并进行合理的计量，在资产负债表非流动资产项目下以净额列示。商誉被排除在无形资产之外，并不意味着商誉不是无形资产，只不过表明商誉不由无形资产会计准则规范而已，商誉是现代企业中一种重要的无形资产。

从理论上讲，商誉是可以为企业带来超额收益的一切有利的要素和情形，因此，只要企业有获得超额收益的能力，即可确认商誉的存在，并且可将其创立过程中所发生的一切支出作为成本入账。然而这种确定商誉的方法及对它做出的会计计量是难以具体实施的，因为商誉是由各种因素相互影响、相互作用而产生的，没有任何一笔费用能够确认是专为创造商誉而支出的。因此，在会计实务中，一般只对企业外购商誉即合并商誉加以确认入账，自行创造的商誉不予入账。

按照《企业会计准则第20号——企业合并》的规定，涉及企业合并的会计处理首先应区分是同一控制下的企业合并还是非同一控制下的企业合并。对于同一控制下的企业合并，准则规定采用权益集合法，相关资产和负债按照在被合并方的原账面价值入账，合并溢价只能调整资本公积和留存收益，不确认商誉。只有对非同一控制下的企业合并采用购买法，才涉及商誉的会计处理，其商誉等于企业合并成本 与合并中取得被购买方可辨认净资产公允价值 份额之差（两者之差大于零，则确认为商誉；两者之差小于零，则将其计入合并当期营业外收入，并在报表附注中披露）。这也就是说，透过商誉可以一定程度反映公司是否依赖并购增长及并购增长的具体模式。

此外，非同一控制下的企业合并在控股合并和吸收合并、新设合并时确认商誉又稍有不同。形成母子公司关系的控股合并，因为在合并日账务中作为长期股权投资成本入账的合并成本中就包括商誉价值，所以在合并日购买方的单独资产负债表中商誉并未单独列报，而是包含在“长期股权投资”项目中，而在合并日合并资产负债表中才需要单独列报合并商誉。不形成母子公司关系的企业合并，即吸收合并和新设合并，购买日购买方的账务处理中就能够单独确认商誉，从而在合并后存续企业的单独资产负债表中单项列示。

商誉确认后，若没有确凿证据证明商誉会随着使用或时间的流逝，价值会系统性降低，在持有期间就无须摊销。但会计准则要求，企业如果拥有因企业合并所形成的商誉，至少应当在每年年度终了进行减值测试，一旦发现商誉的可回收额低于账面价值，就应该计提相应的减值准备。由于商誉不能独立地产生现金流量，因此其减值测试应当结合与其相关的资产组或资产组组合。这些相关的资产组或资产组组合应当是能够从企业合并的协同效应中受益的资产组或者资产组组合，但不应当大于按照分部报告准则所确定的报告分部。与之相适应，准则要求企业应当自合并日起将合并产生的商誉按合理的方法分摊至相关的资产组；难以分摊至相关资产组的，应当将其分摊至相关的资产组组合。

值得警惕的是，商誉对外行人来说看上去很美，但其蕴含的风险则足以将其称之为我国资本市场的一只“黑天鹅”，截至 2018 年第 3 季度，我国 A 股市场共有 2 070 家上市公司存在商誉，商誉总计突破 1.4 万亿元，体量惊人！其中，227 家公司的商誉规模占净资产比例超过 40%，72 家公司的商誉规模占净资产比例超过 60%，更有 18 家公司商誉规模超过净资产。整体来看，同样也不容乐观，商誉占净资产比重由 2011 年的平均 1.01% 上升到 2017 年的平均 4%；创业板的情况则更为严峻，商誉占净资产比例由平均 1.2% 迅速攀升到 2017 年的平均 19.4%。这也引起了监管方的高度重视，2018 年 11 月 16 日，中

合并成本应包括以下三项内容：①购买方在购买日为取得被购买方的控制权而付出的资产、发生或承担的负债以及发行的权益性证券的公允价值；②为进行企业合并而发生的各项直接相关费用；③合并合同或协议中所约定的未来事项对合并成本的可能影响金额，但该金额计入合并成本的前提是在购买日能够合理估计该未来事项很可能发生并且对合并成本的影响金额能够可靠计量。

可辨认净资产公允价值是指合并中取得的被购买方可辨认资产公允价值减去负债及或有负债公允价值后的余额。

国证监会发布了《会计监管风险提示第 8 号——商誉减值》，从商誉减值的会计处理及信息披露、商誉减值事项的审计和与商誉减值事项相关的评估三方面，就常见问题和监管关注事项进行说明，主要要点包括以下内容。

（1）明确合并形成商誉每年必须减值测试，不得以并购方业绩承诺期间为由，不进行测试。

（2）要求公司应合理将商誉分摊至资产组或资产组组合进行减值测试，一个会计核算主体并不简单等同于一个资产组。

（3）商誉所在资产组或资产组组合存在减值，应分别抵减商誉的账面价值及资产组或资产组组合中其他各项资产的账面价值。

（4）公司应在年度报告、半年度报告、季度报告等财务报告中披露与商誉减值相关的所有重要、关键信息。

（5）会计师事务所应结合商誉减值事项的重要程度及不确定性程度，恰当认定其风险性质，以确定其是否为认定层次的重大错报风险。

（6）评估机构不得以股权、企业价值的评估报告代替以财务报告为目的的评估报告。

【案例分析】敢想更敢干，令人“叹为观止”的华谊兄弟

商誉资产是一项不具有任何实物形态的资产，其会计确认和计量均有特殊的规定。虽然每家持续经营的企业都有可能存在商誉资产，但如果没有将企业作为一个整体进行交易过，商誉资产便不可自行确认。只有当购并方所支付的资产价格超过被购并方可辨认资产公允价值时，其差额才会被确认为商誉。由于商誉构成的虚拟性和交易的复杂性，所以，在实务中常常会被错误理解或应用。华谊兄弟 2015 年发生的两起购并案例，便引起过较大的争议。

购并案例一：收购浙江东阳浩瀚影视娱乐有限公司 70% 股权

2015 年 10 月 22 日，华谊兄弟发布公告称，拟以人民币 7.56 亿元收购浙江东阳浩瀚影视娱乐有限公司 70% 的股权。这是一家成立仅仅一天、注册资本 1 000 万的空壳公司。其股权结构为：睿德星际（天津）文化信息咨询合伙企业（有限合伙）持有目标公司 15% 的股权，明星股东包括李晨、冯绍峰、Angelababy、郑恺、杜淳、陈赫共持有目标公司 85% 的股权。也就是说，一家仅注册成立一天的公司，华谊兄弟便以 7.56 亿元的作价收购了这家公司 70% 的股权，对应的可辨认资产 700 万元。其溢价差额 7.49 亿元，便成为华谊兄弟资产负债表上的商誉资产。

以高溢价的方式收购仅仅成立一天的公司，并将所支付的溢价列为商誉资产，这完全是

本案例节选自薛云奎教授所著的《克服偏见，还原财报背后的真相》（机械工业出版社，2018 年版），根据需要，有部分删节和调整。

对资本市场规则和商誉会计准则的曲解和挑战！首先，根据企业会计准则，资产是指企业过去的交易或者事项形成的、由企业拥有或者控制的、预期会给企业带来经济利益的资源。因此，商誉作为资产，它必须有过去的交易或事项来支持它的存在。其次，商誉是指超过企业可辨认资产价值以上的部分，它通常会被认为是企业在同等条件下，获得高于正常投资报酬率的能力或信誉。这里的重要前提是，企业在同等条件下的超能力或超信誉。

作为一家企业，东阳浩瀚仅仅注册成立了一天，华谊兄弟如何能够认定它具有“高于正常投资报酬率所形成的能力或信誉”。当然，也许有人会认为，华谊兄弟之所以认定东阳浩瀚具有超能力，是因为明星股东及其承诺业绩。但是，公司股东（们）自身的身价可否作为他们所持有股份的公司估值的依据？股东对未来业绩的承诺或者对赌，可否看成是公司过去的交易事项？以及它是否可以作为公司估值的依据？

如果以上两个疑问的答案是肯定的，那么，华谊兄弟这一收购便是符合现有资本市场规则和会计准则精神的。如果答案是否定的或者存疑的，那么，这一收购案的合法性和合理性也就会被质疑。

购并案例二：收购浙江东阳美拉传媒有限公司 70% 股权

2015 年 11 月 19 日，华谊兄弟将这一收购模式再次翻版，拟以人民币 10.5 亿元收购浙江东阳美拉传媒有限公司的股东冯小刚和陆国强合计持有的目标公司 70% 的股权。截至公告日，目标公司未经审计的财务数据为：资产总额为人民币 1.36 万元，负债总额为人民币 1.91 万元，所有者权益为人民币 –0.55 万元。一家净资产值为负的公司却被华谊兄弟估值 15 亿元，定价依据依然是股东的承诺业绩。

锁定“明星导演”或“明星艺人”对华谊兄弟未来发展的重要性不言而喻，但作为上市公司的财报披露，是否把这些“明星导演”或“明星艺人”作为公司的重要资产？这的确是一个值得探讨的重要会计问题。它究竟算是商誉资产还是无形资产？这在会计领域极具挑战。其中既涉及法律和伦理方面的问题，当然也涉及财务与会计的安排问题。在西方，职业球员在不同俱乐部之间的转会，或许可以作为明星艺人交易安排和会计处理的重要参考。一家体育俱乐部可以从公开市场上去购买一位明星球员 3 年的服务合同，假设合同价格为 3 000 万元，俱乐部并为此付出 3 000 万元的代价。那么，这 3 000 万元买来的服务合同便可作为俱乐部的无形资产。

为什么要作为无形资产而不是商誉呢？原因在于，虽然 3 年期的服务合同与商誉一样，都是不具有实物形态的资产，但服务合同是可辨认和可单独分离出来的资产，而商誉则不然。再者，3 年的服务合同作为俱乐部运营成本的一部分，必须在 3 年内摊销完毕，而商誉则不然。商誉是一项永久性资产，无须分期摊销。这就对当期盈利产生了很大影响。一家俱乐部花 3 000 万元买来的服务合同在 3 年内是否可以创造远超过 3 000 万元成本的收入，决定了这家俱乐部的交易是否明智。如果将其列为商誉，便无从考察这项买卖的收入与成本。因为成本变成了商誉资产，就成为暂时性的永久资产，于是，俱乐部当期便只有收入，没有成本。这项买卖在当期的财务报表上，看上去会十分合算。然而，当3年合同期满，该位明星球员要离开俱乐部时，俱乐部便需要一次性计提3 000万元的商誉减值损失，从而导致3年后巨额亏损。所以，将转会买来的球员作为无形资产而不是商誉，能够更好地计量公司的收益与风险，也更加符合会计的稳健原则。

由此，可以推及华谊兄弟未来的商誉减值风险。当东阳浩瀚与美拉传媒的业绩承诺期满，华谊兄弟似乎便会面临巨额的商誉减值，即使他们的承诺是无限期的，但由于明星导演或演员作为生物体也有自然的生命极限或创造力枯竭，同样会导致公司在未来的商誉减值风险。而企业作为一个持续经营的主体，则不会存在诸如此类的困惑。所以，这也许就是以上购并案例的存疑之处。

第二节　资产构成

企业投资活动涵盖了长期资产的构建以及不包括在现金等价物范围内的投资及其处置活动，因此，所谓资产构成中的大部分资产本质上就是企业不同投资行为的具体表现。本节的主要内容即阐述上一节尚未触及的资产部分。

《企业会计准则——基本准则》中有关资产的定义如下：资产是企业过去的交易或事项形成的，由企业拥有或者控制的、预期会给企业带来经济利益的资源。这里的交易或者事项包括购买、生产、建造行为和其他交易或者事项。从其定义可以看出资产有以下三个特点。

（1）资产必须是由过去的交易或者事项所形成的。资产必须为现实资产，而不是预期的资产。对于预期在未来发生的交易或者事项可能产生的结果，因不属于现实资产，故不能确认为资产。

（2）资产是由企业拥有或控制的。企业享有某项资源的所有权，或者虽然不享有某项资源的所有权，但该资源能被企业所控制。一般情况下，一项资源要作为企业的资产加以确认，就要拥有其所有权，可以按照自己的意愿使用或处置。但是，也存在一些特殊的情况，企业有可能虽不拥有资源所有权，但能够实际控制，此时的资源也应以资产确认，如融资租入的固定资产。

（3）资产预期会给企业带来经济利益。资产应有直接或者间接导致现金和现金等价物流入企业的潜力。资产必须具有交换价值和使用价值，可以可靠地计量，即可以用货币进行计量。

资产按其流动性差异，可分为流动资产和非流动资产。其中，流动资产是指预计能够在一个正常营业周期中变现、出售或耗用，或主要为交易目的而持有的资产；非流动资产则是指除流动资产以外的资产。

一、流动资产

流动资产是企业资产中必不可少的组成部分。流动资产大于流动负债，一般表明企业有足够变现的资产用于偿债，偿还短期债务能力强。但由于流动资产的增值能力相对非流动资产而言，相对较差，故并不是流动资产越多越好。流动资产的内容包括货币资金、交易性金融资产、应收票据、应收账款和存货等。由于各项目的特点不同，应根据各自不同的要求，分别进行审查。

（一）货币资金

货币资金是指企业的生产经营资金在周转过程中处于货币形态的那部分资金，按其形态和用途不同可分为库存现金、银行存款和其他货币资金。货币资金是企业中最活跃的资金，流动性强，是企业的重要支付手段和流通手段，因而是流动资产的审查重点。

库存现金是指企业金库中存放的现金，包括人们经常接触的纸币和硬币等。狭义的现金就仅指库存现金，而广义的现金则包括库存现金、银行存款以及其他可以普遍接受的流通手段。银行存款是指企业存放在本地银行的那部分货币资金。按照相关规定，企业收入的一切款项，除留存限额的现金之外，都必须存入银行；企业的一切支出，除规定可用现金支付外，都必须遵守银行结算方法的有关规定，通过银行办理转账结算。其他货币资金是指除现金、银行存款之外的货币资金，包括外埠存款、银行汇票存款、银行本票存款、信用证保证金存款、信用卡存款、存出投资款等。

“货币资金”作为资产负债表的一个流动资产项目，应根据“库存现金”“银行存款”和“其他货币资金”三个总账账户的期末余额合计数填列。

（二）交易性金融资产

交易性金融资产属于以公允价值计量且其变动计入当期损益的金融资产中的一种，必须符合以下三个条件之一的金融资产方可认定为交易性金融资产：

1）取得该金融资产的目的，主要是为了近期内出售；

2）属于进行集中管理的可辨认金融工具组合的一部分，且有客观证据表明企业近期采用短期获利方式对该组合进行管理；

3）属于衍生金融工具。

在资产负债表中的“交易性金融资产”项目，反映了企业持有的以公允价值计量且其变动计入当期损益的为交易目的所持有的债券投资、股权投资、基金投资、权证投资等金融资产。有关交易性金融资产的具体内容已在上节进行过详细的阐述，这里不再赘述。

（三）应收票据

应收票据是指企业持有的、尚未到期兑现的商业汇票。商业汇票是一种由出票人签发的，委托付款人在指定日期无条件支付确定金额给收款人或持票人的票据。它是一种流通证券，也是一种可以由持票人自由转让给他人的债权凭证。商业汇票的付款期限最长不得超过 6 个月。符合条件的持票人可以持未到期的商业汇票连同贴现凭证向银行申请贴现。

按照承兑人的不同进行区分，商业汇票包括银行承兑汇票和商业承兑汇票两种。其中，银行承兑汇票是由在承兑银行开立存款账户的存款人签发，由承兑银行承兑的票据；商业承兑汇票则是付款人签发并承兑，或由收款人签发交由付款人承兑的汇票。

为了反映和监督应收票据取得、票据收回等经济业务，企业需设置“应收票据”科目。在资产负债表中，“应收票据”项目反映了企业因销售商品、提供劳务等收到的商业票据，具体包括银行承兑汇票和商业承兑汇票两种。“应收票据”项目应根据“应收票据”科目的期末余额，减去“坏账准备”科目中有关应收票据计提的坏账准备期末余额后的金额填列。

（四）应收账款

应收账款是指企业在正常的经营活动中，因销售商品、产品、提供劳务等业务而应向购买单位收取的款项，主要包括企业销售商品、材料、提供劳务等应向有关债务人收取的价款及相应的税金、代购货方垫付的各种运杂费等。本着权责发生制的原则，通常在确认收入的同时，确认应收账款。该账户按不同的购货或接受劳务的单位设置明细账户进行明细核算。

在确认应收账款的入账价值时，往往伴随着折扣的影响，应当予以考虑。折扣通常分为两种：商业折扣和现金折扣。商业折扣是企业为促销而在商品标价上给予的折扣，一般在交易发生时即已确定，这只不过是确定实际销售价格的一种手段，并不具备经济意义，因此也就无须在买卖双方任何一方的账上反映。应收账款的入账金额直接以剔除商业折扣后的实际售价确定。

现金折扣与之相比，则处理方法较为复杂。现金折扣是商品销售方或劳务提供方为了鼓励购货方或接受劳务方提前偿付货款，而在规定的期限内支付给予的一定折扣。这通常需要与购货方事前达成协议，已使购货方在不同期限内付款可以享受不同比例的折扣。例如，标示为“2/10，N/30”说明买方在 10 天内付款可按售价的 2% 给予折扣，10 天以后、30 天以内付款则不享受折扣。由于现金折扣的存在，应收账款入账时就有两种不同的方法：总价法和净价法。总价法是将未剔除折扣前的金额作为应收账款的入账价值，只有在客户在折扣期内支付货款时，才予以确认。该方法将销售方给予客户的现金折扣视为融资费用，会计处理上作为增加的财务费用。净价法则是将剔除最大现金折扣后的金额作为应收账款的入账价值。该方法视客户为取得折扣而在折扣期内付款视为正常现象，而将由于客户超过折扣期限而多付的金额视为提供信贷获得的收入，在收到账款时冲减财务费用。

可以看出，总价法可以较好地反映企业销售的总过程，但可能会因为客户享受现金折扣而高估应收账款和销售收入，进而高估销售利润；净价法则可以避免这一不足。但是，在客户没有享受现金折扣而是选择全额付款时，必须对相应的销售收入进行再调整；期末结账时，若存在已超过期限尚未收到的应收账款，操作起来也比较麻烦，需按客户为享受的现金折扣进行再调整。我国的《企业会计准则》规定，企业应收账款的入账价值应按总价法进行确定。

尽管如此，对一些资金充沛的企业来说，如果购货协议书上有现金折扣的约定，在折扣期内偿付货款往往是十分有益的。这里仍以“2/10，N/30”为说明，如果在第 10 天偿付货款，享受 2% 的折扣，其可以视同为投入资金获得了 36% 的年收益率，这一数字是相当可观的！

在资产负债表中，“应收账款”项目反映的是企业因销售商品、提供劳务等经营活动应收取的款项，该项目需根据“应收账款”和“预收账款”科目所属各明细科目的期末借方余额的合计数，减去“坏账准备”科目中有关应收账款计提的坏账准备期末余额后的金额列示。

（五）存货

存货是指企业在日常活动中持有以备出售的产成品或商品、处在生产过程中的在产品、在生产过程或提供劳务过程中耗用的材料、物料等。存货分布于企业生产经营的各个环节，种类繁多，用途各异，为了加强对存货的管理，提供有用的会计信息，对存货进行适当的分类是完全必要的。

根据不同的分类标准，存货可以进行以下分类：一是按照经济用途的分类，以工业企业为例，存货可以分为原材料、在产品、自制半成品、产成品和周转材料；二是依据存放地点的不同，将存货分为在途存货、在库存货、在制存货和在售存货；三是根据取得方式的不同，将存货分为外购存货、自制存货、委托加工存货、投资者投入存货、以非货币性资产交换取得存货、通过资产重组取得存货、通过企业合并取得存货等。

存货初始计量时，以取得存货的实际成本为基础，实际成本包括采购成本、加工成本以及其他使存货达到目前场所和状态发生的成本。但是，由于存货取得的方式各异，导致存货在初始确认时不尽相同。以外购存货和投资者投入存货为例，外购存货的成本是指存货从采购到入库前所发生的全部支出，一般含购货价款、相关税费、运输费、保险费、装卸费及其他可以归属为存货采购成本的费用；而投资者投入存货则应按投资合同或协议约

计算过程如下：收益率 = $[2\% \div (30-10)] \times 360=36\%$，这仅是单利的算法。若采用复利形式计算，收益率更为丰厚，复利收益率 = $(1+2\%)^{(360/20)}-1=(102\%)^{18}-1 \approx 42.8\%$。

定价值来确定，但合同或协议约定显失公允的除外，在投资合同或协议价值不公允的情况下，应当以公允价值确认其入账价值。

取得存货的目的在于满足生产和销售的需要，因此存货源源不断地流入企业，并随着销售和耗用从一个生产环节流向另一个生产环节，并最终流出企业。存货的流转包括实物流转和成本流转两方面。从理论上讲，实物流转和成本流转应该是同步的；但现实却是，由于存货品种繁多、流入流出数量浩繁，而且同一货物也可能因地点、时间不同，单位成本也存在差异，因此将存货的成本流转和实物流转保持完全一致是十分困难的。故会计上采用不同的成本流转假设在期末结存存货与本期发出存货之间分配存货成本，产生了不同的存货计价方法，如个别计价法、先进先出法、月末一次加权平均法、移动加权平均法等。由于不同的存货计价方法得出的计价结果各不相同，对企业的财务状况和经营成果产生一定的影响，因此存货计价方法一旦选定，前后各期应当保持一致，并在会计报表附注中予以披露。

在发出存货时，企业应当根据各类存货的特点和用途，对发出存货进行相应的会计处理。会计期末，为了使存货符合资产的定义，以在资产负债表中更合理地反映存货的价值，存货应当按照成本与可变现净值孰低法进行计量。成本即采用先进先出法、加权平均法等计价方法，对发出存货（或期末存货）进行计量确定的期末存货账面价值。所谓的可变现净值则指在日常活动中，存货的估计售价减去完工时估计将要发生的成本、销售费用及相关税费后的金额。如果期末存货的成本低于可变现净值，存货仍按成本计量；如果期末存货的成本高于可变现净值，存货则按可变现净值计量，同时将两者的差额计提存货跌价准备，计入当期损益。

在资产负债表中，“存货”项目反映企业期末在库、在途和在加工中的各种存货的成本或可变现净值。本项目根据“材料采购”“原材料”“低值易耗品”“库存商品”“周转材料”等科目的期末余额合计，减去“存货跌价准备”科目期末余额后的金额列示。

对于一家典型的制造业企业来说，一个经营周期就包括了货币资金、存货、应收账款等流动资产的实现过程。具体来说，企业通过货币资金采购原材料、物料，一旦拥有或控制了这些原材料、物料的所有权，其和企业制造的尚未出售的成品、半成品等构成了企业的存货，存货通过流转从一个生产环节流向另一个生产环节，并最终以商品的形式对外销售，获得货币资金或产生应收账款或应收票据，应收账款或应收票据在一定期限内转换为货币资金，至此一个经营周期循环结束。经营周期的长短是评价经营活动资金占用情况的一个重要指标，一般来说经营周期越短越好，最好是负值，这表明企业周转良好。经营周期可以用“存货周转期 + 应收账款周转期 – 应付账款周转期”计算求得。

（六）其他流动资产

除上述流动资产外，流动资产还包括应收利息、应收股利、其他应收款等。其中，应收利息反映的是企业应收取的债券投资等的利息，在资产负债表中该项目应根据“应收利息”科目的期末余额减去“坏账准备”科目中有关应收利息计提的坏账准备期末余额后的金额填列。应收股利反映的是企业应收取的现金股利和应收取其他单位分配的利润，在资产负债表中和“应收利息”项目类似，“应收股利”项目应根据“应收股利”科目的期末余额减去“坏账准备”科目中有关应收股利计提的坏账准备期末余额后的金额填列。其他应收款反映的是企业除应收票据、应收账款、应收股利、应收利息以外的其他各项应收、暂付的款项。

二、非流动资产

非流动资产是指流动资产以外的资产，主要包括长期股权投资、固定资产、无形资产、商誉等。非流动资产和流动资产最主要的区别就在于能不能在一定的周期内把资产转变为流动的资金使用，对于这个周期一般都是在 1 年之内。非流动资产一般不能在 1 年之内通过某种经济运作转化为可用资金，如固定资产等；而流动资产则能在一年内转化成资金，如应收票据和应收账款等。

关于长期股权投资、无形资产、商誉等已在上一节中进行过详细的阐述，这里重点对固定资产进行说明。

（一）固定资产的概念与分类

尽管无形资产随着时代的发展显得愈加重要，但企业作为一个有形的经济实体，始终离不开各种各样的有形资产，固定资产就是其中很重要的一部分。有关固定资产的定义，我国会计准则和国际会计准则并不完全相同，但已无实质性差异。《企业会计准则第 4 号——固定资产》对固定资产的定义是“同时具有下列特征的有形资产：①为生产商品、提供劳务、出租或经营管理而持有的；②使用寿命超过一个会计年度”。《国际会计准则第 16 号——不动产、厂房和设备》（IAS No.16）直接表述为关于不动产、厂房和设备（PPE，Property，Plant and Equipment）的定义，指具有以下特征的有形资产：①企业用于生产、提供商品或劳务、出租或为了行政管理目的而持有的；②预计使用寿命超过一个会计期间。从以上两个定义来看，均强调固定资产在其有形性、持有目的及其使用寿命三个方面具有的特点。

固定资产一般包括房屋、建筑物、机器、机械、运输工具以及其他与生产、经营有关的设备、器具等。在实务中，固定资产的范围更为宽泛，对于不属于生产经营主要设备的物品，如果单位价值超过 2 000 元，并且使用年限超过 2 年，也视为固定资产进行处理。

在一般企业中，固定资产的数量是很多的。为了便于对固定资产进行管理，提高固定资产的使用效率，需要对固定资产进行科学、合理的分类。

（1）按经济用途进行分类，固定资产可以分为生产经营用固定资产和非生产经营用固定资产。

（2）按所有权进行分类，固定资产可以分为所有权属于企业的自有固定资产和经营租赁租入的固定资产。

（3）按使用情况进行分类，固定资产可以分为使用中固定资产（包括季节性或大修理期间停用的固定资产）、未使用固定资产、出租固定资产和不需用固定资产四大类。

（4）按取得途径不同进行分类，固定资产可以分为外购的固定资产、自建的固定资产、接受捐赠的固定资产、投资者投入的固定资产、融资租入的固定资产、盘盈的固定资产、非货币性资产交换换入的固定资产、抵债取得的固定资产等。

（二）固定资产的初始计量

固定资产的初始计量是指企业取得固定资产时对其入账价值的确定。固定资产取得的方式不同，初始计量的入账价值确定方法也不尽相同。

对于外购的固定资产，成本包括实际支付的价款、进口关税和其他税费，以及使固定资产达到预定使用状态前所发生的可归属于该项资产的必要支出，如运杂费、包装费、安装成本和专业人员服务费等。需要特别注意的是，自 2009 年 1 月 1 日起，我国对所得税管理实行了从生产型向消费型的转变，在征收增值税时，允许企业将外购固定资产所含的增值税进项税额进行一次性全部扣除，作为进项税额单独核算，因此企业外购固定资产增值税专用发票所列示的应交增值税税额不能再计入固定资产价值。但是，与技术更新无关的自用消费品，如应征消费税的摩托车、小汽车、游艇等，其进项税额不得从销项税额中抵扣。

对于自建的固定资产，其初始计量的成本由建造该项资产达到预定可使用状态前所发生的必要支出构成，包括工程物资成本、人工成本、缴纳的相关税费、应予以资本化的借款费用及应分摊的间接费用等。

对于租入的固定资产则应按照租赁资产的风险和报酬是否从出租人转移给承租人区别对待。如果出租人实质上将与租赁资产所有权有关的风险和报酬转移给承租人，那么该租赁形式就是融资性租赁。按照我国会计准则的规定，会计处理方法是将融资租入的固定资产，在融资租赁期内作为企业自由资产进行管理和核算。融资租入的固定资产的入账价值按租赁开始日租赁资产的公允价值与最低租赁付款额的现值孰低法进行确认，其中最低租赁付款额作为长期应付款入账核算，它与该项资产公允价值之差异作为未确认融资费用。未确认融资费用应在租赁期内按合理的方法加以确认，计入当期的财务费用。如果租赁资产所有权有关的风险和报酬仍掌握在出租人一方，那么该租赁形式就是经营性租赁。企业采用经营性租赁方式租入的固定资产不享有资产的所有权，故不能将之作为固定资产增加记入到正式会计账簿。所支付的租赁费亦应根据租入资产的用途，分别计入制造费用、管理费用、销售费用等。同时，为了便于对实物的管理，需在备查簿中登记。

（三）固定资产的后续计量

固定资产的价值一般比较大，使用时间比较长，能长期地、重复地参加生产过程。在这期间，固定资产受到自然力的作用、正常的使用以及所面临的外部环境变化，其价值也在不断消损。为了及时、可靠地反映固定资产的价值，固定资产的后续计量就显得尤为重要。固定资产后续计量指的是固定资产在其后期存续期间变化的价值金额和最终价值额的确定，与之相对应的是固定资产折旧的计提、减值损失的确定以及后续支出的计量等三项业务。其中，折旧的计提是固定资产后续计量中最为正常的一项业务，涉及的方法也较多，故重点对固定资产折旧的计提进行说明。

1. 固定资产折旧的含义与影响因素

固定资产在使用过程中，由于物质的磨损或自然的侵蚀而逐步变旧，此之谓“有形损耗”；除此之外，还会由于技术进步、过时等原因造成无形损耗。有形损耗和无形损耗在日常生活中可以称之为折旧。而会计上的折旧主要指的是折旧费用，是将过去固定资产价值转移所发生的成本按照会计上的权责发生制和配比原则等，采用系统的方法分摊到固定资产服务的各个期间，以便正确计量各个期间的损益。我国《企业会计准则第 4 号——固定资产》对固定资产折旧定义表述如下：固定资产折旧是指在固定资产使用寿命内，按照确定的方法对应计折旧额进行系统分摊。

影响固定资产折旧的三个因素是原始价值、预计净残值和预计使用年限。在其他两个因素一定、折旧方法确定的情况下，原始价值越高，单期该固定资产折旧费用越高；预计净残值越大，单期该固定资产折旧费用越低；预计使用年限越长，单期该固定资产折旧费用越低。另外，由于外部环境的变化，可能使固定资产使用强度加大，或者产生新的产品代替该固定资产，从而使固定资产使用寿命大大缩短、预计残值减少，因此企业至少应当于每年年末对净残值和使用年限进行重新复核，以检验其是否受到所处的经济环境、技术环境以及其他环境的影响而发生变化。

2. 固定资产折旧的方法

固定资产折旧方法是将应计提的折旧总额在固定资产使用年限进行分配时具体采用的计算方法，包括平均年限法、工作量法、双倍余额递减法、年数总和法等。方法的选取显示了企业内部的自由裁量权，企业可以根据固定资产的性质、受损耗的方式及程度，合理地选择折旧方法。但是，固定资产折旧方法一经确认，不得随意变更；如确有需要，则应按规定程序报经批准后备案，并在财务报表附注中予以说明。

平均年限法又称直线法，是一种计算简便易行，容易理解的折旧方法，同时也是一种在实务中应用最为广泛的折旧方法。它以固定资产预计使用年限为分摊标准，将应计提的折旧总额均衡地分摊到使用各年。计算公式如下：

$$\text{年折旧额} = (\text{原始价值} - \text{预计净残值}) / \text{预计使用年限} \tag{4-6}$$

工作量法又称变动费用法，是以固定资产预计可完成的工作总量为分摊标准，根据各年实际完成的工作量计算折旧的一种方法。工作量法与平均年限法的不同仅表现在分配折旧额的标准由使用年限变成工作量，是平均年限法的一种演变，因此工作量法也被称为直线法。计算公式如下：

单位工作量折旧额＝原始价值 ×（1– 预计净残值率）/ 预计工作量总额　（4-7）

年折旧额＝年实际完成的工作量 × 单位工作量折旧额　（4-8）

双倍余额递减法是在不考虑固定资产预计净残值的情况下，根据每期期初固定资产原价减去累计折旧后的余额，乘以双倍的直线折旧率计算各年折旧额的一种方法。计算公式如下：

年折旧率 =2×（1/ 预计使用年限）　（4-9）

年折旧额＝年初固定资产账面净值 × 年折旧率　（4-10）

年数总和法又称年限积数法或年限合计法，是将应计提折旧总额乘以一个逐年递减的分数（年折旧率）来计算年折旧额的方法。该递减分数的分子为固定资产尚可使用年限，分母则是预计使用年限逐年年数之和。计算公式如下：

年折旧率＝尚可使用年限 / 预计使用年限逐年年数之和　（4-11）

年折旧额＝(原始价值－预计净残值）× 年折旧率　（4-12）

从以上各种方法的计算公式中可以看出，双倍余额递减法和年数总和法有一个共同的特点，那就是随着时间的流逝，年折旧额逐步降低，即折旧费用使用早期计提得较多、后期计提得较少，从而相对加快了折旧速度，故这两种方法又称之为加速折旧法。

【例题】

凯旋公司有一台设备，原始价值 160 000 元，预计使用年限 5 年，预计残值率为 4%。试分别采用平均年限法、双倍余额递减法和年数总和法计算该设备的年折旧额。

A. 平均年限法

年折旧额＝原始价值 ×（1－预计净残率）/ 预计使用年限

＝160 000×(1－4%)/5=30 720（元）

B. 双倍余额递减法

年折旧率＝2×1/（预计使用年限）

＝2×1/5=2/5

年折旧额＝年初固定资产账面净值 × 年折旧率

第一年折旧额＝160 000×2/5＝64 000（元）

第二年折旧额 = (160 000–64 000) × 2/5=38 400（元）

第三年折旧额 = (160 000–64 000–38 400) × 2/5=23 040（元）

第四、五年折旧额 = (160 000–64 000–38 400–23 040–160 000 × 4%) ÷ 2
= 14 080（元）

C. 年数总和法

年折旧额 =（原始价值 – 预计净残值）× 年折旧率

第一年折旧额 = (160 000–160 000 × 4%) × 5/15=51 200（元）

第二年折旧额 = (160 000–160 000 × 4%) × 4/15=40 960（元）

第三年折旧额 = (160 000–160 000 × 4%) × 3/15=30 720（元）

第四年折旧额 = (160 000–160 000 × 4%) × 2/15=20 480（元）

第五年折旧额 = (160 000–160 000 × 4%) × 1/15=10 240（元）

当月增加的固定资产，当月不计提折旧，从下月起计提折旧；当月减少的固定资产，当月仍计提折旧，从下月起停止计提折旧。固定资产提足折旧后，不管能否继续使用，均不再提取折旧；提前报废的固定资产，也不再补提折旧。

3. 固定资产处置

固定资产处置是指由于各种原因，企业固定资产退出生产经营过程所做的处理活动。固定资产处置涉及固定资产终止确认问题。按照相关会计准则的规定，固定资产在满足下列条件之一时，应当终止确认。

（1）该固定资产处于处置状态。具体来说，就是固定资产不能再用于生产商品、提供劳务、出租或者经营管理，因此也不再符合固定资产的定义，所以应予以终止确认。

（2）该固定资产预期通过使用或处置不能产生经济利益。固定资产的确认条件之一是“与该固定资产有关的经济利益很可能流入企业”，如果一项固定资产预期通过使用或处置不能产生经济利益，它就不再符合固定资产的定义和确认条件，应当予以终止确认。

固定资产处置的方式很多，如可以将不需用的固定资产变卖、捐赠、对外投资、债务重组等，还可以将不适用的固定资产报废。固定资产在处置过程中会产生收益或损失，称为处置损益。它以处置固定资产所得各项收入与固定资产账面值、伴随的清理费用及应缴纳的税费之间的差额来确定。在会计实务中，处置固定资产均通过“固定资产清理”科目

特别说明：采用双倍余额递减法最初计算年折旧额时没有考虑固定资产净残值，但在固定资产最后处置时，其账面价值按要求仍不得低于该净残值，故需对固定资产使用到期前的剩余几年的折旧额进行调整，方法就是在最后几年将双倍余额递减法转换为年限平均法。转换应满足的条件是：（固定资产账面净值 – 预计净残值）/ 剩余折旧年限 > 该年继续使用双倍余额递减法计算的折旧额。但在实务中为了简化计算，我国会计准则规定，在固定资产预计使用年限到期前两年，就要进行方法转换，将未提足的折旧平均提取，而无须在某年年末进行比较计算以判断是否符合转换条件。

核算。该科目是一个过渡科目，在全部的清理工作未完成之前，记录因为固定资产清理而发生的各项收入和损失，收入计入贷方，损失计入借方；借方与贷方的差额即为固定资产处置净损益，作为处理非流动资产利得或损失转入营业外收入或营业外支出，至此“固定资产清理”科目余额为零。不同的固定资产处置方式，相对应会计核算也有所差异，这里不再一一赘述。

第三节　经营杠杆

一、经营杠杆的相关概念

（一）固定成本与变动成本

固定成本和变动成本是按不同成本习性将成本进行分类的结果。所谓成本习性，又称为成本形态，是指在一定条件下成本总额的变动与业务量总额之间的依存关系。这种依存关系是客观存在的，具有一定的规律性。这里的业务量可以是生产或销售的产品数量，也可以是反映生产工作量的直接人工小时数或机器工作小时数。尽管按成本习性可把成本划分为固定成本、变动成本和混合成本三大类，但混合成本仍可按照一定的方法最终分解为固定成本和变动成本，故这里重点对固定成本和变动成本进行阐述。

1. 固定成本

固定成本是指成本总额在一定时期和一定业务量范围内，不受业务量增减变动影响而能保持不变的成本。例如，某企业全年保险费为 10 万元，无论企业产量为多少，这笔支出 1 年内都是固定不变的，属于固定成本。其他诸如按直线法计提的折旧费、管理人员工资、广告费、办公费等，这些费用每年的支出水平基本是确定的，即便业务量在一定范围内波动，它们也保持固定不变。因此，固定成本常常用每一单位时间的成本衡量，如每月的租金或年薪等。

企业在一定时期内发生的固定成本，依其支出数额大小是否受管理当局短期决策的影响，又可进一步区分为约束性固定成本和酌量性固定成本两类。约束性固定成本，属于企业“经营能力”成本，是企业为维持一定的业务量所必须负担的最低成本，如厂房、机器设备折旧费、长期租赁费等。企业的经营能力一经形成，在短期内不受管理当局的决策行为的影响，很难有重大改变，因而这部分成本具有很大的约束性。酌量性固定成本，属于企业“经营方针”成本，是企业根据经营方针确定的一定时期（通常为一年）的成本，如广告费、研究与开发费、职工培训费等。这类成本支出数额的多少可以随生产经营方针和财务负担能力而相应改变。

固定成本有如下特点：①成本总额不随业务量而变，表现为一固定金额；②单位固定成本（即单位业务量负担的固定成本）随业务量的增减变动而成反比例变动。应当特别指出的是，固定成本总额只是在一定时期和业务量范围（通常称为相关范围）内保持不变，这就是说固定成本的固定性是有条件的。固定成本并非是永远固定不变的，一旦不符合原有条件，固定成本就可能发生变动。

2. 变动成本

变动成本与固定成本相反，变动成本是指那些成本的总发生额在相关范围内随着业务量的变动而呈线性变动的成本，当业务量为零时变动成本也为零。直接人工、直接材料都属于典型的变动成本，在一定期间内它们的发生总额随着业务量的增减而成正比例变动，但单位产品的耗费则保持不变，因此变动成本也就等同于固定的单位业务量成本。例如，直接人工成本是变动成本，若每单位产量需要 10 元的直接人工成本，那么 100 个单位的产品则需要 1 000 元的直接人工成本。

同固定成本一样，变动成本与业务量之间的线性依存关系也是有条件的，即有一定的适用区间。一旦超出相关范围时，变动成本发生额可能呈非线性变动。

除了固定成本和变动成本外，有些成本虽然也随业务量的变动而变动，但不成同比例变动，这类成本称为混合成本。混合成本按其与业务量的关系又可分为半变动成本和半固定成本，但无论是半变动成本还是半固定成本，混合成本最终都可以分解为固定成本和变动成本两部分。因此，总成本习性模型可表示为：

$$TC = FC + vc \times Q \tag{4-13}$$

式中，TC 为总成本，FC 为固定成本，vc 为单位变动成本，Q 为产量。

（二）经营杠杆

前面我们将成本划分为固定成本和变动成本，并指出固定成本不随产量而变动，而变动成本则随产量（或销量）的增加而增加。在这种划分的基础上，我们可以引出经营杠杆的概念。

1. 经营杠杆的概念

经营杠杆又称营业杠杆或营运杠杆，是指企业生产经营中由于固定成本的存在而使利润变动率大于产销量变动率的规律。它反映了销售和息税前盈利的杠杆关系。可见，固定成本是引发经营杠杆的根源。

具体来讲，根据成本性态分析，在一定产销量范围内，产销量的增加一般不会影响固定成本总额，但会使单位产品固定成本降低，从而提高单位产品利润，并使利润增长率大于产销量增长率；反之，产销量的减少会使单位产品固定成本升高，从而降低单位产品利润，并使利润下降率大于产销量的下降率。所以，产品只有在没有固定成本的条件下，才能实现利润变动率与产销量变动率完全同步，但这种情况在现实中几乎是不存在的。

2. 经营杠杆系数

为了对经营杠杆进行量化，财务学中通常把息税前利润变动率相当于产销量（或销售收入）变动率的倍数称之为经营杠杆系数，或经营杠杆率。具体公式如下：

$$DOL=(\Delta EBIT/EBIT)\div(\Delta S/S) \tag{4-14}$$

式中，DOL 为经营杠杆系数（Degree of Operational Leverage），$EBIT$ 为变动前息税前收益，S 为变动前销售收入或销售量，Δ 为变动率。

息税前收益（Earnings before Interest and Tax，EBIT）是指企业支付利息和缴纳所得税之前的利润，可由如式（4-15）计算得出：

$$\begin{aligned} EBIT &= S-TC \\ &= P\times Q-(FC+vc\times Q) \\ &= (P-vc)\times Q-FC \end{aligned} \tag{4-15}$$

式中，S 仅指销售收入，P 为单位产品销售价格。从式（4-15）可以看出，当 $EBIT=0$ 时，$(P-vc)\times Q=FC$，据此可以推算出息税前利润为零时的销售量 Q_{BEP}，即盈亏平衡点 对应的销售量 $Q_{BEP}=FC/(P-vc)$。

利用经营杠杆的定义式：$DOL=(\Delta EBIT/EBIT)\div(\Delta S/S)$，可以推导出 经营杠杆的计算公式：

$$DOL=(S-VC)/(S-VC-FC)=(EBIT+FC)/EBIT \tag{4-16}$$

式中，S 为销售收入，VC 为变动成本总额。

从式（4-16）以及盈亏平衡点的概念，可以看出以下几点。

（1）只要固定成本不等于零，经营杠杆系数恒大于 1。在固定成本一定的情况下，公司应采取多种方式增加销售量，进而增加销售收入，这样利润就会以经营杠杆系数的倍数增加，从而赢得“正杠杆利益”；否则，一旦销售额减少时，利润会下降得更快，形成“负杠杆利益”。

（2）在销售额尚未突破盈亏平衡点前的阶段，经营杠杆系数随销售额的增加而递增；在销售额突破盈亏平衡点后的阶段，经营杠杆系数随销售额的增加而递减；当销售额达到盈亏临界点时，经营杠杆系数趋近于无穷大，此时经营风险趋近于无穷大。

（3）在销售收入一定的情况下，影响经营杠杆系数的因素主要是固定成本和变动成本的金额，固定成本加大或变动成本变小都会引起经营杠杆系数增加。因而，在市场繁荣、

盈亏平衡点（Break Even Point，BEP）又称零利润点、保本点、盈亏临界点、损益分歧点、收益转折点，是指销售收入等于全部成本时（销售收入线与总成本线的交点）的产量。以盈亏平衡点为界限，当销售收入高于盈亏平衡点时企业盈利；反之，企业就亏损。盈亏平衡点可以用销售量来表示，即盈亏平衡点的销售量；也可以用销售额来表示，即盈亏平衡点的销售额。

推导过程中涉及到极限求导，具体过程略。

业务增长很快时，企业可通过增加固定成本投入或减少变动成本支出来提高经营杠杆系数，以充分发挥正杠杆利益用途。

在经营杠杆系数确定以后，假定固定成本不变，则可以用式（4-17）预测计划期的息税前收益：

$$\text{计划期 } EBIT = \text{基期 } EBIT \times (1 + \text{产销量变动率} \times DOL) \tag{4-17}$$

二、经营杠杆的相关研究

（一）资产结构与竞争定位

将资产按其流动性的差异分为流动资产和非流动资产，这是财务会计中对资产分类最基本的方法。然而，近年来将资产按其“轻”“重”进行区分，进而将企业分为轻资产公司和重资产公司的做法逐步流行起来，得到了众多学者和投资者的认可。

轻资产主要是指企业的无形资产，包括企业的经验、规范的流程管理、治理制度、与各方面的关系资源、资源获取和整合能力、企业的品牌、人力资源、企业文化等。这里的无形资产定义比会计上无形资产的定义更为宽泛，因为其中涵盖的诸如企业的经营、企业文化等无形资产至少在现阶段不能被可靠地计量，因而不能记入到企业的财务报表中。因此轻资产的核心应该是“虚”资产，这些“虚”资产占用的资金少，显得轻便灵活，所以谓之“轻”。而所谓的轻资产公司就是指这样一类企业，它们的轻资产在企业发展中占有主导地位。

重资产则是指不动产、厂房、设备等企业拥有的长期和固定资产等，这些资产的获得往往需要消耗大量的资金和时间。所谓的重资产公司就是指这样一类企业，它们的重资产在企业的发展中占有举足轻重的地位，表现在产品或服务中则是固定成本比重较大。

作为企业的外部人，很难准确地判断具体一家企业是轻资产公司还是重资产公司，但还是可以从其资产负债表中大致地推测出来：一般来说，重资产公司的资产构成中固定资产占比较大，轻资产公司的资产构成中固定资产占比较小。由于重资产公司和轻资产公司在诸多方面存在差异，因此寻求与之相匹配的经营战略就显得尤为重要。只有将企业的核心竞争力与战略执行中的成功因素相匹配，只有将企业价值链与战略执行中的业务活动相匹配，企业才能保持自身的核心竞争优势，使企业基业长青。

对于重资产公司来说，与之相匹配的应该是薄利多销的成本领先战略。由于公司大量计提的折旧在一定时期内是恒定不变的，在现有设备和厂房允许的情况下，充分释放产能，则尽可能摊薄了单位产品或服务的固定成本，取得成本领先优势。受经营杠杆的作用，即便单位产品或服务利润较低，若能广开销路，以更低的成本提供相同的产品或服务，仍能实现利润最大化。这与成本领先战略正好完全匹配，成本领先战略是指企业通过降低自己的生产和经营成本，以低于竞争对手的产品价格，获得市场占有率，并获得同行业平均水平以上的利润。重资产公司为了更好地匹配成本领先战略，需不断地提高生产和销售规模、提高自动化程度、简化产品或服务的设计，同时努力降低分销成本、减少研发和广告投入、加强成本控制。重资产公司只有日复一日地实施成本领先战略，并不断提高执行该战略的技能，才能保持其竞争优势。

对于轻资产公司来说，与之相匹配的战略是差异化战略。轻资产公司一般不具备自动化、大批量生产的优势，因此，强化产品或服务的差异性，以低于价格增长的成本增减不断提供个性化的产品或服务便是其保持核心竞争力的源泉。这恰恰是战略管理中差异化战略的精髓所在，差异化战略又称别具一格战略，是指企业在顾客广泛重视的某些方面，力求在本产业中别具一格、独树一帜，以使企业获得高于同行业平均水平利润的一种有效的竞争战略。为使企业产品或服务与竞争对手有明显的区别，获得竞争优势，轻资产企业在选取差异点时必须是可持续保持，而不是临时粉饰出来的，同时市场上认为该差异点所提供的价值高于同类竞争者产品的价值。通常，企业获得差异化产品或服务的三条途径分别是：

1）功能创新，这种创新具有能满足从未出现过的需求的能力，做到“人无我有”；

2）改善性能，不断提升产品性能或服务质量，做到“人有我优”；

3）度身订造，这是产品走向差异化的最高形式。产品生产针对每个群体甚至每个人的不同需求，而量体裁衣、度身订造，顾客的需求得到了最大满足。

因此，轻资产公司要形成的长期核心优势应该不在于企业规模有多大，而在于更多地在需求方面体现竞争优势。有形资产往往不能产生差异性，而产生差异性的无形资产，诸如人力资源等，又不能很好地融入现今的财务会计体系中，被会计严重低估，甚至根本无法在财务会计中体现出来。不得不承认，这是会计发展到今天面临的一个严峻考验。而对轻资产公司来说，为了和差异化战略实现有效契合，必须努力提高产品或服务质量，扩大产品服务选择范围，塑造更好的服务体系、更灵活的分销系统，同时加大研发和品牌投入、加强创新与发明系统的控制。

（二）经营风险：兼论成本粘性

经营风险是企业由于战略选择、产品价格、销售手段等经营决策引起的未来收益不确定性，特别是企业利用经营杠杆而导致息前税前利润变动形成的风险。因此，经营风险的大小常常使用经营杠杆来衡量，而经营杠杆的大小一般用经营杠杆系数来表示。在固定成本不变的情况下，企业一般可通过增加销售额、降低单位固定成本等措施来降低经营杠杆系数和经营风险。销售额越大，经营杠杆系数越小，经营杠杆作用和经营风险越小；反之则相反。当销售额仅达到盈亏平衡点时，经营杠杆系数趋近于无穷大，此时企业面临的经营风险也达到最大。经营风险时刻影响着企业的经营活动和财务活动，企业必须防患于未然，对企业经营风险进行较为准确的衡量和预测，这是企业财务管理的一项重要工作。

以上对经营杠杆和经营风险的理解，都是建立在传统的成本形态分析基础之上的，即成本与业务量之间的关系是对称的 ，即当业务量增加 1% 时，成本增加 *n*%；当业务量减少 1% 时，成本也相应减少 *n*%。但当今学术界对成本性态进行研究后发现，成本在业务量上升时的边际增加量大于业务量下降时的边际减少量，即业务量增加时的成本增加量大于业务量等额减少时的成本减少量，这种特征称为成本粘性。比如，业务量增加 1% 时成本增加 0.9%，而业务量下降 1% 时成本仅只下降 0.6%，那么，成本的边际增加量 0.9% 大于边际减少量 0.6%，即成本呈现粘性。成本粘性的完整定义是，成本随着业务量的变化而变化时，边际变化率在不同的业务量变化方向上的不对称性（即降低率低于增长率）。通常用成本的边际增加量与边际减少量的差额反映了成本粘性的大小，如业务量增加 1% 时成本增加 *a*%，业务量减少 1%，成本减少 *b*%，则 $(a–b)$% 就表示成本粘性程度。

自 Anderson 等（2003）引入成本粘性概念以来，大量的研究表明成本粘性是普遍存在的 。之所以产生成本粘性问题，我们认为应该结合机会主义理论和成本的沉落性予以解释。

先说机会主义理论。由于经理人和投资者的目标函数不一致，从而使其不可能完全按照投资者的利益行事；同时，经理人是自利的风险规避者，面对企业经济业务的波动，会从薪酬和自身所能控制的资源两个方面考虑自身的利益。当业务量上升时，经理人大幅提高费用以增加自身薪酬和所能控制的资源；而当业务量下降时，经营者一方面不愿意减少自身薪酬，另一方面也要尽可能多地维持自身所能控制的资源，从而减少对自己今后的影响。机会主义理论可以较好地解释成本的粘性问题，但其并不能解释问题的全部。因为即便经理人和投资者的目标函数一致，且经理人是公正无私的风险中立者，成本粘性问题也不可能完全消除。至此，成本的沉落性便进入考虑的视野中。

成本的沉落性即成本已经实际发生。企业的经营资源是按照预测的业务量来配置的，是已经发生的沉落成本。在正常生产过程中，经营资源和业务量相互匹配。而当业务量减少时，打破了现有经营资源与业务量的匹配，如果不进行调整就会产生浪费；进行调整，

总成本习性模型可表示为：$TC=FC+vc\times Q$；其中，TC 为总成本，FC 为固定成本，vc 为单位变动成本，Q 为业务量。FC 被假设为固定不变，即在一定业务量范围内不随业务量的变化而改变；而总变动成本 $(vc\times Q)$ 与业务量（Q）呈线性比例关系。对方程两边 Q 同时求导：$d(TC)/dQ=vc$，可得成本性态理论的一个重要结论：如果企业的成本完全满足线性函数关系，那么成本的边际变化与业务量变化的方向无关，即 vc 作为常数与业务量增加还是减少无关。

例如，孔玉生等（2007）通过对中国 927 家 A 股上市公司 2001 ~ 2005 年的数据测试后发现，营业收入增加 1% 时，营业成本增加 1.037 5%；营业收入减少 1% 时，营业成本减少 0.909 3%。孙铮和刘浩（2004）通过对 1996 年之前上市的 292 家公司 1994 ~ 2001 年的数据进行分析后发现，销售收入增长 1%，费用增长 0.559 7%；而销售收入减少 1%，费用仅降低 0.057 8%。这些都证明了我国上市公司成本粘性的存在性，两篇论文中营业成本增加和减少的幅度大小有差异，这可能是因选取的变量以及研究的区间不同所致。

则在调整过程中会发生资源损失，调整活动本身也会发生费用支出。由此致使业务量等额增减变化时，成本减少的幅度小于增加的幅度。

可见，要完全消除成本粘性是不可能的。这也反映出传统的成本性态分析把实际过于简单化，偏离了实际的成本状况，背离了现实中的成本行为：传统成本性态模型上的决策会高估或低估成本与业务量的依存关系。企业在制定标准成本时应考虑到成本粘性的影响，在计划与控制阶段应考虑到成本粘性因素。这有助于公司的管理者获取更加准确的决策信息，更好地建立计划与控制系统，以实现企业经营绩效预期目标。

本章小结

投资活动是指企业长期资产的构建和不包括在现金等价物范围内的投资及其处置活动，因此，企业的大部分资产只不过是企业投资的不同表现形式而已。资产构成中，商誉能够反映公司并购增长模式。资产的构成反映了企业的战略定位和商业模式，有形资产往往不能产生差异性，无形资产却是产生差异性的关键，因此，研发投入与无形资产的积累是差异化定位的关键；同时，资产的构成也能够影响成本的结构，进而影响企业的经营风险。经营风险时刻影响着企业的经营活动和财务活动，企业应防患于未然。对企业经营风险进行较为准确的衡量和预测，是企业财务管理的一项重要工作。

第五章

会计收入、费用与利润

【本章学习目的】

本章对利润表及其构成项目进行分解及分析，具体包括会计收入、费用与利润等相关概念及绩效评价的常用指标。通过本章的学习，需要对收入及其构成有清晰的认识，能够深刻理解费用的概念及费用与成本之间存在的区别与联系，能够应用各利润指标和盈利指标进行简单的财务分析，并熟悉各项常用指标的优点与不足。

第一节　会计收入

在阐述收入以及后续的费用概念之前，首先引入权责发生制的概念。因为它是会计收入确认、计量的基础，同时又和配比原则一起构成费用确认、计量的基础。权责发生制（Accrual Basis）亦称为“应计制”，是以权利和责任的发生来决定收入和费用归属期的一项原则，即以实质收到现金的权利或支付现金的责任发生为标志。这里的权利是指未来现金收入，即债权；责任是指未来现金支出，即债务。权责发生制是与收付实现制 相对应的一个概念，同收付实现制相比，它可以更加客观地反映特定会计期间内的真实财务状况和经营成果。

收付实现制（Cash Basis）又称现金制或实收实付制，是以现金收到或付出为标准，来记录收入的实现和费用的发生。按照收付实现制，现金收支行为在其发生的期间全部记为收入和费用，而不考虑与现金收支行为相连的经济业务实质上是否发生。可见，收付实现制下的收入和费用的归属期间将与现金收支行为的发生与否紧密地联系在一起。相对而言，收付实现制更有利于政府和非营利组织收付的实时处理，更贴近实际。我国政府会计目前采用的就是收付实现制。

一、收入的概念和构成

（一）收入的概念

收入 通常是财务报表中最大的一个项目，作为财务报表中的一个基本要素，有关收入的定义历来受到会计理论界的关注。迄今为止，会计界尚未就收入的定义达成共识，但对各国会计准则制定机构影响较大的则属 FASB 在 SFAC No.6《财务报表要素》中给出的收入定义：收入是指一个主体因交付或生产商品，提供劳务或从事构成主体持续、主要或中心的经营活动的其他业务而形成的资产流入或其他资产价值的增加或负债的清偿（或资产增加和负债清偿兼而有之）。

而我国《企业会计准则第 14 号——收入》对收入的定义则是指，企业在日常活动中形成的、会导致所有者权益增加的、与所有者投入资本无关的经济利益的总流入。这里的“日常活动”是企业为完成其经营目标所从事的经常性活动以及与之相关的活动。

尽管各国准则制定机构对收入的定义都有所差异，但收入的根本特征却是一致的，那就是收入表现为净资产的增加。只有在经济利益很可能流入从而导致企业资产增加或者负债减少，且经济利益的流入额能够可靠计量时才能予以确认。

（二）收入的构成

从表现形式来看，收入要么是资产的流入，要么是负债的清偿，其中资产的流入又可细分为现金流入和非现金资产的流入。但现实中，人们更注重从收入形成来源，即交易性质的不同对收入进行分类。

（1）销售商品收入是指企业通过销售产品或商品实现的收入，如工业企业制造并销售产品和半成品取得的收入、商业企业销售商品实现的收入、房地产公司销售自行开发的房地产取得的收入，等等。同时，企业销售不需用的原材料、燃料等存货取得的收入，也视

我国财政部于 2017 年 7 月 5 日发布了新的《企业会计准则第 14 号——收入》。新准则保持了与国际财务报告准则的持续趋同，对收入确认采用五步法，即识别客户合同、识别合同中的履约义务、确定交易价格、向合同中的履约义务分摊交易价格、在履行了一项履约义务时确认收入。新准则下，企业只有在客户取得相关商品（或服务）的控制权时才能确认收入。企业收入一般应同时满足下列条件时，才能予以确认：

1）合同各方已批准该合同并承诺将履行各自义务；

2）该合同明确了合同各方与所转让商品或提供劳务（以下简称“转让商品”）相关的权利和义务；

3）该合同有明确的与所转让商品相关的支付条款；

4）该合同具有商业实质，即履行该合同将改变企业未来现金流量的风险、时间分布或金额；

5）企业因向客户转让商品而有权取得的对价很可能收回。

五步法对企业带来的影响是全方位的，企业需要对其整套内控体系进行重新评价，才能实现对新收入准则的平稳过渡。但是，鉴于财政部要求在境内外同时上市的企业以及在境外上市并采用国际财务报告准则或企业会计准则编制财务报表的企业自 2018 年 1 月 1 日起施行；其他境内上市企业，自 2020 年 1 月 1 日起才开始施行；执行企业会计准则的非上市企业，自 2021 年 1 月 1 日起施行。而目前绝大多数企业还在执行 2017 年 7 月 5 日修订前的会计准则，且本书后续的案例分析均以上市公司历史数据所得、为保持内容前后的一致性，本书的正文部分仍依照修订之前的会计准则为准予以阐述。

同销售商品收入。

（2）提供劳务收入是指企业通过提供劳务作业取得的收入，如工业企业提供工业性劳务作业取得的收入、交通运输业提供运输服务取得的收入、咨询公司提供咨询服务取得的收入、商品企业提供代购代销劳务取得的收入、IT 公司为客户开发软件取得的收入、服务性企业提供各类服务取得的收入等。

（3）让渡资产使用权收入是指企业通过让渡资产使用权而取得的收入，如商业银行发放贷款的利息收入、企业对外出租无形资产取得的使用费收入，租赁公司出租资产取得的租金收入等。

（4）建造合同收入是指与建造合同相关的收入。在某些生产周期较长的行业，如造船业、建筑业、飞机制造业等，由于其提供的商品时根据客户的要求，通过与客户签订建造合同来组织生产的，从产品投入生产到完工，往往需要横跨一个或多个会计年度。因此，从本质上来讲，建造合同收入应该属于销售商品收入的一种，只因这类行业的企业生产活动和经营方式上有一定的特殊性，造成与建造合同相关的收入、费用的确认和计量不同于一般商品销售。故在此单独列示出来。

包括中国在内的多数国家在定义收入时，均强调收入的形成来源为企业持续经营中的主要业务。这类业务在企业中具有大量、重复发生的特征（中国类似的表述为“日常活动”），也就是说，同样的收入，在下一个会计年度可能继续发生或实现。因此，用营业收入泛指企业经营活动所取得的收入也就在情理之中。收入按其在经营业务中所占比重的不用，可以分为主营业务收入和其他业务收入两种。其中，企业通过为完成其经营目标所从事的主要经营活动取得的收入称为主营业务收入；其他业务收入则是企业中除主要经营业务以外的其他经营活动实现的收入。同主营业务收入相比，其他业务收入无论是发生的频率还是金额的大小均有所降低。

从收入的定义可以看出，收入并不能够涵盖所有与所有者投资无关的经济利益的总流入。除收入之外，企业在经营过程中还可能存在一些非经常性的、与企业管理当局没有直接关系的现金或非现金资产的流入，称之为利得。如对某些经营困难的国有企业，政府一次性给予的高额补贴 ；企业出售一项使用多年的设备获得的高于账面成本的收入等。在

2017 年 5 月 10 日，财政部制定新的《企业会计准则第 16 号——政府补助》。新准则规定：与企业日常活动相关的政府补助，应当按照经济业务实质，计入其他收益或冲减相关成本费用。与企业日常活动无关的政府补助，应当计入营业外收支。

与资产相关的政府补助，应当冲减相关资产的账面价值或确认为递延收益。与资产相关的政府补助确认为递延收益的，应当在相关资产使用寿命内按照合理、系统的方法分期计入损益。按照名义金额计量的政府补助，直接计入当期损益。

与收益相关的政府补助，应当分情况按照以下规定进行会计处理：

1）用于补偿企业以后期间的相关成本费用或损失的，确认为递延收益，并在确认相关成本费用或损失的期间，计入当期损益或冲减相关成本；

2）用于补偿企业已发生的相关成本费用或损失的，直接计入当期损益或冲减相关成本。

对于同时包含与资产相关部分和与收益相关部分的政府补助，应当区分不同部分分别进行会计处理；难以区分的，应当整体归类为与收益相关的政府补助。

实务中，我国将利得称为营业外收入，以与营业收入相区分。

二、销售商品收入

（一）销售商品收入的确认

销售商品取得的收入应在销售成立时予以确认，并按实际交易金额计价入账，所以说收入的确认只是在一个时点进行的。相对而言，销售收入的实现则需要一个过程。例如，iPhone 的销售，硬件的销售是一次性的，但软件的销售是连续的；同时，软件又不能脱离硬件而单独作价销售。那么，会计上应该如何确认这一销售收入呢？2011 年，FASB 明确要求此类情况在硬件销售时一次性确认收入。实务中类似的例子比比皆是，商品的交易方式多种多样，交易过程更是纷繁复杂。因此，判断一项销售商品的收入是否可以确认入账，应于何时入账需要考虑多种因素。我国会计准则要求，销售收入的确认必须同时满足以下 5 个条件。

（1）企业已将商品所有权上的主要风险和报酬转移给购货方。商品所有权的风险指的是商品可能发生减值或损失等形式的风险，商品所有权的报酬指的是商品价值增值或通过使用商品等形成的经济利益流入。判断企业是否已将商品所有权上的主要风险和报酬转移给购货方，不应仅关注所有权凭证的转移或实物的交付情况，更重要的是注重该交易的经济实质，是否真正实现了所有权上的主要风险和报酬的转移。如果企业仍保留商品所有权上的主要风险和报酬，该项交易就不能确认为已实现的销售，销售收入自然也不能确认。例如，企业在销售合同中规定购货方在特定条件下有权退货，而退货的可能性到底有多大，企业也不能做出合理的估计，该交易就不能确认销售收入。

（2）企业既没有保留通常与所有权相联系的继续管理权，也没有对已售出的商品实施有效控制。商品售出后，如果企业仍保留了与该商品所有权相联系的继续管理权，或仍然可以对该商品实施有效的控制，则说明该商品的销售并没有完成，不能确认相应的销售收入。如果企业对售出商品实施的管理与所有权无关，且满足其他确认条件，则应在发出该商品时确认收入。

（3）收入的金额能够可靠计量。这里指的是收入的金额能够合理地估计，如果收入不能够合理地估计，就无法确认该商品销售收入。

（4）相关经济利益很可能流入企业。销售商品价款收回的可能性大于 50%，即收回的可能性大于不能收回的可能性。判断价款是否能够收回，主要根据企业以往的直接经验、其他方面获取的信息或政府有关政策等判断购买者的付款能力。

（5）相关的、已发生的或将发生的成本能够可靠计量。根据配比原则，销售收入的确认必须和与之相关的成本确认在同一会计期间。如果成本不能可靠地计量，相关的收入也不能予以确认，这体现了会计的稳健性。

（二）销售商品收入的计量

根据《企业会计准则第 14 号——收入》第五条之规定，企业应当按照从购货方已收或应收的合同或协议价款确定商品销售收入金额，已收或应收的合同或协议价款显失公允的除外。企业发生的一般销售商品业务，在同时满足收入确认的 5 个条件时，应按已收或应收的合同或协议价确认销售收入，同时按以已销商品的账面价值结转销售成本。当应收的合同或协议价款与其公允价值相差较大的，应按照应收的合同或协议价款的公允价值确定销售商品收入金额，应收的合同或协议价款与其公允价值之间的差额，应当在合同或协议期间内采用实际利率法进行摊销，计入当期损益。

具体处理时，按已收或应收的合同或协议价款和应收取的增值税销项税额，借记“银行存款”“应收账款”“应收票据”等科目；按确定的收入金额，贷记“主营业务收入”“其他业务收入”科目；按确定的增值税销项税额，贷记“应交税费——应交增值税（销项税额）”科目。同时，结转成本，按已销商品的账面价值，借记“主营业务成本”“其他业务成本”等科目，贷记“库存商品”“原材料”等科目；应缴纳的相关税费也一并结转。

如果销售商品时，企业尚不能满足确认收入的 5 个条件，则应将已经发出的商品通过“发出商品”科目核算。资产负债表日，“发出商品”等科目若有余额，应在资本负债表的“存货”科目中列示。如果企业代第三方销售商品，收取的款项应当作为负债处理，不应当确认为收入。

（三）销售商品时的一些问题

并非所有销售业务局限于要么采用“一手交钱、一手交货，钱货两清”的方式，要么货款的交付与交易的完成之间时间间隔较短。某些情况下，合同或协议明确规定销售商品需要延期收取价款；有时，企业在销售商品时会附有一些销售折扣条件，也会因产品质量问题等原因给予购货方一定的折让或办理购货的退货。这里简述一下这些问题的会计处理。

1. 销售收入延期

合同或协议价款的收取采用递延方式，如分期收款销售商品，即商品已经交付，而货款却分期收入，且期限一般大于 3 年。这样延期收取的货款实质上具有融资性质，其实质是企业向购货方提供信贷。企业应当按照应收的合同或协议价款的公允价值确定销售商品收入金额，应收金额的公允价值通常为销售现价或未来现金流的折现值。应收的合同或协议价款与其公允价值之间的差额，应当在合同或协议期间内采用实际利率法进行摊销，计入当期损益，冲减财务费用。

2. 现金折扣

现金折扣是指债权人为鼓励债务人在规定的期限内付款而向债务人提供的债务扣除，

其目的是鼓励购货方尽早付款、企业尽早收回货款。如果购货方在折扣期内支付货款，就能够取得现金折扣。对企业来说，因现金折扣少收的这部分现金就相当于融资成本，作为财务费用处理。就现金折扣及其不同的入账方法（总价法和净价法），第四章中的“应收账款”部分已有较为详细的阐述，这里不再赘述。

3. 商业折扣

商业折扣是企业为促销而在商品标价上给予的折扣。商业折扣的目的是鼓励购货方多购商品，通常依照购货方不同的购货数量给予不同比例的折扣。商业折扣只不过是确定实际销售价格的一种手段，并不具备经济意义，因此也就无须在买卖双方任何一方的账上反映，进而也不影响销售的会计处理，销售产品收入的入账金额直接以剔除商业折扣后的实际售价确定。

4. 销售折让

销售折让是指企业因售出商品的质量不合格等原因而在售价上给予的减让，它实质上是增加了成本或抵减了销售收入。销售折让既可能发生在销货方确认收入之前，也可能发生在销货方确认收入之后。如果发生在销货方确认收入之前，收货方应直接从原定的销售价格中扣除给予购货方的销售折让作为实际销售价格，并据以确认收入；如果发生在销货方确认收入之后，销货方应按实际给予购货方的销售折让冲减当期销售收入。销售折让发生在资产负债表日后的，应当按照资产负债表日后事项的相关规定进行会计处理。

5. 销售退回

销售退回是指企业售出的商品由于质量、品种不符合要求等原因而发生的退货。发生销售退回时，如果企业尚未确认销售收入，则应将已记入“发出商品”等科目的商品成本转回到“库存商品”科目。企业已经确认销售商品收入的售出商品发生销售退回的，不论是本年销售本年退回，还是以前年度销售本年退回，均应当在发生时冲减当期销售商品收入和销售成本。属于资产负债表日后事项的，应当按照资产负债表日后事项的相关规定进行会计处理。

三、提供劳务收入

劳务通常是指结果不能形成有形资产的服务，如交通运输、旅游、餐饮、咨询、建筑安装、提供特许权等服务。企业通过提供劳务作业取得的收入，即为提供劳务收入。提供劳务收入应当根据在资产负债表日提供劳务交易的结果能否可靠估计，分别采用不同的方法予以确认和计量。

（一）提供劳务交易的结果能够可靠估计

企业在资产负债表日提供劳务交易的结果能够可靠估计的，应当按照完工百分比法确认提供劳务收入。

提供劳务交易的结果能够可靠估计指的是必须同时满足以下条件：

第一，收入的金额能够可靠计量；

第二，相关的经济利益很可能流入企业；

第三，交易的完工进度能够可靠地确定；

第四，交易中已发生的和将发生的成本能够可靠计量。

其中，第一、二、四条与销售商品收入的确认条件一致，不再赘述。就第三条中，交易的完工进度能够可靠地确定，指的是交易完工进度能够合理地估计。提供劳务交易的完工进度，可以选择下列方法：①已完工作的测量，这是一种比较专业的测量方法，由专业测量师对已经提供的劳务进行测量，并按一定的方法计算确定提供劳务交易的完工程度；②已经提供的劳务占应提供的劳务总量的比例，这种方法主要以劳务量为标准确定提供劳务交易的完工进度；③已发生的成本占估计总成本的比例，这种方法主要以成本为标准确定提供劳务交易的完工程度，只有已提供劳务的成本才能包括在已经发生的成本中，只有已提供和将提供劳务的成本才能包括在估计总成本中。

完工百分比法是指按照提供劳务交易的完工进度确认收入和费用的方法。在这种方法下，确认的提供劳务收入金额能够及时提供各个会计期间关于提供劳务交易及其业绩的有用信息；同时，按照工程进度确认收入和费用，也符合权责发生制和配比原则的要求。企业应当在资产负债表日，按照提供劳务收入总额乘以完工进度再扣减以前会计期间累计已确认提供劳务收入后的金额，确认当期提供劳务收入；同时，按照提供劳务估计总成本乘以完工进度再扣减以前会计期间累计已确认劳务成本后的金额，结转当期劳务成本。用公式表示如下：

本期确认的收入 = 劳务总收入 × 本年末劳务的完工进度 – 以前期间已确认的收入（5-1）

本期确认的费用 = 劳务总成本 × 本年末劳务的完工进度 – 以前期间已确认的费用（5-2）

其中，有关提供劳务总收入，企业应当按照从接受劳务方已收或应收的合同或协议价款予以确定，但已收或应收的合同或协议价款显失公允的除外。

（二）提供劳务交易的结果不能够可靠估计

如果在资产负债表日，提供劳务交易的结果不能同时满足可靠估计的 4 个条件，即说明提供劳务交易的结果不能够可靠估计，就不能采用完工百分比法确认提供劳务收入。企业应当根据资产负债表日已收回或预计将要收入的款项对已经发生的劳务成本的补偿程度，根据不同情况进行会计处理：

（1）若已发生的劳务成本预计全部能够得到补偿，应按已经发生的劳务成本金额确认收入，并结转已经发生的劳务成本。

（2）若已发生的劳务成本预计仅部分能够得到补偿，应按预计能够得到补偿的劳务成本金额确认提供劳务收入，并结转已经发生的劳务成本。

（3）若已经发生的劳务成本预计全部不能够得到补偿，应当将已经发生的劳务成本计入当期损益，不确认提供劳务收入。

（三）有关提供劳务收入的其他问题

1. 销售商品和提供劳务的分拆问题

企业与其他企业签订的合同或协议有时会同时包括销售商品和提供劳务，如销售电梯的同时负责安装工程、软件公司售出软件后继续提供技术支持等。此时，企业应该根据不同的情况进行后续的会计处理：

（1）如果销售商品部分和提供劳务部分能够区分且能够单独计量的，应当分别核算，将提供劳务的部分作为提供劳务处理。

（2）如果销售商品部分和提供劳务不能够区分的，或虽能区分但不能够单独计量的，应当将销售商品部分和提供劳务部分全部作为销售商品进行会计处理。

2. 一些特殊劳务收入的确认

企业提供的劳务种类繁多，不同的劳务，其提供方式及收费方式各不相同。企业应该在满足收入确认的条件下，按照规定的时点对下列劳务进行有关劳务收入的确认。

（1）安装费收入，如果安装费与商品销售分开的，则应在年度终了时根据安装的完工程度确认收入；如果安装费是销售商品收入的一部分，则应与所销售的商品同时确认收入。

（2）宣传媒介的佣金收入，应在广告公之于众时确认收入。而广告制作佣金的收入，通常应在资产负债表日根据广告制作的完工程度确认收入。

（3）开发软件收入，应在资产负债表日按完工百分比法确认收入。

（4）包括在商品售价内的服务费收入。对于商品的售价内包括可区分的在售后一定期间的服务费，企业应在商品销售实现时，按售价扣除该项服务费后的余额确认销售商品收入，服务费递延至提供劳务的期间确认为收入。

（5）艺术表演、招待宴会和其他特殊活动的收费，在相关活动发生时确认为收入。收费涉及几项活动的，预收的款项应合理分配给每项活动，分别确认收入。

（6）申请入会费和会员费收入。若申请入会费和会员费只允许取得会籍，所有其他服务或商品都要另行收费的，在款项收回不存在重大不确定性时确认收入。申请入会费和会员费能使会员在会员期内得到各种服务或商品的，或者能以低于非会员的价格销售商品或提供服务的，应在收到款项时计入“递延收益”科目，在整个收益期内分期确认收入。

（7）特许权费收入。属于提供设备和其他有形资产的特许权费，应在资产所有权转移时确认收入；属于提供初始和后续服务的，应在提供服务时分期确认收入。

（8）定期收费。长期为客户提供某一种或多种重复劳务，客户按其支付劳务费。这种情况下，企业应在合同约定的收款日期确认收入。

（9）高尔夫球场果岭券收入。高尔夫球场会员一次性购入若干果岭券而得到的款项，先作为递延收益处理，待随后提供服务收回果岭券时，再确认收入；对于合同期满仍未消费的果岭券则可以全部确认收入。会员在消费时，购买的果岭券直接确认为收入。

四、让渡资产使用权收入

有些交易活动并不转移企业有关资产的所有权，而仅仅是让渡资产的使用权，由此取得的收入即为让渡资产使用权收入，主要包括利息收入和使用费收入两大类。

（一）让渡资产使用权收入的确认条件

让渡资产使用权收入必须同时满足下列条件的，才能予以确认。

（1）相关的经济利益很可能流入企业。让渡资产使用权收入金额收回的可能性大于不能收回的可能性。如果企业估计让渡资产使用权收入金额收回的可能性不大，就不应确认收入。

（2）收入金额能够可靠地计量。如果让渡资产使用权收入的金额不可能合理地估计，则不应该确认收入。

（二）让渡资产使用权收入的计量

（1）利息收入。资产负债表日，企业应按照他人使用本企业货币的时间和实际利率确定利息收入金额。利息的支付方式可能是分期付息，也可能是到期一次性付息，但无论何种支付方式，企业均应分期计算并确认利息收入。

（2）使用费收入。按照有关合同或协议约定的收费时间和方法计算确定。使用费的收费时间和收费方式各异，如有的是一次收回一笔固定金额，有的则是在合同或协议规定的有效期内分期等额收回，还有的是尽管仍分期收回但收回金额不一。在具体确认收入时，如果合同或协议规定一次性收取的使用费，且不提供后续服务的，应当视同销售该项资产一次性确认收入；若仍提供后续服务，则应在合同或协议规定的有效期内分期确认收入；如果合同或协议规定分期收取使用费，通常按合同或协议规定的收款时间和金额或规定的收费方法计算确定的金额分期确认收入。

五、建造合同收入

建造合同是指为建造一项或数项在设计、技术、功能、最终用途等方面密切相关的资产而订立的合同。建造合同尽管也是经济合同的一种，但却具有不同于一般商品购销合同和劳务合同的特征。具体表现在：

1）先由买主（即客户）、后有标的（即产品），建造或生产产品的造价在合同签订时就已确定；

2）建造合同周期比较长，标的物通常体积巨大、造价较高；

3）一般为不可撤销合同。由于建造合同的这些特征，决定了建造合同收入尽管属于销售商品收入的一种，但其确认和计量不同于一般商品销售。

企业应该根据建造合同的结果是否能够可靠估计，分别采用不同的方法对合同收入与合同费用进行确认和计量。

（一）建造合同的结果能够可靠地估计

企业在资产负债表日，建造合同的结果能够可靠估计的，与提供劳务交易的结果可以可靠估计时类似，应当根据完工百分比法 ，确认合同收入和费用。对于没有完成的建造合同，可以采用下列公式计算当期确认的合同收入和费用：

本期确认的合同收入＝合同总收入×完工进度－以前会计期间已确认的收入　（5-3）

本期确认的合同费用＝合同预计总成本×完工进度－以前会计期间确认的合同费用（5-4）

其中，确定合同完工进度可以选用下列方法之一：①累计实际发生的合同成本占合同预计总成本的比例；②已经完成的合同工作量占合同预计总工作量的比例；③实际测定的完工进度。

对于当期完工的建造合同，应当按照实际合同总收入扣除以前会计期间累计已确认的收入后的金额，确认当期合同收入；同时，按照累计实际发生的合同成本扣除以前会计期间累计已确认费用后的金额，确认当期合同费用。

（二）建造合同的结果不能可靠地估计

在资产负债表日，建造合同的结果不能可靠估计的，应当分别按以下情况处理。

（1）合同成本能够收回的，合同收入根据能够收回的实际合同成本予以确认，合同成本在其发生的当期确认为合同费用。

（2）合同成本不可能收回的，应在发生时立即确认为合同费用，不确认收入。

如果使建造合同的结果不能可靠估计的不确定因素不复存在的，不应再按照上述规定确认与建造合同有关的收入和费用，而是应当转为按照完工百分比法确认合同收入和费

除了完工百分比法，建造合同还有另外一种会计处理方法：完工合同法。完工合同法下，平时只记录工程建造所发生的各项成本和费用支出，到整个工程完成后，才将全部成本与全部收入配比，以确定工程项目的已实现盈利。完工百分比法和完工合同法各有优缺点，在不同国家有着不同的应用。IASC于1993年修改公布的第11号准则明确规定，删除完工合同法，只允许采用完工百分比法确认收入，而在美国和加拿大这两种方法都得到认可。我国《企业会计准则第15号——建造合同》与IASC保持一致，规定：如果建造合同的结果能够可靠估计，企业只能采用完工百分比法确认合同收入和费用。

用。如果合同预计总成本超过合同总收入的，则形成的合同预计损失应当提取损失准备，并确认为当期费用；合同完工时，将已计提的损失准备冲减合同费用。

第二节 费用：兼论成本

成本与费用是两个既互相联系又存在重大区别的会计概念。然而，长期以来，我国的会计理论界和实务界一直是将成本和费用混为一谈。这可能的原因有以下两点：第一，到目前为止，尚无一个公认的的成本定义，不同的组织和个人对成本的界定差别较大；第二，从成本这个概念使用的历史脉络来看，成本一度和费用概念混淆使用，这也是导致成本和费用容易混淆的主要原因。基于此，本节首先对费用和成本这两个概念进行辨析，然后再对费用包含的内容进行深入剖析。

一、费用与成本辨析

（一）相关概念

1. 费用

费用的定义有狭义和广义之分。狭义的费用是指企业在日常活动中发生的、会导致所有者权益减少的、与向所有者分配利润无关的经济利益的总流出。这也是我国《企业会计准则——基本准则》对费用所做的定义。费用是企业在生产过程中发生的各项耗费，即企业在生产经营中为取得收入而支付或耗费的各项资产。费用是和收入相对应的一个概念，费用表示企业经济利益的减少，意味着资产的减少或负债的增加，而收入则表示企业经济利益的增加。正如美国财务会计准则委员会（FASB）在其第 6 号概念公告中所说的："费用是某一主体在其持续的、主要或核心业务中，因交付或生产了货品、提供了劳务或进行了其他活动，而付出的或其他耗用的资产，或因而承担的负债（或两者兼而有之）"。

广义的费用除日常活动中发生的耗费外，还包括了损失。《国际会计准则》将费用定义为"会计期间经济利益的减少，其形式表现为由资产流出、资产递耗或发生负债而引起业主产权的减少，但不包括向所有者进行分配等经济活动引起的所有者权益减少"。这一定义明显是一个广义的费用概念。IASB 明确指出，费用的定义包括那些企业日常活动中发生的费用，也包括损失。

可见，费用定义的狭义和广义之分，关键在于是否包含损失。费用是与收入相对应的概念；而损失则是与利得相对应的概念，是企业非日常活动的、非主观能够控制的、非主观预料到的边缘性、偶发性损益，是企业被动发生的事项。如果费用中包含了损失，一方面造成费用和损失的会计概念部分重叠且打破了费用与收入之间、损失与利得之间一一对应的关系；另一方面，也会混淆企业经营管理者的经管责任，不利于对企业管理人员、内部责任单位和人员的绩效考评。故费用采用狭义的概念为宜，但无论是狭义还是广义的概念，都表明了费用具有如下两个特征：①费用最终将导致企业经济资源的减少；②费用最终会减少所有者权益。

2. 成本

成本迄今尚无一个公认的定义，不同的组织和个人有着不同的认识，进而有着不同的定义。Paton 和 Littleton 在《公司会计准则绪论》中将成本视为“所接受商品、服务或拟发行证券的交易价格”。美国会计程序委员会（CAP）于 1957 年发表的《会计术语公报》认为，成本包括“所支出的现金、所转让的其他财产、所发行的股票、所履行的服务或所承担的债务”，美国会计师协会（AICPA）给出的定义与之类似，指“为获取财货或劳务而支付的现金、转让的其他资产、发行股票、提供劳务或发生负债而以货币衡量的数额”。FASB 在概念公告第 1 号中认为，成本是经济活动中发生的牺牲，即为了消费、储蓄、交换、生产等所放弃的。我国的《企业会计准则》根本就没有定义成本，而“成本”两个字却被提及竟有三百处之多。可见，有关成本的概念是存在分歧的，这也导致了成本在实际应用中十分混乱的局面。

成本的概念有时可以用在负债和所有者权益上，如应付债券、股票发行价格等被视为债券、股票的成本。但更一般的情况下，成本是和资产相联系的概念。用在资产上，成本有广义和狭义之分。狭义的成本仅指企业为生产产品而发生的各种耗费，即产品生产成本或劳务成本。我国曾在 2000 年年底发布的《企业会计制度》对成本所下的定义就属于狭义的成本，“企业为生产产品，提供劳务而发生的各种耗费”。而广义的成本指的是企业为获得一项资产或一项劳务而付出代价的量度，除了产品生产成本或劳务成本外，还包括固定资产成本、材料采购成本、投资成本等；简单地讲，就是取得资产的代价。由于相比于狭义的成本，广义的成本观更能真正反映成本的本质内涵和外延，符合会计理论、实务发展的需要，所以，成本采用广义的概念为宜。

（二）费用与成本的区别与联系

单从其英文来看，费用（Expense）和成本（Cost）就不可能是同一个概念。结合上述有关费用与成本的概念，这里阐述两者之间的区别和联系。

费用是相对于收入而言的，是企业在日常活动中发生的、会导致所有者权益减少的、与向所有者分配利润无关的经济利益的总流出。费用表示企业经济利益的减少，收入则表示企业经济利益的增加。成本则是企业为获得一项资产或一项劳务而付出代价的量度，是取得资产的代价，是相对于资产而言的。可以说，费用与成本是性质完全不同的两个会计概念，但两者之间是否存在一定的联系呢？

回答是肯定的！长期以来这两个概念彼此混淆，甚至混为一谈，一方面说明理论界和实务界对此研究的不足，另一方面也表明两者之间的确存在“千丝万缕”的联系。这里，对此进行讲解。

（1）一般情况下，成本可以经过一定的过程转化为费用。成本不可能直接转化为费用，成本必须通过“资产化”，再通过耗费过程才可以转化为费用，即成本→资产→费用。成本可以分为未耗成本（Unexpired Cost）和已耗成本（Expired Cost）两部分，费用就是成本中当期已耗成本部分，而未耗成本可由未来的收入负担，例如存货、预付费用、厂房、投资、递延费用等。

企业开展生产经营活动，必须购置某项设备而发生支出，形成固定资产的采购成本。待设备安装完毕，交付使用时构成企业的一项固定资产。如果设备是用于生产产品，则每期将固定资产的成本按一定的方法计提折旧，计入产品的折旧费用；如果设备是用于管理目的，则将各期计提的折旧费计入各期的管理费用。举例来说，购置成本为 10 万元的设备用于生产，若预计净残值为零，购买当年计提折旧为 2 万元，则这 2 万元折旧费计入产品制造费用。同时，剩余的 8 万元仍为该资产的账面值，未来通过逐步耗费转化为费用。

但也有例外的情况。所有的成本都终将转化为费用，只是时间的早晚而已，这句话是不正确的，至少是不全面的。举一个比较极端的例子，在西方国家土地实行私有制，购置的土地不但有使用权还有所有权。某公司出资 1 000 万元购置土地一块，那么只要公司实际拥有这块土地，这 1 000 万元将永续作为资产的成本入账，不会转化成费用。因为土地永远不会被耗费，自然也无须计提折旧，土地成本将“资产化”后成为资产负债表报告的永久资产。

（2）成本不是费用产生的唯一来源。成本可以经过一定的过程转化为费用，但费用产生的渠道不局限于成本。一些持续不断的支出，如公用事业费、租金、市场营销费用等，并不是先物化为资产，然后再通过耗费逐步转化为费用，而是在产生的同时直接计入当期费用。

（3）费用不可能转化为成本。费用是耗费，它无对象性。以往有关“费用计入成本”“费用的对象化就是成本”等观念是错误。长期以来，某些人正是利用人们对成本与费用之间关系的误解，故意混淆资产成本与费用之间的界限，达到他们随意调节利润、进行财务造假的目的。这一点必须警惕！

从以上的分析可以看出，费用和成本是两个不同的概念，但又存在着“千丝万缕”的联系。费用就是费用，成本就是成本，两者不存在谁包括谁的问题。成本若要转化为费用，只能通过“资产化”间接转化为费用，而费用绝不可能转化为成本，无论是直接还是间接。我国《企业会计准则》所谓的“企业为生产产品、提供劳务等发生的可归属于产品成本、劳务成本等的费用，应当在确认产品销售收入、劳务收入等时，将已销售产品、已提供劳务的成本等计入当期损益”较好地体现了成本可以经过一定过程转化为费用的思想。然而，在利润表中就有可商榷之处。费用是我国《企业会计准则》明确指出的与收入相对应的六大会计要素之一，因而营业利润理应所指的是当期营业总收入减去与之配比的当期总费用之差。然而，利润表中却以“营业总成本”作为营业总收入的减项来计算营业利润，这显然是不恰当的。这里将之改称为“营业总费用”可能更为妥帖。

二、费用的确认、计量及涵盖的内容

（一）费用的确认

费用如何进行确认，这是准确确定公司损益的重要问题。按照我国《企业会计准则——基本准则》第三十四条之规定，费用只有在经济利益很可能流出从而导致企业资产减少或者负债增加且经济利益的流出额能够可靠地计量时才能予以确认。可以看出，确认费用的标准主要有两点：①某项资产的减少或负债的增加，如果不会减少企业的经济利益，就不能确认为费用；②某项资产的减少或负债的增加必须能够准确地加以计量。

在费用的确认过程中，应该遵循划分收益性支出与资本性支出原则、权责发生制原则和配比原则。

1. 划分收益性支出与资本性支出原则

企业为获取另一项资产、为取得本期收入、为清偿债务或为向所有者分配利润等原因而发生的资产的减少，称之为支出。在费用的确认过程中，首先要为费用的确认划定一个时间上的总体界限，划分收益性支出与资本性支出原则即实现这一功用。如果某些支出的效益仅涉及本会计年度（或本营业周期），就将其视为收益性支出，在一个会计期间内确认为费用。如果某些支出的效益涉及几个会计年度（或几个营业周期），该项支出则应予以资本化，不能作为当期费用，而应在以后各期逐渐确认费用。

2. 权责发生制原则

划分收益性支出与资本性支出原则仅为确认费用做出时间上的大致区分，而权责发生制则规定了具体在何时确认费用，权责发生制能够将时间的区间精确到时点。因为上文曾不止一次地对权责发生制进行说明，这里仅陈述权责发生制在费用确认过程中的应用，可以简要地概括为“两个凡是”：凡是企业在当期具有负担某项费用的义务，不论款项是否实际支付，均应作为当期费用；凡是企业在当期不具有负担某些费用的义务，即便该款项已在当期实际支付，也不应该确认为当期费用。

3. 配比原则

权责发生制尽管解决了费用确认的时点问题，但尚不能明确企业在何种情况下具有承担某项费用的义务。配比原则回答了这一问题，配比原则实质上是权责发生制原则在费用确认的一种应用，是权责发生制的深化和补充。配比原则指的是，费用应该与其相联系的收入相配比，当与费用相联系的收入已经实现时，应该同时确认相应的费用。根据不同的收入、费用配比关系，费用的确认又可细分为以下三种情况。

（1）按因果关系直接确认。

这种确认方法是以所发生的费用与所取得的具体收入项目之间的直接联系为基础，凡是与本期收入有直接因果关系的耗费，就确认为本期的费用。这种因果关系表现为两种情况：经济实质上的因果性和时间上的一致性。所谓经济实质上的因果性指的是确认的费用必须与期间收入项目存在必然的因果关系，有所得必有所费，正因为费用的产生才使企业获取收入。所谓时间上的一致性是指应予以确认的费用必须与相应的收入同时确认。例如，在确认产品销售收入时，该项销售产品的成本就可以随本期实现的销售收入而作为该期的费用，包括销售产品的生产成本、销售费用等。

（2）按系统且合理的分配方法确认。

收入和费用的期间性特征决定了费用必须与同一期间的收入相配比。如果费用的经济效益有望在若干个会计期间发生，并且只能大致和间接地确定其与收入的联系，则该项费用应该按照系统且合理的分配程序进行分摊。本期确认的费用应该与本期收入相配比，在利润表中确认为一项费用；未来期间确定的费用和未来期间实现的收入相配比，递延到未来的实际收益期间。实际上，系统且合理的分配确认原则仍然体现了收入与费用之间的内在联系，反映了收入与费用在时间上的一致性。

（3）按期间配比确认。

现实中，有些支出不能提供明确的未来经济利益，也很难找到与之直接相关的收入，对这些支出加以分配没有意义。此外，还有一些支出虽然与当期收入存在着间接联系，但却难以找出一个系统且合理的分配方法。会计上就将这些支出与发生的期间相联系，直接作为当期费用予以确认，名称上赋予“期间费用”，如企业管理人员的工资、固定资产日常修理支出、管理部门的办公费等。

（二）费用的计量

费用一般可以视为资产价值的减少，而理论上已耗用的资产可以从不同的角度来计量，与之相适应的费用理应也可以采用不同的计量模式。但是，通常的费用计量标准是实际成本，即按企业为取得商品和劳务而放弃资源的实际价值来计量，表现为交换价值或市场价格。之所以采用实际成本作为费用计量的标准，原因在于实际成本代表了企业获得商品或劳务时双方都认可的交换价值，具有客观性和可验证性，从而使相关的会计信息的可靠性得到保证。有些资产将会使企业在几个会计期间受益，此时计量通过系统且合理的分配而形成的费用时，是以其资产取得成本的实际数进行计量的。例如，固定资产的折旧要按固定资产原始价值和规定使用年限来计算。无形资产的摊销、长期待摊费用的摊销也都属于这种情况。总之，企业应按实际成本来计量费用，不得以估计成本或计划成本代替实际成本。

（三）费用涵盖的内容

这里的费用专指利润表中与“营业总收入”项目相对应的“营业总成本” 项目，它是按照权责发生制和配比原则由当期总收入配比确认的当期总费用。营业总成本一般包括营业成本、税金及附加、销售费用、管理费用、财务费用和资产减值损失。其中，销售费用、管理费用和财务费用统称为企业的期间费用。

1. 营业成本

营业成本是指企业经营业务所发生的实际成本总额，包括主营业务成本和其他业务成本。其中，主营业务成本是指企业生产和销售与主营业务有关的产品或服务所必须投入的直接成本，主要包括原材料、人工成本（工资）和固定资产折旧等；主营业务成本与主营业务收入存在直接因果关系，是当期配比确认的、主营业务消耗的费用。对于大多数行业来说，主营业务成本是利润表中冲减利润最大的一项，因此需要重点分析把握。其他业务成本是为核算企业除主营业务活动以外的其他经营活动所发生的成本，包括销售材料成本、出租固定资产折旧额、出租无形资产摊销额、出租包装物成本或摊销额等；其他业务成本与其他业务收入存在直接因果关系，是当期配比确认的、其他业务消耗的费用。

值得注意的是，这里所谓的成本已脱离了原有成本的含义，其实质上是成本经过一定的过程转化而来的费用。

2. 税金及附加

税金及附加是指企业经营活动应负担的相关税费，包括消费税、城市维护建设税、资源税、土地增值税、教育费附加、车船税及印花税等相关税费。在利润表中，企业应通过“税金及附加”科目，核算企业经营活动相关税费的发生和结转情况。

3. 销售费用

销售费用、管理费用和财务费用是期间费用中的三项部分。期间费用是企业当期发生的，难以直接归属于某个特定产品成本的费用，进而不能列入产品制造费用中，而是在发生的当期直接计入当期损益。

销售费用是指企业在销售产品、自制半成品或提供劳务等过程中发生的各项费用以及为销售本企业产品或提供劳务而专设的销售机构（含销售网点、售后服务网点等）的经营费用，包括由企业负担的包装费、运输费、广告费、装卸费、保险费、委托代销手续费、展览费、租赁费（不含融资租赁费）和销售服务费、销售部门人员工资、职工福利费、差旅费、折旧费、修理费、物料消耗、低值易耗品摊销以及其他经费等。商品流通企业在购买商品时发生的进货费用、企业委托其他单位代销支付的委托代理手续费也包括在销售费用中。

在“费用与成本的区别与联系”小节中，我们已经指出，利润表中“营业总成本”的叫法其实是不妥的，其实质表明的是与当期收入相配比的总费用，故称为“营业总费用”更为妥帖。但为了与现行惯例相一致，本书仍沿用“营业总成本”这一名称，敬请读者留意。

4. 管理费用

管理费用的传统定义为企业行政管理部门为组织和管理生产经营活动而发生的各项费用。但随着时代的进步及会计准则的变更，管理费用涵盖的期间费用项目越来越多，而不再仅仅局限于企业行政管理部门发生的费用，具体包括以下内容。

（1）公司管理部门发生的直接管理费用，如公司经费等。总部管理人员工资、职工福利费、差旅费、办公费、折旧费、修理费及其他公司经费都属于公司经费的一部分。

（2）用于直接管理以外的费用，包括董事会费、中介机构费、咨询费、诉讼法、矿产资源补偿费、相关税金等。

（3）提供生产技术条件的费用，包括研究和开发支出中不符合资本化条件的部分支出，即研究阶段发生的全部支出（研究费用）和开发阶段发生的部分不符合资本化条件的支出。在开发阶段，除可直接归属于无形资产开发活动的支出可资本化，进而计入无形资产成本外，其他销售费用、管理费用、无形资产达到预定用途前发生的可辨认的无效和初始运作损失、为运行该无形资产发生的培训费用等均视为管理费用。除此之外，提供生产技术条件的费用还包括无形资产摊销和长期待摊费用摊销。

（4）业务招待费及其他费用，根据《中华人民共和国企业所得税法实施条例》规定，企业发生的与生产经营活动有关的业务招待费支出，按照发生额 60% 的比例扣除，但最高不得超过当年销售收入的千分之五。

5. 财务费用

财务费用指企业在生产经营过程中为筹集资金而发生的各项费用。具体包括企业生产经营期间发生的利息支出（减利息收入后的净额）、汇兑损益（汇兑损失与汇兑收益之差）、金融机构手续费、企业发生的现金折扣或收到的现金折扣，以及筹集生产经营资金发生的其他费用等。但在企业筹建期间发生的利息支出，应计入开办费；为购建或生产满足资本化条件的资产发生的应予以资本化的借款费用，在“在建工程”“制造费用”等账户核算。

6. 资产减值损失

资产减值损失是指因资产的账面价值高于其可收回金额而造成的损失。我国采用的资产减值损失确认的标准是经济性标准，即只要资产发生减值就应当予以确认，确认和计量采用相同的基础。资产的可收回金额取资产的公允价值减去处置费用后的净额与资产预计未来现金流量的现值两者之间的较大者。《企业会计准则第 8 号——资产减值》规定资产减值范围主要是固定资产、无形资产以及除特别规定外的其他资产减值的处理；其中，固定资产、无形资产、商誉等的减值准备计提后，在以后会计期间不得转回。如此规定的原因有二，一是这些资产价值回升的可能性比较小，通常属于永久性减值；二是从会计信息的谨慎性要求考虑，这样做就消除了一些企业通过计提秘密准备来调节利润的可能，限制了资产重估增值和利润操纵。

第三节　利　润

作为财务报告的六大要素之一的利润，按照我国《企业会计准则——基本准则》的定义，指的是企业在一定会计期间的经营成果，包括收入减去费用后的净额、直接计入当期利润的利得和损失等。可见，收入与费用配比后的差额并非利润的全部，除此之外，还包括直接计入当期利润的利得和损失。尽管利润有着较为清晰的定义，但因不同国家或组织存在认知上的差异以及度量利润指标的多样性，导致利润的概念在实务中又是异常复杂的。

一、不同的计量逻辑：中美利润表编制的对比

利润表又称收益表、损益表，是反映企业在一定会计期间的经营成果的财务报表。所谓经营成果最终落地的指标就是利润，利润综合地反映了一定会计期间企业的经营成果。关于利润表的列报格式，目前通行于世界各国的有两种：单步式利润表和多步式利润表。单步式利润表是将所有的收入列在一起，所有的费用列在一起，两者差额即为当期净利润。单步式利润表仅仅反映了收入、费用和净利润的信息，而实际上除上述信息外，一些分类的中间信息同样内容丰富，甚至更为有价值。多步式利润表则满足了这一需求，将不同性质的收入和费用对比，从而得出一些中间性的利润数据，方便使用者理解企业经营成果的不同来源。

中美两国的利润表均采用多步式的列报格式，但两者相较还是存在明显差异，显示出两国利润计量逻辑的不同。

（一）美国的计量逻辑

在美国，利润表 20 世纪 30 年代成为正式的对外报表，尽管比资产负债表的正式出现晚了几十年之久，但由于其提供了企业经营业绩状况远比资产负债表更为直观和明确，使得人们对利润表的关注迅速且远远超过了资产负债表。美国利润表中计量利润的逻辑如下：

首先，通过销售收入和与之相配比的销售成本金额计算出销售毛利，即销售毛利＝销售收入－销售成本；

其次，通过销售毛利和期间费用金额计算出经营（营业）利润，即经营（营业）利润＝销售毛利－期间费用；

再次，在经营利润的基础上，考虑投资、筹资活动产生的损益及其他损益，计算出税前收益，即税前收益＝经营利润＋投资、筹资活动收益（损失为“－”）＋其他收益（损失为“－”）；

最后，在税前收益的基础上，剔除所得税费用，计算出企业的净利润，即净利润＝税前收益－所得税费用。

可以看出，美国利润表的计量逻辑严格遵循了各利润指标的定义，且将净利润逐步实现的过程清晰地表达出来。

【案例分析】英特尔公司利润表（2015~2017年）

表 5-1 英特尔公司利润表 （单位：百万美元）

项 目	2015 年	2016 年	2017 年
销售收入	55 355	59 387	62 761
销售成本	20 676	23 196	23 692
销售毛利	34 679	36 191	39 069
研发费用	12 128	12 740	13 098
市场与管理费用	7 930	8 397	7 474
重组与并购费用	354	1 886	384
其他营业费用	–89	–1 592	–207
经营收益	14 356	14 760	18 320
投资收益（净额）	337	733	646
利息及其他收益（净额）	193	–1 091	2 678
税前收益	14 212	12 936	20 352
所得税费用	2 792	2 620	10 751
净利润	11 420	10 316	9 601

从表 5-1 中，可以清晰看出净利润逐步得以实现的整个脉络。其中，期间费用包括研发费用、市场与管理费用、重组与并购费用、其他营业费用等 4 部分；投资收益（净额）、利息及其他收益（净额）计量的是投资、筹资活动产生的损益及其他损益。

（二）中国的计量逻辑

同美国利润表中计量利润的逻辑相比，中国利润表中计量利润的逻辑则存在明显的差异，计量逻辑如下：

首先，分别计量出营业总收入和与之配比的营业总成本；

其次，考虑会计期间公允价值变动收益、投资收益和汇兑收益，并计算出年度营业利润，即营业利润＝营业总收入－营业总成本＋公允价值变动收益＋投资收益＋汇兑收益；

再次，在营业利润的基础上，考虑同期的营业外收支情况，计算出利润总额，即利润总额＝营业利润＋营业外收入－营业外支出；

最后，在利润总额的基础上，剔除所得税费用，计算出企业的净利润，即净利润＝利润总额－所得税费用。

【案例分析】美的公司利润表（2017年度）

表 5-2 美的公司利润表 （单位：人民币千元）

	2016 年度	2017 年度
营业总收入	159 841 701	241 918 896
营业收入	159 044 041	240 712 301
其他类金融业务收入	797 660	1 206 595
营业总成本	143 809 063	224 734 592
营业成本	115 615 437	180 460 552
税金及附加	1 077 119	1 416 428
销售费用	17 678 451	26 738 673
管理费用	9 620 777	14 780 236
财务费用	–1 005 979	815 949
资产减值损失	380 812	269 112
其他业务成本（金融类）	442 446	253 642
加：其他收益		1 311 123
投资净收益	1 285 961	1 830 221
其中：对联营企业和合营企业的投资收益	165 904	310 016
公允价值变动净收益	117 376	–25 045
资产处置收益		1 327 251
营业利润	17 435 975	21 627 854
加：营业外收入	1 819 009	467 204
减：营业外支出	340 381	240 284
其中：非流动资产处置净损失	172 663	
利润总额	18 914 603	21 854 774
减：所得税	3 052 691	3 243 584
净利润	15 861 912	18 611 190

其中，营业总收入包括了营业收入、其他类金融业务收入等两项收入；营业总成本更是涵盖营业成本、税金及附加、销售费用、管理费用、财务费用、资产减值损失等多项费用。所以，无论是营业总收入概念还是营业总成本的概念，这里都远大于企业经营活动的范畴。可见，在利润表的编制过程中，中美两国有关利润的计量逻辑存在明显的差异，相比于美国的计量逻辑，中国会计准则制定机构对利润表的编制可以简单概括为以下两个方面。

（1）没有单独列示出销售毛利。而销售毛利及毛利率是衡量企业经营业绩的重要指标，有着其他业绩指标无法企及的优势，后续将予以重点关注。

（2）计算的营业利润，名义上是“营业利润”，但本质上“盛名之下，其实难副”。这是由其运算过程决定的，从“营业利润＝营业总收入－营业总成本＋公允价值变动收益＋投资收益”可以看出，营业利润实质上不但涵盖了营业活动产生的利润（即真正的营业利润），还包括投资活动及筹资活动产生的利润（公允价值变动收益、投资收益、汇兑收益等），是这三项活动产生利润的总和，是名副其实的“大杂烩”。

二、销售毛利

（一）销售毛利的定义

销售毛利（Gross Margin）亦称销售毛利额，具体到某一单位商品时，指的是该商品销售价格和单位成本之间的差额。上升到企业的高度，销售毛利就等于销售收入（营业收入）扣除已销产品成本（营业成本）后的差额，即销售毛利＝销售收入－销售成本。这里的销售收入是指将产品销售总额剔除销货退回和销货折让及折扣后的净值，即销售收入净额。

有关销售毛利，有下面两个公式：

$$\begin{aligned}\text{销售毛利} &= \text{销售收入} - \text{销售成本} \\ &= (\text{销售价格} - \text{单位成本}) \times \text{销售量}\end{aligned} \quad (5\text{-}5)$$

$$\begin{aligned}\text{毛利率} &= \text{销售毛利} \div \text{销售收入} \\ &= 1 - \text{单位成本} / \text{销售收入}\end{aligned} \quad (5\text{-}6)$$

销售毛利是一个绝对数值，由于企业所属行业、规模不同，单纯地分析销售毛利，提供的信息有限；而销售毛利率则是一个相对数值，剔除了其他客观因素的影响，因此将两者结合起来进行分析，效果更佳。

销售毛利和毛利率的概念没有涉及期间费用，反映了企业产品销售的初始获利能力，是企业净利润的起点，没有足够高的销售毛利和毛利率便不能形成较高的盈利。另外，相比于净利润和利润总额的概念，其含有的“噪声”相对较少，这是由于期间费用和营业外收支自身的特点决定的。先说期间费用，期间费用一般项目繁多，且用权责发生制和配比原则进行期间分配，含有太多的估计和判断因素，受企业当局的主观性影响较大。因此，通过人为操纵期间费用以达到调节公司利润总额，进而净利润的成本较低，导致了这些利润指标的“含金量”有所折扣。再说营业外收支，营业外收入和支出比期间费用更不“靠谱”，它是企业非经常性交易或事项形成的利得和损失，根本谈不上持续性。销售毛利不受期间费用的影响，更把营业外收支项目排除在外，故被人为操纵的可能性更低，能给投资者传递更为有用的会计信息。另外，我国对上市公司的相关规定（如增发、特别处理需满足条件的规定）大多针对的业绩指标是净利润甚至是归属母公司股东的净利润，而对销售毛利的关注甚少，这也促发了公司管理当局更偏爱对净利润等指标“大做文章”。相对而言，销售毛利指标可以对企业某一主要产品或主要业务的盈利状况进行分析，更为接近客观情况，有助于合理预测企业的核心竞争力、对判断企业核心竞争力的变化趋势及其企业成长性极有帮助。

需要强调一点，尽管销售毛利相比于其他业绩指标有一定的优势，但各企业中因销售收入或已销产品成本的定义不同，常常导致毛利的计算结果存在很大的差异。因此，在使用这一指标时，必须清楚其含义，并在其含义的指导下先调整为标准一致的指标，然后再进行对比、分析，也只有这样才有意义。

（二）销售毛利与竞争地位

从有关销售毛利的公式可以看出，销售毛利进而销售毛利率受价格与成本两个因素的驱动：价格的下降或者成本的上升将导致公司毛利水平的下降，而价格的上升或者成本的下降将导致公司毛利水平的上升。如果公司的毛利率与同行业其他公司相比，处于显著较高水平，说明公司产品附加值高，产品定价高，或者存在成本上的优势，有竞争力。销售毛利水平是否稳定能够在一定程度反映公司的市场战略定位是否清晰，同时销售毛利水平的变化直接影响公司最终净利润的高低。如果与公司以往情况相比，毛利率显著提高，则可能是公司所在行业处于复苏时期，产品价格大幅上升。此时，亟须分析这种价格的上升是否具有持续性，公司将来的盈利能力能否得到保障。相反，如果公司毛利率显著降低，则可能是公司所处行业竞争日趋激烈，毛利率下降往往伴随着价格战的爆发或成本的失控，这种情况预示产品盈利能力的下降。因此，稳步地提高销售毛利水平也就成了一个对利润影响最重要的因素。

一般来说，提高公司的销售毛利水平无外乎从两方面着手，即要么提高价格，形成“高价格”战略；要么降低成本，形成“低成本”战略。当然，两者兼而有之并不能从理论上排除，但现实中却难以实现，因为两者往往不可兼得，很难想象一个公司能够同时奉行两种战略而“游刃有余”地提高销售毛利水平，因为它们本身就是不相容的。

所谓“高价格”战略，即为“开源”，旨在通过提高价格来达到提高销售毛利水平的目的。随着市场经济逐步从卖方经济转入到买方经济，不能够提供与众不同的产品或服务而一味地提高价格显然是不可行的，消费者自然不会“买单”。此时，增加产品的差异性便是其必由之路，因为同质化的竞争必然导致价格战从而使价格一降再降，甚至降至成本线以下，成为“赔本赚吆喝”的游戏。20 世纪末，由长虹导演的彩电业价格大战即为最好的例证。高价格需要产品的差异化，所以“高价格”战略不过是“差异化”战略的另一种说法而已。企业若想提高产品差异化水平就需不断地增加研发支出，支持创新，不断地推陈出新，做到“人无我有、人有我精”才能使“高价格”战略不断贯彻下去。

所谓“低成本”战略，亦称为成本领先战略。企业通过提高资产利用率而降低成本，此即为“节流”。当成本领先的企业的价格相当于或低于其竞争厂商时，其低成本地位就会转化为高收益。低成本战略的成功取决于企业日复一日地实际实施该战略的技能。尽管一个低成本战略的企业能够依赖其成本上的领先地位来取得竞争优势，但它要真正实现可持续发展则必须不断地提高资产利用率，实现经济学意义上的规模效应，做到在提供价值相等或相近的产品时，单位成本更低，进而拥有价格优势。

根据不同的行业特点和企业自身特点，寻求最适合的公司战略。只要定位明确，“高价格”战略或“低成本”战略都能和销售毛利的概念实现有效契合，无优劣之分。但这两个战略存在的明显性差异值得关注，对于通过差异化提高价格的“高价格”战略而言，毛利率相对较高，研发投入较大，而资产周转率等运营指标相对较低；与之相对照，通过提高资产利用率而降低成本的“低成本”战略则毛利率较低，研发投入较小，但诸如资产周转率等运营指标表现优异。

（三）毛利率高低的影响因素

上文已经指出，提高公司的销售毛利水平，无外乎提高价格或者降低成本。价格的提高和成本的降低是所有企业共同的“理想”。只不过，这一决定毛利率的最后一道“工序”受到诸多因素的影响，进而影响到毛利率的高低。

1. 市场供需的变动

市场经济中，产品供需关系对其价格起决定性作用。产品的需求是指消费者在一定时期内，在可接受的价格水平上，能够购买到的该商品的数量；产品的供给是指生产者在一定时期内，在可实现的价格水平上，愿意而且能够提供的可售商品数量。当市场上产品的需求数量与供给数量相等时，便形成一个均衡价格。均衡价格通常难以撼动，因为某个企业片面地提高产品价格将直接导致其销售数量的降低，使毛利率不增反降。

2. 成本管理水平

产品成本是企业为了获取收益而付出的代价。企业生存并发展的目的是要实现利润，而成本费用则是企业为了获得利润而必须发生的一切支出。在市场价格维持一定的情况下，减少成本费用便可提高利润，使成本优势转化为利润优势。当一个企业实施的所有价值活动的累积成本低于其竞争对手的成本时，它便具有了成本优势。成本优势的战略价值在于其持续性，只有持续不断地提高成本管理水平，才可以有效地降低产品成本，进而增加企业的销售毛利。

3. 产品构成及其独特性

一个企业往往同时生产多种产品，每一种产品的市场需求各不相同，产品组合可以在盈利水平上相互弥补、取长补短，以使企业获利最大。相反，如果产品组合不当，将制约每个产品的获利能力，削弱产品组合带来的利润。另外，产品的独特性也会影响毛利率的高低。市场的供需对产品价格起着决定性影响，但并不是说公司就没有单方面涨价的空间。如果企业奉行的是差异化战略，生产的产品是独特的、有价值的产品，而不是以价格低廉而取胜时，它便可以通过提高价格来获得溢价，或者以一定的价格售出更多的产品，从而对毛利率产生影响。如果公司不具备上述条件，提高价格换来的只能是消费者的“敬而远之”，毛利率将不增反降。

4. 行业差别

企业所处的行业大环境对其经营状况有很大的影响。一个企业是否有长期发展的前景，首先与它所处行业的性质息息相关。身处高速发展的行业，对行业中的任何一家企业来说都是财富；相反，身处弱势发展的行业或衰退行业，即便财务数据优良，也会因大环境的下行趋势而影响未来的获利能力。不同行业的企业数量不同、竞争程度各异、实力亦千差万别，这都使得不同的产品获利空间也各不同。如 IT 行业中，企业的毛利率普遍较高，Apple、Microsoft 这些 IT 巨头更是如此；而诸如家电行业、机械制造业等行业，由于与收入相配比的费用规模通常较大，其行业中各公司的毛利率自然也普遍较低。

三、其他利润指标

按照有关《企业会计准则》及证监会的要求，在利润表中，利润的金额分为营业利润、利润总额、净利润三个层次计算确定。同时，要列示归属母公司的净利润及综合收益。这里对此依次予以简要介绍。

（一）营业利润

营业利润指的是企业通过一定期间的日常活动取得的利润。营业收入的具体构成，可由以下公式表述：

营业利润 = 营业总收入 − 营业成本 − 利息支出 − 手续费及佣金支出
− 税金及附加 − 销售费用 − 管理费用 − 财务费用 − 资产减值损失　（5-7）
+ 公允价值变动净收益 + 投资净收益 + 汇兑收益

式中，营业总收入包括营业收入、利息收入和手续费及佣金收入等；营业成本、利息支出、手续费及佣金支出、税金及附加和期间费用（销售费用、管理费用及财务费用）共同组成营业总成本；税金及附加是指企业经营业务应负担的税金及附加费用，如消费税、城市维护建设税、资源税、教育附加费等。

从式（5-5）可以看出，营业利润的计量与其定义并不完全一致，计量所得的营业利润中包含了部分非日常活动取得的利润，所以这里的营业利润与严格意义上的营业利润还是有一定出入的。

（二）利润总额

利润总额是指企业在生产经营过程中各种收入扣除各种耗费后的盈余，反映企业在报告期内实现的盈亏总额。具体的计量过程是，企业一定期间的营业利润，加上营业外收入减去营业外支出后的所得税前利润总额，即：

利润总额 = 营业利润 + 营业外收入 − 营业外支出　（5-8）

式中，营业外收入和营业外支出是企业发生的、与日常活动没有直接关系的各项利得和损失，如归于营业外收入的主要有处置非流动资产形成的利得、非货币性资产交换形成的利得、债务重组形成的利得、政府补助 等，相对应的损失即为营业外支出。

（三）净利润

净利润是指在利润总额中按规定缴纳了所得税后公司的利润留成，一般也称为税后利润或净收入。净利润的计算公式为：

$$\begin{aligned}&\text{净利润}=\text{利润总额}\times(1-\text{所得税税率})\text{，或}\\&\text{净利润}=\text{利润总额}-\text{所得税费用}\end{aligned}\tag{5-9}$$

式中，所得税费用是指企业按照会计准则的规定确认的应从当期利润中扣除的当期所得税费用和递延所得税费用。

净利润是一个企业经营的最终成果。净利润越多，企业的经营效益就越好；反之，净利润越少，企业的经营效益就越差，它是衡量企业经营效益最为常用的一个指标。

（四）归属于母公司股东的净利润

净利润由归属于母公司股东的净利润和少数股东损益组成。归属于母公司股东的净利润指的就是剔除少数股东损益后的净利润部分，反映在企业合并净利润中，归属于母公司股东（所有者）所有的那部分净利润。少数股东损益是公司合并报表的子公司其他非控股股东享有的损益。从理论上讲，只有归属于母公司股东的净利润才真正是母公司股东可以享有的利润，公司净利润只不过是编制合并财务报表时遵行实体理论下的一个利润指标而已。在有些情况下，归属于母公司股东的净利润可能更能说明企业经营业绩的真实状况。我国上海和深圳两大证券交易所对上市公司实施“特别处理”的规定中，对盈利的要求均是以归属于母公司股东的净利润为基准的，这也直接说明了这一点。但正是在这种背景下，归属于母公司股东的净利润成了公司操控利润的“重灾区”。乐视网、暴风集团等公司就是通过操控归属于母公司股东的净利润使企业“起死回生”的“典范”。

（五）综合收益

综合收益是传统会计收益的经济学改造。综合收益涵盖了传统意义上的会计收益，又包括了“其他综合收益”项目，是由净利润和其他综合收益共同组成的。1985 年，FASB 将综合收益定义为，一个主体在某一期间与非业主方面进行交易或发生其他事项和情况所引起的权益（净资产）变动，它包括这一期间内除业主投资和派给业主款外，一切权益上的变动。其具体公式为：

$$\text{综合收益}=\text{净利润}+\text{其他综合收益}\tag{5-10}$$

这里重点对其他综合收益进行说明。所谓“其他综合收益”指的是那些根据现行会计

根据 2017 年 5 月 10 日财政部颁布的新的《企业会计准则第 16 号——政府补助》，仅有与企业日常活动无关的政府补助，才计入营业外收支；而与企业日常活动相关的政府补助，应当按照经济业务实质，计入其他收益或冲减相关成本费用。

准则规定，不能在损益中确认的各项利得和损失扣除所得税影响后的净额，主要包括可供出售金融资产产生的利得或损失、按照权益法核算的被投资单位其他综合收益中享有的份额、现金流套期工具产生的利得或损失等。

可见，纳入“其他综合收益”后的综合收益概念无疑比传统会计收益概念更接近经济收益概念，因而可以说它是传统会计收益的经济学改造。综合收益体现了会计报表确认思想上的“资产负债观”，只要除所有者与企业交易外的、能引起所有者权益变化的都属于其核算范畴。它不仅包括经常项目还包括非经常项目，既可能来源于经营活动又可能来源于投资、筹资等活动，既反映已实现收益又反映未实现但按准则规定已确认的潜在收益。在利润表中报告综合收益，有利于向财务报告使用者提供决策有用的信息。但由于综合收益包括尚未实现的潜在收益，故不能将综合收益作为公司进行利润分配的基础和依据。

2009 年 6 月财政部印发的《企业会计准则解释第 3 号》(财会 [2009]8 号）中，对利润表的列报内容与方式做出了适当调整，首次在财务报表中引入综合收益指标，要求在利润表中增列“其他综合收益”和“综合收益总额”项目；同时，企业应当在附注中详细披露“其他综合收益”各项目及其所得税影响，以及原计入“其他综合收益”“当期转入损益”的金额等信息。

第四节　绩效评价

上一节已经介绍了主要的利润指标，包括销售毛利、营业利润、利润总额、净利润等。但是，这些指标仅反映了企业一定时期内获取利润额的绝对值大小，由于不同企业所处行业、资产与销售规模等千差万别，仅依赖这些指标来分析企业绩效的高低显然缺乏客观性。绩效评价主要关注的是公司的盈利能力，即企业在一定时期内赚取利润的能力，它的大小是一个相对的概念，确切地说是一个比率 ，即利润与一定的资源投入或一定的收入相比较而获得的一个比率。一个企业经营绩效的好坏最终都需要盈利能力来反映；因此，无论是企业的内部管理当局、外部股东，还是债权人，都非常关心企业的盈利能力，并重视对盈利能力及其变动趋势的分析和预测。

一、销售利润率

销售利润率是指每百元销售收入所获得的净利润大小，它是衡量企业产品或服务盈利

比率分析法是财务分析中最基本、最常用也是最重要的方法，有人甚至将财务分析与比率分析等同起来，认为财务分析就是比率分析。比率分析法的实质是将影响财务状况的两个相关指标联系起来，通过比率计算来反映它们之间的关系，借以评价企业的经营状况、财务业绩等的一种方法。比率分析法简单明了，同时具备较强的可比性。

能力的重要指标，应用广泛。由于计算比率的分子或分母的差异而有所不同，因此销售利润率是一系列相关指标的统称，而不是具体单指某一个指标。销售利润率相关指标具体如下所示。

（1）销售收入利润率，指营业利润与销售收入的比率。

（2）销售收入毛利率，即上节所述的毛利率，指营业收入与营业成本之差额与销售收入的比率。

（3）总收入利润率，指利润总额与企业总收入的比率；其中，营业总收入包括营业收入、投资收益和营业外收入。

（4）销售净利润率，指净利润与销售收入的比率。

（5）销售息税前利润率，指息税前利润额与销售收入的比率；其中，息税前利润指利润总额与利息支出总和。

以上各式中涉及的销售收入均指扣除销售折让、销售折扣和销售退回之后的销售净额。销售利润率是正向指标，销售利润率越高，说明销售获利水平越高。在产品销售价格不变的条件下，利润的多少要受产品成本和产品结构等因素的影响。产品成本降低，产品结构中利润率高的产品比重上升，销售利润率就会提高；反之，销售利润率就会下降。

销售利润率是重要的盈利能力指标，分析、考核销售利润率，对改善产品结构，促进成本降低等均有积极的作用。当然，在具体分析时，应根据目标和要求的不同，确定适当的标准值，以之与企业实际的销售利润率进行综合比较分析。

二、资产周转率

资产周转率表示每一元资产所创造的销售收入倍数，它是衡量企业资产管理效率的重要财务比率，在财务分析指标体系中占有重要地位。

根据资产具体构成的差异，资产周转率可以细分为总资产周转率和分类资产周转率（流动资产周转率和固定资产周转率）和单项资产周转率（应收账款周转率和存货周转率等）三类。可见，资产周转率是一系列管理效率指标的统称。在这些指标中，总资产周转率是最为重要的一个指标。

总资产周转的计算公式为 ：

$$总资产周转率 = 销售收入 / 资产总额 \quad (5\text{-}11)$$

销售收入与资产总额之比除了被称之为“总资产周转率”外，在财务分析中还有另外一个名称：总资产收入率。由于收入的实现表明了企业产品能够得到社会的认可，满足了社会的某种需要，是企业资产真正的有效利用，故总资产收入率能够说明企业总资产营运能力的强弱，反映出企业整个经营过程中资产的利用效率。

该指标体现了企业经营期间全部资产从投入到产出的流转速度，反映了企业全部资产的管理质量和利用效率。一般情况下，总资产周转率越高，表明企业销售能力越强，资产利用效率越高。通过总资产周转率的对比分析，能够反映企业本年度以及以前年度总资产的运营效率和变化，发现企业和同类企业在资产利用上的差距，促进企业挖掘潜力、积极创收，提高产品市场占有率和资产利用效率。

除总资产周转率外，其他各资产周转率公式如下：

流动资产周转率 = 销售收入 / 流动资产 （5-12）

固定资产周转率 = 销售收入 / 固定资产净值 （5-13）

应收账款周转率 = 销售收入 / 应收账款 （5-14）

存货周转率 = 营业成本 / 存货 （5-15）

通过对资产周转率的分析，有助于股东判断企业财务安全性及资产的收益能力，以进行相应的投资决策；有助于债权人判明其债权的物质保障程度或其安全性，从而进行相应的信用决策；有助于管理者发现闲置资产和利用不充分的资产，从而处理闲置资产以节约资金，或提高资产利用效率以改善经营业绩。但是，需要特别说明的是，资产周转率的分子是扣除销售折扣和折让后的销售净额，是企业从事经营活动所取得的收入净额；而分母是指企业各项资产的总和或某个单项资产，这些资产可能含有对外投资，进而给企业带来的是投资损益，而非销售收入。这样就造成了分子、分母的口径不统一，进而影响了企业前后各期及不同企业之间的可比性。

三、总资产收益率

总资产收益率 （Return on Assets，ROA）又称总资产回报率抑或总资产利润率，是指每百元资产所创造的利润额，反映了企业运营资产产生利润的能力。总资产收益率是企业管理效率（资产周转率）与产品 / 服务盈利能力（销售利润率）综合作用的结果。由于利润额选取的标准不同，总资产收益率亦是一系列不同比率的统称，具体公式包括：

总资产收益率 =（利润总额 + 利息支出）/ 总资产，或

总资产收益率 = 利润总额 / 总资产，或 （5-16）

总资产收益率 = 净利润 / 总资产

其中，第一个公式度量总资产收益率指标的是息税前利润与总资产之间的比例。在该

在第三章第二节中，我们对总资产报酬率和总资产收益率进行了严格的区分；其中，总资产报酬率定义为利润总额与利息支出之和与总资产的比率，总资产收益率则是净利润与总资产之比，但由于其对应的英文均为 ROA（Return of Assets），实务中也多不加以区分，为行文的需要，本节亦不对此进行严格区分，仅视为 ROA 的不同中文翻译而已。

公式中包括利息支出的合理之处在于，既然采用的是全部资产，从利润中没有扣除自有资本的等价报酬——红利，那么，同样也不能扣除借入资本的等价报酬——利息。其他两个公式中，分母未发生变化，但分子分别为利润总额和净利润，在实务中亦有大量的应用。

由于总资产收益率的计算公式不唯一，故在使用该指标时，首先应明确其计算使用的具体方法。在此基础上，通常来说，采用式（5-16）中的任意一个，只要计算方法一经选定即不发生更改，则对同一企业不同时期或同一时期不同企业的盈利能力比较均有意义。另外，不同的计算方法得出的总资产收益率方向大多一致，绝对数值的差异也较小，故一般不会对研究问题的结果产生实质性影响。

资产收益率是业界应用最为广泛的、衡量企业盈利能力的指标之一。该指标是一个正向指标，其值越高，表明企业资产利用效果越好，企业在增加收入和节约资金使用等方面取得了良好的效果；否则，则相反。在评价总资产收益率时，需要与企业前期的比率、同行业其他企业的这一比率等进行比较，从而进一步找出影响该指标的不利因素，以利于企业加强经营管理。

四、股东报酬率

（一）股东报酬率概述

ROE，英文全称 Return on Equity，对应的中文名称有多种：股东报酬率、股东权益报酬率、股本回报率、产权收益率、产权报酬率、净资产收益率、净值报酬率、权益报酬率、权益利润率、净资产利润率，等等；这里一律以股东报酬率表示。股东报酬率是指股东每投入百元所能获得的净利润回报额，具体公式为：

$$\text{股东报酬率} = \text{净利润} / \text{所有者（股东）权益} \tag{5-17}$$

式中，净利润是指企业当期税后利润；所有者（股东）权益是指企业资产减去负债后的余额，即净资产，包括实收资本、资本公积、盈余公积和未分配利润等。

因为企业的根本目标是所有者权益或股东价值最大化，而股东报酬率既能直接反映资本的增值能力，又影响着企业股东价值的大小，所以，股东报酬率是衡量企业盈利能力的核心指标，反映了企业的所有者通过投入资本经营而取得利润的能力。该指标是一个正向指标，其值越高，说明投资带来的收益越高；反之，说明企业所有者权益的获利能力越弱。在第三章第二节中，我们已经就导致股东报酬率高低的各因素进行了分解，得出财务杠杆、总资产报酬率（即总利润和利息支出之和与总资产之比）、负债利息率、所得税税率共同决定股东报酬率。但这种因素分解方法相对比较复杂，而条理更清晰、操作更简单的杜邦分析体系便得到理论界和实务界的推崇。

（二）杜邦分析体系

杜邦分析体系亦称杜邦财务分析法，由美国杜邦公司于 1920 年率先采用，最早由美国杜邦公司销售员 Donaldson Brown 在其 1912 年的一份内部效率报告中使用。它是一种评价公司盈利能力和股东权益回报水平，从财务角度评价企业绩效的经典方法。杜邦分析体系由股东报酬率这一核心指标展开，将其逐级分解为若干反映企业盈利状况、财务状况和营运状况的比率的乘积，实现了各财务指标内在联系有机结合起来，形成了一个完整的指标体系。具体实现过程如下：

$$
\begin{aligned}
\text{股东报酬率} &= \text{净利润}/\text{所有者权益} \\
&= (\text{净利润}/\text{总资产})\times(\text{总资产}/\text{所有者权益}) \\
&= (\text{净利润}/\text{销售收入})\times(\text{销售收入}/\text{总资产})\times(\text{总资产}/\text{所有者权益}) \\
&= \text{销售利润率}\times\text{总资产周转率}\times\text{权益乘数}
\end{aligned}
\tag{5-18}
$$

其中，权益乘数与资产负债率有如下这样的关系，即权益乘数 =1 ÷（1– 资产负债率）。

可见，采用杜邦分析体系，能使财务比率分析的层次更清晰、条理更突出。该方法为报表分析者全面了解企业的经营和盈利状况提供了极具价值的财务信息。同时，对企业管理层也具有重要意义，可以更加清晰地看到权益资本收益率的决定因素，以及销售净利润率与总资产周转率、债务比率之间的相互关联关系，给管理层提供了一张明晰的考察公司资产管理效率和是否最大化股东投资回报的路线图。

（三）杜邦分析体系的不足和发展

杜邦分析体系自产生以来，在实践中得到了广泛的应用，好评不断。但是，随着经济的发展和环境的变化，人们逐渐认识到杜邦分析体系存在以下方面的不足。

（1）涵盖的信息不全面，忽视了现金流量表的存在。

（2）分析内容不够完善，对短期财务结果过分重视，有可能助长公司管理层的短期行为，忽略企业长期的价值创造。

（3）风险分析不足，企业风险是投资者非常关心的问题，而杜邦分析体系则无法直观地体现企业面临的风险。

为此，众多学者对杜邦分析体系进行变形和补充，使其不断完善和发展。其中，美国哈佛大学教授帕利普等在其所著的 *Business Analysis and Valuation* 中提出的可持续增长率概念影响颇广，他们仅在杜邦分析体系的基础上多走了一步，却开辟了一片“新天地”。具体来说，有以下公式：

$$
\begin{aligned}
&\text{可持续增长率}=\text{股东报酬率}\times(1-\text{股利支付率})，\text{或} \\
&\text{可持续增长率}=\text{股东报酬率}\times\text{留存收益率}
\end{aligned}
\tag{5-19}
$$

可持续增长率指的是，在不增发新股、不改变经营效率和财务政策的条件下，公司销售所能达到的最大增长率。它体现了一种可持续发展的精神，随着经济的发展和全球环境的剧变，越来越多的企业意识到可持续性发展的重要性，进而将稳定的可持续增长率视为其追求的目标。

五、市盈率

市盈率又称价格与收益比率（Price to Earning Ratio，简称 P/E Ratio 或 PE)，其计算公式如下：

$$市盈率 = 每股市价 / 每股收益 \tag{5-20}$$

该指标反映了普通股的市场价格与当期每股收益之间的关系，可用来判断企业股票与其他企业股票相比较所具有的潜在价值。具体到某一个企业，在市场有效的情况下，市盈率能够在一定程度上反映企业管理部门的经营能力和企业盈利能力以及潜在的成长能力；同时，该指标还反映了投资者对公司的认可程度，公司股票对投资者来说是不是具有吸引力。把多个企业的股票价格与收益比率进行比较，并结合所属行业经营前景的了解，可以作为选择投资目标的参考。通常情况下，发展前景较好的企业都有较高的市盈率，前景不佳的企业市盈率也较低。

但是，用市盈率对公司进行分析时，一定要注意以下几点。

（1）当利润率很低时，每股收益可能为零，进而市盈率就可能很高；当企业发生亏损时，每股收益为负，计算出的市盈率就为负值。此时，利用市盈率分析企业的盈利能力，就会错误地估计企业的发展前景。

（2）如果一家公司股票的市盈率过高时，除了可能是由过低的每股收益所致，还可能由过高的股票价格所致，过高的股票价格往往具有泡沫，公司市场价值被高估。

（3）利用市盈率比较不同公司的股票投资价值时，一定要限于同一行业。因为不同行业的公司简单进行股票的市盈率比较没有意义。所处不同国家或地区，简单地进行市盈率的比较更是没有任何意义。

（4）随着经济的周期性波动，上市公司每股收益会大起大落，这样计算出的平均市盈率也大起大落，以此来调控股市，必然会带来股市的动荡。1932 年是美国资本市场最低迷的时期，也是美国历史上百年难遇的最佳入市时机，但若从平均市盈率来看，仍高达 100 倍以上，显然高市盈率并不一定代表着存在泡沫。

六、EVA

EVA 全称为 Economic Value Added，中文意思为“经济增加值”，是指从税后净营业利润中扣除包括股权和债务在内的全部投入资本成本后的所得。其计算公式为：

$$\text{EVA}=\text{息前税后净利润（NOPAT）}-\text{全部投入资本（TC）}\times\text{加权平均资本成本率（WACC）} \tag{5-21}$$

EVA 是由美国思腾思特咨询公司（Stern Stewart & Co.）于 1982 年提出并实施的一套以经济增加值理念为基础的财务管理系统、决策机制及激励报酬制度。EVA 2001 年被引入中国，并迅速引发市场热捧，自 2010 年始，国务院国有资产监督管理委员会（以下简称国资委）更是决定在中央企业全面实行 EVA 考核。EVA 的核心是资本投入是有成本的，企业的盈利只有高于其资本成本（包括股权成本和债务成本）时才会为股东创造价值。EVA 是对真正“经济”利润的评价，或者说，是表示净营运利润与投资者用同样资本投资其他风险相近的有价证券的最低回报相比，超出或低于后者的量值。通俗地讲，如果一家公司投入资本获得的收益尚不足弥补公司投入资本的成本，那么，这家公司不是在创造价值，而是在毁灭价值。EVA 全面评价了企业经营者有效使用资本和为股东创造价值能力，是体现企业最终经营目标的经营业绩考核工具，也是企业价值管理体系的基础和核心。2012 年 6 月 11 日，《投资者报》曾对共计 1 949 家 A 股上市公司 2011 年的 EVA 进行测试并排名；结果显示，中国石油以 2 074.83 亿元的 EVA 位居创造价值排位榜之首，而中国远洋以 –108.65 亿元的 EVA 在排行榜中垫底。

经济增加值（EVA）与其他衡量经营业绩的指标相比，有两大特点。

（1）EVA 剔除了所有成本。EVA 不仅像会计利润一样扣除了债权成本，而且还扣除了股权资本成本，即 EVA 扣除的是加权平均资本成本。因此，EVA 剔除了资本结构的差别对经营业绩的影响，将不同投资风险、不同资本规模和资本结构的企业放在同一起跑线上进行业绩评价。

（2）尽量剔除会计失真的影响。传统的评价指标如会计收益都存在某种程度的会计失真，从而歪曲了企业的真实经营业绩；而 EVA 则对会计信息进行必要的调整，消除了传统会计的稳健性原则导致的会计数据不合理现象，使调整后的数据更接近现金流，更能反映企业的真实业绩。

因此，经济增加值（EVA）更真实、客观地反映了企业真正的经营业绩，是当今世界上公认度较高的企业经营业绩评价指标。全球许多大公司都采用 EVA 作为业绩评估与奖励管理者的重要依据。

然而，近年来 EVA 也遭到不少的非议，主要问题聚焦在如何确定加权平均资本成本率（WACC）上。由于不同公司有不同的公司层面特点，面临的风险类型和大小各不相同，行业也千差万别，导致相应的债权成本和股权成本亦有所差异，由债券成本和股权成本加权求得的 WACC 自然也不同。这不是 EVA 引发争议的根结，关键在于各不相同的 WACC 如何来确定。准确地确定 WACC 对公司外部人员来说是不可能完成的，即便是公司内部管理者也难以确切地衡量，尤其是 WACC 构成中的股权成本。为了解决这一问题，国资委 2010 年对所有央企暂行使用 5.5% 的资本成本率作为 WACC，简化计算经济附加值。这种“一刀切”的简化操作，使 EVA 相比于其他盈利指标具有的优势消失殆尽，也和使用 EVA 衡量公司业绩的初衷相差甚远。所以，在度量 WACC 尚未发生实质性改善之前，EVA 方法的前景并不明朗。

从以上的分析可以看出，迄今尚未有任何一个盈利指标能够凌驾于其他指标之上，“独领风骚”。每个指标都有自身的优缺点，都不足以取代其他盈利指标，EVA 也不例外。所以，在进行盈利分析时、在绩效评价时或者在实施薪酬激励时，综合考量不同的盈利指标就显得尤为必要。

◀ 本章小结 ▶

利润表是企业财务报表中重要的组成部分，本章对构成利润表的各个项目进行了详细的分解和分析。收入是指企业在日常活动中形成的、会导致所有者权益增加的、与所有者投入资本无关的经济利益的总流入，按其交易性质的不同又可分为：销售商品收入、提供劳务收入、让渡资产使用权收入和建造合同收入。费用的定义有狭义和广义之分，费用与成本是性质完全不同的两个会计概念。毛利润及毛利率的概念没有涉及期间费用，反映了企业产品销售的初始获利能力，含有的“噪声”相对较少。绩效评价中，使用盈利能力指标需要洞悉各指标的含义及其优缺点，更好地为研究目的服务。

第六章

现金流量与自由现金流

【本章学习目的】

以往章节，我们已经对资产负债表和利润表进行了分析，本章则对现金流量表进行分析。具体包括现金流量表概述、现金流量与会计收益的关系、自由现金流等问题。通过本章的学习，需要对现金流量表及其构成有清晰的理解，能够深刻领会现金流量与会计收益之间存在的区别和联系，对自由现金流的概念及作用有深入的认识。

第一节　现金流量表概述

对任何一家上市公司来说，其对外披露的三张财务报表，即资产负债表、利润表和现金流量表犹如公司的“底子”“面子”和“日子”，相互映衬，缺一不可。资产负债表是公司的“底子”，展示了公司到底有什么，资产越多家底越厚实，这些资产中有多少是欠别人的，又有多少是属于公司自己的。利润表是“面子”，表示公司在一个会计期间内经营得怎么样，有利润就有“面子”，没有利润就“面子”上过不去。有“底子”和“面子”固然很好，但“日子”还得自己过，公司的日常经营就是靠现金流量来过“日子”的。现金流量表展示了公司的“日子”，公司现有实际资金有多少？一个会计期间内资金变动又是多大？流入的资金到底从哪里来、流出的资金到底用到哪里去了？现金流量表为此提供了答案。所以，现金流量表是资产负债表和利润表信息的必要补充，是企业活动的综合概括。

一、现金流量表的编制

（一）现金流量表的概念

现金流量表是指反映企业在一定会计期间现金和现金等价物流入和流出的动态报表。通过现金流量表可以为报表使用者提供企业一定会计期间内现金和现金等价物流入和流出的信息，便于使用者了解和评价企业获取现金和现金等价物的能力，据以预测企业未来现金流量。

现金流量表与资产负债表和利润表并不是相互脱离、彼此独立的，它们之间存在内在的钩稽关系。根据资产负债表的恒等式分析影响现金流量的因素，有如下公式：

资产 = 负债 + 所有者权益

现金 + 非现金流动资产 + 非流动资产 = 流动负债 + 非流动负债 + 所有者权益

现金 = 流动负债 + 非流动负债 + 所有者权益 – 非现金流动资产 – 非流动资产

现金变化额 = 流动负债变化额 + 非流动负债变化额 + 所有者权益变化额

– 非现金流动资产变化额 – 非流动资产变化额

现金增加额（现金流入量）

= 流动负债增加额 + 非流动负债增加额 + 所有者权益增加额

+ 非现金流动资产减少额 + 非流动资产减少额

现金减少额（现金流出量）

= 流动负债减少额 + 非流动负债减少额 + 所有者权益减少额

+ 非现金流动资产增加额 + 非流动资产增加额

以上表明，影响企业现金流量的因素与资产负债表和利润表有关，非现金资产类项目变化与净现金流量的变化方向相反，负债与所有者权益类项目变化与净现金流量变化方向一致。

现金流量表是以收付实现制（Cash Basis）为基础的。所谓收付实现制又称之为现金制或实收实付制，是以现金收到或付出为标准，来记录收入的实现和费用的发生。按照收付实现制，现金收支行为在其发生的期间全部记作收入和费用，而不考虑与现金收支行为相关的经济业务实质上是否发生。评估一个企业是否具有支付能力，最直接有效的方法就是分析以收付实现制为基础的现金流量表。现金流量表可以提供企业的现金流量信息，从而对企业整体财务状况做出客观的评价，对企业的支付能力和偿债能力，以及企业对外部资金的需求情况做出较为可靠的判断；同时，还可以由此预测企业未来的发展状况。

（二）现金流量表的编制基础：现金及现金等价物

现金流量表中的现金概念即为现金流量表的编制基础，这里的现金是一个广义的概念，包括现金及现金等价物。

现金是指随时可以动用的货币资金。它不仅包括企业库存现金，还包括企业可以随时动用的存款。不能随时用于支付的存款不能作为现金，如定期存款等，只能将其列为投资，但提前通知金融企业便可支取的定期存款除外，其可以包括在现金中。

现金等价物是指企业持有的期限短、流动性强、易于转换为已知金额现金、价值变动风险很小的投资，通常包括三个月内到期的短期债券投资。由于权益性投资变现的金额一般不易确定，故不属于现金等价物的范畴。现金等价物虽然不是现金，但其支付能力和现金差别不大，可以视为现金。企业可以根据具体情况，确定现金等价物的范围，不同企业现金及现金等价物的范围可能不同，但一经确定不得随意变更。如果发生变更，应当按照会计政策变更处理。

（三）现金流量的分类

企业的三项主要活动是经营活动、投资活动和筹资活动，现金流量表即按照企业发生的经济业务性质，将企业一定期间内产生的现金流量分为经营活动现金流量、投资活动现金流量和筹资活动现金流量三类。

1. 经营活动产生的现金流量

经营活动是指企业正常经营过程中除投资活动和筹资活动以外的所有交易和事项。它是直接与产品生产、产成品或商品销售和劳务供应有关的经济活动，企业经营活动中包含的交易和事项直接影响到企业净利润的确定。不同种类的企业由于行业特点的差异，对经营活动的认定亦有所不同。对于工商企业而言，经营活动主要包括销售商品、提供劳务、购买商品、接受劳务、支付税费等；对于商业银行而言，经营活动则主要包括吸收存款、发放贷款等；对于保险公司而言，经营活动主要包括原保险业务和再保险业务等。尽管存在这些不同，但经营活动是企业最主要的营业活动，也是影响企业现金流量变动的最重要因素，这一论断是不存在争议的。

从经营活动获取的现金流量属于企业现金的内部来源，企业管理层在使用这些现金流量时受到的约束远小于使用外部获得资金所受的约束。所以，通过对企业经营活动产生的现金流量分析，可以判断在不运用外部筹资的情况下，企业能否仅依赖内部资源偿还贷款、维护企业的生产经营能力、支付股利及对外投资等，同时也有助于投资者合理预测企业未来可能的、持续的现金流量，进而对企业面临的风险有更加清晰的认识。

2. 投资活动产生的现金流量

投资活动是指企业长期资产的构建和不包括在现金等价物范围内的投资及其处置活动。投资活动一般包括两方面：其一是购买或出售企业生产过程中所产生的长期资产，如厂房、机器设备等固定资产，土地使用权、专利权、特许经营权等无形资产，在建工程，其他资产等持有期限在一年或一个营业周期以上的资产；其二是为了获取投资报酬或其他经营目的的长期投资，通过转让或出售而收回的有关活动。可见，这里的投资活动既包括实物资产投资，也包括金融资产投资。同时，投资活动必须将“包括在现金等价物范围内的投资”排除在外，原因在于现金流量表中现金的概念已经将包括在现金等价物范围的投资视同现金。

投资活动产生的现金流是指由于购置与处置非流动资产等投资活动所产生的现金流入与流出。由于行业特点的不同，投资活动产生的现金流量认定亦有所差异。如交易性金融资产所产生的现金流量，对于工商业企业来讲，属于投资活动产生的现金流量；而对于证券公司来讲，则属于经营活动产生的现金流量。由于投资活动产生的现金流量代表了企业为了取得未来收益和现金流量而导致资源转移的程度，因此在现金流量表中单独对其披露是非常重要且必要的。

3. 筹资活动产生的现金流量

筹资活动是指导致企业资本及债务规模和构成发生变化的活动。这里所说的资本既包括实收资本（或股本），也包括资本溢价（或股本溢价）；这里所说的债务指的是对外举债，包括向银行借款、发行债券和偿还债务等。通常情况下，应收账款、应收票据等属于经营活动，不属于筹资活动。筹资活动是企业重要的活动之一，是企业开展各项经营活动和投资活动的前提或基础。企业有效的筹资活动能够及时为经营和投资活动提供可靠、低成本的资金，从而增强企业的财务适应能力，也可以帮助企业资本投资者预计对企业将来现金流量的要求权。

与企业筹资活动相关的现金流量就是筹资活动现金流量。筹资活动产生的现金流量主要包括①吸收投资收到的现金；②取得借款收到的现金；③偿还债务支付的现金；④分配股利、利润或偿付利息支付的现金。

注意，股利和利息的收付引起现金流动的变化，故必须在现金流量表中予以体现。但是，有关其归属问题的处理上，国际上存在一些差异：我国将股利和利息的收付分别列入现金流量表的投资活动和筹资活动中，而美国则将之视为经营活动产生的现金流量，国际会计准则委员会则认为以上两种方法均可。如此差异的原因在于，我国主要基于现金流量的性质方面进行考虑的；而美国主要考虑的是股利和利息的收付都已列入了利润表，因此将其列入经营活动从权责发生制转换成收付实现制比较方便；国际会计准则委员会则从自身发展的角度进行考虑，两种方法均可的规定拓宽了其制定的会计准则在全球范围内的适用性。

（四）现金流量表的编制方法

编制现金流量表时，列报经营活动现金流量的方法有直接法和间接法之分，这两种方法也通常称为编制现金流量表的方法。根据《企业会计准则——现金流量表》的要求，企业现金流量表应以直接法编制，同时必须在报表补充资料中按间接法将净利润调整为经营活动的现金净流量。

1. 直接法

直接法又称损益表法，它是直接通过现金收入和现金支出的主要类别列示经营活动的现金流量。换言之，直接法是以同期的利润表、资产负债表以及有关账户的明细资料为依据，以利润表中的各收入、费用项目为起点，分别调整与经营活动有关的流动资产和流动负债的变动，将权责发生制确认的各项收支分析调整为以收付实现制为基础的经营活动现金流量。采用直接法编制经营活动的现金流量时，一般以利润表中的营业收入为起算点，调整与经营活动有关项目的增减变动，然后计算出经营活动的现金流量。对于不影响现金流量的收入和费用及营业外收支则不必调整。

直接法较详细地列示了来自经营活动的现金流入量和流出量，便于分析现金来源和用途，有利于预测未来现金流和正确评价企业的偿债能力和变现能力。但是，直接法也有不足之处；具体说来，当企业现金收支种类多、流动渠道复杂时，会造成表述经营活动现金流量的困难；权责发生制和收付实现制两种基础上的利润易使人产生误解；更值得一提的是，直接法无法说明税后净利润与同期现金增减数之间存在差额的原因。所以，必须在补充材料中按间接法将净利润调整为经营活动的现金净流量。

2. 间接法

间接法是将净利润调节为经营活动现金流的一种方法。具体来说，间接法以净利润为起点，调整不涉及现金流量的收入、费用、营业外收支等有关项目，将净利润调整为经营活动现金流量。由于净利润是以权责发生制为基础的，且同时包含了与投资和筹资活动有关的收益和费用，间接法实际就是将按权责发生制原则确定的净利润调整为现金净流入，并剔除投资活动和筹资活动对现金流量的影响。

其调整的具体过程如式（6-1）所示：

经营活动现金净流量

＝本期净利润＋不减少现金的费用项目

＋与经营活动有关的非现金流动资产的减少及流动负债的增加

＋列入利润表但属于投资活动与筹资活动的费用及损失项目　（6-1）

－不增加现金的收入

－与经营活动有关的非现金流动资产的增加及流动负债的减少

－列入利润表但属于投资活动与筹资活动的收益项目

与直接法相比，间接法的优点体现在便于将净利润与经营活动产生的现金进行比较、了解净利润与经营活动产生现金流量差异并进行分析，从而有利于剖析净利润的质量。不足在于，间接法的确比直接法更难理解，在实际编制过程中也更有难度。

通过对直接法和间接法的分析可以看出，尽管现金流量表是以收付实现制为基础的，但其编制的方法无论是直接法还是间接法，都不是直接以收付实现制编制而成的，而是以权责发生制为基础的会计信息经过不同方法的调整成为以收付实现制为基础的现金流量表。这说明，企业无须同时建立两个会计计量系统（即权责发生制和收付实现制），节约了大量的人力、物力和财力。

二、现金流量表的发展历程：兼顾资产负债表和利润表

相比于资产负债表和利润表的悠久历史，现金流量表则显得稚嫩得多。

最早出现的报表是资产负债表。早在15世纪的意大利，报告企业应税财产时就采用了资产负债表。17世纪的法国，制定了一系列法律以避免企业欺诈性破产，要求商人们必须每两年进行一次存货的实物盘存，并提供盘存报告（资产负债表）。在英国，会计学者确立了“财产＝资本”和“资产－负债＝纯资本”的会计等式，创建了英国式资产负债表。1844～1862年的英国《公司法》明确了资产负债表的标准格式。由于资产负债表提供的信息有助于政府实现其各种立法意图，19世纪的德国也同样重视资产负债表。目光转移到美国，直到20世纪初，会计账簿与报表一直被视为记账员工作的证明。然而，银行家们却开始使用资产负债表作为评价贷款是否延期的基础。1895年2月9日，纽约州银行协会的经理委员会采纳了一项决定，要求机构贷款人提交书面的、有其签字的资产负债表。5年后的1900年纽约州银行协会发布了申请贷款的标准表格，包括一部分资产负债表。

利润表的产生最早可追溯到17世纪的损益证明书。19世纪中期以后，所有权和经营权的分离使财务信息的使用者范围大大扩展，这些使用者仅仅依靠资产负债表难以了解企业生产经营活动的全貌，迫切需要了解企业的经营状况。此外，所得税法的引进与发展，使人们开始密切关注有关收入和费用的核算与报告问题。此时，利润表的出现满足了这些要求。事实上，评价管理当局受托责任的履行情况时，对盈余信息的需求往往超过对资本信息的需求。1929年，英国公司法首次正式要求企业编制利润表，使利润表成为企业第二个正式对外披露的财务报表。到了20世纪30年代，由于财务会计目标从“受托责任观” 向“决策有用观” 的转变，对盈余信息的重视达到无以复加的程度，人们对利润

受托责任观指的是资源的管理者所承担的、向资源所有者交付能说明其对资源进行有效管理和经营行为过程的报告责任。受托责任观认为会计目标就是以恰当的方式有效地协调委托和受托的关系，为了真实、不偏不倚、公平公正地反映受托方的经营状况，就必须采用历史成本计量属性和历史成本会计模式。在会计处理上，强调可靠性胜过相关性。受托责任观要能够得到明确的履行，一般要求有明确的委托代理关系（刘峰，1996）。资源所有者（委托人）更关注资本保全（资本保值和增值）以及经营业绩（反映管理业绩）和现金流量等信息。

决策有用观就是指会计是为企业各利害关系人进行决策提供有用信息的观点。决策有用观认为，会计是一个以提供财务信息为主的经济信息系统，而最终向外部传递信息的主要手段就是财务报表。因而，会计的目标就是为了“做出关于利用有限资源的决策，包括确定重要的决策领域以及确定目的和目标”而提供有关的信息。决策有用观是美国财务会计准则委员会（FASB）在其财务会计概念框架中的创新。目前，该观点已经成为研究财务报告目标的主流观点。

在受托责任观下，会计目标是向资源委托者提供信息；在决策有用观下，会计的目标是向信息使用者提供有用的信息，不但向资源委托者，而且还包括债权人、政府等和企业有密切关系的信息使用者提供决策有用的信息。同时，两者侧重的角度不同，受托责任观是从监督角度考虑，主要是为了监督受托者的受托责任；决策有用观侧重于信号角度，即会计信息能够传递信号，即向信息使用者提供决策有用的信息。

表的关注程度远远超过了资产负债表。20 世纪 80 年代以后，全球范围内的通货膨胀、衍生金融工具的层出不穷、知识经济的快速兴起等极大地影响了财务会计及财务报告理论和实务的发展，传统的盈余信息已经难以反映企业经营成果的全貌，巨大的未实现利得与损失直接绕过利润表进入资产负债表，使得利润表对投资者决策的作用大大降低。至此，人们对资产负债表进行了再认识，对其的重视重新抬头，传统的收益确定概念也由“收入费用观” 转向“资产负债观” 。

多年来，只有资产负债表和利润表是基本对外披露的财务报表。随着企业筹资手段的日益多样化和复杂化，企业的投资活动和理财活动也影响着企业的财务状况与经营成果。由资产负债表和利润表提供的信息逐渐难以满足企业外部信息使用者了解企业财务状况变动情况的需要，而现金流信息则有助于投资者、债权人和其他使用者的决策。但直到 20 世纪 80 年代后期，现代意义上的现金流量表才“姗姗来迟”，西方财务会计才以“现金流量表”的形式开始对外报告。1987 年 11 月，FASB 发布了财务会计准则公告第 95 号《现金流量表》，明确要求自 1988 年 7 月 15 日起现金流量表取代财务状况变动表。我国起步则更晚，于 1998 年首次发布并实施了《企业会计准则——现金流量表》，并分别于 2002 年和 2006 年对其进行了修改。

尽管如此，现金流量表以另外的表现形式出现却有相当长的历史。资金表或财务状况变动表作为财务报告的第三财务报表，最早出现于 1862 年的英国。在它尚未正式成为对外报表之前，美国有些企业就已自发地编制“资金表”或“资金来源和运用表”，以反映企业财务状况的变动情况。1863 年，美国北方中央铁路公司（Northern Central Railroad Company）发布了财务交易汇总表，反映了年度现金收入和支出情况的汇总情况，是资金表的雏形。这些资金表主要记录企业的银行存款、库存现金等的变化情况。19 世纪的美国，一些企业开始编制各种样式的资金流量分析表，用于加强资金管理。例如，密苏里大西洋铁路公司于 1893 年率先编制资金表，对所有的资产负债表账户余额的变动予以说明；美国钢铁公司也开始规定在报表中分别计算流动资产和流动负债的合计，并列示流动资产减流动负债，即营运资本。当时，对此类报表的称谓并不统一，直到 1908 年，威廉·莫

收入费用观又称利润表观，该观点认为，会计计量时首先按照实现原则确认收入和费用，然后再根据配比原则，按其经济性质上的一致性将收入和费用联系起来确定收益。

资产负债观又称资产负债表观或资本维持观，该观点认为收入和费用仅是资产和负债变化的结果，并要求收益的定性与定量都要服从资产负债表中对资产和负债的要求（张新民，2014）。这其中蕴含的重要思想是，在衡量企业业绩时，关键注重是否增加了企业的净资产，进而使企业保持可持续发展战略，既要实现经营效益增长，又要最大限度地减少不良资产，避免单纯地追求利润指标。按照资产负债表观，会计报告的编制应该注重相关性原则的应用，从资产负债表中剔除那些不能给企业未来带来收益进而不符合资产定义的项目。

同资产负债观相比，收入费用观视利润表为中心，资产负债表则为利润表的附表，这就易使那些不能与当期收入配比的费用纳入资产负债表的范畴，进而削弱了资产负债表相关项目的真实性、可靠性。

斯·考尔在其编写的会计教科书中正式将反映资金来源与运用的报表命名为“来龙去脉表”(Where-got and Where-gone Statement)，后来改称为“资金表”(the Funds Statement)。

这种情况持续了 50 年之久。直到 1961 年，美国 AICPA 发布了会计研究公告第 2 号《现金流量分析和资金表》，建议将资金表作为财务报表的一部分，对外进行披露，且需经 CPA 审计。美国会计原则委员会（APB）第 3 号意见书发布后，美国企业联合会和证券交易委员会（SEC）立即响应，至此导致编制资金表的企业迅速增加。1971 年 3 月，APB 发布了第 19 号意见书《财务状况变动》，取代第 3 号意见书。第 19 号意见书强调有关企业融资、投资及财务活动变动信息对报表使用者的重要性，特别是所有者和债权人进行经济决策时更为有用。APB 要求企业在编制资产负债表和利润表的同时，还应编制概括反映利润表期间财务状况变动的报表，即“财务状况变动表”，并将其列为对外正式公布的基本财务报表之一，强制企业必须编制，并由 CPA 进行审计。

随着经济环境和会计目标的改变，财务状况变动表的编制基础逐步由营运资金向现金及现金等价物转变。美国财务专家委员会（FEI）甚至于 20 世纪 80 年代鼓励其成员在编制财务状况变动表时采用现金基础，这起到了极大的推动作用。到了 1985 年，已有 70% 的《财富》500 强企业以现金基础编制财务状况变动表；而在 1980 年的调查中，仅有 10% 采用现金基础，可见转变之快！ 1984 年 12 月，FASB 发布了财务会计概念公告第 5 号《企业财务报告的确认和计量》，建议现金流量表作为一套完整报表的一部分。随后，1987 年 11 月，FASB 又发布了财务会计准则公告第 95 号《现金流量表》，明确要求自 1988 年 7 月 15 日起必须以现金流量表代替财务状况变动表。

三、案例分析：以美的集团（000333.SZ）为例

（一）公司简介

美的集团（000333.SZ），公司全称为美的集团股份有限公司。其子公司广东美的电器股份有限公司（简称：美的电器，000527.SZ）于 1993 年 11 月 12 日在深圳证券交易所上市。2013 年 9 月 18 日，美的集团完成了换股吸收合并从而实现了整体上市。美的集团是一家消费电器、暖通空调、机器人与自动化系统、智能供应链（物流）的科技集团，提供多元化的产品种类与服务，包括以厨房家电、冰箱、洗衣机及各类小家电为核心的消费电器业务；以家用空调、中央空调、供暖及通风系统为核心的暖通空调业务；以库卡集团、安川机器人合资公司等为核心的机器人及自动化系统业务；以安得智联为集成解决方案服务平台的智能供应链业务。

美的集团的历史可追溯到 20 世纪 60 年代。1968 年 5 月，何享健先生带领 23 人集资 5 000 元于佛山市北滘创建“北街办塑料生产组”，1981 年正式注册使用“美的”商标。

如今，美的集团是一家全球运营的公司，美的业务与客户已遍及全球，美的在全球拥有超过 13.5 万名员工，拥有约 200 家子公司、60 多个海外分支机构及 12 个战略业务单位，同时美的为全球领先机器人智能自动化公司德国库卡集团最主要股东（约 95%）。

2017 年，美的集团实现收入 2 419 亿元，增长 51.35%，实现归属于母公司的净利润 173 亿元，增长 17.71%。《财富》世界 500 强榜单位居第 450 位，福布斯 2017 全球企业 2 000 强榜单位列 335 名。据全球最大的传播服务集团 WPP 发布的“2018 年 BrandZTM 最具价值中国品牌 100 强”年度排名，美的集团位居第 26 位，连续三年成为榜单中排名最高的家电品牌；在中央电视台特别推出“国家品牌计划”中，美的再次入选国家品牌计划 TOP10，并连续两年入选 CCTV 中国十佳上市公司。2017 年年末，美的市值达 3 630 亿元，全年涨幅超过 100%。

（二）现金流量表分析：直接法

表 6-1 是美的集团 2017 年度现金流量表，该表是年度报告中的主要财务报表之一。从表 6-1 可以看出，美的集团的现金流量表由经营活动产生的现金净流量、投资活动产生的现金净流量和筹资活动产生的现金净流量等三部分构成。其中，经营活动产生的现金流量直接通过现金收入和现金支出的主要类别列示，属直接法编制而成的现金流量表。我国《企业会计准则第 31 号——现金流量表》明确规定，企业应当用直接法列示经营活动产生的现金流量。

表 6-1　现金流量表（直接法）

编制单位：美的集团股份有限公司　　2017 年度　　单位：人民币千元

	本期数	上年同期数
经营活动产生的现金流量：		
销售商品、提供劳务收到的现金	195 820 338	153 324 273
收到的税费返还	5 476 543	5 124 402
收到其他与经营活动有关的现金	4 771 036	3 139 286
经营活动现金流入（金融类）	1 247 695	783 936
经营活动现金流入差额（特殊报表科目）		286 915
经营活动现金流入小计	207 315 612	162 658 812
购买商品、接受劳务支付的现金	116 508 042	89 440 654
支付给职工以及为职工支付的现金	22 740 541	11 652 740
支付的各项税费	11 139 448	8 824 342
支付其他与经营活动有关的现金	29 139 920	21 802 729
经营活动现金流出（金融类）	3 345 038	4 228 046
经营活动现金流出差额（特殊报表科目）		15 292
经营活动现金流出小计	182 872 989	135 963 803
经营活动产生的现金流量净额	24 442 623	26 695 009

（续）

	本期数	上年同期数
投资活动产生的现金流量：		
收回投资收到的现金	85 127 382	73 905 220
取得投资收益收到的现金	2 727 603	1 954 049
处置固定资产、无形资产和其他长期资产收回的现金净额	1 441 101	191 159
处置子公司及其他营业单位收到的现金净额		272 899
收到其他与投资活动有关的现金		
投资活动现金流入小计	89 296 086	76 323 327
购建固定资产、无形资产和其他长期资产支付的现金	3 218 402	2 323 430
投资支付的现金	94 967 122	90 880 725
取得子公司及其他营业单位支付的现金净额	25 850 170	2 900 256
支付其他与投资活动有关的现金		
投资活动现金流出小计	124 035 694	96 104 411
投资活动产生的现金流量净额	–34 739 608	–19 781 084
筹资活动产生的现金流量：		
吸收投资收到的现金	1 668 205	814 845
其中：子公司吸收少数股东投资收到的现金	43 052	32 593
取得借款收到的现金	62 169 886	32 422 027
收到其他与筹资活动有关的现金		
发行债券收到的现金		1 999 500
筹资活动现金流入小计	63 838 091	35 236 372
偿还债务支付的现金	36 074 251	26 961 143
分配股利、利润或偿付利息支付的现金	7 908 056	6 046 355
其中：子公司支付给少数股东的股利、利润	815 164	563 320
支付其他与筹资活动有关的现金	204 139	69 462
筹资活动现金流出差额（特殊报表科目）		1 999 500
筹资活动现金流出小计	44 186 446	35 076 460
筹资活动产生的现金流量净额	19 651 645	159 912
汇率变动对现金的影响	–36 737	252 576
现金及现金等价物净增加额	9 317 923	7 326 413
期初现金及现金等价物余额	12 513 730	5 187 317
期末现金及现金等价物余额	21 831 653	12 513 730

1. 经营活动产生的现金流量分析

从表 6-1 可以看出，经营活动产生的现金流量中，销售商品、提供劳务收到的现金为 1 958 亿元，占经营活动现金流入 2 073 亿元的 94.45%，占现金流入总额 3 604 亿元的 54.33%，这符合一个正常经营企业的现金流量的特征：销售商品、提供劳务收到的现金是企业现金流入的主要来源，通常数额大、所占比例高。其与利润表中的营业收入项目对比，可以判断企业销售收现情况。但是要特别注意，销售商品、提供劳务收到的现金项目中包含了向购买者收取的增值税销项税额，而在营业收入项目中却不含销项税额，所以应参考报表附注中披露的税率进行调整。通常来讲，较高的收现率表明企业产品定位准确，产销对路，并已形成卖方市场的良好经营环境。美的集团 2017 年实现销售收入 2 407 亿元，销售商品、提供劳务收到的现金与按 17% 的增值税税率调整营业收入后的金额对比，计算出来的销售收现率为 69.53%。考虑到企业出口业务会享受退税政策，实际平均增值税税率会低于 17%，可以认为美的集团的销售收现情况良好。

购买商品、接受劳务支付的现金项目反映企业本期购买商品、接受劳务实际支付的现金（包括增值税进项税额），以及本期支付前期购买商品、接受劳务的未付款项和本期预付款项。美的集团 2017 年购买商品、接受劳务支付的现金 1 165 亿元，占经营活动现金流出 1 829 亿元的 63.70%，占现金流出总额 3 511 亿元的 33.18%，这也符合一个正常经营企业的现金流量的特征：购买商品、接受劳务支付的现金是企业现金流出的主要方向，通常数额大、所占比例高。将其与利润表的营业成本相比较，可以判断企业购买商品付现率的情况，借以了解企业资金的紧张程度或商业信用情况，从而更加清楚地认识企业目前所面临的财务状况。美的集团 2017 年购买商品、接受劳务支付的现金与营业成本 1 805 亿元对比，计算出来的销售付现率为 64.56%。

2. 投资活动产生的现金流量分析

同 2016 年投资支出 961 亿元相比，美的集团 2017 年的投资支出 1 240 亿元，增幅为 29.03%。这表明公司投资支出逐年增加，企业又进入了一个新的快速扩张阶段，投资支出远高于公司经营活动现金流入净额（244 亿元）。但是，结合同年度 893 亿元的投资活动现金流入，经营活动现金净流入与投资活动现金流入之和达 1 137 亿元，与 1 240 亿元的投资支出相比，缺口很小（仅 103 亿元）。因此，外部融资的压力并不大。此外，同年度 893 亿元的投资活动现金流入也说明公司的投资是卓有成效的。

3. 筹资活动产生的现金流量分析

2017 年，美的集团取得借款收到的现金为 622 亿元，占筹资活动现金流入总额 638 元的 97.49%；偿还债务支付的现金为 361 亿元，占筹资活动现金流出总额 442 亿元的 81.67%。这说明，银行借款是美的集团当年度最重要的筹资方式，而筹资活动现金支出中最大的一部分用于偿付以往形成的债务，借债和偿债是美的集团 2017 年度筹资活动的主体。另外，借款取得的 622 亿元现金流入足以偿付当期应付债务，美的集团不愿意因偿付债务而采取增发股票融资，进而稀释股权。

（三）现金流量表分析：间接法

除了企业应当用直接法列示经营活动产生的现金流量之外，我国《企业会计准则第 31 号——现金流量表》同时要求在附注中提供以净利润为基础调节到经营活动现金流量的信息，作为（直接法）现金流量表的补充。

表 6-2 即为美的集团 2017 年现金流量表的补充材料。该表以净利润为起点，调整不

涉及现金流量的收入、费用、营业外收支等有关项目，并剔除投资活动和筹资活动对现金流量的影响，将净利润调整为经营活动现金流量。该表是以间接法将净利润调节为经营活动现金流的。

从表 6-2 可以看出，同 2016 年相比，美的集团 2017 年的经营活动产生的现金流量净额有所降低，而同期的净利润却有一定幅度的增加。经营活动产生的现金流量净额的发展方向与净利润的发展方向出现了背离，究其原因显然是由调整项所致。具体分析，经营活动产生的现金流量净额降低主要是由“存货的减少”和“经营性应收项目的减少”两个调整项决定的；其中，“存货的减少”调整项的影响额为 40 亿元，“经营性应收项目的减少”调整项为 95 亿元。在其他条件不变或变化幅度较小的情况下，存货的增加和营业性应收项目的增加，说明企业非现金流动资产增加。在利润一定的情况下，非现金流动资产的增加导致经营活动产生的现金流量净额的降低；其他各调整项也有不同程度的变化。

表 6-2 现金流量表（间接法）

编制单位：美的集团股份有限公司　　2017 年度　　单位：人民币千元

补充资料：		
净利润	18 611 190	15 861 912
加：资产减值准备	269 112	380 812
折旧和摊销	6 695 877	3 578 000
非流动资产处置净损失（减：收益）	–1 327 251	111 874
公允价值变动损失（减：收益）	25 045	–117 376
财务费用（减：收益）	32 845	–648 949
投资损失（减：收益）	–1 830 221	–1 285 961
股份支付	841 566	546 914
递延所得税资产减少（减：增加）	–635 894	–760 228
递延所得税负债增加（减：减少）	–1 055 005	–61 501
存货的减少（减：增加）	–7 730 304	–3 741 683
经营性应收项目的减少（减：增加）	–10 314 517	–841 862
经营性应付项目的增加（减：减少）	20 860 180	13 673 057
经营活动产生的现金流量净额	24 442 623	26 695 009
现金及现金等价物净变动情况：		
现金及现金等价物的年末余额	21 831 653	12 513 730
减：现金及现金等价物的年初余额	12 513 730	5 187 317
现金及现金等价物净增加额	9 317 923	7 326 413

（四）现金流量表分析：其他

1. 主要项目的跨年度分析

表 6-3 是现金流量表主要项目的跨年度分析，包括 2016 年和 2017 年度经营活动、投资活动、筹资活动产生的现金流量净额及各活动现金流入、流出额以及同比增减幅度。

从表 6-3 中可以看出，各项活动均发生不同程度的变化；其中，经营活动产生的现金流量净额发生的变化较小，仅为 –8.44%，究其原因是，经营活动现金流入和流出都有一定幅度的提高，但流出增幅（34.50%）高于流入增幅（27.45%）所致；同理，由于投资活动现金流出增幅（29.06%）高于流入增幅（17.00%），致使投资活动产生的现金净额大幅度降低；筹资活动产生的现金流量方面，由于筹资活动现金流入大幅度增加 81.17%，而同期的现金流出仅增加 25.97%，同时 2016 年筹资活动产生的现金流量净额的基数较小，才导致 2017 年筹资活动产生的现金流量净额出现高达 12 189.04% 的巨额增幅。筹资活动现金流量的变化并不能提供过多的信息；这不过是说明，2017 年度美的集团发生了较大的筹资活动，企业现金流更为充沛而已。

表 6-3　现金流量表主要项目的跨年度分析

项目	2017 年	2016 年	同比增减
经营活动现金流入小计	207 315 612	162 658 812	27.45%
经营活动现金流出小计	182 872 989	135 963 803	34.50%
经营活动产生的现金流量净额	**24 442 623**	**26 695 009**	**–8.44%**
投资活动现金流入小计	89 296 086	76 323 327	17.00%
投资活动现金流出小计	124 035 694	96 104 411	29.06%
投资活动产生的现金流量净额	**–34 739 608**	**–19 781 084**	**75.62%**
筹资活动现金流入小计	63 838 091	35 236 372	81.17%
筹资活动现金流出小计	44 186 446	35 076 460	25.97%
筹资活动产生的现金流量净额	**19 651 645**	**159 912**	**12 189.04%**
现金及现金等价物净增加额	9 317 923	7 326 413	27.18%

2. 其他与经营活动有关的现金流量分析

表 6-4 和表 6-5 分别列示了收到和支付的其他与经营活动有关的现金明细。从表 6-4 可以看出，构成收到的其他与经营活动有关的现金主体的是“其他收益”“其他业务收入”“其他”等项目。支付的其他与经营活动有关的现金构成则更为集中，其中仅“销售费用”一项就高达 214 亿元，占支付的其他与经营活动有关的现金总额 291 亿元的 73.53%。

表 6-4　收到的其他与经营活动有关的现金明细

	2017 年度	2016 年度
其他收益	1 224 953	—
其他业务收入	1 666 452	1 096 030
营业外收入	497 376	1 745 403
财务利息收入	252 002	234 516
其他	1 130 253	63 337
合计	4 771 036	3 139 286

表 6-5 支付的其他与经营活动有关的现金明细

	2017 年度	2016 年度
销售费用（不包括职工薪酬和税费）	21 351 785	14 375 156
管理费用（不包括职工薪酬和税费）	7 204 414	4 413 704
其他	583 721	3 013 869
合计	29 139 920	21 802 729

以上的分析表明，若想对一个企业进行深入的了解，仅依靠几个主要的财务报表是不够的，要结合财务报表附注，甚至还要对财务报告中的非财务信息进行鉴别和吸收，才能真正最大限度地提高信息的决策有用性。

第二节 现金流量与会计收益

一、为什么估值模型中使用现金流

（一）现金流量折现法

传统的财务理论认为，企业价值应该与企业未来资本收益的现值相等。企业未来资本收益可用不同的指标来表示，如净利润、息税前利润、净现金流量、股利等。不同的表示方法，反映的企业价值内涵亦有所不同。利用净现金流量作为资本收益，并进行折现，从而对公司价值进行估计，被认为是理论上最有成效的公司估值方法，是传统估值方法中的经典之作。

该估值模型的一般公式为：

$$\text{公司的当前价值}=\sum_{t=0}^{n}\frac{NCF_t}{(1+i)^t}\text{，或}$$
$$=\sum_{t=0}^{n}\frac{I_t}{(1+i)^t}-\sum_{t=0}^{n}\frac{O_t}{(1+i)^t} \quad (6\text{-}2)$$

式中，n 为公司未来的存续年限；NCF_t 是公司第 t 年现金净流量，I_t 是公司第 t 年现金流入量，O_t 是公司第 t 年现金流出量，即 $NCF_t=I_t-O_t$；i 为折现率，用于体现公司实现未来现金流量的不确定性，即风险。

（二）为什么使用现金流量这一指标

下面专门阐述一个问题，那就是为什么以现金流为基础的估值方法被视为经典？或者说，为什么估值模型中使用的是现金流量，而不是净利润，抑或其他？这主要有以下几点理由。

第一，更符合企业的实际情况。具体又可分为以下三点。

（1）企业的经济活动本身就表现为现金的流入和流出，如果以利润指标为基础估计公司的价值可能得出错误的结论。

这里以颇为相似的两个公司（A 和 B）为例。表 6-6 列示的是两个公司未来 6 年各年度的预计净收益数据，表 6-7 列示的则是各年度的预计现金流量数据。从表 6-6 可见，两个公司各年度无论是销售额还是净利润均没有任何差别，以此资料为基础估计的企业价值当然是相等的。但是，依表 6-7 进行分析就会得出不同的结论。虽然两个公司各年度利润和销售额完全相等，累计资本支出和应收款增加额也相同，但其各年净现金流量及其变化趋势却是不同的。因此，以净现金流量折现法评估的两个公司价值显然是有差异的；而以利润指标为基础估计的公司价值得出的结论是错误的，也就不言而喻了。显然，以净现金流量为基础的估计方法更为科学，它考虑了资本支出时间不同对资本收益的影响。

表 6-6　公司的预计净收益

公司	项目	第 1 年	第 2 年	第 3 年	第 4 年	第 5 年	第 6 年
A 公司	销售额	1 000	1 050	1 100	1 200	1 300	1 450
	现金支出	(700)	(745)	(790)	(880)	(970)	(1 105)
	折旧	(200)	(200)	(200)	(200)	(200)	(200)
	净利润	100	105	110	120	130	145
B 公司	销售额	1 000	1 050	1 100	1 200	1 300	1 450
	现金支出	(700)	(745)	(790)	(880)	(970)	(1 105)
	折旧	(200)	(200)	(200)	(200)	(200)	(200)
	净利润	100	105	110	120	130	145

资料来源：Copeland T. Coller T, Murrin J. Valuation. John Wiley & Sons Inc., 1995。

表 6-7　公司的预计现金流量

公司	项目	第 1 年	第 2 年	第 3 年	第 4 年	第 5 年	第 6 年	累计
A 公司	净利润	100	105	110	120	130	145	710
	折旧	200	200	200	200	200	200	1 200
	资本支出	(600)	0	0	(600)	0	0	(1 200)
	应收款增加	(250)	(13)	(13)	35	45	(23)	(219)
	净现金流量	(550)	292	297	(245)	375	322	491
B 公司	净利润	100	105	110	120	130	145	710
	折旧	200	200	200	200	200	200	1 200
	资本支出	(200)	(200)	(200)	(200)	(200)	(200)	(1 200)
	应收款增加	(150)	(8)	(8)	(15)	(15)	(23)	(219)
	净现金流量	(50)	97	102	105	115	122	491

资料来源：Copeland T. Coller T, Murrin J. Valuation. John Wiley & Sons Inc., 1995。

（2）对折现率的考虑。对公司价值进行评估时，除了要考虑未来净现金流量，还要考虑折现率。折现率反映的是公司未来实现预期现金流（或收益）面临的不确定性，即风险。不同时期企业面临的宏观环境（如银行贷款利率）和自身情况（如资本结构）各异，风险自然也不相同，但为了估值的可行性，通常假定在一定期间内（如一年或一个会计期间）风险是恒定的。价值评估结果是否准确，折现率的选取非常重要，折现率的高低必须准确反映未来资本收益的风险程度。否则，不正确的折现率将高估或低估公司价值。对净现金流量来说，其定义本身就是一定期间内公司现金流量的流入和流出之差，折现率的选取相对比较容易，也比较客观。而若以利润指标等作为估值的基础，就会增加折现率选择的难度和客观性，这是因为利润指标是现有会计系统权责发生制下的产物，利润的实现可能涉及不同的会计期间，而与现金流量并不同步，与其对应的折现率理论上应是不同时期折现率的加权平均值。估算这一折现率显然难度更大，客观性更差。

（3）以现金流为基础的价值评估的基本思路是“现值”规律，任何资产的价值都等于其预期未来全部现金流量的现值总和，而其他一些估值方法往往会忽略某一特定时期之后的现金流量。

第二，更少的人为因素影响。现金流量与利润指标或利润分配指标相比，包含了更少的人为因素。对公司内部管理层来说，利润往往是其最为重视的指标，但恰恰是这个原因，导致了利润指标中可能包含了过多的人为因素。相对而言，对现金流量进行人为操纵的难度更大，进而受到更少的人为因素影响，所含的“噪声”较少。

第三，更简单的计算方法。现金流量折现法的原理清晰，计算过程也较为简单。其理论模型的计算公式中，分子对应的指标是净现金流量，可以通过预期的息税前利润及投资情况进行估计；分母对应的指标是折现率，为了与现金流量定义相一致，用于现金流量折现的折现率需反映所有资本提供者提供各自对企业总资本的相对贡献而加权的资本机会成本，即加权平均的资本成本。

当然，现金流量折现法也存在缺点，那就是其对现金流量和折现率估计和预测的固有的不确定性。由于必须对许多的有关市场、产品、定价、竞争、管理、经济状况、利率之类做出假定，准确性因而减弱。即便如此，由于坚实的理论基础和可操作性，该方法仍被视为传统估值方法的经典之作。当与其他方案一起使用时，现金流量折现法所得出结果往往是检验其他模型结果合理与否的基本标准。

（三）实务中应用该方法的程序

以现金流量折现为基础的价值评估的基本程序和公式包括：

$$\text{企业经营价值} = \text{明确预测期现金净流量现值} + \text{明确预测期后现金净流量现值} \quad (6\text{-}3)$$

$$\text{企业价值} = \text{企业经营价值} + \text{非经营投资价值} \quad (6\text{-}4)$$

$$\text{股东价值} = \text{企业价值} - \text{债务价值} \quad (6\text{-}5)$$

其中，明确预测期是指预测期是有限的，而不是无限的。从预测的准确性和必要性角度考虑，5 ~ 10 年为宜。

二、现金流量与会计收益的关系

由于权责发生制的存在，导致现金流量与会计收益并不同步，而是存在以下的关系：

$$会计收益（Earning）= 现金流（Cash\ Flow）+ 应计（Accrual） \tag{6-6}$$

其中，会计收益（另一种表述：会计盈余）主要指的是净利润，现金流专指经营活动产生的现金净流量。会计收益与现金流的差值就是应计，应计指的是没有在当期形成现金流的会计收益。应计部分主要包括应收账款变动、应付账款变动、存货变动、折旧、其他应收或应付科目的变动。

由于会计收益存在诸多的主观判断，即使保持客观、公正的态度，不同的会计从业人员也完全有可能对客观事实有不同程度的扭曲。诸如，如何分摊费用、计提坏账准备的比例以及所得税等都可能对会计收益产生影响。而经营活动产生的现金流客观性较强，同会计盈余相比受到的扭曲程度相对较小，因此许多研究者认为现金流量与净利润的比例（利润现金保障倍数或净利润含金量）是一个衡量净利润质量的重要指标，其比值越大，则公司的净现金对净利润的支持力度越大，利润仅仅是纸上富贵的可能性越低，盈余质量就越高，公司的可持续性就较强。也就是说，会计盈余中经营现金流量和会计应计对未来会计盈余有不同的预测能力，经营现金流量和会计应计在对未来会计盈余的持续性方面是有所差异的。至此，对经营活动现金流量进行持续的关注也就不足为奇了。

然而，现金流信息并不是一开始就能直接从财务报表中获取的，即便在美国，明确要求编制现金流量表也仅自 1988 年开始，中国起步则更晚，于 1998 年首次发布并实施《企业会计准则——现金流量表》，所有上市公司自此开始编制现金流量表。那么，在现金流量表编制之前，如何洞悉一个公司的经营活动现金流量呢？会计学者们认真分析了会计收益与现金流的差异，根据资产负债表和利润表以及财务状况变动表间接推算出经营活动产生的净现金流。具体过程如下：

$$\begin{aligned}&经营活动产生的现金净流量\\=&净利润+坏账准备增加+固定资产折旧\\&+无形资产、递延资产及其他资产摊销-其他负债转销+待摊费用减少\\&+存货减少+经营性应收项目减少+经营性应付项目增加\\&+预提费用增加+营业外支出-营业外收入+财务费用-投资收益\end{aligned} \tag{6-7}$$

式中，经营性应收项目 = 应收票据 + 应收款项净额 + 预付账款，经营性应付项目 = 应付票据 + 应付账款 + 预收账款 + 其他应付款。

简单地讲，就是通过不同项目的调整，从净利润间接地计算出经营活动产生的现金净流量。这里以几个项目为例，进行说明。

（1）应收账款。应收账款的增加虽然增加了会计收益，但对经营活动现金流没有影响；应收账款的减少虽然对会计收益没有影响，但却增加了当期的经营活动现金流。所以，计算经营活动现金流时，应在净利润的基础上加上应收账款的减少或减去应收账款的增加。

（2）应付账款。应付账款的情况与之相反。应付账款的减少对会计收益没有影响，但却增加了当期的经营活动现金流出量，进而减少了现金净流量；应付账款的增加虽然减少了会计收益，但并没有造成现金流的增加。所以，计算经营活动现金流时，应在净利润的基础上加上应付账款的增加或减去应收账款的减少。

（3）存货。存货的增加导致会计收益的增加，但经营活动现金流并没有变化；存货的减少导致会计收益的减少，但经营活动现金流亦没有变化。所以，计算经营活动现金流时，应在净利润的基础上加上存货的减少或减去存货的增加。

（4）折旧。固定资产计提折旧，导致当期会计收益的减少，但经营活动现金流并没有因此而发生任何变化。所以，计算经营活动现金流时，应在净利润的基础上加上当期计提的折旧。

从以上的例子可见，上一节所述的采用间接法编制现金流量表的方法不过就是一个以净利润为起点，根据应计项目调整出经营活动现金流量的过程。因应计项目的存在，当期的会计收益与现金流量并不一致；但长期来看，现金流量和会计收益的方向应该是一致的。用历史的现金流量和会计收益来预测未来的现金流量，哪个指标更有效呢？研究表明，会计收益更有利于预测未来现金流，并且会计收益与公司价值更相关。在下一小节，我们将对相关问题的实证研究结论进行简要的综述。

三、实证研究

Ball 和 Brown（1968）开创了会计实证研究的先河。历经半个世纪的发展，实证研究已经成为全球会计理论研究的主流。因此，本小节将介绍有关问题的实证研究，以期读者对一些基础知识有初步的了解。

（一）应计问题

Ball 和 Brown（1968）第一次以令人信服的科学证据证明，公司股票的市场价格会对财务报表的信息做出反应。这类某一特定事件对证券市场反映的研究被称之为“事件研究”（Event Study）。他们发现，盈余公告后一个月内超额股票回报与当年收益相对上年收益变化之间存在显著的正相关关系。在此基础上，他们还比较了会计收益和现金流的信息含量，用以检验应计是否使得会计收益比现金流含有更多的信息。证据表明，收益变化带来的年度超额回报调整幅度大于现金流变化带来的年度超额回报调整幅度，这与应计使得收益包含更多的信息一致。

更进一步，Dechow 等（1998）的研究发现，权责发生制下的会计收益比现金流更好地计量了企业业绩，当期会计收益比当期现金流更能预测未来现金流。他们认为利润中的“应计”部分可能抵消现金流的波动，这也是会计实务中权责发生制淘汰收付实现制的根本动因。但会计应计也并非完美，Sloan（1996）研究表明，股票价格并不能充分反应构成会计收益的应计和经营现金流量信息。在一定程度上，当期收益的持续性取决于收益中现金流量和会计应计部分的相对比例，现金流部分体现的持续性要优于会计应计部分，高应计企业在未来有更低的盈利能力，资本市场上高应计企业比低应计企业的未来回报更低，这就是所谓的应计异象。然而，投资者并没有完全理解收益的应计部分和现金流部分的持久性差异，投资者对会计盈余的锁定（Fixate）可能是导致股票价格不能充分反映会计收益中会计应计和经营现金流量包含信息的重要原因。Sloan（1996）被视为是西方实证会计研究 20 世纪 90 年代的经典之作。

Lipe（1986）写出了第一篇研究会计收益组成项目与股票回报之间关系的文章，该文将收益分为毛利、一般及管理费用、折旧、利息费用、所得税与其他项目六个部分，发现会计收益分项信息具有增量的信息内涵。Lipe（1986）发现的“分项额外信息”是会计研究中的一个重要发现。沿此思路，Barth 等（2001）将应计进行细分，发现细分后的每个部分，比如应收账款变动、应付账款变动、折旧等，都对预测未来现金流有显著的作用。

总之，应计的存在对预测未来会计收益存在影响。应计是没有在当期形成现金流的会计收益，其波动性要大于现金流的波动性，进而导致其持续性差于现金流。长期来看，应计发生反转是必然的，表现在会计收益上，也会存在类似的反转现象，就是说，某公司的本期收益记多了，给定其他条件相同的情况下，未来收益就会少记；反之则相反。所以，如果应计在收益中所占比例越高，那么盈利的反转现象就会越明显。

（二）应计与盈余操纵

相对于现金流，应计是质量较差的会计收益，因为应计波动性大，未来是否一定有相应的现金流流入企业存在不确定性，并且应计的计量主观性较大。第二章中，我们已经对会计操控进行了详细的介绍。很显然，盈余操纵是会计操控的一部分，且由于会计收益对各利益相关者的重要性，盈余操纵是会计操控最主要的部分。应计具有的特点决定了操纵应计部分往往是盈余操纵的主要手段，如：多计提（少计提）折旧费用，多计提（少计提）坏账准备，多计提（少计提）存货跌价准备，多计提（少计提）固定资产减值，以赊销方式增加本期销售收入、在下期以退货冲回销售收入，等等。这些盈余操纵的方法均不影响企业的现金流量，但却直接导致了会计收益的增加或减少。

公司在操纵盈余时，尽量操纵不影响现金流的应计部分，但有些时候也会影响公司的现金流。如公司为了促进销售，而采取的销售折让和现金折让，在增加销售收入，进而会计收益的情况下减少了经营活动的现金流入；公司为了降低单位产品成本，盲目扩大生产至最大化，不断提高的总变动成本增加了当期的现金流出量。再如，为了调节当期的收益，公司管理层对酌量性固定成本进行操控，减少本应投入的研发费用、广告支出和其他管理费用，都能使会计收益得以提升，但同时也减少现金流出量，反之则反之。

实证研究发现了这样一种现象，即会计收益在“零点”左右存在明显的差异：大量的公司报告略大于零的净利润，而报告略小于零的净利润公司数目很少。这被认为是公司进行盈余操纵的结果（Hayn，1995；Burg and Dichev，1997）。Dechow 等（2003）对此问题进行了更进一步的分析，将应计分为可操控性应计和非可操控应计两部分，发现并不能确认可操控性应计是导致这一现象的关键驱动力，据此她们推测，改变公司真实活动（往往伴随现金流的变化）的盈余管理也是导致这一现象的原因。蒋义宏和魏刚（1998）研究了中国上市公司的情况，发现上市公司存在为了达到配股资格线而进行盈余管理的“10% 现象”，即在净资产回报率 10% 这一临界点和损益临界点左右时盈余管理的动机最强烈。有关统计数据也表明，上市公司在首次出现亏损年度明显地存在非正常调减盈余；而在扭亏为盈的年度，又明显地存在调增收益的盈余管理行为，其目的就是要避免出现连续三年亏损而受到证券监管部门的处罚。

（三）市场有效性与会计收益

所谓市场有效性的检验来源于有效市场假说（Efficient Market Hypothesis，EMH）。EMH 是实证会计研究中最重要的理论基础之一。股票市场的效率可分为外在效率和内在效率两方面；其中，外在效率指的是股票市场的资源配置效率，即股票价格能否对有关信息及时、充分地反映，从而使投资者迅速做出决策，内在效率即股票市场的交易运营效率。这里的 EMH 单指外部效率。Fama（1970）对有效市场的定义如下：“假定市场价格总是能充分反映了可获得的信息，这个市场就是有效的”。Jensen（1978）给出的定义是，对于给定的一组信息集，如果依据该信息从事交易而无法赚取超额报酬，那么市场就是有效的。

根据信息集的不同，EMH 可以分为强弱不同的三种形式。

（1）弱式有效市场假说（Weak-Form Market Efficiency），该假说认为市场价格已充分

单位产品成本由单位变动成本和单位固定成本构成，通常单位变动成本在一定范围内是恒定的，总固定成本在一定范围内也是恒定的。当扩大生产后，分摊到单位产品的固定成本会下降，进而导致单位产品成本降低。

用可操控应计测度盈余管理程度，是目前应用最广泛的一种测度方法。这种方法认为，应计中有些是按照现行会计准则规范强制处理的结果，有些则是利用现行会计选择的余地调剂、操纵的结果。因此，按照应计的可控程度将其分为可操控应计（Discretionary Accruals）和非可操控应计（Nondiscretionary Accruals）两部分，进而将盈余管理程度大小的计量转移到对可操控应计大小的计量上。

反映出所有过去历史的证券价格信息，包括股票的成交价、成交量、卖空金额、融资金额等。在该类市场中，任何投资者不可能依赖历史信息进行决策而获得超额收益。

（2）半强式有效市场假说（Semi-Strong-Form Market Efficiency），该假说认为价格已充分反映出所有已公开的信息（包括历史信息和当前信息）。在该类市场中，任何投资者不可能利用公开信息制定决策而获得超额收益。

（3）强式有效市场假说（Strong-Form Market Efficiency），该假说认为价格已充分地反映了所有关于公司营运的信息（包括已公开的或未公开的内幕信息）。在该类市场中，任何投资者无论使用任何信息均无法获得超额收益。

这样的一个市场在经济学家心目中无疑是理想的、完美的，然而随后的大量实证研究工作却发现，股票价格似乎并不能准确及时地对新信息做出反应。相反，市场会表现出一些系统性的反应偏差，而这种系统性偏差可以为投资者带来超额收益。盈余公告后价格漂移（Post-Earning-Announcement-Drift，PEAD）即是其中一个典型的例子。PEAD 最早是 Ball 和 Brown（1968）提出的，他们通过考察市场对于好消息或坏消息的盈余公告的反应是否迅速而又无偏，来检验市场有效性，发现市场对于坏消息的调整居然用了几个月，这表明市场是反应不足的。PEAD 的发现对半强势市场是一个挑战 ，因为如果市场是有效的，那么应该有效地解读盈余公告中包含的信息，而不应该出现股价滞后反应的情况。更多的与价格漂移有关的文献涌现，包括 Litzenberge 等（1971）、Foster 等（1984）、Bernard 和 Thomas（1990）等。这里仅对 Bernard 和 Thomas（1990）进行说明，在前人研究的基础上，他们发现投资者对季度盈余序列的预期遵循随机游走的分布，而事实上相邻年份的季度盈余序列是正相关的。随着后续盈余公告的发布，投资者开始意识到这种相关性，盈余公告中的信息含量才逐步体现在价格中。这最终导致了 PEAD 现象的产生。

PEAD 现象说明了股票价格并不能完全体现当期会计收益的含义。当期的会计收益不是只对发布日的股票价格产生影响，同时还与未来股票收益有显著联系。通过一定的套利策略，就完全有可能在资本市场获得超额收益，Sloan（1996）就证明了这一点。Sloan（1996）发现，股票价格并不能充分反映构成会计收益的应计和经营现金流量信息，市场不完全理解“应计”在预测未来盈利中的意义，高估了应计部分盈利的可持续性，从而高估了高应计公司的价值，而低估了低应计公司的价值。通过卖空“高应计”公司股票，而买入“低应计”公司股票，就可以获得超额收益。

图 6-1 即是 Sloan（1996）中列示的超额收益图。从图 6-1 中可以看出，研究时间区间 1962 ~ 1991 年的 30 年中，通过卖空“高应计”公司股票、买入“低应计”公司股票的套利策略，除 1966 年和 1981 年共计仅两年获得的超额收益为负外，其他各年度均

美国被公认为拥有全球最成熟的资本市场，其已达到半强式有效市场，且许多实证研究也支持这一观点。

获得了正向的超额收益。其中，获得大于等于20%超额收益的年份共计7年；获得超过30%超额收益的年份共计两年（1967年和1990年）。

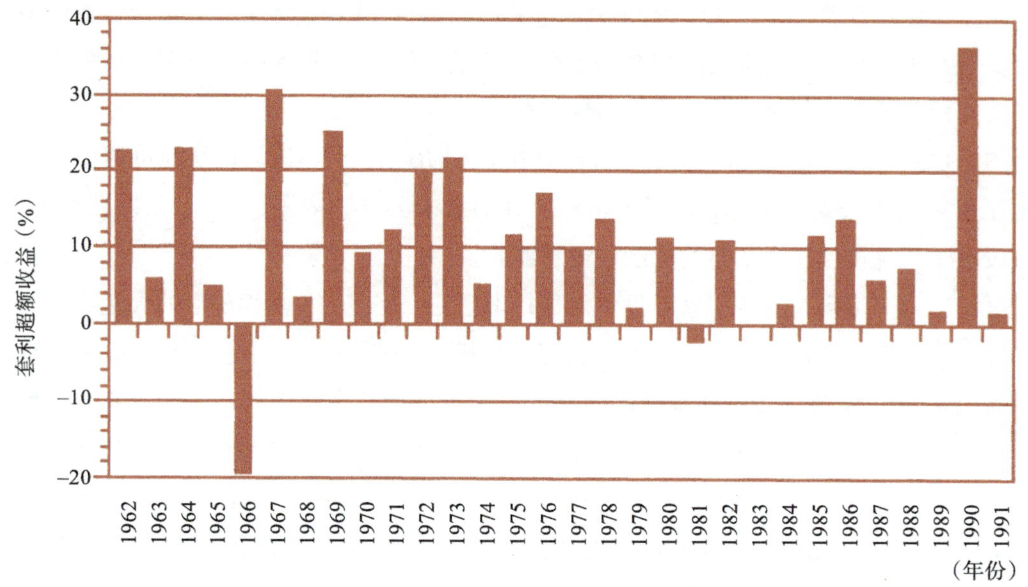

图6-1 基于“应计”套利策略获取超额收益图

第三节 自由现金流

一、自由现金流的概念

（一）自由现金流概念的由来及发展

自由现金流（Free Cash Flow，FCF）最早是由哈佛大学迈克尔·詹森（Michael Jensen）教授于20世纪80年代提出的一个全新概念。Jensen（1986）对自由现金流的最初定义是，企业在满足了净现值大于零的所有项目所需资金后的那部分现金流，即为自由现金流。自Jensen（1986）提出自由现金流概念后，历经近30年的发展，特别是在以Enron、WorldCom等为代表美国绩优大公司因财务造假而纷纷破产之后，自由现金流已成为企业价值评估领域使用最广泛，理论最健全的指标，美国证券交易委员会（SEC）更是要求公司年报中必须披露这一指标。如今，自由现金流在西方公司价值评估中得到了非常广泛的应用。

从理论层面上讲，Jensen（1986）对自由现金流的定义是完美无缺的，但考虑到实务中很难精确地计量出哪些项目的净现值大于零，更谈不上说这些项目到底需要多少资金了。因此，为了实现其可操作性，自由现金流的概念又有所变通，即自由现金流是指在满足了必要的、维持资产持续运营的资本支出后的现金流量，这部分现金流是可以自由分配给股东或资产拥有者的，是在不影响公司持续发展的前提下可供分配给股东或资产拥有者的最大现金额。

（二）自由现金流的计算公式

Copeland 等（1990）比较详尽地阐述了自由现金流的计算方法：自由现金流等于企业的税后净营业利润（即将公司不包括利息收支的营业利润扣除实付所得税税金之后的数额）加上折旧及摊销等非现金支出，再减去营运资本的追加和物业、厂房、设备及其他资产方面的投资，即：

$$FCF=(\text{税后净营业利润}+\text{折旧及摊销})-(\text{资本支出}+\text{营运资本增加}) \quad (6\text{-}8)$$

式中，运营资本＝流动资产－流动负债。

由于所处的角度不同，对自由现金流的认识出现了一些差异，并由此形成常见的关于自由现金流的两种分类：企业整体自由现金流（Free Cash Flow of Firm，FCFF）和股权自由现金流（Free Cash Flow of Equity，FCFE）。FCFF 是指公司企业扣除了所有经营支出、投资需要和税收之后的，在清偿债务之前的剩余现金流；FCFE 是指企业扣除了所有的经营支出、投资需要和税收支付，以及还本付息后的剩余现金流。可见，FCFF 是公司所有权利要求者（包括普通股股东、优先股股东和债权人）的现金流总和，用于计算包括股权价值和债务价值两部分的企业整体价值；FCFE 计量的仅是扣除各项支出后可分配给公司股东的剩余现金流，用于计算企业的股权价值。

两类自由现金流的计算公式分别是：

$$FCFF=\text{息税前利润}-\text{税金}+\text{折旧与摊销}-\text{资本支出}-\text{营运资本追加额} \quad (6\text{-}9)$$

$$\begin{aligned}FCFE=&\text{净收益}+\text{折旧与摊销}-\text{资本支出}-\text{营运资本追加额}\\&-\text{债务本金偿还}+\text{新发行债务}\end{aligned} \quad (6\text{-}10)$$

FCFF 和 FCFE 的主要分歧点在于是否将筹资活动产生的现金流，即发行和偿还债务本息是否纳入自由现金流的范畴。如无特殊说明，自由现金流指的就是公司整体自由现金流，包括股东和债权人两部分的现金流总和。

（三）自由现金流的简要评述

从以上的分析可以看出，自由现金流的计量与 Jensen（1986）的本意并不完全一致，Jensen 所追求的自由现金流是扣除净现值大于零的所有项目所需资金后的那部分现金流量，但实施起来何其困难！具体到上述的计算公式只不过是将詹森思想运用到实务中“退而求其次”的方法。但是，自由现金流的强大作用是毋庸置疑的，具有较高自由现金流的企业一般同时具有良好的盈利能力，公司可以偿还债务、开发新产品、回购股票、增加股息支付。丰富的自由现金流也使得公司把握机会，实施并购成为可能。但并不是说，公司持有的自由现金流越多越好，就如 Jensen（1986）所考虑的那样，公司管理层往往喜欢把企业规模扩大化，即便超过其最佳规模也在所不惜，这只不过是管理层为了满足自己能够控制更多的资源，得到更多的权利和更高的收入的举措而已。坐拥大量自由现金流对管理层来说无疑是控制资源的"捷径"，可能造成的不利结果是引发管理层的过度投资和低效投资，给企业带来深远的负面影响，并最终损害了投资者的利益，这种利益损失即为代理成本。因此，从效率的角度看，过量的资金应该回报给股东，比如增加分红或回购公司股份，而不是留存在公司内部。

二、基于自由现金流的估值法

上一节中详细介绍了基于现金流的估值方法——现金流折现法，并解释了为什么该方法是理论上最有成效的公司估值方法，是传统估值方法中的经典之作。这里要讲的基于自由现金流的估值法是现金流折现法的进一步发展，是自由现金流概念在公司价值评估中的具体运用。

基于自由现金流的公司价值指的就是企业在其生命周期内创造的自由现金流的贴现。其理论基础是，投资者对公司进行估值时，关注的是公司未来自由现金流在当期的贴现值。用公式表达，即：

$$\begin{aligned}\text{公司价值} &= \sum_{t=0}^{n}\frac{FCFF_t}{(1+WACC)^t}，\text{或}\\ &= \sum_{t=0}^{n}\frac{FCFE_t}{(1+WACC)^t}\end{aligned} \tag{6-11}$$

式中，*FCFF* 为企业整体自由现金流，*FCFE* 为股权自由现金流量，*WACC* 是 *FCFF* 或 *FCFE* 对应的折现率。

从逻辑的严密性来看，基于自由现金流的估值法在理论上堪称完美。但要使用这种方法，做起来是非常困难的。

第一，如何确定各期的 FCFF 或 FCFE。计算 FCFF 或 FCFE 涉及利润、折旧与摊销、资本支出等，这些项目都需要估算，因此几乎不可能准确预测一个公司在未来生命周期里产生的自由现金流。

第二，如何选择适当的折现率 WACC。理论上讲，对应 FCFF 的折现率是股权与债权的加权折现率，对应 FCFE 的折现率则仅指股权折现率。但是 WACC 的算法很难有统一的标准，这对模型的最终结果影响很大。

但是，基于自由现金流的估值法带来了以下几点启示。

（1）关注企业的自由现金流，而不是仅仅关注收益。同时需要注意不同行业的现金流存在形式是不同的。

（2）WACC 是加权平均折现率，企业要实现价值的增值就需要将资金投入到比 WACC 收益率更高的领域或项目中，因此要密切关注企业募集资金或借贷资金投入项目的预期收益率与 WACC 相比是否存在明显的优势。

（3）要关注企业所处行业周期和企业经营周期。在不同的时期应当匹配不同的折现率 WACC，进而产生不同的估值水平。

◀ 本章小结 ▶

现金流量表是观察企业财务健康状况的重要报表，其与资产负债表和利润表存在内在的钩稽关系。现金流量表由经营活动产生的现金流量、投资活动产生的现金流量和筹资活动产生的现金流量三部分构成；其中，经营活动产生的现金流量是分析的重点。利用净现金流量作为资本收益进行折现，从而对公司价值进行估计，被认为是传统估值方法中的经典之作。经营活动产生的现金流量和应计是会计收益的两个组成部分，这两部分对预测公司未来业绩的含义不同，并由此展开了大量卓有成效的实证研究。自由现金流是分析企业财务健康状况的核心指标，基于自由现金流的估值法是现金流折现法的进一步发展，是自由现金流概念在公司价值评估中的具体运用。

第三篇

财务报表的分析与案例

第七章　财务报表综合分析

第八章　四维分析法

第九章　四维分析法应用案例解析

第七章

财务报表综合分析

【本章学习目的】

第三章至第六章分别对资产负债表、利润表和现金流量表进行了分析。鉴于各报表之间相互作用、相互影响的特点，本章突破各报表的界限，对财务报表进行综合分析，具体包括战略分析、会计分析和财务分析；并在此基础之上，对前瞻性报表的一般理论进行简要的阐述。通过本章的学习，读者可以对各报表的内在联系有更深入的理解，同时能够运用一些具体分析方法对实际问题进行研究。另外，对前瞻性报表的认识也是提升财务分析素养的重要举措。

第一节　财务报表分析概述

一、财务报表分析的目的

财务报表分析又称财报分析，是通过收集、整理企业财务报表的有关数据，并结合其他非财务信息，对企业的财务状况、经营成果和现金流量情况进行综合比较和评价，为企业会计信息使用者提供管理决策和控制依据的一项管理工作。

财务报表分析的主体通常是与企业存在现实或潜在利益关系的利益相关者，他们为了达到特定的目的而对目标企业的财务状况、经营成果以及现金流量状况进行分析和评价。财务报表分析的主体众多，分析的目的也就不尽相同。按照掌握信息的不对称程度进行划分，财务报表分析主体可分为内部分析主体和外部分析主体。其中，内部分析主体信息不对称程度较低，甚至本身就是信息的发布者，包括公司高管、现有大股东等；外部分析主体的信息不对称程度较高，但又对信息的需求极为迫切，包括中小股东、债权人、潜在投资者、政府职能部门和社会中介机构等。

由于各利益相关者的分析目的不同，导致分析的重点和方法、分析的结果及结果的应用均不相同。这里按照利益相关者的分类思想，对公司高管、股东、债权人、政府职能部门、中介机构和其他利益相关者进行财务报表分析的目的及分析视角逐一进行阐述。

1. 公司高管视角

公司高管作为委托—代理关系中的受托人，接受企业所有者的委托，对企业运营中的各项活动以及企业的经营成果和财务状况进行有效的管理和控制。客观地讲，他们对财务报表信息的需求远没有外部投资者迫切，因为他们本身就是信息的发布者，对信息的真实公允程度有清晰的认识。同时，内部的管理会计系统能够提供更客观、私密和多样化的信息。这些都大大削弱了其对财务报表的需求程度，但这并不能降低其对财务报表的重视程度。因为财务报表信息与他们的利益（诸如任期、薪酬、升迁等）密切相关，他们关心企业的盈利能力，也关心盈利的原因及过程。

公司高管进行财务报表分析的目的是及时发现经营中存在的问题和不足，并采取有效措施解决这些问题，实现企业盈利能力在短期和长期阶段的协调发展。另外，为了提高企业内部活力和企业整体的效益，还需要借助财务报表分析对企业内部的各个部门和员工进行绩效考评，并为今后的生产经营编制科学预算。

2. 股东视角

股东即企业的所有者或者股权投资者，是以股权形式向企业投入资金的自然人或法人。这里所指的股东包括现有股权投资者和潜在股权投资者，他们是极其重要的财务报表分析主体。其进行财务报表分析最根本的目的就是了解企业的盈利能力状况，因为盈利能力是股东投入资本实现保值、增值的关键，直接影响股东的投资决策。同时，作为委托—代理关系中的委托人，也需要借助财务报表分析考察公司高管受托责任的履行情况。

另外，股东因其持股比例的不同，也导致他们进行财务报表分析的目的不尽相同。对控股股东而言，其可以在公司的核心决策层占有重要位置，以控制公司的经营决策和财务决策，甚至进行各种关联交易。同时，他们还承担着较大的经济风险，一旦公司破产，控股股东蒙受的经济损失将远大于中小股东，从而使其更加注重公司的长期发展，对报表信息中的资产结构、资本机构、长期投资机会等亦非常重视。相对而言，中小股东比较关注企业的短期盈利水平、现金流量状况及股利分配政策等，因为其投资收益多以获取资本利得和现金分红渠道来实现。

3. 债权人视角

债权人即企业的债权投资者，是以债权形式向企业投入资金的法人或自然人，如商业银行、其他金融机构、企业债券持有人等。由于企业的偿债能力会直接影响债权人的放款决策，因此债权人也是财务报表分析的重要主体。根据债务的偿还期限不同，债权人可分为短期债权人和长期债权人。短期债权人往往比较关心企业的短期财务状况，如资产的流动性、现金持有量等；对长期债权人而言，企业的长期财务状况就显得尤为重要，如企业的资本结构和长期投融资决策等。

但是，无论偿还期限的长短，债权人都想通过财务报表分析了解企业的盈利能力和资产周转效率。这是因为债权人作为风险规避者，按期收到利息、到期收到本金是其终极目标，实现这一目标是需要以企业的盈利能力和资产周转效率做支撑的。

4. 政府职能部门视角

部分政府职能部门对企业有监管职能，具体履行往往需要借助财务报表分析。对财务报表分析的主要目的是监督企业是否遵循了相关政策法规、是否涉嫌偷税漏税、是否涉嫌垄断等，以维护市场经济秩序，保障国家和社会利益。具体而言，工商部门通过财务报表分析并辅以其他信息来审核企业经营的合法性、进行产品质量监督和安全检查、判断企业是否存在搭售、滥用市场支配地位等“不公平交易”行为；税务主要关注企业的盈利水平及资产增减变动情况，以判断是否存在偷税漏税的嫌疑；国资委作为国有企业的“掌门人”，考虑的是企业投入资本的保值和增值情况，关注企业的盈利能力和可持续发展能力；发改委则考察企业是否涉及价格垄断；商务部针对的则是企业是否存在涉及垄断的并购行为。

5. 中介机构视角

社会越发展，中介机构越重要；中介机构的发展，反过来又促进了社会的发展。中介机构主要包括会计师事务所、律师事务所、资产评估事务所、证券公司、信用评估机构及一些金融机构等。他们多以第三方的独立身份出现，对企业相关事项进行客观公允的判断，并提出相应的意见和建议，为企业或投资者服务。在服务的过程中，为了了解企业的基本状况，做出更合理的决策，就需要或多或少地借助于财务报表分析。

6. 其他利益相关者视角

除此之外，企业的供应商、客户、员工、竞争对手甚至社会公众都可能出于保护自身利益的需要，进行财务报表分析，借以了解企业的财务状况、信用状况甚至公众形象。这里仅以社会公众进行简要说明。

社会公众，尤其是企业所在地周边居民，和企业存在千丝万缕的联系，因此他们对企业的关注也是多角度、全方位的持续关注。作为潜在的投资者或潜在的雇员，他们希望了解公司的盈利能力和持续发展能力；作为顾客或潜在的顾客，他们关心企业产品的一系列政策；作为企业所在地的周边居民，他们时刻关注企业的环保政策和行为，以判断企业的存在是否影响到他们的切身安全。

二、财务报表分析的一般方法

财务报表分析的一般方法，亦称财务报表分析的程序，是指进行财务报表分析应遵循的一般规程。研究财务报表分析的一般方法是进行财务报表分析的基础和关键，为开展财务报表分析工作、掌握财务分析技术指明了方向。结合国内外财务报表分析的研究成果及中国的实际，财务报表分析的一般方法由四个阶段组成：信息整理阶段、战略分析阶段、会计分析阶段和财务分析阶段。

1. 信息整理

在财务报表分析中，财务信息是分析的主要依据，充分、准确的财务信息是实现高质量财务分析的重要前提。在财务报表分析的信息整理阶段，首先应明确分析的目标，即是为了评价企业经营业绩，进行投融资决策，还是要制定未来经营决策。在此基础之上，制订财务报表分析计划，包括相应工作的人员组成及分工、进度安排及拟采用的方法等，它是财务报表分析顺利进行的保证。最后，才是搜集整理财务报表分析的信息，按照分析的目的和计划，信息搜集整理要注意其及时性、完整性和准确性，这对分析的正确性有着直接的影响。

2. 战略分析

在信息整理的基础上，企业战略分析是财务报表分析的新起点，是会计分析和财务分析的基础和导向。通过企业战略分析，分析人员能深入了解企业的经济状况和经济环境，从而能进行客观、公正的会计分析和财务分析。没有战略分析部分，或者战略分析阶段产生了方向性错误，即便后续的会计分析和财务分析再精确、再缜密，都无法改变财务报表分析是失败的这一结论。战略分析通常包括行业分析和企业竞争策略分析两部分，这两部分是有先后关系的，分析人员通过对企业所在行业或企业拟进入行业的分析，明确企业自身地位及应采取的竞争战略。行业分析的目的在于分析行业的盈利水平和盈利潜力，战略分析的关键在于企业如何根据行业分析的结果，选择正确的企业竞争策略，使企业保持持久的竞争优势和高盈利能力。

3. 会计分析

会计分析的目的在于评价公司会计在多大程度上反映了企业真实。会计分析的主要工作是分析和评价公司会计政策与估计的恰当性，评估公司会计数字被扭曲的程度，并根据公司现金流及报表附注信息修正会计数据，尽量消除会计扭曲。会计分析为财务分析奠定基础，并保证财务分析结论的可靠性。进行会计分析，一般按如下四个步骤进行：首先，阅读财务报告；其次，采用水平分析法、垂直分析法和趋势分析法等比较财务报表；再次，考虑企业采取的会计原则、会计政策等，解释财务报表；最后，修正财务报表信息，对发现的由于会计政策、会计估计等原因引起的会计信息差异，通过一定的方式加以调整，消除信息的失真问题。

4. 财务分析

财务分析的目的在于利用企业当前和过去的会计信息来评价其未来的盈利能力的可持续性。财务分析阶段按其先后次序，又可细分为财务分析实施阶段和财务分析综合评价阶段。财务分析实施阶段是为了实现财务报表分析的目的，在战略分析和会计分析的基础上进行的财务指标计算和分析阶段，包括财务指标分析和基本因素分析。而财务分析综合评价阶段是财务分析实施阶段的继续，它根据不同的财务报表分析目的，形成财务报表分析的最终结论，该阶段又可具体分为三个步骤：其一，财务综合分析与评价，将定量分析结果、定性分析判断及行业情况结合起来，得出财务报表分析结论；其二，财务预测与价值评估，这是现代财务报表分析的重要任务之一，本章最后一节，即前瞻性报表，即是此步骤的具体运用和发展；其三，财务报表分析报告，它是财务报表分析的最后一步。

第二节 战略分析

所谓战略分析，实质就是通过企业所处行业或拟进入行业的分析，明确企业所处的地位及应采取的竞争策略；并在此基础之上，对企业的发展潜力有所认识和掌握，尤其是价值创造能力和盈利能力方面的潜力。战略分析通常包括行业分析和企业竞争策略分析两部分。在第一节中已经指出，在信息整理的基础上，企业战略分析是财务报表分析的新起点。没有战略分析部分，或者战略分析阶段产生了方向性错误，即便后续的会计分析和财务分析再精确、再缜密，都无法改变财务报表分析是失败的这一结论。

一、战略分析基础：SWOT 分析法的应用

进行企业战略分析的基础是有一个清晰的分析框架，即明确的分析程序。采用 SWOT 分析法能够形象地对这一问题进行解答。SWOT 分析法于 20 世纪 80 年代由美国旧金山大学的管理学教授韦里克（Weihrich）提出，用来确定企业自身的竞争优势（Strength）、劣势（Weakness）、机会（Opportunity）和威胁（Threat），从而将公司的战略与公司内部资源和外部环境有机地结合起来。

从图 7-1 可以看出，SWOT 分析法表现为构造 SWOT 结构矩阵，并对矩阵的不同区域赋予了不同的分析意义。在其内容上，SWOT 分析法的主要理论基础也强调从结构分

此项应属财务分析的最高段位。仅仅依靠单一方向的分析结果对会计报表信息进行调整是非常武断和不负责任的。下一章中，我们阐述的穿透式思维分析法则从多个角度（经营、管理、财务和业绩四方面）对公司进行分析，去发现公司背后的经营和管理真相，做到没有偏见地下结论。这也自然而然地解决了财务报表信息质量偏低对客观、公正地下结论造成的负面影响。

析入手对企业的外部环境和内部资源进行分析。利用SWOT分析法这一工具，既要通过企业内部活动分析以明确企业的优势与劣势，辨别核心竞争力；又要通过外部环境的分析识别企业面临的机会和威胁。只有将企业拥有的内部优势和面临的外部机会相结合才能制定出有竞争力的企业战略。

竞争优势（S） 内部活动分析	**竞争劣势**（W） 内部活动分析
机会（O） 外部环境分析	**威胁**（T） 外部环境分析

图 7-1　SWOT 分析法简图

在分析企业竞争的优势与劣势时，关注企业的自身特点，主要包括在技术水平、管理水平、企业文化等方面是否有超越其他企业之处。例如，总部位于亚特兰大的可口可乐公司因其拥有独特且不为外界所知的可乐秘方而成为软饮料界之“翘楚”；同时，其拥有的独特的、无与伦比的企业文化更是令全世界“叹为观止”，每年数以万计的游客慕名而来，付费参观可口可乐博物馆就是最好的例证。这种文化创造的价值是无法估量的，认为其价值甚至超过可口可乐秘方本身可能都不为过。

在分析企业的机会与威胁时，关注企业所处的外部环境。这些外部环境因素往往是不可控的，但对企业战略分析又起着极为重要的影响，这就是所谓的“宏观环境”。宏观环境是指能影响整个企业发展的广泛性因素，它涉及的方面极广，既包括宏观经济环境，还包括政治与法律环境、科技环境、文化环境和自然环境等。在进行企业战略分析时，明确企业所处国家或地区的宏观环境是必需的。

二、宏观环境

宏观环境的分析对企业财务报表分析十分重要，企业财务活动的各个环节都不可能脱离宏观环境的约束独立存在，都不同程度地受到宏观环境的影响。只有将宏观环境因素与企业经营活动有机结合起来，才能准确分析企业的财务状况和经营水平。

1. 经济环境

经济环境包括经济体制和经济政策、经济发展水平及其发展潜力、市场规模及其准入制度。

不同国家或地区的经济体制不尽相同，有的带有较强的自由性，有的带有较强的计划性，这对企业的经营活动的干预程度差别很大。经济政策包括货币政策、财政政策和汇率政策，这些政策对企业的投融资、对整个证券市场及企业的国际化都有着重要的影响。

经济发展水平的差异将直接导致市场需求能力、消费偏好和产业特征迥异，对跨国企业的吸引力和企业的国际化程度产生较大的影响。另外，经济发展潜力也是企业在全球范围经营时必须考虑的因素。有些国家或地区，尽管现有的经济水平较低，但市场广阔、经济处于上升阶段，具有良好的后续发展潜力，属新兴市场的范畴；而另一些国家虽然工业化水平很高，但市场已趋于饱和，发展乏力。

一个国家或地区的市场大小、有无市场潜力、市场对外来企业或产品的准入制度，都直接影响着企业经营机会的大小。市场规模主要指的是人口数量及增长速度、人口分布规律、收入水平、消费水平和市场结构等方面，市场的准入制度则要看东道国的相关贸易和关税政策等。

2. 政治与法律环境

政治与法律环境包括政治体制、政治稳定性、对外来经营者的态度、法律环境等几个方面。不同的国家或地区有着不同的政治制度和法律制度，这些制度涉及投资行为的难易程度及其安全性，从而直接影响企业的盈利能力和盈利潜力。

政治体制指的是东道国国家或地区的国体和政体的组织形式。不同的政治体制导致政府政治、法规、行政效率的千差万别，从而影响到企业的发展。政治的稳定性更是压倒一切的因素，其他因素再有利，如果这个国家或地区的政局不稳、社会动荡、种族宗教冲突严重等，抑或领导人更迭频繁，这都极大地增加了企业的经营风险，甚至企业本身的生存都存在问题。正因为对于这方面的重视不足，我国一些企业在海外投资可谓吃尽了苦头，“赔了夫人又折兵”。

3. 其他环境

科技环境、文化环境和自然环境也不容忽视。科技发展水平是科技方面的综合表述，包括科技发展现状、科技发展结构、科技人员素质、科学技术的普及程度、与企业有关的能源和制造工艺，等等。除此之外，科技环境还包括：①国家对科技开发投资和支持的重点；②该领域发展动态和研发费用情况；③技术转移及商品化的速度；④专利申请及保护情况。

文化环境是指企业所在国家或地区中人们的处世态度、价值观念、道德准则、风俗习惯等。它包括的内容非常广泛，如宗教、语言、教育等，与政治因素、法律因素等正式制度不同。文化环境带有习惯性，没有强制力，是隐形的非正式制度，但发挥的影响不容小觑，有时甚至超过正式制度。

自然环境一般是指非人为因素形成的环境条件，包括自然资源、地理环境、气候因素等。比如，日本这样的地震高发国家，在其投资的企业必须更加注重厂房、设备的抗震性，增加基础建设的资金投入。

三、行业分析：基于波特的五力模型

除了以上分析的宏观环境，企业还面临着行业环境，甚至有人认为企业战略分析最关键的部分就是企业投入竞争的一个或几个行业环境，这里我们称之为“中观环境”。公司在 SWOT 分析法中，竞争优劣与劣势是通过企业内部活动分析得以明确的，即关注的是企业的微观环境。这里的优势还是劣势是比较而言的，这种比较的范围是企业所处的行业。因此，对企业内部活动的分析就不能与行业分析相割裂，而是应密切关注企业在行业中所处的地位。

行业分析的目的在于分析行业的盈利能力和盈利潜力，不同行业的盈利能力和潜力是不同的。影响行业盈利能力的因素有很多，但主要是由其内部的竞争状态决定的。哈佛商学院迈克尔·波特（Michael E. Porter） 教授于 1980 年创造性地提出了决定行业竞争程度和规模的五力模型，对公司战略制定产生全球性的深远影响。

根据波特的研究，一个行业的竞争程度和盈利能力水平主要受五个因素的影响：行业竞争对手现有企业间的竞争威胁，潜在进入者的竞争威胁，替代品或服务的威胁，企业与供应商的议价能力，企业与客户的议价能力（如图 7-2 所示）。竞争战略从一定意义上讲是源于企业对决定产业吸引力的竞争规律的深刻理解。任何企业，无论区域性的还是全国性的甚至跨国性的，无论生产产品还是提供服务，竞争规律都将体现在这五种竞争的作用力上。这五种力量汇集起来决定着一个行业的最终盈利潜力，并且最终盈利潜力也会随着五力的变化而发生变化。下面对每个竞争力进行简要阐述。

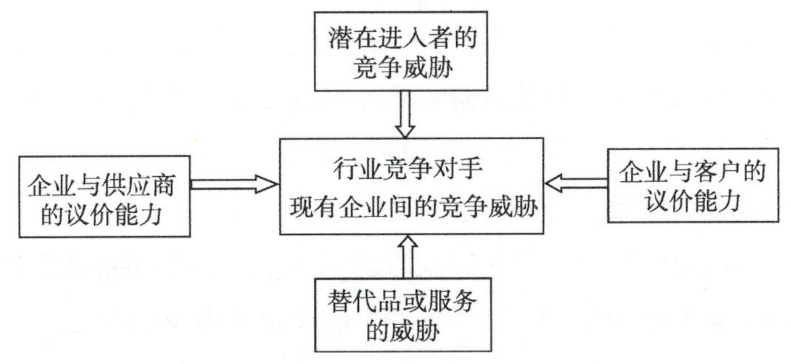

图 7-2　驱动行业竞争的五种力量

1. 行业竞争对手现有企业间的竞争威胁分析

同一行业中的企业，相互之间的利益都是紧密联系在一起的，企业间的竞争程度影响着行业的盈利水平。行业的竞争程度越高，价格越接近边际成本，盈利水平越低。作为企

迈克尔·波特，1947 年生人，哈佛商学院的大学教授（大学教授是哈佛大学的最高荣誉，波特是该校历史上第四位获得此项殊荣的教授）。波特在世界管理思想界被称之为“活着的传奇”，他是当今全球第一战略权威，是商业管理界公认的“竞争战略之父”，在 2005 年世界管理思想家 50 强排行榜上，位居第一。

业战略一部分的竞争战略，目标就是使得企业自身获得相对于竞争对手的优势。影响企业竞争的因素很多，主要包括行业的增长速度、行业集中程度、差异程度与替代成本、规模经济性、退出成本。当行业增长速度较快、行业集中度较高、提供的产品差异性较大、规模经济性较弱、行业退出成本较低（如资产专业性不强、退出的固定成本较低）时，行业竞争程度就较低；反正，行业竞争程度则越高。

2. 潜在进入者的竞争威胁分析

当行业的平均利润率超过社会平均利润率时，行业内企业就可能面临潜在进入者的威胁。影响潜在进入者进入本行业的因素很多，诸如：规模经济性因素、先入优势、销售网与关系网因素和法律法规因素等。行业的规模经济性越高，说明其固定成本与变动成本之比往往较高，加大了潜在进入者进入本行业的难度；同时，先入优势越明显，现有企业的销售网和关系网越复杂，新进入企业进入的难度越大。另外，法律法规可能对新进入某些行业存在不同程度的限制，如许可证、专利权、特许权等，这也增加了潜在进入者进入行业的难度。中石化、中石油、中国工商银行、中国移动等央企的利润再丰厚，目前来看也无须担忧潜在进入者的竞争威胁，这是因为我国对相关行业的准入门槛限制了潜在进入者的行动。

3. 替代品或服务的威胁分析

替代品或服务对行业竞争程度有着重要的影响。当行业存在很多替代品或替代服务时，行业的竞争程度就强；反正，行业的竞争程度就较小。消费者在选择替代品或替代服务时，通常考虑产品或服务的效用与价格。如果效用相差无几，此时的价格竞争就尤为激烈，现有企业产品的盈利能力就因替代品的存在而受到限制。同时，替代品生产者的侵入，将增加现有企业提高产品质量或者降低成本的紧迫感，否则其销量与盈利增长的目标就有可能受挫。

4. 企业与供应商的议价能力分析

除了现有企业间的竞争程度、潜在进入者的竞争威胁和替代品或服务威胁影响行业竞争程度外，本行业企业与供应商和买方（客户）的议价能力也影响着行业的竞争力，并最终影响行业实际盈利水平的高低。

对供应商来说，提高投入要素价格与降低单位价值质量的能力，可以影响行业中现有企业的盈利能力与产品竞争力。一般来说，满足如下条件的供应商会有较大的讨价还价力量，进而增加了行业的竞争程度，并降低了行业实际盈利水平。

（1）供应商行业被一些具有比较稳固市场地位而不受市场激烈竞争困扰的企业所控制，其产品的客户很多，从而单一客户不可能成为供应商的重要客户。

（2）供应商提供的产品或服务具有独特性，所以除此之外，买主无法满足生产经营的需求。

（3）供应商能够方便地实现或已经实现了后向一体化，而买主难以进行前向一体化。

从以上三点就可以对企业与供应商的议价能力分出“伯仲”。诸如，苏宁、国美这样的大型连锁家电卖场，由于其对供应商来说分量举足轻重，而它们商品的采购却可以根据自己的意愿发生改变，束缚很小甚至根本没有束缚，所以它们的议价能力当然就远强于供应商。沃尔玛和家乐福等全球连锁超市更是如此。

5. 企业与客户的议价能力分析

企业与客户的议价能力分析和企业与供应商的议价能力分析互为对应。如果供应商的议价能力较弱，且分析的主体就是供应商，那么它的客户议价能力就较强。企业之间只要存在产品的交易，就必然存在议价的空间，而议价本身其实是一个双方博弈的过程，议价的收益由强势一方最终获得。这里仅归纳两个方面。

（1）价格敏感程度。产品差别越小，替代成本就越低，价格敏感程度越强，从而客户的议价能力越强。

（2）其他因素的影响。诸如企业与客户的供需平衡状况，客户的逆向合并威胁，双方长期合作利益最大化的考量，等等，这些也都可能影响企业与客户的议价能力。

四、企业竞争策略分析

尽管程度可能各异，但行业中的每一个企业都必须面对以上五种力量构成的威胁。除非正面交锋必要且有益，否则企业通过设置进入壁垒来保护自己是更为明智的选择。壁垒设置的过程也就是竞争策略制订的过程，一个企业的竞争策略目标在于使企业在行业内进行恰当定位，从而最有效地阻击五种竞争力并使它们朝向自己有利的方向变化，以增强自己的市场地位与竞争实力。

波特认为，竞争优势归根结底产生于企业为客户创造的价值，要么在提供同等产品或服务时采取相对低价格，要么用其不同寻常的效益补偿溢价而有余。因此，在与五种竞争力量的抗争中，蕴含着三类竞争策略。

1. 低成本竞争策略

低成本竞争策略又称为成本领先策略，是指企业能以较低的成本提供与竞争对手相同的产品或服务。较低的成本能够保证企业在较低的价格销售时仍能实现盈利，而低价格是与竞争对手争夺市场份额的一大利器。因此，在企业所处行业替代产品威胁较小、新企业进入威胁较大时，低成本竞争策略通常是取得竞争优势最有效的方式。

如何实现低成本？首先，提供标准化的产品或服务。只有实现了标准化，才能更好地体现企业的规模效应，降低产品或服务的单位成本。其次，狠抓成本与费用控制建设。标准化能够实现单位成本的降低，但期间成本同样不容忽视。企业应该努力提高管理水平，降低管理费用；树立节约意识，提高资源的利用率，并最大限度地减少研究开发、服务、推销、广告等方面的成本费用。最后，提高与供应商的议价能力和市场份额。提高议价能力可以降低采购成本，提高市场份额是规模化生产的先决条件；如果市场份额有限，为实现低成本战略创造的规模化生产只能增加库存，不会转化为最终的盈利。

采用低成本竞争战略，企业一旦赢得了成本领先的优势地位，所获得的较高的边际利润又可以重新对新设备、现有设施进行投资以维护成本上的领先地位，而这种再投资往往是保持低成本状态的必需条件。

2. 差异化策略

差异化策略又称特色优势策略，是指企业将提供的产品或服务差异化，力求就客户广泛重视的一些方面在行业内独树一帜。它选择被行业内许多客户视为重要的一种或多种特质，并为其选择一种独特的地位以满足顾客的要求。

实现差异化战略必须做好以下工作。第一，明确在产品或服务的哪些方面创造差异化，是设计名牌形象，技术上的独特，性能特点、顾客服务、商业网络还是其他方面的独特性，必须有清晰的定位。当然，最理想的情况是企业在几个方面都有其差异化特点。第二，提供的产品或服务差异必须与客户的要求一致，且成本应低于客户愿意接受的价格。例如，成立于 1925 年的美国卡特彼勒公司（NYSE: CAT）不仅以其商业网络和优良的零配件供应服务著称于世，而且以其优质耐用的产品质量享誉全球。

一旦成功地实施了差异化战略，企业就能赢得一个高水平的收益，至少单位产品或服务的收益应该如此。建立企业的差异化战略，往往意味着对研发的持续投入，因为只有不断地创新才能保证这一地位长期不被动摇。这就伴随着很高的成本代价，有时即便全行业范围的客户都了解企业的独特优点，也并不是所有客户都愿意或有能力支付企业要求的高价格，这一点需要特别注意。

3. 专一化策略

专一化策略又称目标集聚策略，是指企业主攻某个特殊的顾客群、某产品线的一个细分区段或某一地区市场，并量体裁衣地为它们服务，而不是为其他细分市场服务。专一化策略是围绕着某一特殊目标服务建立起来的，它所开发推行的每一项职能化方针都要考虑这一中心思想。专一化策略能够以更高的效率、更好的效果为某一狭窄的目标对象服务，从而超过在较广阔范围内竞争的对手。

尽管专一化策略有着与低成本竞争策略、差异化策略明显不同的特点，但波特认为，专一化的结果，要么使公司通过满足特殊对象的需要而实现了差异化；要么在为这一对象服务时实现了低成本，或者二者兼得。这也是后续众多学者在研究和著书中只言低成本竞争策略和差异化策略，而对专一化策略只字不提的原因。

任何一个企业必须有其明确的竞争策略。徘徊在不同竞争策略中间几乎注定是低效率的，一旦企业处于徘徊状况，摆脱这种令人不快的状态往往要花费时间并经过一段持续的努力。企业采取的竞争策略不同，其财务状况和财务成果的反映亦有所不同，此时就应该采用不同的评价标准来评判企业的财务状况和财务成果。因此，会计分析和财务分析必须建立在其基础之上，否则只能是“盲人摸象，各执一端”。

第三节　会计分析

会计分析是财务分析的重要基础，会计分析结论为后续财务分析的可靠性提供了保证。一般来说，进行会计分析，首先要阅读财务报告，不但要阅读提供财务数据的报表和附注，还需同时关注报告中提供的非财务信息；然后，采用水平分析法、垂直分析法和趋势分析法等进行简单的分析；在此基础上，评价公司会计政策与估计的恰当性，评估公司会计数字被扭曲的程度，根据公司现金流、报表附注信息等，解释财务报表并修正财务报表信息。

一、会计分析方法

（一）水平分析法

水平分析法是指将反映企业报告期财务状况的信息与历史时期本企业或同一时期其他企业的同类信息进行对比，用以研究企业经营业绩、财务状况发展变动的方法。

按照具体比较对象的不同，水平分析法又可细分为纵向比较和横向比较两种。其中，纵向比较是企业财务状况信息与本企业以往年度进行比较，通常只有比较连续三期以上的数据才便于发现公司存在的问题和未来的发展趋势；横向比较通常通过两个或两个以上可比企业间的比较，关注不同企业间存在的差异，发现企业的核心能力。除了纵向比较和横向比较，特定基准比较也是在水平分析中经常用到的方法。特定基准一般包括经验标准、历史标准、行业标准或预算标准等。每个标准都有其优点和不足，在具体分析中不应孤立地选用某一种标准，而应综合应用各种标准，从不同角度对企业的经营状况进行评价。

水平分析法对比的方式有以下几种：

$$\text{变动的绝对值增减} = \text{分析期某些指标的实际数} - \text{比较期（或公司）同项指标的实际数} \quad (7\text{-}1)$$

$$\text{增减变动率} = \frac{\text{绝对值变动数量}}{\text{比较期实际数量}} \times 100\% \quad (7\text{-}2)$$

$$\text{变动比率值} = \frac{\text{分析期实际数量}}{\text{比较期实际数量}} \times 100\% \quad (7\text{-}3)$$

这里所说的比较期，可以是上年度，也可以是指定的某年度。针对一个企业不同年度的分析，同时进行绝对值和相对值（变动率或比率值）两种形式的对比是很必要的。针对可比的两家企业来说，绝对值的计算有一定的实际意义，但更重要的是对不同企业已计算出的相对值进行的再对比，其意义更大。

（二）垂直分析法

垂直分析法又称结构百分比方法，是指通过计算财务报表中各项目占总体的比重，明晰报表项目的内部结构，了解报表中的项目与总体关系情况及其变动情况。该方法反映了报表项目内各组成部分的比例关系，排除了规模的影响，使不同比较对象建立起可比性，因此适用于本企业历史比较、与其他企业比较和与预算比较。经过垂直分析法处理过的财务报表被称为同度量报表，资产负债表、利润表都可以经过垂直分析法转化为同度量对应的报表。其中，通过对同度量资产负债表的分析就能够评价公司的资产构成及其质量，评估实物资产（存货、固定资产）与虚资产（商誉、无形资产、递延资产、长期待摊费用、应收账款、预付账款、其他应收款等）的可变现性，通过对同度量利润表的分析就可以评价公司各项费用、利润等占同期收入的比例等。

垂直分析法的步骤如下所示。

第一步，确定报表中各项目占总额的比重，即该项目金额与各项目总金额之比。对资产负债表而言，垂直分析就是通过计算各项目占总资产或负债和所有者权益的比重；对利润表而言，垂直分析就是通过计算各项目占营业收入的比重。表 7-1 列示的即为采用垂直分析法计算出的美的集团（000333.SZ）的同度量利润表。

第二步，通过各项目的比重，分析各项目在企业经营中的重要性。一般项目比重越大，说明其重要程度越高，对总体的影响越大。从表 7-1 可以清晰地看出利润表的内部结构以及各组成部分的比例关系，营业成本是对公司盈利水平影响最大的因素，占各年度营业总收入的 75% 左右。因此，对营业成本的分析尤为重要。

第三步，将各项目的比重与特定时期同项目比重进行对比，特别关注一些异常变动情况。对表 7-1 而言，美的电器历年来各项目的比重变化幅度较小，初步判断其是一个比较成熟且稳健的公司。

垂直分析法是一种会计分析方法，更是一种结构分析的思想，所以其适用范围不应仅局限于对整张财务报表的分析，对财务报表内部各组成部分和附注部分也同样适用，而且往往能发现企业可能存在的一些潜在问题。例如，将净利润作为分母，组成净利润的营业利润、营业外收支和所得税费用三部分分别作为分子，用垂直分析法就可以评价公司净利润及其构成，并根据营业利润的占比评估企业利润的可持续性。又如，财务报表附注中一般会列示营业收入的组成，通过垂直分析法可以评价公司营业收入的结构分布，并评估企业主营业务收入及其确认方法。再如，企业的负债也涵盖多个项目，既有来源于银行等金融机构的长期借款、短期借款等，又有被称为商业负债的企业间商业往来过程中形成的各种欠款，包括应付账款、应付票据、预收账款等。通过资产负债表及其附注，采用垂直分析法可以评价企业的负债构成及财务风险，评估表内融资与表外融资相对地位等。

表 7-1　美的集团的同度量利润表　(%)

会计项目	会计期间				
	2013 年度	2014 年度	2015 年度	2016 年度	2017 年度
营业总收入	100.00	100.00	100.00	100.00	100.00
营业收入	99.76	99.55	99.35	99.50	99.50
其他类金融业务收入	0.24	0.45	0.65	0.50	0.50
营业成本	76.54	74.25	73.67	72.33	74.60
税金及附加	0.50	0.57	0.65	0.67	0.59
销售费用	10.25	10.35	10.62	11.06	11.05
管理费用	5.55	5.27	5.34	6.02	6.11
财务费用	0.47	0.18	0.10	–0.63	0.34
资产减值损失	0.10	0.25	0.00	0.24	0.11
其他业务成本（金融类）	0.17	0.29	0.40	0.28	0.10
投资收益	0.82	1.06	1.44	0.80	0.76
公允价值变动净收益	0.45	–0.46	0.06	0.07	–0.01
资产处置收益	0.00	0.00	0.00	0.00	0.55
营业利润	7.69	9.45	10.70	10.91	8.94
营业外收入	0.83	0.74	1.23	1.14	0.19
营业外支出	0.26	0.36	0.41	0.21	0.10
利润总额	8.26	9.83	11.52	11.83	9.03
所得税费用	1.41	1.65	1.74	1.91	1.34
净利润	6.84	8.18	9.78	9.92	7.69

（三）趋势分析法

趋势分析法与水平分析法并无实质性差异，区别仅在于趋势分析法根据的是企业连续几年或几个时期的分析资料进行定基对比和环比对比，得出它们的增减变动方向、数额和幅度，以揭示企业财务状况、经营情况和现金流量变化趋势的一种分析方法。趋势分析法的一般步骤如下。

首先，计算趋势比率或指数。借助于统计学的概念，指数分为定基指数和环比指数。其中，定基指数是指各个时期的指数都是以某一固定时期为即期进行计算，环比指数则统一以上一期为基期来进行计算。

其次，根据计算结果，评价和判别企业各项指标的变动趋势及其合理性。

最后，根据企业以前各期的变动情况，研究其变动规律，从而预测未来的发展趋势。之所以如此，是因为只有抓住研究指标的变动规律，才能选择出适用的预测模型，提高预测的准确性。常用的预测模型有趋势平均法、指数平滑法、直线趋势法和非直线趋势法等。由于篇幅所限，这里不做详细的表述，感兴趣的读者可以查阅相关的书籍。

需要特别说明一点，无论采用何种方法对企业进行会计分析，“面面俱到”往往是不可能也是不必要的。一定要结合企业具体的业务模式，关注影响企业商业风险的关键性问题，有针对性地进行重点分析。如各商业银行面临的主要风险是信用风险，贷款损失准备是关键性问题；制造业企业面临的主要风险是产品质量风险，关键性问题是其“三包”费用与准备；而租赁业企业面临的分析则主要取决于对租赁资产残值的预估是否准确。

二、会计政策与估计

（一）会计政策与会计估计的定义

会计政策是指企业在会计确认、计量、记录和报告中所采用的具体原则、基础和会计处理方法。正如以前章节所言，会计准则并非一味地“刚性”，而是既有刚性又富含柔性，“刚柔并济”，体现了会计系统在不同时期和不同类型企业中强大的适用性。由于企业之间存在一定的差异，“一刀切”显然并不合适，会计准则往往在一些方面给予企业自由裁量权。因此，根据交易安排的不同，企业可能存在对相似交易的会计描述采用不同的会计报告方法。会计政策的选择体现了会计准则的柔性。

会计估计也体现了会计准则的柔性。会计估计是指对结果不确定的交易或事项以可利用的信息为基础所做出的判断。为了定期、及时提供有用的会计信息，进行适当的会计估计是必需的，因为会计准则没有也不可能规定企业每一项交易或事项会计处理的所有细节，对其最清楚的还是企业会计信息的报告者——公司管理当局。企业持续不断的营业活动（经济业务）被划分为不同的时期，如年度、季度、月度，并在权责发生制的基础上对企业的财务状况和经营成果进行分期确认、计量、记录和报告，这样必然涉及大量的会计估计。合理地进行会计估计，不仅有助于企业为会计信息使用者编制出客观、公允的财务报表，也有助于企业管理当局了解企业的真实情况，继而做出正确的经营决策。

（二）会计政策与会计估计的具体分析：美的集团 VS. 四川长虹

会计准则规定，企业采用的会计政策，在非交易安排变更的前后各期应当保持一致，不得随意变更。这体现了会计准则的刚性，但会计准则中的“不得随意变更”，并不意味着不能变更，只是不得随意而已。只要言之有理、“师出有名”，其不同会计政策的选择和会计估计又是可以变更的，但需要在报表附注中予以注明，并陈述变更的理由。以下部分以举例的形式，对会计政策与会计估计进行具体分析。之所以选择美的集团（000333.SZ）和四川长虹（600839.SH）这两家上市公司，原因在于它们同属于家电行业，且都在行业中占有重要地位，有很强的可比性。

1. 应收款项坏账准备的计量

按照会计准则的规定，企业应当定期或至少每年年度终了时，对应收款项（应收账款和其他应收款）进行测试，分析各项应收款项的可收回性，预计可能发生的减值损失。按照应收账款单项金额是否重大，计提坏账准备的方法分为两种：应收款项单项金额重大的，应当单独进行减值测试，有客观证据表明发生了减值的，应当以其未来现金流量低于账面值的差额作为减值金额，据以计提坏账准备；应收款项单项金额为非重大的，可以单独进行减值测试，也可以与经单独测试后未减值的应收款项一起按类似信用风险特征划分为若干组合，再按这些应收款项组合在资产负债表日余额的一定比例预计减值金额，据以计提坏账准备。

（1）单项金额重大的标准。

会计准则规定，应按照应收账款单项金额是否重大，使用不同的方法，分别计提坏账准备。但判断单项金额重大的标准是什么，即如何判断单项金额重大，会计准则没有明示，这就给予了企业就此问题的自由裁量权。

表 7-2 和表 7-3 分别列示了美的集团和四川长虹两家上市公司对单项金额重大的判断标准和计提坏账准备的方法。

表 7-2　单项金额重大并单项计提坏账准备的应收款项（美的集团，2017）

对于单项金额重大的应收款项，单独进行减值测试。当存在客观证据表明本集团将无法按应收款项的原有条款收回款项时，计提坏账准备
单项金额重大的判断标准单项金额超过 5 000 000 元的应收账款以及单项金额超过 500 000 元的其他应收款
单项金额重大并单独计提坏账准备的计提方法：根据应收款项的预计未来现金流量现值低于其账面价值的差额进行计提

表 7-3　单项金额重大并单项计提坏账准备的应收款项（四川长虹，2017）

单项金额重大的判断依据或金额标准	从单项金额占总额的 5% 开始测试，如果单项金额占总额 5% 以上，汇总数大于总额 80%，单项金额占总额的 5% 可以作为单项重大的判断条件；如果单项金额占总额的 5% 以上，汇总数小于总额的 80%，应当降低单项金额重大的认定条件，直到单项金额重大的汇总金额满足总额的 80%
单项金额重大并单项计提坏账准备的计提方法	根据实际情况对预计未来现金流量的现值进行减值测试，计提坏账准备；如发生减值，单独计提坏账准备，不再按照组合计提坏账准备；如未发生减值，包含在组合中按组合性质进行减值测试

从表 7-2 和表 7-3 可以看出，两家上市公司就单项金额重大采用的判断标准截然不同。美的集团给出了明确的金额标准：单项金额超过 500 万元的应收账款以及单项金额超过 50 万元的其他应收款；而四川长虹的标准则比较复杂，它是一个动态变化的标准，金额标准的大小受应收款项账面值的直接影响，每年都不相同；单项金额重大并单项计提坏

账准备的计提方法，两公司尽管表述有所不同，但并无实质性差异，均与会计准则的规定保持一致。

（2）应收款项组合的划分。

对于单项金额非重大的，可以单独进行减值测试，也可以与经单独测试后未减值的应收款项一起按类似信用风险特征划分为若干组合。表 7-4 和表 7-5 列示了美的集团和四川长虹两家上市应收款项组合划分方法。

表 7-4 应收款项组合划分方法（美的集团，2017）

对于单项金额不重大的应收款项，与经单独测试后未减值的应收款项一起按信用风险特征划分为若干组合，根据以前年度与之具有类似信用风险特征的应收款项组合的实际损失率为基础，结合现时情况确定应计提的坏账准备

表 7-5 应收款项组合划分方法（四川长虹，2017）

按信用风险特征组合计提坏账准备的计提方法（账龄分析法、余额百分比法、其他方法）		
组合 1	除员工备用金借款、投资借款、关联方往来款项以外的款项（IT 分销业务、压缩机业务、机顶盒业务除外）	账龄分析法
组合 2	IT 分销业务中除员工备用金借款、投资借款、关联方往来款项以外的款项	账龄分析法
组合 3	压缩机业务中除员工备用金借款、投资借款、关联方往来款项以外的款项	账龄分析法
组合 4	机顶盒业务中除员工备用金借款、投资借款、关联方往来款项以外的款项	账龄分析法
组合 5	员工备用金借款、投资借款、关联方往来款项、废弃电器电子产品处理补贴款	余额百分比法

从表 7-4 和表 7-5 可以看出，两家上市公司尽管表述不同，但均指出按信用风险特征划分为若干组合；其中，四川长虹直接明示了五种不同组合，且除组合 5 采用余额百分比法计提坏账准备外，其余四种组合均采用账龄分析法。这五种组合划分标准复杂，对非专业的外部投资者来说晦涩难懂。

（3）确定应收款项组合减值金额的方法。

坏账比率是确定应收款项减值损失的重要概念，它是用以预计应收款项组合减值金额的比例，即指该组应收款项预计发生的减值损失占应收款项账面余额的比例。为了最大限度地消除预计的减值损失和实际发生的减值损失之间的差异，企业应当定期对坏账比率进行检查，并根据实际情况做出必要的调整。在实务中，确定应收款项组合减值金额的方法有应收款项余额百分比法和账龄分析法。

应收款项余额百分比法，相对比较简单，是指按应收款项的期末余额和坏账比率计算确定减值金额，据以计提坏账准备的一种方法。账龄分析法则相对复杂一些，是指对应收款项按账龄的长短进行分组并分别确定坏账比率，据以计算确定减值金额、计提坏账准备的一种方法。由于余额百分比法是根据年末“应收账款”账户余额一笔计提，计算较粗，因此计提结果的准确性较低；而账龄分析法是根据账龄分段计算，计算较细，计提结果的准确性较高，所以大多数上市公司都采用账龄分析法确定应收款项组合减值金额。表 7-6 与表 7-7 分别列示了美的集团和四川长虹两家上市公司确定应收款项组合减值金额的方法。

表 7-6　采用账龄分析法计提坏账准备（美的集团，2017）

	半年以内	半年至 1 年	1 ~ 2 年	2 ~ 3 年	3 ~ 5 年	5 年以上
暖通空调	0% 或 5%	5%	10%	30%	50%	100%
消费电器	0% 或 5%	5%	10%	30%	50%	100%
机器人及自动化系统	0% 或 5%	5%	10%	30%	50%	100%
其他	0% 或 5%	5%	10%	30%	50%	100%

表 7-7　计提坏账准备（四川长虹，2017）

组合 1：账龄分析法　（%）

账　龄	应收账款计提比例	其他应收款计提比例
1 年以内（含 1 年）	0	0
1 ~ 2 年	15	15
2 ~ 3 年	35	35
3 ~ 4 年	55	55
4 ~ 5 年	85	85
5 年以上	100	100

组合 2：账龄分析法　（%）

账　龄	应收账款计提比例	其他应收款计提比例
1 年以内（含 1 年）	0	0
1 ~ 2 年	15	15
2 ~ 3 年	35	35
3 ~ 4 年	55	55
4 ~ 5 年	85	85
5 年以上	100	100

组合 3：账龄分析法　（%）

账　龄	应收账款计提比例	其他应收款计提比例
1 年以内（含 1 年）	5	5
1 ~ 2 年	15	15
2 ~ 3 年	30	30
3 ~ 5 年	50	50
5 年以上	100	100

组合 4：账龄分析法　（%）

账　龄	应收账款计提比例	其他应收款计提比例
1 年以内（含 1 年）	0	0
1 ~ 2 年	10	10

（续）

账 龄	应收账款计提比例	其他应收款计提比例
2～3年	35	35
3～4年	55	55
4～5年	85	85
5年以上	100	100

组合 5：余额百分比法 （%）

组合名称	应收账款计提比例	其他应收款计提比例
组合 5	0	0

从表 7-6 和表 7-7 更可以看出两个公司采取方法的区别之大！尽管美的集团以账龄为风险特征划分了四个信用风险组合（暖通空调、消费电器、机器人及自动化系统、其他），但与其说是为了根据不同业务特点确定不同的计提比例，倒不如说是为了再一次强调公司的不同业务主体。显而易见，四个信用风险组合计提坏账准备的比率完全相同。

在表 7-7 中，四川长虹则属另一番景象。不但不同的组合使用的方法不同（组合 1～组合 4 使用账龄分析法，组合 5 使用余额百分比法），而且同样使用账龄分析法计提坏账的比率也不尽相同（主要表现在组合 3 与组合 1、组合 2、组合 4 截然不同）。至于为何如此划分，原因对外部人而言，无从得知。

总之，在应收款项坏账计提方面，美的集团和四川长虹会计政策选择和估计存在着极大的差别。美的集团的分类简单明了，方便报表阅读者的理解；而长虹分类异常复杂，增加了报表阅读者理解的难度。且不论两家公司哪一家更加反映了经济事实，仅从可理解性角度考量足可以基本判断出美的集团提供的会计信息质量更高。

（4）应收账款质量的分析。

应收账款质量是衡量一个企业经营状况的重要方面。它不仅涵盖应收账款的计提坏账情况，还要考虑应收账款占当期销售收入的比例，比例越高，说明企业销售收现能力越差。表 7-8 和表 7-9 分别列示了美的集团和四川长虹应收账款计提坏账的具体金额。

表 7-8 应收账款按类别分析（美的集团，2017）

2017 年 12 月 31 日

类 别	账面余额		坏账准备	
	金额（千元）	占总额比例（%）	金额（千元）	计提比例（%）
单项金额重大并单独计提坏账准备	32 448	0.18	6 960	21.45
按组合计提坏账准备	18 079 721	98.20	867 797	4.80
单项金额不重大但单独计提坏账准备	297 945	1.62	6 640	2.23
合计	18 410 114	100.00	881 397	4.79

表 7-9 应收账款按类别分析（四川长虹，2017）

类 别	期末余额				
	账面余额		坏账准备		账面价值（元）
	金额（元）	比例（%）	金额（元）	计提比例（%）	
单项金额重大并单独计提坏账准备的应收账款	—	—	—	—	—
按信用风险特征组合计提坏账准备的应收账款	8 373 245 605.48	97.63	391 957 365.08	—	7 981 288 240.4
单项金额不重大但单独计提坏账准备的应收账款	202 981 317.58	2.37	111 087 759.52	54.73	91 893 558.06
合计	8 576 226 923.06	100	503 045 124.60	—	8 073 181 798.46

从表 7-8 和表 7-9 可以看出，美的集团年末应收账款账面余额为 184.10 亿元，计提坏账准备 8.81 亿元，综合坏账比率为 4.79%；四川长虹年末应收账款账面余额 85.76 亿元，计提坏账准备 5.03 亿元，综合坏账比率 5.87%。对比两家公司，美的集团应收账款账面余额是四川长虹对应项的两倍有余，但计提坏账准备仅比四川长虹高出 75.21%，美的集团的坏账比率低于四川长虹。若在同一行业企业应收账款回收率差异不大的假定下，四川长虹显得比美的集团更为稳健一些。但是，结合各自企业的利润表数据，却能得出相反的结论。美的集团当年取得 2 407 亿元的销售总收入，而四川长虹仅有 776 亿元，前者是后者的三倍有余，四川长虹的应收账款占销售总收入比远高于美的集团，再结合同期美的集团的坏账比率低于四川长虹的现状，基本可以判断出美的集团的应收账款质量远高于四川长虹。

（5）会计政策和估计的变更。

一般而言，会计政策和估计的变更有两种不同情况：其一，由于会计准则的变更导致公司会计政策和估计的变更，这是针对所有适用公司均需强制实施的变更，体现了会计标准的刚性；其二，企业根据自身情况，在会计准则允许的范围内进行的自主调整，这属于会计标准的柔性范畴。

对于第一种情况，由于具有强制性，上市公司会计政策和估计的变更是被动的，自不必过多深究公司自身的动机。如 2017 年，无论美的集团还是四川长虹均在年度报告中指出：①据财政部 2017 年 4 月 28 日发布的《企业会计准则第 42 号——持有待售的非流动资产、处置组和终止经营》，公司会计政策进行了相应变更，在利润表中新增“资产处置收益”科目；②根据财政部 2017 年 5 月 10 日发布的《企业会计准则第 16 号——政府补助》，公司会计政策进行了相应变更，在利润表中新增“其他收益”科目。

但对于第二种情况下发生的会计政策和估计变更，则应该给予足够的关注和重视。纵观四川长虹和美的集团连续多年的年报，容易发现，四川长虹会计政策和估计的变更较为频繁，而美的集团则较好地保持了一贯连续性。其中，2017 年度，四川长虹发生如表 7-10 所示的变更。

表 7-10 会计估计的变更（四川长虹，2017）

会计估计变更的内容和原因	审批程序	备 注
因本公司控股子公司华意压缩对其部分固定资产的折旧年限及残值率进行了变更，由于本公司会计估计政策中固定资产折旧年限、预计残值率及年折旧率未涵盖华意压缩变更后的会计估计政策，根据相关规定，本公司需做相应会计估计变更	经公司第九届董事会第六十二次会议审议通过	本次会计估计变更采用未来适用法进行会计处理，对以往年度财务状况及经营成果不会产生影响

年报指出，控股子公司华意压缩的部分固定资产的折旧年限及残值率进行了变更，四川长虹需做相应会计估计变更。至于具体如何变更，则无更多详细说明。为此，查阅华意压缩（000404.SZ）年报，披露如下："房屋建筑物原折旧年限为 40 年，固定资产预计残值率为 3% ~ 5%。变更后，房屋建筑物及附属设施折旧年限为 10 ~ 40 年，固定资产预计残值率为 0 ~ 5%"。此次变更缩短了折旧年限，降低了残值率，由于采用未来适用法，增加了以后年度的折旧额，属更为稳健的范畴。

2016 年度，四川长虹发生如表 7-11 所示的变更。

表 7-11 会计政策和估计的变更（四川长虹，2016）

Panel A：会计政策变更

会计政策变更的内容和原因	审批程序	备 注
为了更加客观地反映公司拆解业务的经营状况和获利能力，子公司长虹格润根据实际业务情况并参照同行业上市公司及公众公司处理方式，对废旧电器拆解成本核算方法进行了变更。对于此项变更调整了比较期财务报表	相关会计政策变更已经获得公司第九届董事会第五十七次会议批准	该事项对公司损益不构成实质性影响

Panel B：会计估计变更

子公司长虹格润废弃电器电子产品拆解规模逐步扩大，每年应收国家基金补贴的金额也越来越大，应收国家基金补贴坏账准备计提方式变更为不计提，有利于更加客观公正地反映公司的财务状况和经营成果，使公司的应收债权更符合公司的回收状况和风险状况。基于对应收国家废弃电器电子产品基金补贴减值风险判断并参照同行业上市公司及公众公司通行做法，公司对应收国家基金补贴坏账准备计提方法进行了变更

会计政策的变更，"子公司长虹格润变更废旧电器拆解成本核算方法，将当年总成本（包括原材料采购成本、人工费用、制造费用等）按照当期拆解物预计销售收入和当期确认基金补贴收入的比例进行分摊，分别计入拆解物成本和基金补贴收入成本。"此项变更致使资产减值损失增加，营业成本相应减少，对公司利润的影响可忽略不计。

会计估计变更，"变更前公司对应收国家废弃电器电子产品处理补贴款计提坏账准备的方法为账龄法；变更之后，公司对应收国家废弃电器电子产品基金补贴款不计提坏账准备。"此项变更致使四川长虹年末应计提坏账准备减少 1 128 万元，这为 2016 年度业绩的扭亏为盈贡献了"一臂之力"。

以上仅为近两年四川长虹的会计政策与估计的变更，整体而言，对企业业绩表现影响不大，但这并不能成为放松对会计政策与估计变更的重视的理由。将时间轴拉长，更易观测四川长虹和美的集团对会计政策与估计变更迥异的行为模式；其中，美的集团的整体上市延续了此前美的电器对会计政策和估计的一贯连续性；而为了自身利益不断变更会计政策和估计则成为四川长虹的一个显著特征。

2007 ~ 2013 年，四川长虹仅应收款项科目就发生了两次会计政策和估计的变更，分别发生在 2007 年和 2011 年；其中，2007 年四川长虹提高了坏账准备提取标准，2011 年该公司改变了单项金额重大的判断条件。具体情况如表 7-12 和表 7-13 所示。

表 7-12 四川长虹应收款的坏账比例估计变更（2007 年）

信用风险特征组	变更前估计坏账比例	变更后估计坏账比例	差 异
1 年以内	0.00%	5.00%	–5.00%
1 ~ 2 年	10.00%	15.00%	–5.00%
2 ~ 3 年	30.00%	35.00%	–5.00%
3 ~ 4 年	50.00%	55.00%	–5.00%
4 ~ 5 年	80.00%	85.00%	–5.00%
5 年以上	100.00%	100.00%	—

表 7-13 四川长虹单项金额重大并单项计提坏账准备会计估计变更（2011 年）

变更前	期末应收账款余额在 1 300 万元以上或其他应收款余额在 1 000 万元以上
变更后	从单项金额占总额的 5% 开始测试，如果单项金额占总额 5% 以上汇总数大于总额 80%，单项金额占总额的 5% 可以作为单项重大的判断条件；如果单项金额占总额的 5% 以上汇总数小于总额 80%，应当降低单项金额重大的认定条件，直到单项金额重大的汇总金额满足总额 80%

从表 7-12 可以看出，2007 年，公司提高了应收款项的坏账比率，整体提高了 5 个百分点。对于为何要做如此的变更，2007 年年报并没有给予解释，但披露了此会计估计对 2007 年报表项目的影响，如表 7-14 所示。该变更导致的直接结果是降低了当年利润 9 222 万元，进而所有者权益和总资产降低 9 222 万元。初步印象是公司进行了使利润向下的盈余管理，公司的会计政策更为稳健。但深入分析其年报不难发现，即便是因会计估计的变更降低了近 1 亿的利润，净利润仍由 2006 年的 3.12 亿元提升到当年的 4.42 亿元，这得益于当年度实现的 2.4 亿元投资收益。在其他经营情况没有发生显著变化 的前提下，长虹的此举明显具有平滑收益的嫌疑。公司清楚地认识到，投资收益的大幅增加受益于当

2003 年四川长虹销售收入 141 亿元，应收账款 50 亿元；其中，应收美国经销商 APEX 货款 44.5 亿元。2004 年，公司一次性计提 APEX 欠款坏账 3.1 亿美元（约合 26 亿元人民币），余 1.5 亿美元估计尚可收回。2004 年因减提原因，应收账款余额降至 21.8 亿元。但时至 2006 年，APEX 无力偿还，长虹必须再提坏账，但长虹当年盈利 3.89 亿元，无力支持坏账计提。此时，绵阳市国资委发布（2006）26 号文，长虹集团承诺将收购 1.5 亿美元的全部或部分债权，致使四川长虹勿须再提减值准备。2007 年 10 月 8 日，长虹集团再次承诺依 2007 年确认人民币金额于 2010 年 12 月 31 日前，部分或全部收购 1.5 亿美元债权，从而四川长虹 2007 年仍勿须为此而“忧”。所以说，四川长虹同往年的经营情况相比，未发生显著变化。

时中国股票市场的井喷态势，而非公司的主营业务收入，可持续性自然也无从谈起。基于此，盈余平滑就显得尤为必要了。

从表 7-13 可以看出，2011 年该公司单项金额重大并单项计提坏账准备会计估计变更提高了确认单项金额重大的复杂度，使报表更为晦涩难懂。变更前，期末应收账款在 1 300 万元以上或其他应收款在 1 000 万元以上即可认定为单项金额重大；变更后，层层的语句嵌套使确认标准复杂且不明确。

表 7-14 会计估计变更对报表项目的影响（四川长虹，2007）

项 目	变化金额（元）	项 目	变化金额（元）
应收款账面价值	−63 949 520.67	本年利润影响小计：	−92 223 386.27
其他应收款账面价值	−23 936 849.49	其中：资产减值损失之坏账准备	99 511 293.92
长期应收款账面价值	−11 624 923.76	所得税费用	−7 287 907.65
递延所得税资产增加	7 287 907.65	对所有者权益的影响：	
		其中：归属于母公司权益	−72 514 405.41
		归属于少数股东权益	−19 708 980.86
资产影响小计	−92 223 386.27	所有者权益影响小计	−92 223 386.27

再看 2011 年的会计估计变更的影响及动机。按照公司的披露，变更后，公司应收款项单项金额重大的判断范围发生了变化，对应收款项中的重大单项金额按新标准进行减值测试的覆盖范围更大，新标准下单项金额重大的应收款项客户与公司业务关系正常，经测试未发现减值，不需要单项计提坏账准备。此项变更不影响公司 2011 年年末的坏账准备金额，不影响公司 2011 年利润总额和归属于母公司的净利润。既然对利润指标没有任何影响，为何又急于变更会计估计？公司给出的变更理由如下："基于财务稳健性、审慎性原则，为进一步加强风险控制。"结合四川长虹复杂的应收款项坏账计提比率，我们无法推测该公司如此而为的真实目的，但有一点是确信无疑的，那就是降低了报表的可理解性。

独立第三方鉴证机构，信永中和会计师事务所有限公司及其前身之一四川君和会计师事务所在四川长虹两次会计估计变更之前和之后均出具了标准无保留审计意见，而未对会计政策变更的原因予以任何说明。这再一次印证了第二章脚注陈述的事实：无论企业给出的变更理由看起来多么合理，如何"言之凿凿"，也无论外部审计给出的审计意见多么肯定，对于外部信息使用者来说，都不能仅仅停留于此；而应该关注公司会计方法发生变更的深层次原因。

2. 其他影响公司业绩的会计政策与估计

以 2017 年四川长虹和美的集团为例，我们就应收款项坏账准备计量问题进行了详述。然而，这仅是会计政策与估计中涉及的一个具体项目而已，除此之外，影响公司业绩的会计政策与估计还包括：固定资产的折旧、存货价值的估计、长期待摊费用的摊销、"三包"及售后服务费用的预计、无形资产的摊销，等等。下面仍以这两个公司为例，再对固定资产的折旧估计进行简要分析，对其他方面不再赘述。

影响固定资产折旧计算的因素有三个，即原始价值、预计净残值和预计使用年限。除原始价值外，其他两个因素的确认涉及会计估计。固定资产折旧方法包括直线法（年限平均法）、工作量法、加速折旧法等，具体方法的选择由企业自行确定。因此，固定资产折旧是会计政策与估计的另一个重要方面。表 7-15 和表 7-16 分别列示了两公司的固定资产折旧政策。

表 7-15 固定资产折旧政策（四川长虹，2017）

类 别	折旧方法	折旧年限（年）	残值率	年折旧率
房屋及建筑物	平均年限法	10 ~ 40	0 ~ 5%	2.38% ~ 10.00%
机器设备	平均年限法	9 ~ 14	0 ~ 5%	6.79% ~ 11.11%
运输设备	平均年限法	4 ~ 8	0 ~ 5%	11.88% ~ 25%
动力设备	平均年限法	5 ~ 10	0 ~ 5%	9.5% ~ 20%
起重设备	平均年限法	5 ~ 10	0 ~ 5%	9.5% ~ 20%
仪器仪表	平均年限法	3 ~ 8	0 ~ 5%	11.88% ~ 33.33%
锻压设备	平均年限法	5 ~ 10	0 ~ 5%	9.5% ~ 20%
其他设备	平均年限法	3 ~ 20	0 ~ 5%	4.75% ~ 33.33%

表 7-16 固定资产折旧政策（美的集团，2017）

类 别	预计使用寿命	预计净残值率	年折旧率
房屋及建筑物	15 ~ 60 年	0 ~ 10%	6.7% ~ 1.5%
机器设备	2 ~ 18 年	0 ~ 10%	50% ~ 5.0%
运输工具	2 ~ 20 年	0 ~ 10%	50% ~ 4.5%
电子设备及其他	2 ~ 20 年	0 ~ 10%	50% ~ 4.5%
土地	永久	不适用	不适用

通过表 7-15 和表 7-16 的对比可知，无论四川长虹还是美的集团，折旧年限（预计使用寿命）都是时间区间值而非时间点值。但是，两公司又各有特点，四川长虹的固定资产分类更为细致，美的集团所言的电子设备及其他应该涵盖了长虹固定资产类别中的动力设备、起重设备、仪器仪表、锻压设备和其他设备；而美的集团预计使用寿命的时间区间又远大于四川长虹。因此，在固定资产折旧方面，其稳健性“难分伯仲”。

结合利润表和资产负债表的分析也说明了这一点，四川长虹的固定资产原值为 104.7 亿元，净值为 57.2 亿元；美的集团的固定资产原值为 401.58 亿元，净值为 226 亿元，美的集团固定资产折旧计提的比例（56.28%）略高于四川长虹（54.67%）。另外，四川长虹 57.2 亿元的固定资产净值产生了 776 亿元的销售收入，同期的美的用 226 亿元的固定资产净值创造了 2 419 亿元的销售收入，四川长虹的固定资产利用效率又略高于美的电器。所以，单从固定资产折旧方面来讲，两公司并无明显差异。

三、财务报表的调整

会计分析的最后一步是对可能存在问题的财务报表进行调整。如果通过分析表明，公司管理层有动机也有可能利用会计政策与估计操纵企业财务报表，使得其提供的财务信息具有误导性，那么利用这样的财务报表是不可能很好地进行财务分析的。鉴于此，分析者应该根据所获得的信息和对企业会计政策与估计的分析，重新核算和调整企业的财务报表数据，尽可能消除会计失真。

举例来说，对同一行业的两家企业来说，如果一家采用加速折旧法计提固定资产折旧，另一家采用直线法计提固定资产折旧。在进行财务分析之前，必须就此进行调整，一般将加速折旧法计提的折旧调整为直线法计提的折旧，这样后续的分析结论才具有可比性。但是，也要清醒地认识到，并不是识别了所有的会计政策与估计差异就一定能够调整财务报表进而消除会计失真。这是因为调整财务报表往往需要更多的信息，而这些信息通过公司的公开披露渠道往往难以获取。这种情况下，只能退而求其次，对后续的分析结果进行一定程度的"折价"，来尽量反映公司的会计真实。

例如，将四川长虹的应收账款坏账计提按照美的集团的计提方法进行调整就存在诸多困难，因为即便是有应收账款按账龄划分的金额，也难以估计各账龄的应收账款坏账比率，毕竟不同企业的收账能力各不相同，将美的集团的坏账比率"嫁接"到四川长虹是不客观的。我们能做的只能是，对四川长虹后续分析的结果给予一定程度的"折价"，进而反映出其会计信息质量低于美的集团。

第四节 财务分析

无论会计信息系统如何得先进和高效，其提供的信息终归是企业的历史信息，但仍旧是利益相关者最为关注的信息。原因很简单，就是通过对会计信息的分析能够评价企业未来盈利能力的可持续性，这也是财务分析的最终目的。财务分析立足于对一系列财务指标的深入理解，并在此基础上进行综合评价，最终提供满足财务报表分析目的的成果。

一、比率分析法

（一）比率分析法的定义

比率分析法实质上是将影响财务状况的两个相关因素通过计算比率联系起来，用以分析和评价公司的经营活动及财务状况的一种方法。比率分析法有着悠久的历史，早在1919 年，美国银行家亚历山大·沃尔就建立了比率分析体系。由于比率分析法简单、明了、可比性强，在财务分析实践中被广泛应用，是财务分析最基本、最重要的方法，甚至有人将财务分析与比率分析等同起来对待，认为财务分析就是比率分析。

比率分析法的定义决定了比率分析最终的结果是一个比值，表现形式可以是百分率也可以是比率或者分数。比率分析法应注意所分析的项目要具有可比性、相关性，将不相关的项目进行对比没有意义；同时，对比的口径也要求一致，即比率的分子项与分母项必须在时间、范围等方面保持口径一致。财务指标分析就是比率分析法在财务分析中的具体应用。由于不同的财务分析者进行财务分析的目的不同，所关注的侧重点也有所差异。但总的来说，经营能力、管理效率、财务风险和股东回报等几个方面涵盖了企业财务分析的所有关注点。下一章我们将就这四个方面予以专门阐述。

（二）标准比率

在比率分析中，往往需要对比率进行时间序列比较、横向比较和依据一些绝对标准比较等。不同的比较有不同的评价目的和作用。标准比率就是比率分析法中最常用的比较标准，计算方法主要有以下三种。

1. 算术平均法

应用算术平均法计算标准比例就是将若干相关企业同一比率指标相加，再除以企业数得出算术平均数。这里所说的相关企业根据分析需要而定，如进行行业分析比较，相关企业为同行业内企业；如进行全国性分析，相关企业为国内企业；如进行国际分析比较，则相关企业为国际范围的企业。

利用这种方法计算的平均数无法消除过高或过低比率对平均数的影响，从而影响比率标准的代表性。因此，通常的做法是，首先将企业按比例大小排列，然后剔除最低和最高的若干企业（或异常值），最后再进行计算。这样计算的平均数更具代表性。

2. 综合报表法

综合报表法是指将各企业报表中的构成某一比例的两个绝对数相加，然后根据两个绝对数总额计算的比率。这种方法考虑了企业规模等因素对比率指标的影响，但其代表性可能更差。

3. 中位数法

中位数法是将相关企业的比率按高低顺序排序，然后再依此找出 25%、50%、75% 位置的一种评价方法。其中，50% 位置对应数值就是中位数比率。亦可将中位数加上中位数 25% 和下中位数 25%，依据企业比率的位置进行评价：如果比率值为正向指标，比率在上界的 25%，表示企业该方面能力很好；比率在下界的 25%，表示企业该方面能力很差；比率在中位数的 50%，表明企业该方面能力一般；比率在上中位数表示能力较高，在下中位数表示能力较低。

总体来说，无论采用哪种方法计算的标准比率都不能克服比率分析法的不足：比率的变动仅仅被解释为两个相关因素之间的变动，很难综合反映比率与计算它的财务报表之间的联系，自然也就很难仅仅依靠比率分析得出报表关系的综合观点。

二、因素分析

采用比率分析法能够计算出的财务指标，每个指标都有其特定的含义，往往表现为某种现象的总变动，而这种总变动又是由多种因素共同造成的。因此，厘清不同因素对总变动的影响程度很有必要。因素分析法（Factor Analysis Approach）正是有效解决这一问题的工具。

因素分析法又称指数因素分析法，是利用统计指数体系分析现象总变动中各个因素影响程度的一种统计分析方法。它的最大功用在于运用数学方法对可观测的事物在发展中所表现出的外部特征和联系进行由表及里、由此及彼、去粗取精、去伪存真的处理，从而得出客观事物普遍本质的概括。因素分析法是现代统计学中一种重要而实用的方法，具有广泛的应用领域，本文所讲即为因素分析法在财务分析领域的具体体现。

根据其分析特点，因素分析法又可细分为连环替代法、差额分析法、指标分解法、定基替代法等。其中，连环替代法是因素分析法的基本形式，有人甚至将它与因素分析法不加区分，视为同一概念的不同表述。因此，这里主要讲述的也是连环替代法，其他方法仅做简要介绍。

（一）连环替代法

连环替代法是根据因素之间的内在依存关系，依次测定各因素变动对经济指标差异影响的一种分析方法，是因素分析法的基本形式。连环替代法的名称来源于其分析程序的特点，为了准确理解连环替代法，以 ROE 的杜邦分解为例，详细阐述连环替代法进行的一般程序或步骤。

1. 连环替代法的一般程序

（1）确定分析指标与其影响因素之间的关系。

通常使用指标分解法，即将经济指标在计算公式的基础上进行分解或拓展，找到与经济指标有因果关系的构成因素，并给它们排列顺序，这同时也是确定在以后的计算中因素替换的顺序。替换顺序的确定有一个原则：先换量的因素，再换质的因素，并按照影响指标的重要性程度来安排各因素的替换顺序，先换主要的因素，后换次要的因素 。

对 ROE 来说，要确定它与影响因素之间的关系，过程如下：

然而，由于实际情况往往较为复杂，用这样一个原则去确定各因素的替换顺序仍然是比较困难的。

ROE= 净利润 / 所有者权益

= (净利润 / 总资产)×(总资产 / 所有者权益)

= (净利润 / 销售收入)×(销售收入 / 总资产)×(总资产 / 所有者权益)　　（7-4）

= 销售利润率 × 总资产周转率 × 权益乘数

（2）确定分析对象。

根据分析指标的报告期数值与基期数值列出两个关系式，确定分析对象。对 ROE 而言，两个关系式如下：

基期 ROE= 基期销售利润率 × 基期总资产周转率 × 基期权益乘数　　（7-5）

报告期 ROE= 报告期销售利润率 × 报告期总资产周转率 × 报告期权益乘数　　（7-6）

分析对象 = 报告期 ROE – 基期 ROE　　（7-7）

（3）连环顺序替代，计算替代结果。

所谓连环顺序替代，是指在基期的水平上进行连续替换，每次只替换一个因素，而且这个过程要严格地按照事先已经确定好的替换顺序依次进行。这里有一个重要的假定：在整个替换的过程中，当替换某个因素时，排在它前面的因素要保持实际期的水平，排在它后面的因素要保持基期水平。计算替代结果就是在每次替代后，按关系式计算结果。

（4）计算各因素对分析指标的影响程度。

将每次替代所计算的结果与这一因素被替代前的结果进行对比，而不是与基期的结果进行对比，二者的差额就是替代因素对分析指标的影响程度。

（5）验证结果

检验分析结果，将各因素单独变动对差额的影响数汇总相加以后，其代数和应该等于“实际期 – 基期”的差额。若两者相等，说明分析结果是正确的，结束工作；否则，说明结果有误，需重新检验。

【例题】

A 公司 2016 年和 2017 年财务状况如下，试求出该公司的净资产收益率，并用连环替代法计算出每个因素对净资产收益率的影响（结果保留 2 位有效数字）。

指　标	2016 年	2017 年
销售净利率	4.17%	4.32%
总资产周转率	1.07	0.98
资产负债率	67.11%	70.15%

答：权益乘数 = 1/(1 – 资产负债率)

2016 年权益乘数 = 1/(1 – 67.11%) = 3.04

2017 年权益乘数 = 1/(1 − 70.15%) = 3.35

净资产收益率 = 销售利润率 × 总资产周转率 × 权益乘数

2016 年净资产收益率 = 4.17% × 1.07 × 3.04 = 13.56%

2017 年净资产收益率 = 4.32% × 0.98 × 3.35 = 14.18%

净资产收益率差异 =14.18% − 13.56% = 0.62%

替代第一因素（销售利润率）：4.32% × 1.07 × 3.04 = 14.05%

替代第二因素（总资产周转率）：4.32% × 0.98 × 3.04 = 12.87%

替代第三因素（权益乘数）：4.32% × 0.98 × 3.35 = 14.18%

确定各因素对净资产收益率的影响程度：

销售利润率的影响：14.05% − 13.56% = 0.49%

总资产周转率的影响：12.87% − 14.05% = −1.18%

权益乘数的影响：14.18% − 12.87% = 1.31%

最后检验分析结果：0.49% − 1.18% + 1.31% = 0.62%

2. 注意事项

在应用连环替代法的过程中，必须注意以下几个问题。首先，因素分解的相关性问题，分析指标与分解各因素之间必须有实际经济联系；其次，分析前提假定性问题，分析某一因素对分析指标的影响，必须假定其他因素不变，但这种假定往往是不现实的，因此在因素分解时尽量减少对相互影响较大的因素进行再分解；再次，因素替代的顺序问题，因素分析不仅要明确确定影响因素，而且要保持因素排列顺序不变，不存在乘法交换率；最后，连环性问题，一环套一环，在确定各因素变动对分析对象的影响时，都是将某因素替代后的结果与该因素替代前的结果对比。

（二）其他因素分析法

除了连环替代法，因素分析法还包括差额分析法、指标分解法、定基替代法等。其中，差额分析法是连环替代法的一种简化形式，其原理与连环替代法完全相同。区别仅在于分析程度上，差额分析法更简单，它在其他因素不变的假定下，直接利用各影响因素的实际数和基期数差额，计算各因素对分析指标的影响程度。但需要注意的一点是，并非所有的用连环替代法能够解决的问题都可以用差额分析法进行简化计算，尤其是各因素之间不是连乘的情况下，必须慎重应用。

指标分解法是将一个相对复杂的指标分解成若干个子指标，再对每一个子指标进行研究，从而达到易于分析、便于实行的目的。定基替代法是测定比较差异成因的一种定量方法，这种方法需要分别用标准值（历史的、同业企业的或预算的标准）替代实际值，以测定各因素对财务指标的影响。由于在财务分析中较少采用这两种方法，这里不再赘述。

三、财务综合评价

（一）财务综合分析与评价

财务综合分析方法概括起来可分为两大类：一类是财务报表综合分析，如资产与权益相结合进行的综合分析、利润表与现金流量表结合进行的综合分析、企业整体增长能力分析等。这里以企业整体增长能力分析为例，做一简短的说明。增长能力分析包括销售增长、资产增长、负债增长、权益增长、利润增长、现金流增长共六个要点，但单一的要点分析只能从股东权益、利润收入或资产等不同的侧面考察企业的发展能力，不足以涵盖企业发展能力的全部；另外，这六个要点并不是相互隔离、互不相干的六个方面，往往“牵一发而动全身”，截然分开也是不妥当的。所以，实际应用中要把六个要点联系起来进行综合分析，才能正确评价一个企业的整体增长能力。一般而言，只有一个企业的利润增长率、资产增长率、收入增长率、权益增长率、经营活动现金流增长率等保持同步增长，且不低于行业平均水平时，才可以判断这个企业具有良好的增长能力。

另一类是财务指标体系的综合分析，典型的例子就是杜邦财务分析体系，结合因素分析法，分析者对股东报酬率不但“知其然”，更“知其所以然”，能够有效地分离出市场盈利能力、内部管理效率和财务风险控制三大因素对股东报酬率的贡献。

财务综合评价方法主要有综合指数评价法、综合评分法等，用于反映企业总体经营业绩水平的高低。这些方法大多通过选择业绩评价指标，确定指标的标准值，计算出单项指标指数，然后对各指标权重予以赋权，最后综合计算出企业评价指数。

（二）财务预测与价值评估

对于外部投资者来说，财务分析的目的在于预测和估值。即在财务分析的基础上，通过财务预测分析，确定企业未来现金流量或利润；然后对此按照一定的折现率进行折现，从而确定企业价值或股东价值。下一节讲述的前瞻性报表就是财务预测的一个重要成果，企业价值估值方法我们已经在第六章中进行了详细的讲解。

（三）财务报表分析报告

形成财务报表分析报告是财务报表分析的最后一步。一系列的财务分析结论最终都要落实在纸面上，财务报表分析报告就是财务分析主体对企业在一定时期的筹资活动、投资活动、经营活动中的盈利状况、营运状况、偿债状况等进行分析所形成的书面文字报告。

一般来说，财务报表分析报告要包含基本财务情况、主要成绩及重大事项说明、存在的问题及提出改进的措施等内容。但这并非一成不变，分析目的不同、服务对象不同等都将导致财务报表分析报告的侧重点不同，但以下基本要求是必须满足的：①重点突出、无须“面面俱到”；②观点鲜明、表达精确；③注重时效性；④客观公正、不偏不倚；⑤条理清晰、文字精练。

第五节 前瞻性报表

《黄帝内经》之《素问·四气调神大论》有云：“是故圣人不治已病治未病，不治已乱治未乱，此之谓也。夫病已成而后药之，乱已成而后治之，譬犹渴而穿井，斗而铸锥，不亦晚乎。”这句话的大致意思是说，预防重于治疗，表明了我国传统医学临床对预防疾病的重视。拓展开来，其中蕴含的哲理，治理企业也概莫能外。合理的预防措施，能够有效降低风险、减少冲突、提高效率，以确保企业不断完善，业绩稳步增长。前瞻性报表就有如此的功用，它通过一定的方法，预测公司的业绩，并为使企业达到预期而不断规范其行为模式、塑造其企业文化。

一、前瞻性报表概述

（一）前瞻性报表的定义

这里所谓的前瞻性报表特指公司内部人员依据以往财务信息和其他私有信息，通过综合预测方法，编制的公司未来期间的财务报表。前瞻性报表是由公司内部编制并自愿对外发布的，不同于分析师、机构投资者等外部机构对企业未来期间的财务预测。相比而言，由于企业内部拥有大量的私有信息，处于显著的信息优势地位，其编制的未来期间财务报表更为客观、准确。

前瞻性报表是公司管理从规范走向科学的重要标志。纵观国内外，众多基业长青的企业大致都经历了以下三个阶段：经验化管理阶段、规范化管理阶段和科学化管理阶段。在企业草创初期，一切从“零”开始，逐步积累经验并积极吸收其他组织的先进经验，不可谓是其最优的“生存法则”，此阶段可谓“经验化管理阶段”。随着企业不断地发展壮大，积累的经验越来越多，从中进行合理的取舍，找出适合本企业的“生存之道”，也就逐渐步入了规范化管理阶段。计算机技术的飞速发展、各种风险管理模型的推陈出新、一系列精益管理理论的深入人心，一个不断追求可持续性发展的企业必然会历经从规范法管理阶段向科学化管理阶段的过渡。这一历程可长可短，但终归要迈入科学化管理阶段的现实是毋庸置疑的。

（二）前瞻性报表的作用

前瞻性报表是企业编制并自愿对外披露的企业未来期间的财务信息，是现有财务报表信息的有益补充。无论对企业自身还是外部利益相关者，前瞻性报表都能起到良好的导向作用。综合起来，可概括为以下三点。

1. 为更准确的企业权益定价提供依据

相比于单纯地依赖企业财务报表信息对企业进行估值，前瞻性报表能够为企业权益定价提供更多、更准确的信息。传统的财务会计报表都是基于企业历史交易或事项编制而成的，报告的都是企业的历史信息；而公司编制的前瞻性报表是建立在以往财务信息的基础之上的，同时融合了不为外界所知的企业私有信息，这些私有信息对企业权益定价提供了更多的依据。没有人怀疑这样的说法：无论会计系统如何透明、资本市场如何有效，企业内部拥有更多微观层面的私有信息的事实永远不会改变。

由此，企业可以通过前瞻性报表向外界传递更多公司层面的信息，帮助分析师更客观、更准确地为企业估值，加深投资者对企业的现状及其未来发展前景的理解，帮助银行家和债务市场参与者评估贷款偿还的可能性，等等。这些都将为资本市场的发展和成熟提供条件。

2. 提供了一种平滑公司收益的有效工具

图 7-3 是两个不同公司未来经营业绩的比较；整体而言，两个公司的长期业绩走势都是不错的，但公司 A 的收益增长呈“锯齿”状，公司 B 的收益增长则十分平滑，在平均收益相等的情况下，公司 A 面临的风险较大，一定程度上降低了公司价值。公司持续增长的会计表现就是收益平滑，而平滑收益仅有会计的参与是远远不够的，事后的会计包装很容易使企业陷入舞弊的窘境。基于此，企业前瞻性报表的编制都必须以收益平滑作为前提和假设。前瞻性报表是平滑公司收益的一种有效工具，公司管理的所有方面都需要具有前瞻性。尽管在中国，编制并自愿披露前瞻性报表的企业还很少，但由于其发挥的重要作用，其必然是未来发展的一个方向。

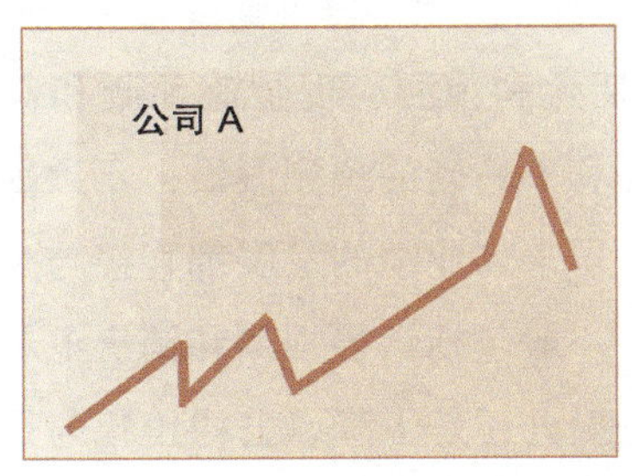

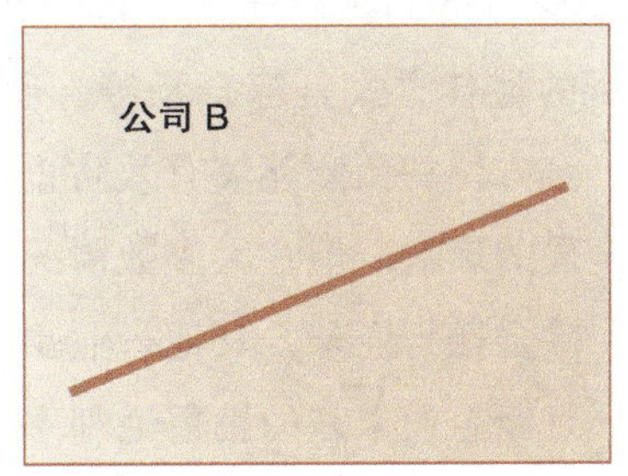

图 7-3 公司未来经营业绩走势

3. 促使企业的管理更为规范

前瞻性报表必须以规范管理为基础，否则收益平滑的假设就存在疑问；反过来，前瞻性报表又可促进企业的管理更为规范。既然向外界披露了前瞻性报表，对外部利益相关者来说，“听其言，观其行”是自然而然的事情。如果未来期间的实际企业经营业绩与前瞻性报表的数据相差甚远，公司的声誉和诚信就会受损。为了避免出现这种情况，大到公司战略计划、预算的编制与执行，小到企业日常运行与控制，都需要以前瞻性报表为“准绳”，规范企业的行为，帮助经理人员拟定详细、具体的工作规划。前瞻性报表对企业起着一定的约束性作用。如果运用得当，长期来看和实际业绩水平相当或差异很小，前瞻性报表就是企业塑造健康形象的重要手段。

二、前瞻性报表的预测框架

（一）前瞻性报表的编制基础

前瞻性报表的编制基础和财务报表分析一脉相承，包括商业战略分析、会计分析和财务分析三个部分。只有建立在清晰精准的商业战略分析、细致审慎的会计分析和客观翔实的财务分析基础之上的前瞻性报表才能够发挥其作用，为更准确的企业权益定价提供依据，成为平滑公司收益的有效工具，促使企业的管理更为规范。

商业战略分析的重点在于：①支撑企业业绩增长的战略及其竞争优势在哪里？能维持多久？②在不牺牲现有毛利的前提下，公司的长期和短期增长速度是多少？③竞争是否会改变企业盈利模式？

会计分析的重点在于：①会计的稳健性问题，企业过去的业绩与资产是否有高估或费用与负债是否有低估？②公司业绩的“含金量”问题，企业是否利用关联关系来操纵公司业绩，这些操纵对公司未来业绩的影响会是什么？财务分析的重点在于对战略分析和会计分析已发现的问题从财务的视角提出解决方案，使具体措施“落地”。

（二）预测分析的最佳方式：综合预测

预测分析的最佳方式是综合预测，通常包括盈利预测、现金流预测和资产负债表预测。多角度、全方位的预测能够有效防止不合理和不精确的预测假设，不致因某一方面的误判造成对全局的影响。但在大多数情况下，公司未来业绩的发展都直接与少数驱动因子的变动有关，除金融行业外，其他行业驱动因子一般包括销售预测和销售毛利预测等。基于战略分析，判断企业未来的销售毛利率水平是提升还是下降、公司销售与行政管理费用受什么因素的驱动、其他业务销售及投资收益是否持续、所得税筹划可否节约所得税费用。如果资产周转率保持不变，营运资本、固定资产投资及与销售相关的主要费用便可合理预测，从而避免内部的不一致。

公司业绩的预测可以采用“幼稚”模型，直接以上一年度业绩为起点，也可以上一年度业绩为起点并以近期发展趋势进行调整，还可以采用过去几年业绩的平均值。但对短期预测，尤其是一年期预测，直接外推法是一种简单且有效的方法。这种方法对于一个成熟公司非常有效，原因在于：①短期内，其营运和财务政策不大可能发生显著变化，除非正处于业务重组期间；②任一年度的资产负债表期初数都会在一定程度上限制该年度的经营活动，如期初存货在一定程度上会决定当年度的销售，现有的生产线在一定程度上也会决定当年可实现的销售水平。

（三）关键会计指标的变动趋势

关键会计指标一般包括销售增长率、利润增长率和 ROE 增长率，预测其变动趋势的准确性直接决定了前瞻性报表信息含量的高低。通常，关键会计指标的变化方向有一定的规律可循。“风水轮流转”便是一个颠扑不破的客观规律，简单地说，一个人不可能永远走好运，一个企业也不可能永远保持快速增长的态势。“风水轮流转”和“三十年河东，三十年河西”是一个意思，跌宕起伏才是事物发展历经的“真面目”，由于具体客观环境的不同，间隔可长可短，可能是三十年也可能是二十年，甚至仅是十年。

销售增长的行为表现趋向于“风水轮流转”的模式。无论是高于平均增长的公司还是低于平均增长的公司，在一定阶段后都会趋向于“正常”水平。行业发展需求下降和行业内的竞争都会导致高速增长的公司增长速度放缓；个别公司的持续调整与增长亦取决于其在行业内的竞争定位。

利润增长的行为一般而言更接近于“随机游走”或“移动随机游走”模式。以上一年度盈余来预测未来年度盈余，同时考虑未来盈余潜力可能是最好的预测起点，而不是以过去几年的盈余平均为起点。

但盈余不可能永远沿着一个方向稳步向前，因此长期的 ROE 及其他投资回报的发展趋势仍绕不开“风水轮流转”的“宿命”。趋于平均报酬率的公司试图保持，但高于正常或低于平均报酬率的公司都会趋向于下降或上升，在一定时期内逼近“正常水平”。以 ROE 为例，在全球一体化进程加速、资本流动愈加频繁的今天，ROE 随时间反转的周期一般不会超过 10 年。这是因为，一方面，具有较高 ROE 的公司，其投资规模的扩张通常也会比较快，如果新增投资不能提供与原有投资一样的回报，那么，其 ROE 则必然会下降；另一方面，具有较高 ROE 的公司，必然会吸引更多新的竞争加入，从而使其投资回报水平合理化。反之，较低的 ROE 会因其他竞争者撤资而减少竞争，从而使其 ROE 回归正常。

“风水轮流转”的例子比比皆是，近期诺基亚和戴尔电脑的“黯淡”为此增加了新的证据。所以，短期预测并编制前瞻性报表可以以目前情况“顺势而为”，但长期预测就不可不考虑“风水轮流转”的力量。

三、前瞻性报表的编制：以美的电器（000527.SZ）为例

我们曾于2008年以当时可获取的最新年度（2007年）财务报表为起点，为美的电器（000527.SZ） 编制前瞻性报表，预测期间为2008～2012年。为了真实地还原当时的状态，展现前瞻性报表的编制过程，这里所述的以下数据均未做任何后续的更新，而是“原封未动”将2008年编制的前瞻性报表过程展示如下。

关键会计指标的预测

1. 销售收入预测

假定2008年度销售收入按30%速度增长，比2007年度的实际销售收入增长率57.6%低27.6个百分点。该假设基于公司2007年度完成的冰箱/洗衣机生产线会在2008年以更快的速度增长。但考虑到世界性金融危机及经济危机，其增长速度会大受影响，但不会低于过去10年增长的平均水平（29.6%），以后会逐步放缓。

2. 销售毛利率预测

假定2008年度销售毛利率为19%，略高于2007年度18.5%的水平。该假定基于美的曾经有过高达25%的毛利水平，根据销售毛利率行为模式，它会随时间推移回归正常。该项假定隐含着另一个假定，自2008年度开始，美的的销售毛利率会逐年提高。

3. 销售/管理费用预测

假定2008年度销售费用为当年度销售收入的9.31%，略低于2007年年度水平；该假设基于随着美的销售规模的进一步扩大，其固定费用会因此而摊薄，同时该假设隐含美的的销售费用会逐年降低。假定2008年度管理费用为当年度销售收入的3%，略低于2007年度3.15%的水平，但后续年度逐年上升，该假设基于管理费用会因劳动力成本及研发投入的增加而逐年增加。

4. 财务费用/所得税费用预测

假定财务费用为销售收入的0.8%，略高于2007年0.76%的水平；该假设基于较高的负债率和人民币持续升值所引起的财务费用增加，同时该假设隐含这一费用比例会逐年上升。所得税费用为销售收入的0.8%，略高于2007年0.59%的水平；该假设基于公司已过“两免三减半”的税收优惠期，该假设隐含这一费用的比例以后会逐年上升。

5. 其他指标的分析

美的的投资收益、营业外收支、资产负债结构、资产周转率等会计指标会保持相对稳定。

美的电器，全称广东美的电器股份有限公司，于1993年11月12日在深圳证券交易所上市。2013年9月18日，美的集团（000333.SZ）完成了换股吸收合并美的电器（000527.SZ），从而实现了整体上市。

在以上假定的基础上，对美的的利润表项目进行预测，具体结果如表 7-17 所示。该表除"销售收入增长速度"行列示的是销售收入同上年度相比的增长率外，其他各行均为该行项目与当年度销售收入的比值。可见，表 7-17 采用了类似于会计分析中的垂直分析法（结构百分比法）。

表 7-17　美的预测假设（2008~2012 年）

会计项目	会计期间				
	2008 年	2009 年	2010 年	2011 年	2012 年
销售收入增长速度	30.00%	25.00%	20.00%	17.00%	15.00%
销售成本	81.00%	80.50%	80.00%	79.50%	79.00%
税金及附加	0.10%	0.10%	0.10%	0.10%	0.10%
销售费用	9.31%	9.00%	8.90%	8.80%	8.70%
管理费用	3.00%	3.10%	3.20%	3.30%	3.40%
财务费用	0.80%	0.90%	1.00%	1.10%	1.20%
投资收益	0.50%	0.50%	0.50%	0.50%	0.50%
营业利润	6.29%	6.90%	7.30%	7.70%	8.10%
所得税费用	0.80%	1.00%	1.20%	1.20%	1.50%
净利润	5.49%	5.90%	6.10%	6.50%	6.60%

根据表 7-17 的预测假设及 2007 年度美的电器的实际经营业绩，就可以编制前瞻性报表的利润表部分，具体见表 7-18。由利润表的项目数据，并在一系列假定前提下，就可以进一步编制出相应年度的资产负债表和现金流量表。具体过程从略。

表 7-18　美的前瞻性报表之利润表　　　　（单位：百万元）

会计项目	会计期间				
	2008 年	2009 年	2010 年	2011 年	2012 年
销售收入	43 286	54 107	64 928	75 966	87 361
销售成本	35 061	43 556	51 943	60 393	69 015
税金及附加	43	54	65	76	87
销售费用	4 030	4 393	5 779	6 287	7 600
管理费用	1 299	1 677	2 078	2 507	2 970
财务费用	346	487	649	836	1 048
投资收益	216	271	325	380	437
营业利润	2 723	3 733	4 740	5 849	7 076
所得税费用	346	541	779	912	1 310
净利润	2 376	3 192	3 961	4 938	5 766

需要特别注明的一点：以上举例仅为说明前瞻性报表的编制过程，并未对 2008 年编制的前瞻性报表做任何更新。但现实的情况应该如此，采用"滚动式"的方式，每一年度对前瞻性报表进行持续的更新，随时间的推进不断加以调整和修订。这样，一方面能使前瞻性报表与实际情况更为一致，预测的误差更小，有利于充分发挥前瞻性报表的作用；另

一方面，能够保持前瞻性报表的完整性、持续性，从动态报表中把握企业的未来。

四、敏感性分析

尽管前瞻性报表是由公司内部人员依据以往财务信息和其他私有信息编制的公司未来期间的财务报表，相比于公司外部对其的预测更为客观和精确。但是，这并不能消除未来期间的不确定性，只是不同程度的降低而已。为了对未来不确定有更深入的认识和把握，在前瞻性报表的基础上引入敏感性分析的概念就显得尤为必要。

敏感性分析是一种常用的研究不确定性的分析技术和方法，它在确定性分析的基础上，从定量分析的角度，进一步分析不确定性因素发生某种变化对最终经济效果指标的影响及影响程度，其实质是通过逐一改变相关变量数值的方法来解释关键指标受这些因素变动影响大小的规律。对前瞻性报表来说，利用敏感性分析，系统的方法就是在前瞻性报表分析的基础上，透过关键性假设的改变来测试给定条件下的最大不确定性。通常以一定的毛利变化范围来预测出不同结果，如果公司正宣布了扩张政策，资产利用效率的不确定性就会比较大；如果公司过去的毛利水平不稳定，就需要以不同的毛利起点来预测不同的方案；另外，行业状况及公司竞争策略的改变也有可能出现不同的预测结果。总之，敏感性分析的目的就是在前瞻性报表的基础上获得更多有关不确定性的增量信息，为相关利益者服务。

◀ 本章小结 ▶

财务报表分析是一项综合的活动，涉及一系列的技术和方法，但这些都不是分析的关键，分析的关键在于分析目的和思路。财务报表分析的目的，对管理者而言，主要是考核与激励；对投资者而言，主要是预测与定价。财务报表分析的重心是关注企业的未来，而不是企业的过去，因此透过现象看本质、透过会计数据看公司战略与经营绩效，并预测企业未来期间的经营业绩和财务状况才是财务会计分析的重点。

附录7A

常见的财务比率指标

基于传统财务分析框架，财务分析重点关注企业盈利能力、运营能力、偿债能力及发展能力四个方面，下面我们对常见的财务比率指标予以列示。

一、企业盈利能力方面

1. 一般公司盈利能力指标

净资产收益率 =（净利润 / 平均净资产）×100%

总资产报酬率 =（净利润 / 平均总资产）×100% 或

= [（利润总额 + 利息支出）/ 平均总资产]×100%

销售净利润率 = 净利润 / 营业收入

销售毛利率 =（营业收入—营业成本）/ 营业收入

销售息税前利润率 =（利润总额 + 利息支出）/ 营业收入

营业收入利润率 = 营业利润 / 营业收入

2. 上市公司盈利能力指标

市盈率（或价格与收益比率）= 每股市价 / 每股收益

市净率 = 每股市价 / 每股净资产

其中，每股收益又分为基本每股收益和稀释每股收益。

普通股权益报酬率 = [（净利润—优先股股息）/ 平均普通股权益]×100%

股利发放率 = 每股股利 / 每股收益

托宾 Q =（股权市场价值 + 债务账面价值）/ 总资产账面价值

现金分配率 =（现金股利 / 经营活动净现金流量）×100%

利润现金保障倍数 = 经营活动净现金流量 / 净利润

二、企业运营能力方面

1. 总资产营运能力指标

总资产产值率 =（总产值 / 平均总资产）×100%

总资产周转率 = 营业收入 / 平均总资产

2. 流动资产周转指标

流动资产周转率 = 营业收入 / 流动资产平均余额

存货周转率 = 营业成本 / 存货平均余额

应收账款周转率 = 营业收入 / 应收账款平均余额

3. 固定资产周转指标

固定资产产值率 =（总产值 / 平均固定资产）×100%

固定资产收入率 = 营业收入 / 固定资产平均总值

三、企业偿债能力方面

1. 短期偿债能力指标

流动比率 = 流动资产 / 流动负债

速动比率 =（流动资产 – 存货 – 预付账款）/ 流动负债

现金比率 = 货币资金 / 流动负债

2. 长期偿债能力指标

资产负债率 = 负债总额 / 总资产

股东权益比率 = 股东权益 / 总资产 =1 – 资产负债率

权益乘数 = 总资产 / 股东权益

产权比率（净资产负债率）= 负债总额 / 股东权益

销售利息比率 = 利息费用 / 营业收入

已获利息倍数 =（利润总额 + 利息支出）/ 利息支出

四、企业发展能力方面

股东权益增长率 =（本期股东权益增长额 / 股东权益期初余额）×100%

净利润增长率 =（本期净利润增长额 / 上期净利润）×100%

营业利润增长率 =（本期营业利润增长额 / 上期营业利润）×100%

收入增长率 =（本期营业收入增长额 / 上期营业收入）×100%

资产增长率 =（本期资产增长额 / 资产期初余额）×100%

第八章

四维分析法

【本章学习目的】

通过本章的学习，深入理解四维分析法这一财务分析新范式，并能活学活用，利用公开的财报信息对具体公司进行分析，没有偏见地下结论。

第一节　四维分析法的定义及构建基础

一、四维分析法的定义

财务分析的结论不是一种可能或推测，而是在多个相互关联的证据支持下的一种确定的结果。这种结果是否表述客观、公允、准确，这其中既有方法论的问题，当然更重要的是价值观问题。

四维分析法是由著名会计学家薛云奎教授集30余年教学与实务经验独创的一套全面、系统而又简单、实用的财务分析专业方法。它是一种基于10年或更长周期的公开财报数据，以资产负债表、利润表和现金流量表为核心，分别从经营、管理、财务及业绩四个维度深入剖析和评价目标公司内在投资价值的结构性分析工具，是一个财务分析的新范式。四维分析法能够穿透公司的竞争优势与劣势，识别公司收入与利润的含金量，洞见公司潜在风险与收益，为利益相关者提供客观中立的分析结论和决策依据。

二、四维分析法的构建基础：公开的财务报告信息

宇宙是当今世界最大的时空概念。“往古来今谓之宙，四方上下谓之宇” 。如果把宇宙看成是一个大坐标，那么，人类乃至人类个体只不过是这个大坐标中的一粒微尘。每个人所处的位置以及他所观察的世界都是一个微细的局部。

如果我们根据一眼望出去的黄皮肤、黑眼睛的中国人而就此定义人类的样子，那么，很显然这个定义是片面的、局限的，这个结论很可能导致对黑种人、白种人以及其他种族的人类产生偏见或歧视。同样道理，财报信息及其分析结论也是片面的、局限的，绝对的片面，相对的全面。

（一）财报信息的全面性

很多人认为财报分析的结论是片面的，诚然如此。但是，他们下结论的依据却有失偏颇。有人说，财报分析之所以片面，是因为财报信息只反映了一家企业财务上的收支往来，未能涵盖公司的战略、产品、技术、研发、经营、人事、法务、行政等方方面面，所以，财报分析的结论非常局限，不足为信。这话听上去似乎很有道理，但实际上却是因为不了解财报信息的本质而形成的错误观念。

毫不否认，财务只是公司管理职能中的一个职能。但是，我们同样也无法否认，一家公司的所有交易和事项都必须纳入到财报系统中加以反映，哪怕是一分钱的交易或事项也不能有所遗漏。所以，从这个意义上来说它又是全面的。甚至在企业管理中，没有第二个系统能够比它更全面。如果一家公司的战略、经营、管理、理财等方方面面的活动与安排都必须通过交易或事项来完成，那么，财报信息便涵盖了所有方面的活动。因此，以此来说财报分析的结论是片面的，在逻辑上很显然是说不通的。很多人正是因为不了解财报信息的全面性，才会得出这样的错误结论。

（二）财报信息的先天局限

财报信息从采集企业交易或事项信息方面来说是全面的，但从会计专业的角度来说，它又客观上存在片面性或局限性，主要表现为以下三个方面。

1. 财报信息以货币为基本计量单位

在市场经济中，货币具有价值尺度、流通手段和支付手段等三个职能，这些职能使货币能够成为交换的媒介，保证了市场的存续和运转。所有的财报信息都必须以货币来表达，反过来，只有能够用货币来表达的交易或事项才能够进入财报系统。这是因为，财务会计所处理的交易和事项以及最后由财务报表揭示的内容，概括起来，不外乎企业经营

本部分选自薛云奎教授所著的《克服偏见，还原财报背后的真相》（机械工业出版社，2018年版），根据需要有部分删节和调整。

出自《文子·自然》：“往古来今谓之宙，四方上下谓之宇。”《庄子》：“上下四方曰宇，往古来今曰宙。”二字连用，始见于《庄子·齐物论》曰：“旁日月，挟宇宙，为其吻合。”

过程中价值增值运动的具体、单项表现。其中，最本质的东西就是“价值”。价值是商品的特有属性，只有货币是价值唯一可以捉摸的存在形式。货币计量的好处是方便综合与汇总，但它的缺陷是能够用货币可靠计量的资源、交易或事项有其自身的局限，很可能并不能涵盖公司所有重要的资源、交易或事项。比如说，发明创新能力、公司的政商资源、品牌声誉、祖传秘方、技术诀窍、方便法门等就很难用货币可靠计量。这一缺陷对不同公司的影响程度会各有不同，但不能夸大其词或一概而论。对于大部分公司而言，这些局限虽然会对总体有影响，但影响程度是有限的。如果在财报分析过程中能够充分意识到这种影响，在结论上适当纠偏，就可以在一定程度上修正或弥补它的固有缺陷。

2. 财报信息只是“马后炮”

财报信息只是事后反映，而股票价格理论上则是由未来预测所决定。所以，财报分析的结论不能直接用于对股票的定价。但这并不是说，财报分析结论对股票定价没有用处。道理很简单，任何对未来的预测都必须基于对过去的理解。10 年的财报分析固然不是全部，但它在某种程度上揭示出来的公司发展规律和运行轨迹对预测公司未来增长和兴衰自然会提供极大的帮助。所以，根据过去财报分析而编制未来前瞻性财报的方法，已然成为世界级公司管理的一种流行趋势。

当然，世事总是变幻无常的，以分析过去为基础而预测未来只是预测方法中的一种，也许它并不比中国古老的“易经预测”和吉普赛人的“水晶球占卜”先进多少，但它显然是更易于被受过现代西方管理教育的人士所接受的一种预测方法。

3. 财报信息是混浊的

从表面上看，财报信息是货币计量的、单纯的信息，但其实不然。财报的货币计量信息是混浊的、混淆的。比方说，公司的无形资产既包括一家公司的专利权、专有技术等技术性资产，也包括公司购买的土地使用权。把技术资产与土地使用权汇总在一起，其所表达的含义是混浊的而不是清晰的。再比如，公司的大部分资产是以历史成本计价的，但却也有部分金融资产是以目前的市场公允价值计量的，把历史成本与公允价值汇总在一起，这样的信息结果也同样是混浊的。再比如，一家公司的税后净利润既包含主营业务产生的利润，也包含出售资产或股权所取得的投资收益，当然，还有可能包含政府补贴、出口退税以及其他营业外收支等，各种来源渠道的利润汇总在一起，用于对公司盈利能力的评价也会产生很大的混淆。

以上这些都是财报信息的一些先天局限性，需要财报分析师运用专业的财报分析去将这些混浊或混淆加以澄清。

（三）财报信息是硬信息

信息时代的信息源是多种多样的，但财报信息也许是全球范围内共识程度最高的有关企业业绩与风险评估的信息源。所以有人说，会计是一门国际通用的商业语言。

按照公认会计原则（GAAP）或权威会计准则编制的财报信息，是一种格式化的标准信息，它建立了企业之间财报信息的可比性基础。虽然不同国家或地区所采用的会计标准各有不同，但公开资本市场上各个国家或地区所采用的会计标准几乎是大同小异。为了使公开财报信息更具可靠性，各个国家或地区的财报信息都要求必须有可靠证据的支持。可以说，所有公开资本市场上的每一项财报信息都是有可靠证据支持的信息。

除此之外，财报信息在正式披露前，还要求企业花费巨资聘请独立第三方专业机构加以鉴证或背书，以进一步表示它是值得人们信赖的公允表达了公司财务状况、经营业绩和财务风险的硬信息。

如果根据这样的信息分析得出的结论仍然不可靠或者不可信，那么，又有什么样的信息能比此更加可靠呢？当然，信息的可靠性不等于分析结论的可靠性。信息结论是基于信息进一步加工出来的产品。在分析过程中，的确有可能包含分析者的偏见与执念，因此，如何保证客观、独立、公允的分析过程，便成为财报分析结论是否值得信赖的关键。

此外，即便财报信息是硬信息，也不能完全保证信息的可靠性，尤其是作为新兴资本市场国家——中国的上市公司，从来就不缺乏在此方面的创造性。财报虚假不仅仅是老生常谈，更是经久不衰，其花样不断“推陈出新”，即使是专业投资者也很难分辨数据的真假。那么，如何透过这些虚假的信息得出有价值的结论呢？其一，把财报分析的时间区间放大，一年造假容易，即使是专业的会计人员也很难分辨出企业是不是造假了；但如果连续十年都在造假却很难，把一家企业十年的年报结合起来分析，就会减少很多造假的可能。这也就是四维分析法为什么要基于 10 年乃至更长周期的公开财报数据进行分析的根本原因。其二，牢固树立其克服偏见的方法论，这也是四维分析法构建的另一个基础。

三、四维分析法的构建基础：克服偏见的方法论

美国著名心理学家亚伯拉罕·哈罗德·马斯洛 有一句名言：“如果你手里有一把锤子，所有东西看上去都像钉子。”其中蕴含的道理很简单，你手里拿着锤子，心里就会产生拿着锤子的执念。同样，在财报分析的过程中，如果分析师自身有所动机或目的，其分析结论自然也就很可能偏离它本来的样子，而成为分析师心目中或他人心目中想要的样子。克服偏见，对财报分析来说至关重要，这远远超越了财报分析方法本身的重要性。

1. 财报分析不能预设立场

如果分析师在分析一家公司的财报之前，就有了自己的动机、目的或立场，那么，也就相当于分析师的手里已经拿了一把锤子，对其而言，无非是想从所要分析的财报中找出

亚伯拉罕·哈罗德·马斯洛（Abraham Harold Maslow，1908—1970），美国社会心理学家、比较心理学家、人本主义心理学（Humanistic Psychology）的主要创建者之一，心理学第三势力的领导人。

其想要的钉子。手拿锤子的人总能找到钉子，但它究竟是代表了整体还是局部，也许分析师自己也浑然不知。

2. 全面的财报分析好于局部或个别指标的分析

公司的财务报告体系是一个相互联系的有机整体，切忌断章取义。资产负债表、利润表和现金流量表作为整个体系最为重要的三部分，其内部也存在一定的钩稽关系。要克服对一家公司的局部放大到整体，“捡了芝麻、丢了西瓜”，最好的方式就是先对整体有一个全局的认识，这就是薛云奎教授所倡导“四维分析法”。因为只有在全面分析一家企业的经营、管理、财务和业绩基础上，才有可能得出符合全局的结论，从而避免偏见和断章取义。

3. 财报分析必须抓住要点，分清主次

“物有本末，事有终始，知所先后，则近道矣” 。全面分析，只能防止遗漏重大事实。抓住要点和关键，才有可能防止片面和夸大其词。比如在第二章“企业的本质与会计操控”中，有一则关于东阿阿胶的种驴折旧问题的案例。东阿阿胶公司在2018年年初发布一个公告，说：“将成熟生产性生物资产的成龄种驴，按照年限平均法计提折旧，从原来的折旧年限为5年、净残值率为5%，变更为折旧年限为10年、净残值率为60%。”这个会计政策变更是显著的，而且，其变更结果会增加东阿阿胶公司的当期盈利。那么，它之所以做这样的会计政策与估计变更真的是为了操控公司的利润吗？答案又是否定的。因为东阿阿胶当年度的税后利润已超过20亿元，而此项变更所可能增加的净利润只有区区300多万元而已。所以，如果不把具体问题放在全局中加以权衡，抓住要点和关键，结论就很可能产生偏颇。

同样，在分析一家企业经营是否成功时，首先应看它的销售增长，其次才是它的增长方式；在分析和评判一家公司的管理效率时，首先是看它的资产周转率，其次才是它的存货与应收款项的管理；在分析和评判一家公司的资产质量时，首先观察各项资产在总资产中所占的比重，以此来判断它在分析结论中的重要性，其次才是项目本身的可变现能力；在评估公司财务风险时，首先应当观察它的负债水平，其次才是它的负债结构和短期偿债能力；在分析和评判一家公司的业绩时，首先是看它的盈利，其次才是它的盈利构成与可持续性。明白了主次优先的原理，才不容易误入歧途，形成偏见。

4. 知其然，更要知其所以然

“知其然”是了解报表信息本身的含义；“知其所以然”是了解报表信息形成的机制、方法和原理。比方说商誉资产，不了解商誉为何物的人通常会认为企业有商誉，说明这家

出自《大学》原为《礼记》第四十二篇，约为秦汉之际儒家作品，一说曾子作。提出“明明德、亲民、止于至善”的三纲领和“格物、致知、诚意、正心、修身、齐家、治国、平天下”的八条目。宋代程颢、程颐兄弟从《礼记》中把它抽出，以与《论语》《孟子》《中庸》相配合。至南宋淳熙年间，朱熹撰《四书集注》，将它和《中庸》《论语》《孟子》合为“四书”。

企业有好的口碑和声誉。诚然，这也是不错的理解。但反过来，没有商誉资产的企业就没有好的口碑和声誉了吗？很显然不是。企业有没有商誉资产，关键不在于有没有好的口碑和声誉，而在于企业之前年度有没有发生过溢价的股权收购或投资。一家公司积累的商誉资产越多，说明这家公司发生的购并越多，支付的购并溢价越多，而非只是声誉和口碑很好。

再比如说专利权。如果在企业的专利资产中，其中有一项核心专利账面价值100万元，但另外一项配套的辅助专利，却价值1 000万元。那么，是否1 000万元的配套专利价值要大过100万元的核心专利价值呢？其实不然。专利资产的定价在报表中之所以错位，一个很重要的原因是因为核心专利是企业自身研发的专利，而配套专利是外购的专利。自身研发的专利因会计准则的原因，将研发过程中的支出费用化了，所以，能够资本化为资产的价值被严重低估。而外购的配套专利虽然没那么重要，但它表现的却是市场价值，所以，如果只看表面，就自然而然地本末倒置了。

再比如，老师问一个问题：苹果公司是重资产公司还是轻资产公司？有同学说苹果公司是轻资产公司。老师拿出苹果公司的财报，指出在其3 753亿美元总资产中，非流动资产高达2 466亿美元，占总资产的65.72%。同学马上改口说，哦，苹果公司原来是一家重资产公司。接着老师又拿出苹果公司的财报，说苹果公司2 466亿美元的非流动资产中包含有1 947亿美元的权益与其他投资，这部分股权投资占到总资产的51.88%，如果扣除这一部分资产，你还会认为苹果是一家重资产公司吗？显然不是。所以，说苹果公司是一家重资产公司的结论是正确的，说它是一家轻资产公司的结论也是正确的。如果只知其然而不知其所以然，其结论自然也是偏颇的。

5. 分析结论必须具有相互联系的两个或两个以上的财报数据支持

财报分析的原则是“只表达客观事实，不表达主观愿望”，因此，财报分析的结论应当有财报数据的直接支持，既不能有重大事实的隐瞒、遗漏或篡改，也不能夸大其词或妄加推测。能够成为分析结论的证据必须得到两个或两个以上相互关联指标的支持，因为只有这样得出的结论才更具客观性，才能禁得住“推敲”、受得了“责难”。

比方说一家公司是不是高科技公司？需要在财报中考察一系列的指标，并且得到相互间的印证和支持。高科技公司由于其产品的技术含量高导致其市场上的独特定位，其垄断性特征会推高其产品定价和高毛利。通常情况下，其销售毛利率越高，说明其产品的差异性或独特性越大。但仅有高毛利还不够，常常还需要考察它的高增长，因为高科技产品开创了人无我有的蓝海空间，如果它是满足人类社会生活需要的产品，其增长自然畅行无阻。所以，如果既有高毛利又有高增长的支持，我们通常便可在财报上认定其为高科技公司；如果仅有高毛利而没有高增长，这一方面说明公司营销能力不足，另一方面也可能说明公司的高科技并不满足当前社会需要。这在一定程度上就变成了伪科技。

除此之外，是否是高科技公司还可以进一步考察它的研发投入及其占比，表达公司研发投入的规模及其对研发的重视程度。还可进一步分析研发投入的资本化率以及无形资产的增长，以便进一步明确它的创新能力是在提升还是在下降，以及它研发管理和技术转化效率。

总之，财报分析的结论不是一种可能或推测，而是在多个相互关联的证据支持下的一种确定的结果。这种结果是否表述客观、公允、准确，这其中既有方法论的问题，当然更重要的是价值观问题。从总体上说，财报分析的关键点是克服偏见，而克服财报分析过程中的偏见，仅有方法论的指导是远远不够的，分析者必须保持绝对的平等心，不预设立场的分析才是克服偏见的关键。

第二节　四维分析法：穿透财报

上一小节已经阐明四维分析法的基本原理与方法。基于 10 年或更长周期的公开财报数据，四维分析法以资产负债表、利润表和现金流量表为核心，从经营、管理、财务及业绩四个维度，深入剖析和评价目标公司的内在投资价值，旨在为利益相关者提供客观中立的分析结论和决策依据。本小节即分别从经营、管理、财务及业绩四个维度对四维分析法进行详细的解读。

一、经营层面分析

经营是指企业向消费者交付产品或服务的过程，以及与之相关联的交易或事项。经营的目标是使公司的产品或服务与顾客期望达成一致，并得到更多顾客的认同。因此，经营分析的重点是看销售收入的构成及其增长、销售收入的质量、产品的市场定位和企业经营的理念等。

（一）销售收入的构成及其增长

销售收入及其增长是衡量公司经营是否成功最重要的指标。销售收入是实现利润的源泉，企业销售情况越好，说明其市场占有率越高，实现的销售收入也就越多，企业生存发展的空间也越大。没有销售收入的增长，其他一切指标都是空谈。

销售收入增长评价首先关注收入增长率，即：

$$收入增长率=\frac{本期营业收入增加额}{上期营业收入}\times 100\% \tag{8-1}$$

需要注意的是，如果上期营业收入为负值，则在公式的分母中取上期营业收入的绝对

值 。收入增长率是一个正向指标，该值为正数，说明企业本期销售规模扩大；收入增长率越大，说明企业销售收入增长越快，销售情况越好。要全面、正确地分析和判断一个企业销售收入的增长趋势和增长水平，必须将同一企业不同时期的收入增长率加以比较和分析，毕竟某个时期的收入异常变动可能受到一些偶然、非正常因素影响，从而无法反映企业实际的销售能力。

仅仅关注收入增长率是不够的，为了深入分析销售增长的幅度及其原因，还需要分析销售收入的构成。借助于财务报表中有关营业收入的附注信息：利用按行业分部信息计算某种产品增长率指标，以观察企业产品组合的结构变化，理解不同产品对企业的贡献比例；利用按销售区域（地区或国家）分部信息观察不同地域（地区或国家）销售结构及其变化。如若必要，还可对销售收入的构成做进一步的变动趋势分析。

（二）销售收入的质量

销售收入的质量主要指的是销售收入的可持续而言的，一般可以区分为内生性增长和购并增长两种不同的模式。相对于购并增长而言，公司依靠自身能力所形成的内生性增长具有较强的可持续性，是比较有质量的增长；而购并增长主要是依靠行业整合买来的增长，因而持续性较低。所以，就销售收入质量而言，购并增长要打折扣。

（三）产品的市场定位

我们所说产品的市场定位概念强调的是结果，是企业努力与产品使用者认可互动的最终结果，主要聚焦于公司产品的差异性和市场竞争力。因此，这一概念不同于且明显大于市场营销学中相应的概念 。

销售毛利率代表了公司产品的差异性和市场竞争力。销售毛利是销售净额与销售成本的差额，是企业在扣除期间费用、所得税费用前的盈利额，计算公式为：

$$销售毛利率=(营业收入-营业成本)/营业收入 \tag{8-2}$$

单纯从技术上分析，如果销售毛利率很低，表明企业没有足够多的毛利额，补偿期间费用后的盈利水平就不会高，也可能无法弥补期间费用，出现亏损局面。分析毛利率指标便能剔除不同所得税率，以及不同期间费用耗费水平所带来的不可比因素影响，有利于销

这只是不得已而为之的次优方法，因为经过绝对值调整的分母使指标的效用大打折扣。举例来讲，如果一家公司本期营业收入为 10 亿元，上期营业收入为 2.5 亿元，计算的收入增长率为 300%；在本期营业收入仍为 10 亿元的情况下，若上期因发生大量的销售退回等原因造成营业收入为 –5 亿元，其计算的收入增长率仍为 300%。毫无疑问，这两种情况代表的经营状况迥异，经过绝对值调整的分母计算的结果是有问题的。现实中如出现类似的情况，该指标仅能作为一个参考，一定要结合其他财务指标综合进行分析，否则就很有可能得出错误的结论。

在市场营销中，市场定位和产品定位是两个不同的概念，市场定位即目标市场定位，是指企业对目标消费者或目标消费者市场的选择；而产品定位是指企业对应什么样的产品来满足目标消费者或目标消费市场的需求。从理论上讲，应该先进行市场定位，然后才进行产品定位。产品定位是对目标市场的选择与企业产品结合的过程，也即是将市场定位企业化、产品化的工作。

售收入，销售成本水平的比较分析。

从产品的市场定位来看，销售毛利率下降，意味着公司创新能力在减弱，产品差异性降低；也可能是因为技术向外围的拓展应用而降低了公司产品整体的差异性。公司销售毛利率逐年提升，意味着其产品的差异性和市场竞争力的逐步增强。当然，也有可能因各种原因而导致其在市场上的垄断地位提高，从而推动了公司利润的持续增长。因此，尽管销售毛利率代表了公司产品的差异性和市场竞争力，具体情况仍需具体分析，需要更多的资料去佐证。

（四）企业经营的理念

管理活动都要有一个根本的原则，一切的管理都需围绕一个根本的核心思想进行。经营理念即是系统的、根本的原则和核心思想。企业经营理念就是管理者追求企业绩效的根据，是顾客、竞争者以及职工价值观与正确经营行为的确认，然后在此基础上形成企业基本设想与科技优势、发展方向、共同信念和企业追求的经营目标。不同的企业，其经营理念可谓千差万别，我们在此不做深入赘述。这里主要强调的是经营理念的主要表现，即对营销的重视程度和对研究与开发的重视程度两方面。

如何考察企业对营销的重视程度和对研究与开发的重视程度，一般通过以下三个指标进行。

其一，也是最直接的方法，比较企业的研发投入和营销投入的绝对大小。

其二，比较研发投入（或营销投入）占销售收入（或销售毛利）的比重；相对于占销售收入的比重，占销售毛利的比重更有说服力，更能体现公司到底是更重视研发还是营销，毕竟销售毛利是销售收入与销售成本的差额，是企业可以真正应用于投入的来源。

其三，单位人员费用；这个指标可以作为辅助指标。具体而言，研发人员单位投入 = 研发投入 / 研发人员数，销售人员单位投入 = 营销投入 / 销售人员数。

以上三个指标有效综合就能判断出企业经营的理念。如果研发指标值远高于营销指标值，则表明公司相对于营销更注重研发；相反，则表明公司相对于研发更注重营销。

二、 管理层面分析

管理是指企业在实现经营目标过程中相关资源的配置与协调。管理的目标是在风险可控的情况下，达成投入与产出效率的最大化，即所谓的“人尽其才、物尽其用”。它具体包括资产及其配置的优化、资产利用效率和人均产值（收入）分析等。

（一）资产及其配置的优化

资产及其配置的优化主要为了有效控制经营风险，核心是关注企业的资产布局和资产质量。一家公司的资产布局，有经营过程中的被迫因素，如存货管理、应收账款管理；但也有战略上的差异，比如，轻资产公司喜欢租赁资产，重资产公司喜欢购买资产。一时之间，很难比较孰优孰劣。但明白其中之风险或利得，自然也是报表分析中不可或缺的重要环节。

所谓资产的重，是指它的变现难度较大；所谓资产的轻，是指它的资产很容易变现。那么，谁的经营风险大呢？这显然是一目了然的问题。如果一家公司的现金资产超过50%，显然这是一家资产很轻的公司。公司资产越轻，资产的可变现程度越高、变现速度越快，面临的经营风险越小。总体上来说，流动资产占比越低，说明公司面临的经营风险越低。长期来看，可以通过公司资产中流动资产（或非流动资产）的占比趋势，判断公司的经营风险是逐年降低还是增加，抑或上下波动。

看公司管理风险的另一个维度是看资产的质量，所谓资产质量也就是看它的可变现能力，这既包含会计政策的稳健性，也包含资产的市场变现能力。公司有些资产，如果专用性太强，即使会计政策稳健，它的可变现能力也会很差，有价无市。如一项资产的账面价值 100 元，如果能够在市场上变现为超过 100 元的现金，我们说这样的资产是有质量的资产；反之，则是资产质量存疑。再如，应收账款的可收回程度和计提的坏账比率，便决定了应收账款的质量。公司一年期以内的应收账款占应收账款总额的 97%，并且 5 年以上的应收账款已经全额计提坏账，所以，公司应收账款的风险非常低。与此同时，在公司非流动资产部分中，商誉及长期待摊费用等虚化资产尽管会计上有相应的账面价值，但可变现能力相对于其他非流动资产更低，甚至在极端情况下，可能为零。因此，可以说，资产质量的分析是资产轻重分析的进一步细化，即便同样是流动资产（或非流动资产），不同项目的资产其可变现能力也可能截然不同。

（二）资产利用效率

看效率就是看企业资产的周转率。资产是一家公司的投入，销售是一家公司的产出，投入产出比也就是公司的效率。其中，总资产周转率是最为重要的一个效率指标，它表示每一元资产所创造的销售收入倍数，具体公式：

$$总资产周转率 = 销售收入 / 资产总额 \tag{8-3}$$

该指标体现了企业经营期间全部资产从投入到产出的流转速度，反映了企业全部资产的管理质量和利用效率。总资产周转率越高，表明企业销售能力越强，资产利用效率越高。通过总资产周转率的对比分析，能够反映企业本年度以及以前年度总资产的运营效率和变化，发现企业和同类企业在资产利用上的差距，促进企业挖掘潜力、积极创收、提高产品市场占有率和资产利用效率。

除总资产周转率外，根据资产具体构成，资产周转率还可以细分为单项资产周转率（应收账款周转率和存货周转率等）和分类资产周转率（流动资产周转率和固定资产周转率）。看公司资产利用效率，仅看总资产周转率还是远远不够的，特别是对制造业公司来说，尤其需要重点关注公司的存货周转率和应收账款周转率。其中，存货周转率是衡量企业销售能力及存货管理水平的综合性指标，计算公式为：

存货周转率＝营业成本／存货　（8-4）

式（8-4）中，分母取自本年度资产负债表中“存货”科目的期末数。

其次，分析应收账款（含应收票据）周转率是衡量企业应收账款周转速度及管理效率的指标，计算公式为：

应收账款周转率＝营业收入／（应收账款＋应收票据＋预付款项）　（8-5）

式（8-5）中，分母取自本年度资产负债表中对应科目的期末数。本书中应收款项包含应收账款、应收票据和预付款项三部分。

此外，流动资产周转率、固定资产周转率的计算公式：

流动资产周转率＝销售收入／流动资产　（8-6）

固定资产周转率＝销售收入／固定资产净值　（8-7）

企业资产的周转率分析不单单可以判断企业资产利用效率，还有助于股东判断企业财务安全性及资产的收益能力，以进行相应的投资决策；有助于债权人判明其债权的物质保障程度或其安全性，从而进行相应的信用决策。

（三）人均产值

人均产值指标衡量的是企业全员创造性，是资产利用效率分析的有益补充，其计算公式为：

人均产值＝总产值／员工总人数　（8-8）

人均产值越高，说明企业单位人员产出越高。在按不变价格计算时，可以把总产值理解为企业在一定时期内生产的按价值计算的全部产品总量，使企业利用全部资产为社会创造的物质产品。但由于总产值中既包括完工产品又包括在产品，所以，总产值仅仅表示本期生产了多少，并不表明是否得到社会的认可。企业生产出来的产品如果得不到社会的认可，那么生产出来的产品再多也没有任何价值。再加上企业公开的财报信息中并没有披露总产值相关数据。因此，人均收入便成为一个有效的替代指标，计算公式为：

人均收入＝销售收入／员工总人数　（8-9）

此处的销售收入是指扣除销售折让、销售折扣和销售退回之后的销售净额。

三、财务层面分析

财务是指与企业经营、管理相一致的资本结构安排与财务风险控制活动。财务的目标旨在建立资本成本与财务风险之间的平衡，具体包括资本结构安排与优化、负债结构安排与优化、短期偿债风险的控制。财务层面的分析包含两个要素：财务风险可控和资本成本最低。

（一）财务风险分析

公司财务风险的衡量主要看负债水平，也就是资产负债率，即负债与资产总额之比。企业的资产来源于负债和所有者权益。在其他条件不变的情况下，无论是负债规模的增加还是所有者权益规模的增加，都会导致资产规模的扩大，但两者却有着不同的意义，必须识别和正确地分析资产增长的来源。

负债率越高的公司，财务风险越大；反之，则越小。资产负债率的提高，意味着公司规模的增加主要来源于负债的增加，负债的增加提高了财务风险；相反，资产负债率的降低意味着企业的财务状况更为健康。当然，负债率越高的公司，往往综合资本成本越低，因为负债的成本理论上低于股东权益的成本。有的人认为，股东的钱不用付利息，所以，便认为股东的钱没有成本，其实这是误解。股东权益的成本就是股东的期望回报，这个问题比较复杂，通俗的来讲就是，股东的期望回报理论意义上要远高于债权人对债务利息的回报要求。债权人往往要求固定的利率回报，所以，负债的成本是有限的。一家公司负债的比重越大，也就意味着它使用了较多便宜的资本；因此，它的加权平均资本成本会偏低。反之，如果公司使用更多股东的钱，其资本成本也就越大。

除了负债率，短期偿债能力也是考察财务风险的重要方面，最常用流动比率指标来说明这一问题，流动比率的公式：

$$流动比率 = 流动资产 / 流动负债 \tag{8-10}$$

流动比率越高，说明企业资产的变现能力越强，短期偿债能力亦越强；反之则弱。但这并不是说，流动比率越高越好，流动比率过高说明企业存在大量的流动资产，而流动资产的增值能力有限，过高的流动资产对企业的发展不利。一般认为，流动比率应在 2 : 1 以上为宜，此时，即使流动资产有一半在短期内不能变现，也能保证全部的流动负债得到偿还。我们认为，在其他指标没有明显异常的情况下，流动比率高于 1 : 1 即可。

还有一个与之相关的指标，即速动比率，又称酸性测试比率。它的计算过程如下：首先，将变现能力较低（存货）甚至根本不具有变现能力（预付账款和待摊费用）的项目从流动资产中予以剔除，计算出速动资产；然后，速动资产与流动负债之比即为速动比率。速动比率非常苛刻地反映了一个企业能够立即还债的能力和水平，因此，其指标值的要求比流动比率指标值更低。

负债增长的类型能够一定程度反映企业的信用形象。相应地，信用越好，企业面临的财务风险也就顺次越低。应付票据和应付账款是流动负债的重要组成部分，对具有较高信用度的企业，应付账款与应付票据对供应商而言，具有同等效用。但当企业信用下降时，供应商更愿意接受应付票据来取代应付账款，这是因为应付票据通常比应付账款具有更高的变现能力。因此，两者之间比例关系的变化会在一定程度上反映企业的信用度水平。

（二）资本成本分析

资本成本是指企业筹集和使用资本而付出的代价。资本成本包括债务资本成本和权益资本成本。债务资本成本是指借款和发行债券的成本，包括借款或债券的利息和筹资费用；权益资本成本是指企业通过发行普通股票获得资金而付出的代价，它等于股利收益率加资本利得收益率，也就是股东的必要收益率。本书的资本成本具体计算公式为：

$$\begin{aligned}\text{加权平均资本成本} &= \text{税后债务资本成本} \times \text{债务比重} \\ &\quad + \text{权益资本成本} \times \text{权益比重}\end{aligned} \tag{8-11}$$

正如前述分析的，债务资本成本小于权益资本成本，负债率越高，资本成本数额越小。公司资本成本的衡量除了看公司股东权益的比重之外，还要看它有息负债的比重。公司在银行及其他金融机构以有偿的方式取得的借款是有息负债；但在往来过程中，占用经销商和供应商的货款，则是无息负债。上下游占款的比重越高，公司的资本成本越低，同时也意味着公司在上下游公司中的讨价还价能力越强。

从总体上来说，通过财务层面分析，能够判断一家公司的财务方式是偏于保守还有较大的提升和改善空间，还是偏于激进、善于利用杠杆。如果一家公司自上市以来未曾取得任何银行或金融机构的借款，也没有任何增发、配股或其他向股东和债权人的融资行为，这一方面表明，公司资本充裕，不缺钱；但另一方面也表明，公司没有利用好资本市场这个平台，改善公司资本结构，降低公司资本成本。如果公司赚取的利润实在没有合适的投向，完全可以通过高额分红的方法，提高股东的现金红利回报，改善公司财务状况，提升理财技巧。

四、业绩层面分析

业绩是指与公司产出相关的财务计量及相关利益分配活动，业绩的目标旨在建立相关利益方的利益均衡。业绩层面分析是前述三个层面分析的综合，具体包括：净利润构成分析、利润有无现金支持分析和股东回报分析。

（一）净利润构成分析

按照我国利润表计量净利润的逻辑，首先，分别计量出营业总收入和与之配比的营业总成本；然后，考虑会计期间公允价值变动收益、投资收益和汇兑收益，并计算出年度营业利润，即营业利润 = 营业总收入 − 营业总成本 + 公允价值变动收益 + 投资收益 + 汇兑收益；再次，在营业利润的基础上，考虑同期的营业外收支情况，计算出利润总额，即利润总额 = 营业利润 + 营业外收入 – 营业外支出；最后，在利润总额的基础上，剔除所得税费用，计算出企业的净利润，即净利润 = 利润总额 – 所得税费用。

厘清了这一逻辑，对净利润的构成也就有了清晰的认识。剔除所得税费用之前的利润总额中，相对于营业外收支净额（营业外收入与营业外支出之差），营业利润具有较强的可持续性。因此，营业利润占利润总额的比重越高，说明公司利润的可持续性越强。这是判断公司利润质量的一个重要标准。

但是，这里的营业利润概念仍然是混沌的，并非真正意义的“营业利润”，其中还包括与“营业利润”无关的三项，即公允价值变动收益、投资收益和汇兑收益。这三项和营业外收支净额一样，为不构成日常经营活动的投资收益和非经常性收益项目，因此，严格地说，剔除这三项后的营业利润才是正常经营活动带来的利润，是名副其实的“营业利润”。实际分析中，应根据不同公司这三项金额具体大小，按照重要性原则单独予以重点关注。

此外，利润总额经剔除所得税费用后得出企业的净利润，因此所得税费用占利润总额的比率，即所得税率也是判断公司利润质量的一个有效指标。正所谓“吹牛的不交税，交税的不吹牛”，由于会计准则与税法的差异，造就了不同公司千差万别的所得税率。所得税率的高低往往也能从一个侧面佐证公司利润的“真金白银”含量。

（二）利润有无现金支持分析

分析利润有无现金支持，关注的指标是利润现金保障倍数，又称为净利润的含金量，计算公式为：

利润现金保障倍数 = 经营活动产生的现金流量净额 / 净利润　　（8-12）

相对于会计上净利润的最终获取存在诸多的主观判断，经营活动产生的现金流量净额客观性较强，因此，利润现金保障倍数便成为一个衡量公司利润质量的重要指标，其比值越大，则公司的净现金对净利润的支持力度越大，利润仅仅是纸上富贵的可能性越低，盈余质量就越高，公司的可持续性就较强。

由于权责发生制和收付实现制的差异，短期内经营活动产生的现金流量净额与净利润存在一定出入是完全正常的。但是，如果净利润多年持续高于经营活动产生的现金流量净额，就必须特别警惕。无非有两种情况：要么销售是真实的，但没有收回现金，存在现金回收的风险；要么销售本来就是虚构的，现金自然也就无从谈起。

（三）股东回报分析

看公司业绩，除前述提到过的净利润、净现金分析之外，另外一个重要的维度就是股东回报分析。股东回报分析关注的指标为 ROE（Return of Equity），即股东权益回报率。

ROE 是由净利润除以股东权益所计算出来的；其中，净利润等于公司于财务年度内所产生的利润，股东权益则是代表投资者在公司中的利益，取自本年度资产负债表期末数。

ROE 表明普通股投资者委托公司管理人员应用其资金所获得的投资报酬，数值越大越好。通俗地讲就是股东回报，也就是股东每投入 100 元，能取得多高的净利润回报。一般而言，ROE 越高越好，高于 15% 属于理想状态，而大于 20% 便可称之为真正绩优的公司。ROE 是公司财务业绩表达的最综合指标，它综合了产品盈利能力（即销售利润率）、管理水平（即资产周转率）、财务风险（即财务杠杆）和税收等因素。

ROE 表明股东每投入 100 元能取得多高的净利润回报。但股东是否能真正得到，“落袋为安”，该指标并不能很好地诠释。这是因为，很少有公司将净利润全部“反哺”投资者；尤其是在中国，相关法律法规已经强制规定了企业应留存利润的最低比率。所以，企业财务活动循环最终要涉及分配。同时，分配问题也不单单局限于净利润对股东的分配，还包括企业如何在各利益相关者之间分配企业创造的财富问题。为此，我们专辟一节，作为四维分析法的补充。

第三节　分配杠杆

一、利润之释解

什么是利润？按照《企业会计准则——基本准则》的定义，指的是企业在一定会计期间的经营成果，包括收入减去费用后的净额、直接计入当期利润的利得和损失等。可见，利润就是剩余，是企业在一定阶段经营之剩余。

然而古汉语之博大精深，利润之深邃广义自古而有之。利润一词中的“利”字和老子《道德经》“有之以为利，无之以为用”中之“利”字含义完全相同。所谓利，犹如财帛对之于商人，自是囤积越多利益越多；笔墨纸砚对之于文人墨客，亦是如此。利润一词中的“润”字蕴含“润泽”之意，如杜甫《春夜喜雨》诗云“好雨知时节，当春乃发生。随风潜入夜，润物细无声”，利润应如春雨一般，能润泽万物，却又无声无息。“利”“润”结合而成“利润”，乃用剩余润泽万物，创造和谐之美。所以说，利润的终极归宿在于分配，让各利益相关者和谐共处，共同进步。

二、分配的艺术

有了剩余，不能发挥其效用，未必是件好事。“有之以为利，无之以为用”，全句的精髓正在于此。商人拥有财帛，如果将其束之高阁，此仅为“利”而已，只有将其或买卖货物，或作为押金，或用于借贷，才能发挥其效用；笔墨纸砚再多、再精，不用于写字画画，最终不过是占地的“物件”而已。“金玉满堂，莫之能守，富贵而娇，自遗其咎”，徒有其利而不用者，便做不到有无相生；做不到有无相生，便不能“蔽而新成”，便达不到“虚而不屈，动而愈出”。转而到利润话题，利润之所以有价值，就在于分配，如果广积而少疏，引起“怨声载道”，又何必去获取它呢！

分配是一种艺术，分配能起到犹如财务杠杆、经营杠杆类似的杠杆作用，即分配杠杆。分配杠杆是公司利益分配机制对公司盈利模式的放大效应，管理之所以称之为“艺术”，本质上指的是利益均衡之术，成功的企业家必须能够使各利益相关人的利益达到某种均衡。从这一点来说，分配在企业中占据着重要的地位。有道是“有国有家者，不患寡而患不均，不患贫而患不安”（出自《论语·季氏第十六》），相比于“寡”，“不均”更能惹起众怒，引起更大的事端，甚至可能酿成大祸。所以，对于利润的分配可能是企业面临的一个大课题。

那么，又何为均衡呢？老子之《道德经》云：“天之道，其犹张弓欤？高者抑之，下者举之，有馀者损之，不足者补之。天之道，损有馀而补不足。人之道，则不然损不足以奉有馀。孰能有馀以奉天下，唯有道者。是以圣人为而不恃，功成而不处，其不欲见贤”。企业兴衰沉浮，通常也是风水轮流转，只有顺天道，损有余而补不足才是正途。剩余本为有，润物则变无。获利要以滋润万物为目的，实现利益之均衡，或曰多赢，才能创造和谐，和谐才能基业长青；名为有利，实为无利，这就是顺天道的“商道”。

具体到利益相关者，指的是企业契约的相关各方，他们共同关注企业，决定企业的未来。如果契约各方都希望最大化自己的利益，且相互冲突时，如何才能达到均衡呢？这表现在政府税收是高是低，股东回报是多是寡，顾客购买的商品或服务是贵是廉，员工报酬是大是小，难以用统一的范式去度量，所站角度的不同，侧重点也有所不同。利润分配与其说是一门科学，倒不如说更是一门艺术，没有标准答案。GE 的前 CEO、全球第一 CEO 韦尔奇认为：我们都在试图使股东、雇员和社会之间达到适当的平衡，但这可不容易，因为如果最终不能使股东满意，我们就无法机动灵活地去照顾雇员和社会。在我们这个社会中，不管你愿不愿意，都必须让股东满意。

总之，财务杠杆是操控公司股东回报的有效工具，擅用财务杠杆是企业与“个体户”的本质区别。经营杠杆是操控公司经营利润的有效工具，擅用经营杠杆，是区分企业家与管理者的重要标志。除此之外，分配杠杆的作用也不容忽视，且又恰恰经常被忽视，尤其是在中国，盈利状况良好而十几年“一毛不拔的铁公鸡”比比皆是。分配杠杆是调动一切积极、有效的因素服务于成功的事业，它是区分“企业家”与“商界领袖”的重要标志，是“商之道”的重要体现。

◀ 本章小结 ▶

本章详细阐述了由著名会计学家薛云奎教授独创的四维分析法。具体包括：四维分析法的定义及构建基础，四维分析法如何从经营、管理、财务及业绩四个维度实现对一家公司的财报分析。此外，企业财务活动循环最终要涉及分配。分配杠杆是调动一切积极、有效的因素服务于企业成功的事业，是区分“企业家”与“商界领袖”的重要标志，体现了“商之道”的真谛。为此，专辟一节，作为四维分析法的补充。

第九章

四维分析法应用案例解析

【本章学习目的】

通过精选的案例研读，实现四维分析法从理论构架到具体应用的平稳“落地”。学会如何采用四维分析法对具体公司进行财务分析，从而能够穿透公司的竞争优势与劣势，识别公司收入与利润的含金量，洞见公司潜在风险与收益，最终发现货真价实的好公司。

第一节　科大讯飞：风险巨大

一、股市上的大公司，财报上的小公司

分析一家公司，我们总要找一些最基本的指标入手。对上市公司而言，最显而易见的指标就是公司市值。一查科大讯飞的市值，我们发现其目前已超过 800 亿元，接近 900 亿元。这俨然已经是一家千亿级的大公司。自 2017 年年初以来，其股价已经上涨了 130%，算是 2017 年表现最抢眼的一家高科技概念公司了。

然后，我们打开万得（Wind）资讯查了它的年报，发现它 2016 年度的销售为 33.2 亿元，税后净利润为 4.97 亿元。这立即就引起了我的好奇：从报表看，这只是一家小公司，它何以在证券市场上可以卖出 800 亿～ 900 亿元的市值？

本案例完成日期为 2017 年 8 月 27 日。

二、概念·技术·生意·业绩

中国证券市场最喜欢概念，科大讯飞代表的是时下最热门的人工智能概念。它所拥有的核心技术是智能语音识别与合成，其产品已占到中文语音技术 60% 以上的市场份额，语音合成产品 70% 以上的市场份额，以及在电信、金融、电力、社保等主流行业的份额更是高达 80% 以上。很显然，这个“概念”有多大已足够我们去发挥和想象。

概念要变成技术，本身需要一个过程。不过，科大讯飞似乎已出色地完成了这一过程。公司 2016 年报指出，它在感知智能、认知智能以及感知智能与认知智能的深度结合等领域均已取得达到国际领先水平。很显然，以科大讯飞为代表的中国人工智能技术的国际领先，已让普通大众感到无上骄傲，当然也会毫不迟疑地认为，除了中国市场之外，将来更大的市场都会是我们的。这个“概念”，似乎又大了一层。

然而，技术要变成生意，这又需要一个过程。我不怀疑科大讯飞的技术。技术是你的，但生意却未必也是你的。看生意的关键还是要看业绩，尤其是财务业绩。战略上说得再天花乱坠，也要落实到具体的收入和利润上来。不赚钱的生意肯定不是好生意，最多只能算做是公益。

三、科大讯飞的财务业绩：表面光鲜，含金量低

如图 9-1 所示，公司 2016 年度销售收入 33.21 亿元，较之上市前 2007 年的 2.06 亿元，增长了 15 倍多，而且，呈现出了平滑、稳定的“教科书”式的增长。2016 年销售收入较上年同期增长 32.78%，过去十年的平均复合增长率达到 36.19%。

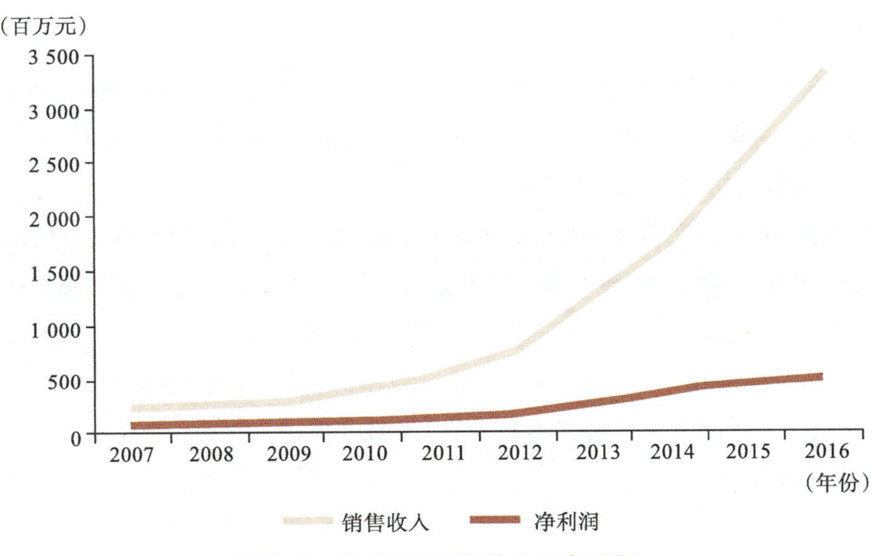

图 9-1　科大讯飞销售收入及净利润

公司2016年度净利润为4.97亿元，较之上市前一年的2007年净利润0.54亿元增长了8.28倍，较上年同期增长13.79%。过去十年的平均复合增长率达到28.09%。

由此，我们也可以得出初步结论，科大讯飞是一家快速成长的高科技公司，其销售和利润都取得了不俗的成绩，光鲜靓丽。但其实这一结论只看到了表面，如果深入到收入和利润这两个指标的内部，我们就会发现它的含金量偏低。

（一）销售分布分析

同样是销售，国内市场销售与国际市场销售，其含金量便有差异。如图9-2所示，公司2016年度销售总收入33.21亿元，其中仅有0.16亿元是源自海外的日本市场，中国本地市场销售占到总收入的99.49%。因此，从财报角度来说，公司虽有世界级的技术，但其产品或服务却并未得到世界认同。目前还只能称其为中国本土的一家高科技企业。

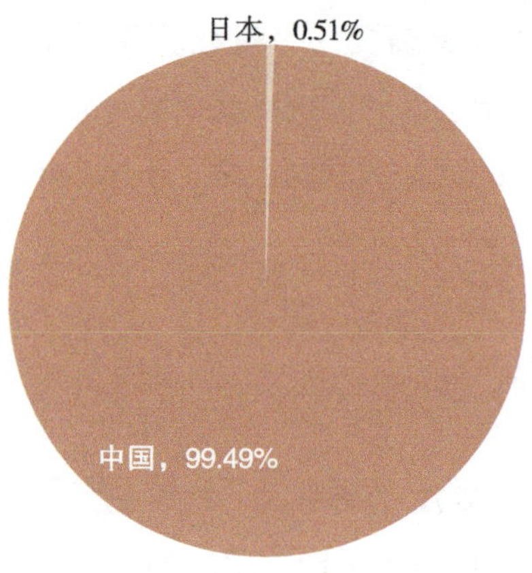

图9-2 科大讯飞销售分布

（二）销售毛利率分析

同样是销售，高毛利的销售还是低毛利的销售，其品质便有不同。如图9-3所示，2016年公司综合销售毛利率为50.52%，较2015年度的48.9%略有增长，较2007年的42.45%有较大幅度的增长，这是好的。

但如果进一步从产品构成来细分，如表9-1所示，毛利最高的产品是电信增值产品运营，高达84.73%；其次是教育产品和服务，高达55.71%；再次是信息工程与运维，仅为15.56%。由此，我们认为公司产品的销售毛利率区间跨度太大，从16%到85%。这一方面增加了公司销售收入的复杂性；另一方面，也增加了公司的管理难度。而且，近1/3的收入是源自于低毛利的信息工程与运维（系统集成与维护）收入，这在一定程度上也降低了销售收入的含金量。

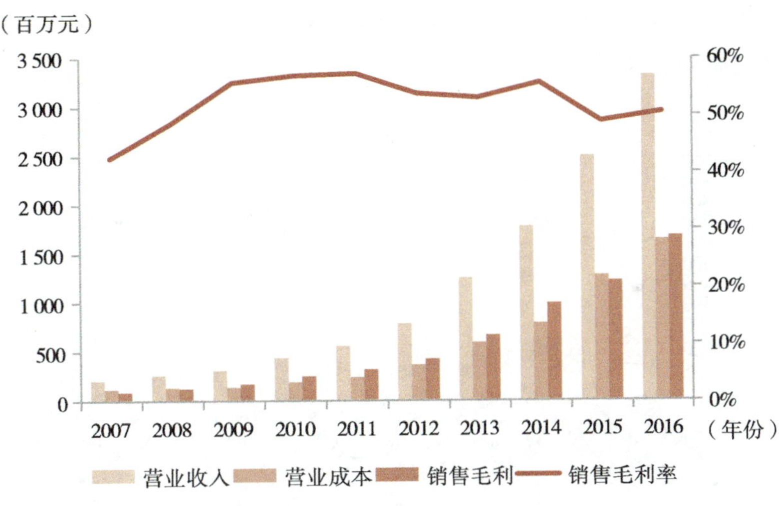

图 9-3　科大讯飞销售毛利率

表 9-1　科大讯飞产品毛利率

	营业收入	营业成本	毛利率（%）	同比增减（%）
教育产品和服务	911.07	403.49	55.71	12.51
电信增值产品运营	404.16	61.72	84.73	-3.18
信息工程与运维	832.51	702.99	15.56	-7.13

（三）销售来源分析

同样是销售，自己挣出来的销售与购并买来的销售，其含金量自是不同。前者要通过自身的核心能力才能办到，后者只要肯花钱就能做到。过去 10 年，公司销售虽然增长了 15 倍，但其中大部分增长却是买来的增长。2016 年，公司出资 4.95 亿元收购乐知行 100% 的股权；出资 1.01 亿元，收购科大讯飞皆成 23.2% 的股权；2015 年，出资 1 500 万元，收购启明玩具 60% 的股权；出资 3 720 万元，收购安徽信投 18.6% 的股权；2014 年出资 2.16 亿元收购上海瑞元 100% 的股权；2013 年出资 4.8 亿元收购启明科技 100% 的股权。这些并购，便成为推高了公司销售增长的主要因素。虽然合并报表的销售收入保持了快速增长，但其含金量却并不高。所以，过去 10 年，其利润的增长幅度（8 倍）远不如其销售收入的增长幅度（15 倍）。

（四）销售增速分析

同样是销售，新增销售与原有销售的增长速度不同，其含金量亦有不同。如图 9-4 所示，综观公司 2016 年度财报，增长最快的业务是大数据广告平台收入 0.89 亿元，2015 年同期仅有 0.13 亿元，增长 569%；其次是智能硬件产品收入 0.35 亿元，2015 年同期仅为 0.08 亿元，增长 335%。虽然这两项增长或许代表了未来的希望，但在 2016 年它们的

本章所列财报数据如无特殊说明，金额单位均为百万元人民币。

增幅虽大，占比却很低，两项合计也不过占总销售的3.73%。因此，销售增长总体上还是依赖原有的传统业务。

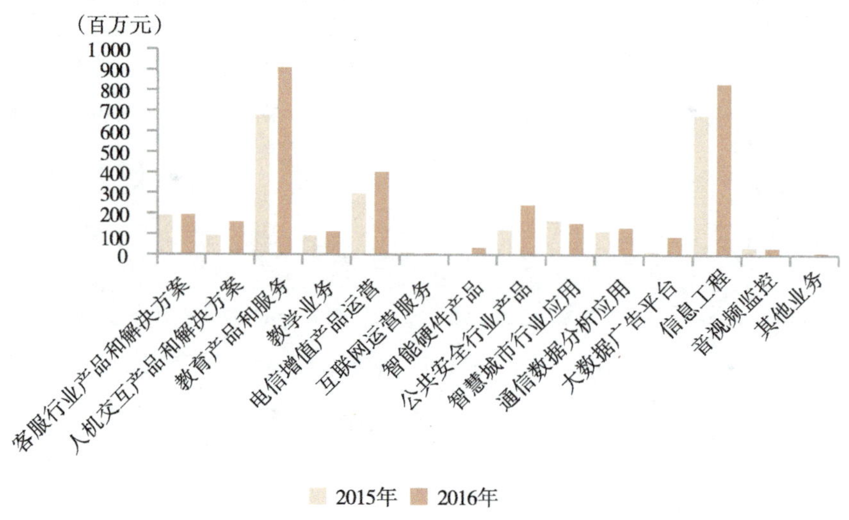

图9-4 科大讯飞产品销售收入

（五）利润可持续性分析

公司利润不可持续。如图9-5所示，2016年度，公司合并净利润为4.97亿元，税前利润总额5.61亿元，所得税0.64亿元，实际所得税率11.43%。在其5.61亿元的税前利润中，投资净收益1.47亿元，营业外收支净额1.77亿元，其中主要为政府补贴收入1.8亿元。以上两项收入合计为3.24亿元，对税前利润总额的贡献达到57.71%。由此可知，公司主营业务对利润的贡献度尚不足50%，仅为42.29%，这使得公司利润的含金量大打

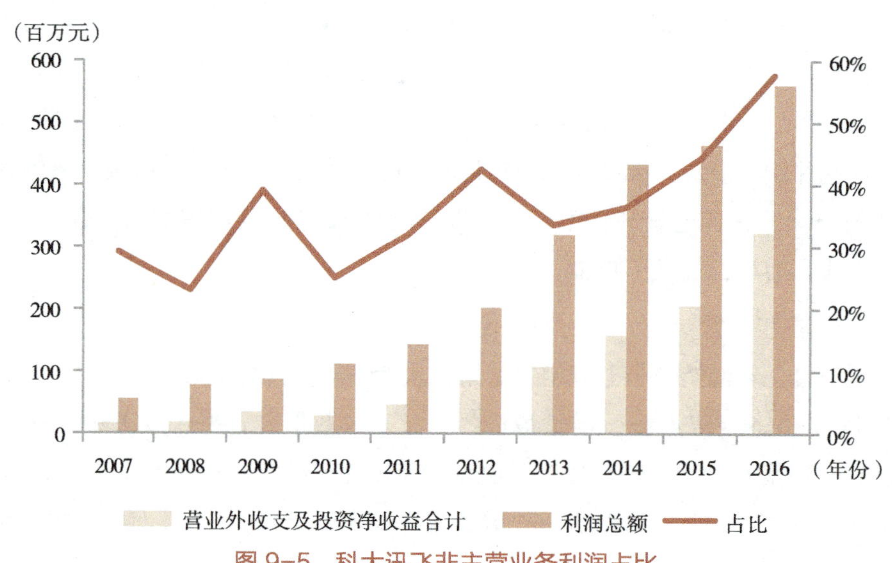

图9-5 科大讯飞非主营业务利润占比

折扣，而且不可持续，尤其是股权交易按公允价值估值产生的净收益只是一次性收益。所以，今年中报业绩大幅度滑坡，也在情理之中。

（六）利润的现金含量分析

经营活动现金净流入对净利润的支持不足。公司 2016 年度净利润为 4.97 亿元，但同期经营活动净现金仅为 2.99 亿元，仅及净利润的 60%，较 2015 年的 118% 有较大幅度的下降。其主要原因是公司存货和应收款项增长过快，导致现金回笼不足，财务风险加大。

四、管理团队：擅长融资，不擅长盈利

（一）资本构成分析

科大讯飞成立于 1999 年，2008 年在中小企业板上市，发行新股 2 680 万股，发行价 12.66 元，预计募资 2.7 亿元，实际募资 3.4 亿元。上市当年拿到募集资金之后资产规模便达到 5.97 亿元。现如今，这家公司的资产规模已然扩张到了 104.14 亿元。扩张的资金从何而来？一而再，再而三地向股东伸手，而且是定向伸手，这就是它的秘籍。公司分别于 2011 年、2013 年、2015 年、2016 年、2017 年五个年度定向募集 50 亿元。2016 年，又向银行申请长期和短期借款 6.76 亿元。而公司在过去 10 年的累计盈利不过 22.67 亿元，累计现金分红 6.76 亿元。由此，两相比较，公司向股东和银行要钱的能力要远胜于其赚钱的能力。为什么股东乐于奉献？这其中的道理自然有人会讲明白，按下不表。当然，公司也很有可能目前还处于投资扩张期，未来或许可以给股东带来丰厚的回报。也许，正因为有这个希望所在，才导致了目前股价的疯狂上涨，这让之前的投资人已然赚了个盆满钵满。只不过，如果这一希望落空，一落千丈，后面的投资人就可能血本无归了或空欢喜一场。

（二）股东权益报酬率分析

如图 9-6 所示，由于公司持续向股东“伸手”，导致公司股权资本占比过高，从而引起公司股东权益报酬率一路走低。从上市前的 31.14%，降至 2016 年的 6.88%。如果将来使用股东的资本更多，这一比例还会进一步下降。

五、管理效率随规模扩张而下降

科大讯飞在上市前是一家小巧而精致的公司。各项财务指标都是过去 10 年中最好的。从资产到存货，从应收款到销售，再到利润。无论从哪个角度看，那时候的科大讯飞都是一个不错的小公司。但如今，科大讯飞长大了，各方面的表现却变差了。或许，它正在下一盘很大的棋……

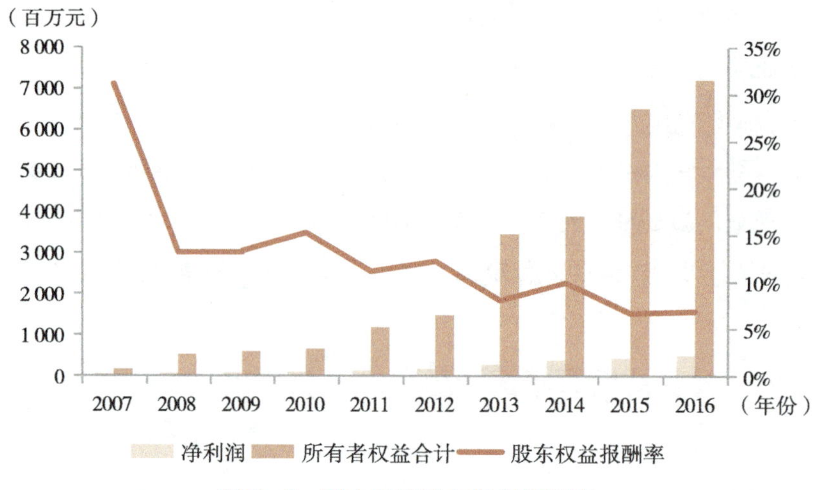

图 9-6 科大讯飞股东权益报酬率

（一）资产增长分析

资产规模的大幅度增长只是“虚胖”。截至 2016 年年底，公司资产总额为 104.14 亿元，较之上市当年的 5.97 亿元，增长了 16.45 倍。他们都买了些什么资产？其中包括，固定资产 10.6 亿元（主要为房产、计算机设备和专用设备），无形资产 10.7 亿元（主要为软件和校名使用权），商誉 11.26 亿元（主要为购并溢价）。如图 9-7 所示，由于公司连续不断的购并，导致公司非流动资产合计大幅度增长至 48.81 亿元，占总资产的 46.87%，远高于上市前 25% 的水平。尤其是商誉和无形资产等虚资产占比过高，导致公司资产估值风险巨大。

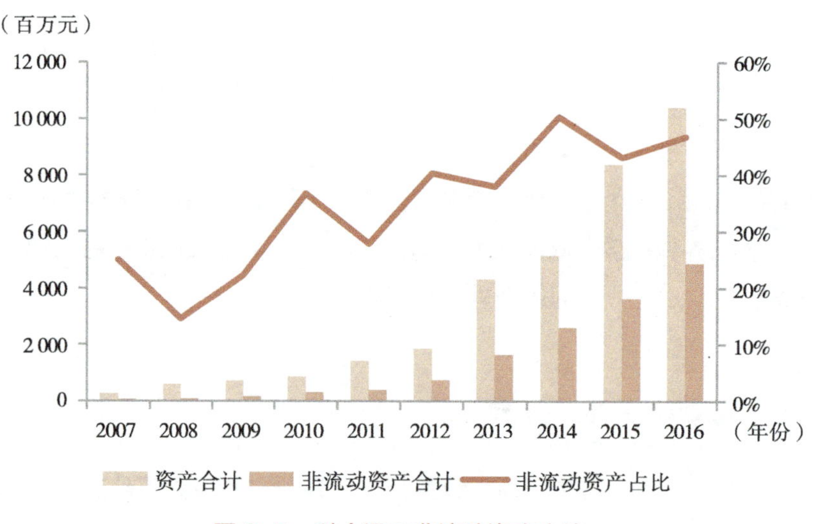

图 9-7 科大讯飞非流动资产占比

（二）资产效率分析

资产规模膨胀导致利用效率下降。公司 2016 年资产周转率仅为 0.32 次，远低于上市前的 0.76 次的水平，如图 9-8 所示。应收款项周转率为 1.76 次，远低于上市前 2.19 次的水平，如图 9-9 所示；存货周转率 2.72 次，远低于十年前 18.27 次的水平，如图 9-10 所示。由此，我们似乎只能猜测，这家公司的管理层或许只会管理小规模的公司，而不擅长管理规模长大了的公司。

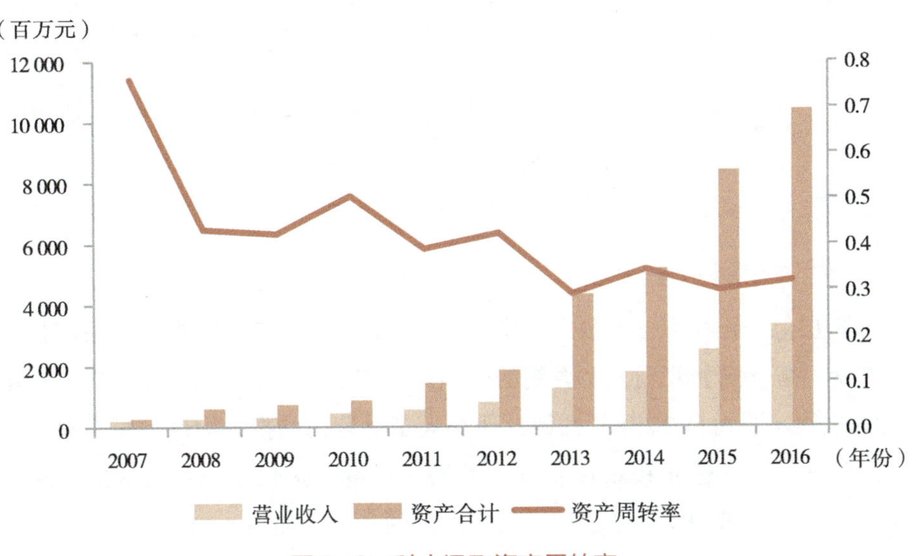

图 9-8　科大讯飞资产周转率

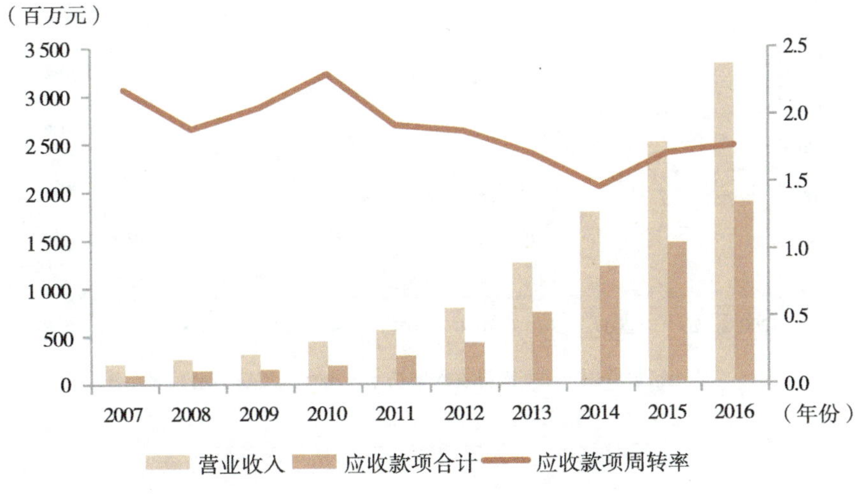

图 9-9　科大讯飞应收账款周转率

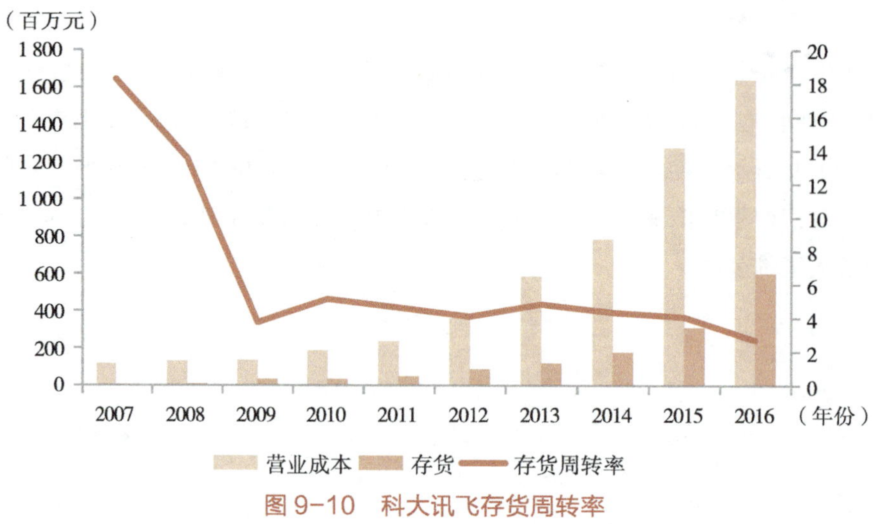

图 9-10 科大讯飞存货周转率

（三）营销和研发分析

公司管理层似乎正在下一盘很大的棋。从上面的分析可知，这并非是一家擅长管理的公司，但却是一家十分重视研发和营销的公司。相较之下，他们对营销的重视程度要远胜于对研发的重视。公司自 2014 年开始，便加大了对营销的投入力度。每年投入销售费用分别为 2.4 亿元、3.76 亿元和 6.49 亿元，其增长速度要远快于销售收入的增长速度，说明公司最近三年的经营理念非常进取，大有造势的意味，如图 9-11 所示。

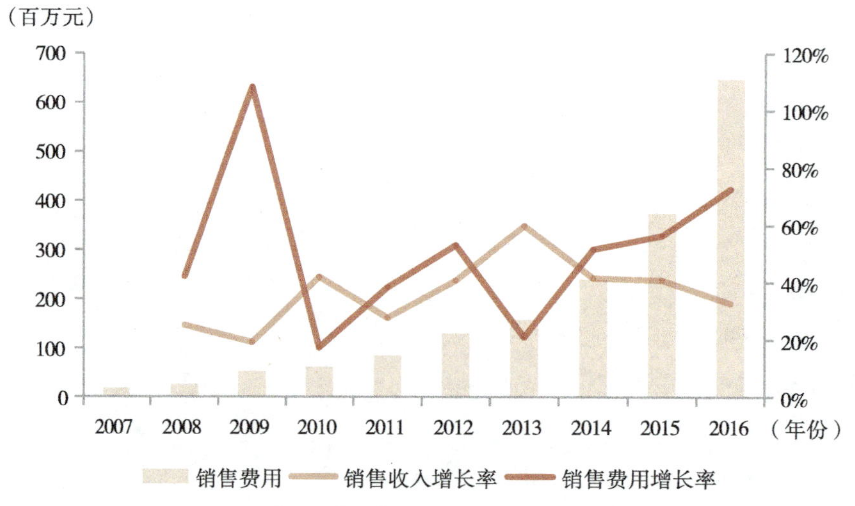

图 9-11 科大讯飞销售费用及其增长率

相较之下，研发投入则显得要温和许多。虽然也有较大增幅，但总体增长缓慢。自 2014 年以来，研发投入分别为 5.18 亿元、5.77 亿元和 7.09 亿元，其增长幅度仅为

41.32%、11.44% 和 22.84%，如图 9-12 所示。由此也可看出，研发与市场孰轻孰重。管理层最终还是选择了营销造势而非低调创新。当然，这只是经营企业的理念不同，无可厚非，关键还是要看业绩，看增长。

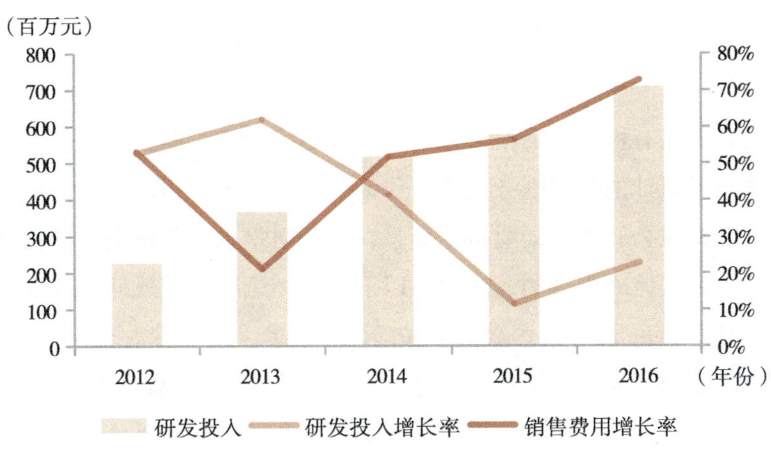

图 9-12　科大讯飞研发投入及其增长率

六、简要结论

综合上述，科大讯飞在经营层面是一家快速增长但含金量不高的公司；在管理层面，是一家扩张很快但效率低下的公司；在财务层面，是一家擅长募资但却不擅长赚钱的公司；在业绩层面，是一家大手笔花钱但股东回报率却低下的公司。在其光鲜的增长背后，其实隐含了巨大的风险。或许，公司正在下一盘很大的棋，而我们却又无从所知。

第二节　穿透财报看华为

一、引子

世间很多事，尽管我们很不情愿知道真相，但事实终归是事实，它始终在那里，不会因为我们的主观愿望而改变。如果我们一定要枉顾事实，忽略它的存在，那么，这无异于掩耳盗铃、自欺欺人。正确的选择是无论我们面对怎样残酷的现实，都需要保持一颗绝对的平等心。因为只有平等心，才能帮助我们直达问题的本源，了解它的本来面目，从而有助于以更加理性和积极的态度去正视和解决问题。

本案例完成日期为 2018 年 4 月 23 日。

在本案例开始进入正题之前，我要郑重声明：财报所表达的只是客观事实，并非主观愿望。对于那些只愿意生活在幻想世界里、不愿意直面事情本来面目的读者，最好就此打住。不必再往下继续，以免浪费你的宝贵时间和精力。

二、谁是华为

今天，我们之所以有机会从财报上分析华为，是因为它自愿披露的依照国际财务报告准则编制并经毕马威审计的合并财务报表。作为非公众上市公司，它完全没有必要遵循上市公司的监管条例提供公开查询的财报，而且，这些财报也不是根据中国官方发布的《企业会计准则》及相关具体准则编制，所以，以下分析结论不具有任何权威性或可比性。

根据华为 2017 年年报："华为公司创立于 1987 年，是全球领先的信息与通信技术（ICT）解决方案供应商，为运营商客户、企业客户、消费者提供有竞争力的 ICT 解决方案、产品和服务。目前，华为业务遍及全球 170 多个国家和地区，服务全世界三分之一以上的人口。华为员工约 18 万名、拥有超过 160 种国籍，海外员工本地化比例约为 70%。"

以下，我们将根据华为 2008 ~ 2017 年的 10 年财报，利用穿透式四维分析法，分析提供以下结论。

三、以多快的速度在增长

2017 年度，华为全球销售收入 6 036.21 亿元，较 2016 年度的 5 215.74 亿元增长 15.73%；较 2008 年的 1 252.17 亿元，增长 3.82 倍，平均复合增长率 19.09%。2017 年度，华为实现税后净利润 474.55 亿元，较 2016 年度 370.52 亿元增长 28.08%；与 2008 年的 78.48 亿元相比，增长 5.05 倍，平均复合增长率 22.13%，如图 9-13 所示。

从分析结果来看，华为在过去 10 年里有两个增长高峰期，一个高峰是 2009 年和 2010 年，分别为 19.04% 和 22.47%；另一个增长高峰是 2015 年和 2016 年，分别为 37.06% 和 32.04%。竞争压力最大的是 2012 年和 2013 年，分别为 7.98% 和 8.55%。

由此可知，华为的增长说不上有多快，当然也说不上多慢。用作者自己的标准，算快速增长，但不算高速增长。

四、主营业务是否赚钱

华为 2017 年度税后净利润为 474.55 亿元，同期销售收入 6 036.21 亿元，销售净利润率为 7.86%，略高于 2016 年 7.1% 的水平，如图 9-14 所示。如果纵观过去 10 年，其加权平均销售净利润率为 8.48%。虽然它远低于思科（Cisco Systems Inc）18.71% 的水平，但却远高于爱立信（Telefonaktiebolaget LM Ericsson）2.17% 的水平，与韩国三星（Samsung Electronics Co Ltd）的 9.87% 接近。

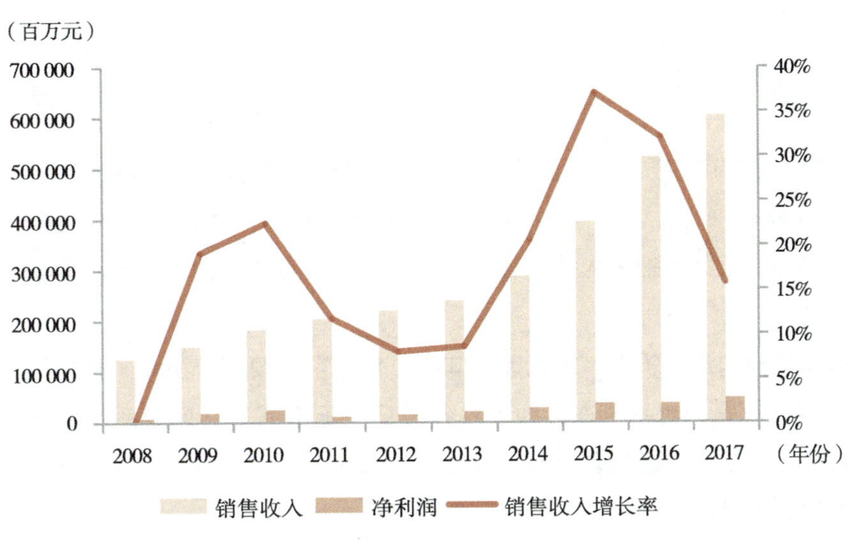

图 9-13　华为销售收入与净利润

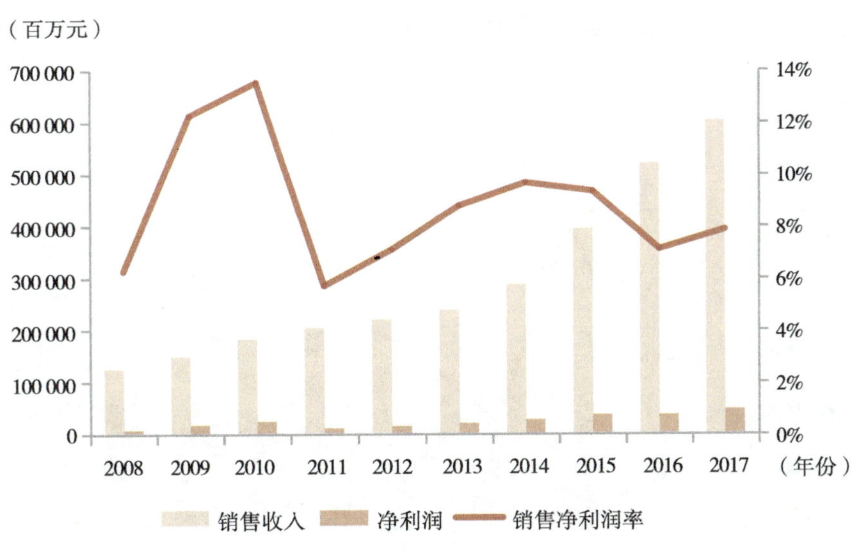

图 9-14　华为销售净利润率

如果进一步穿透财报上的净利润，2017 年度税后净利润 474.55 亿元，缴纳所得税 86.73 亿元，实际所得税率 15.45%。还原至税前总利润 561.28 亿元，其中源于各类政府补助等其他业务收支净额为 6.13 亿元，占税前利润总额的 1.09%；联营 / 合营公司净收益

3.17 亿元，占 0.56%；财务费用 5.73 亿元，占 1.02%。换言之，主营业务利润对税前利润总额的贡献高达 100.46%。

由此，我们也可以说这是一家利润完全由主营业务贡献的公司。当然，这其中是否存在财报计量标准上的差异，由于缺乏更详细、系统的公开资料，无从查证。

五、算不算是一家高科技公司

根据华为 2017 年财报，公司累计获得专利授权 74 307 件，累计申请中国专利 64 091 件，外国专利 48 758 件，其中 90% 以上的专利为发明专利。相对于追求更多的专利数量而言，华为更加“致力于把领先技术转化为更优、更有竞争力的产品解决方案，帮助客户实现商业成功”。

至于华为的技术是否领先，本人无从知晓。但从财报角度，衡量一家公司产品技术是否领先的重要指标是销售毛利率，而不是各种获奖证书或专利证书。公司销售毛利率越高，说明其产品的技术含量或差异性也就越大。在这一点上，与华为的理念完全一致。科技是拿来用的，不是拿来颁的。

2017 年，公司销售毛利率为 39.45%，是过去 10 年来销售毛利率最低的年份。过去 10 年，华为的销售毛利率非常稳定，其中最高的年份为 2014 年，达到 44.22%，10 年来的加权平均销售毛利率为 40.69%，如图 9-15 所示。

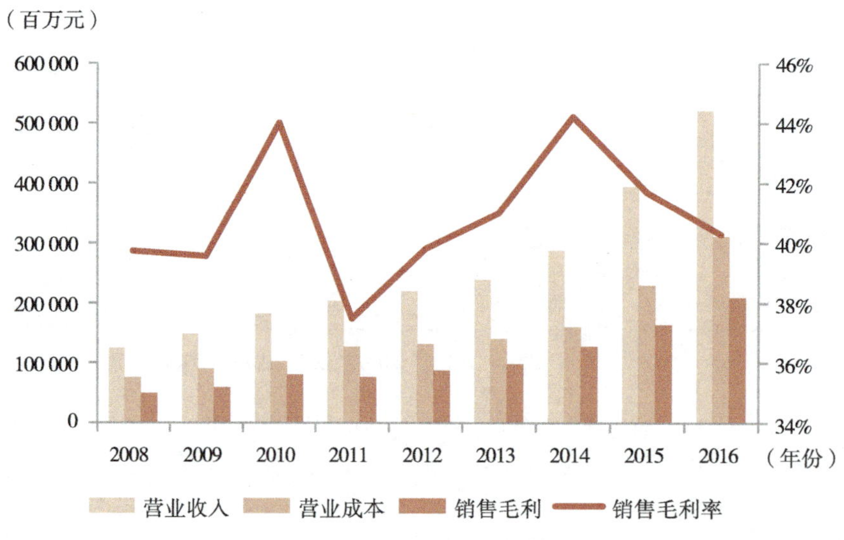

图 9-15 华为销售毛利率

由此，我们可以说，华为已经跻身高科技企业俱乐部，但只是刚刚及格。与韩国三星非常接近，三星过去 10 年的平均销售毛利率为 40.42%。但与思科等世界级高科技企业还有较大的差距，思科 2017 年销售毛利率为 62.96%，而过去 10 年的加权平均销售毛利率高达 61.96%。这也可看出华为与世界级领先高科技企业之间的差距。

当然，我们毫不否认的是，华为在过去 10 年已经超越了很多对手，但同时也要面对的现实是，华为前面的路还很长，要成为世界高科技企业的领头羊，仍然任重道远。

六、研发投入，奋起直追

2017 年度，华为投入研发费用 896.9 亿元，占当年度销售毛利的 37.66%，无论是在投入金额还是占销售毛利的比重上，都创出历史新高，为历史最高水平，如图 9-16 所示。这充分表达了公司管理层在研发投入上奋起直追的愿望。让国人敬佩，让对手望而生畏。

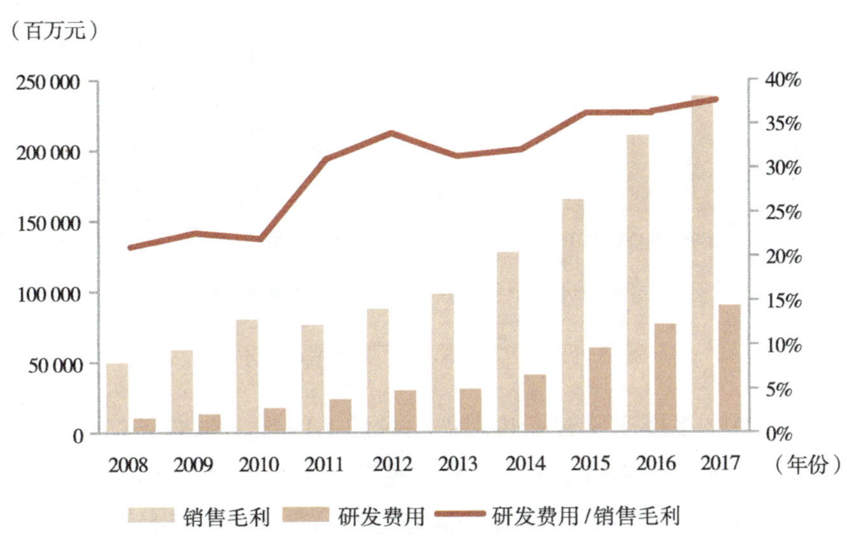

图 9-16　华为研发投入

过去 10 年来，公司累计投入研发费用 3 921.1 亿元，占同期销售毛利的 32.9%；思科同期研发投入 577.43 亿美元，占销售毛利的 20.84%。在研发投入的规模体量上，两者已经非常接近，但在研发投入的力度上，华为要远远超过思科公司。思科公司在过去 10 年的研发投入占比上，基本维持不变，10 年的加权平均占比为 20.84%，但华为却保持了持续稳定的增长。三星在过去 10 年投入研发经费总额为 975 亿美元，平均占销售毛利率的比重为 17.82%。虽然规模体量更大，但在重视程度上远不及华为。

如果说华为在过去 10 年追赶和超越诸多对手有什么法宝的话，那么，可以肯定地说，这个法宝一定是持续对研发的重视，不断地追加研发投入。

七、华为的管理和理财

不断追加的研发投入虽然是华为引领行业发展、超越竞争对手的法宝，但却并不是唯一法宝。在过去 10 年里，华为另一制胜秘籍就是它不断提升的销售及管理费用效率。

2017 年度，公司共发生销售及管理费用 926.81 亿元，占销售毛利的 38.92%；与 2016 年度的 41.14% 相比，有较大幅度下降，更是远远低于 2008 年 45.06% 的水平，如图 9-17 所示。纵观过去 10 年，其销售及管理费用的占比一路保持持续、稳定下降的态势，表明公司单位销售及管理费用的投入 / 产出效率得以提升。

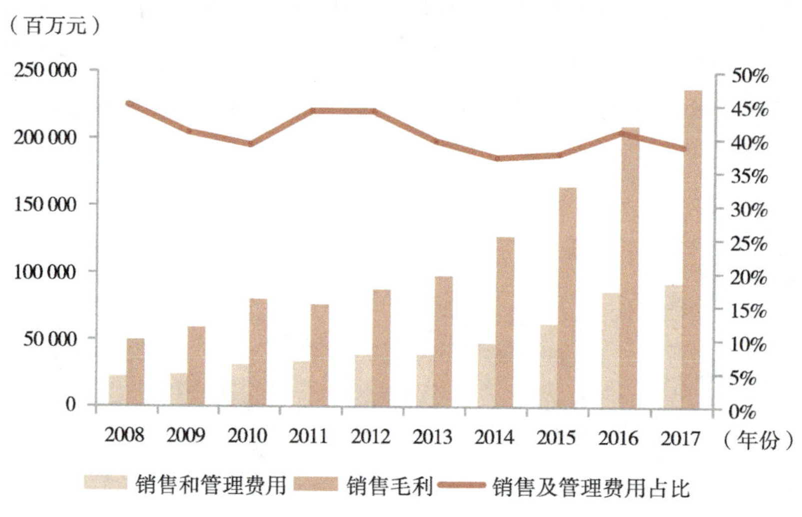

图 9-17 华为销售和管理费用占毛利比

此外，公司 2017 年资产周转率达到创纪录的 1.19 次，略高于 2016 年的 1.18 次水平；较 2008 年的 1.06 次，保持了持续稳定的提升，如图 9-18 所示。这一方面说明公司管理风格在过去 10 年非常稳健、各项管理制度健全，另外一方面也展示出少有的大规模公司的卓越管理风范。在多年的财报分析生涯中，这是我第一次看到这样的指标分析结果，一种喜悦从内心油然而生，忍不住要为华为的管理点个赞。公司应收款项周转率和存货周转率也都保持了持续稳定的改善。

再就公司的财务风险控制来看，2017 年年末，华为资产总额为 5 052.25 亿元，负债总额为 3 296.09 亿元，资产负债率为 65.24%，如图 9-19 所示。纵观过去 10 年的资产负债率水平，始终保持在 60% ～ 70%，10 年加权平均资产负债率为 66.24%。当我第一次看到这一类似于教科书式的稳定结果时，内心甚至怀疑华为的 10 年报表数据是不是刻意造出来的。尽管如此，我还是更愿意相信华为的财报所表达的正是华为本身的事实。所以，要忍不住再为华为的理财点个赞。

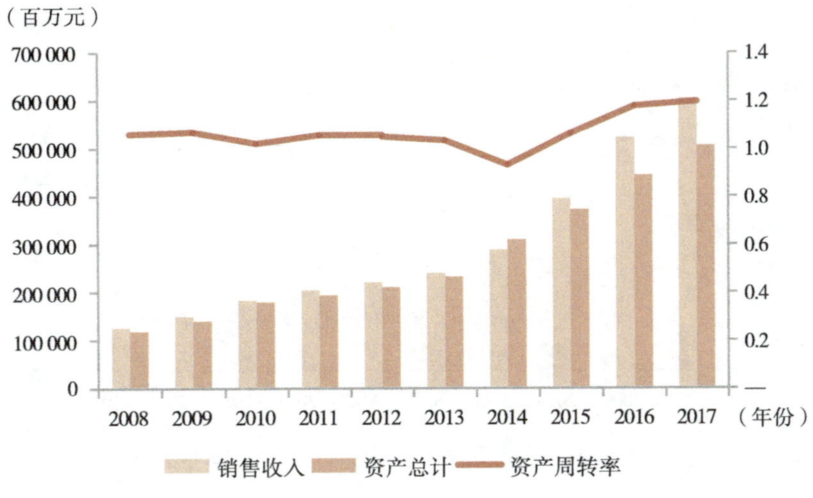

图 9-18　华为资产周转率

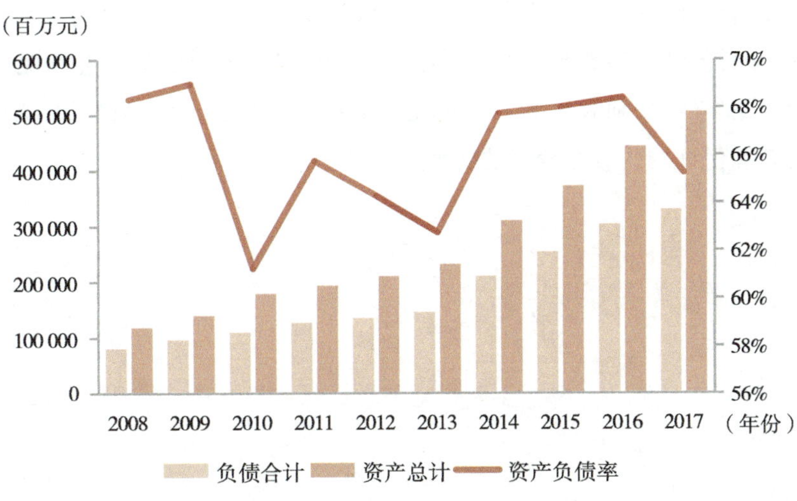

图 9-19　华为资产负债率

八、业绩与股东回报

华为是一家非上市公司，缺少公开募集股本的资料，我们也难以追溯华为股东的原始投入，故我们只能根据其过去 10 年的财报进行简要的分析。10 年间，华为累计实现税后净利润 2 483.95 亿元，加权平均股东权益报酬率 27.22%。2017 年度，公司实现税后净利润 474.55 亿元，股东权益合计期末余额 1 756.16 亿元，股东权益报酬率 27.02%，接近过去 10 年的平均水平，如图 9-20 所示。

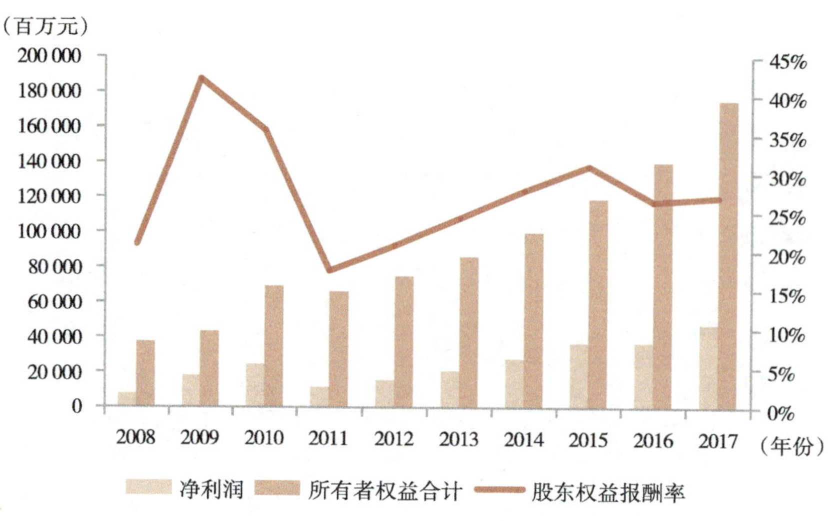

图 9-20 华为股东权益报酬率

2017 年度，华为收回经营活动现金净流入 963.36 亿元，创历史最高水平，如图 9-21 所示。净利润的现金保障倍数高达 2.03 倍。过去 10 年，经营活动现金净流入累计达到 3 617.24 亿元，是 10 年净利润 2 483.95 亿元的 1.46 倍。因此，我们说，华为的税后净利润是有现金支持和保证的，具有较高的含金量。

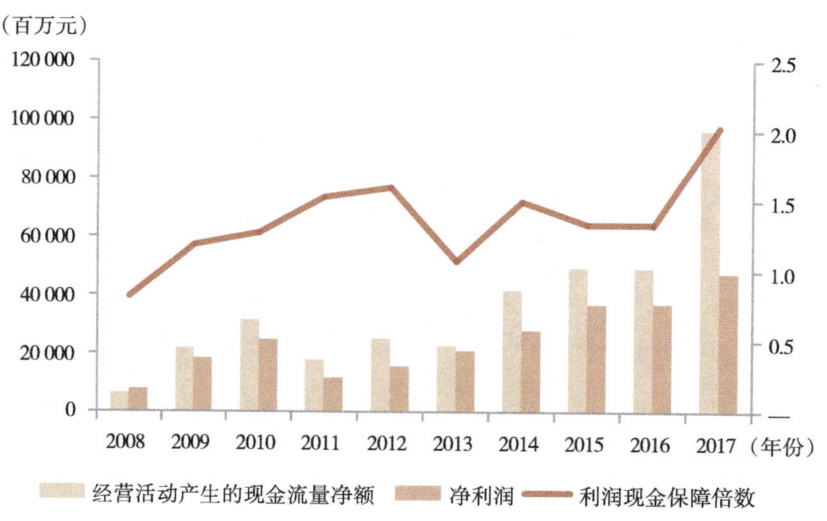

图 9-21 华为利润现金保障倍数

九、简要结论

综合上述，华为是一家经营、管理、财务和业绩四个维度上都非常成功的公司。通过穿透其10年财报，公司经营在过去10年，保持稳定、快速的增长，平均复合增长率为19.09%。净利润也获得了快速增长，平均复合增长率达到22.13%。净利润复合增长率快于销售收入，说明公司并未随规模扩张而导致盈利能力下降。公司产品在市场上具有一定的技术领先优势和差异性，从而奠定了其高科技公司的基础。过去10年平均销售毛利率达到40.49%。如果说把40%以上高毛利的公司定义为高科技公司的话，那么，华为只可以说是刚刚跨入高科技俱乐部的门槛，前面的路还很长，未来任重道远。

当然，华为的成功并非只是产品和经营上的成功。公司持续改善的存货与应收账款管理，以及不断提升的费用使用效率，使得公司的管理开始从优秀走向卓越。可以说，在这类指标上的表现，华为是我所分析过的案例中最杰出的一家公司。除此之外，公司虽然具有较高的负债率，平均高达66.24%，但始终保持稳定，风险可控。过去10年的流动比率也基本维持在1.5倍左右，短期偿债能力较强。

在业绩方面，公司净利润具有较高的现金保障倍数，股东权益报酬率平均高达27.22%，是一家显而易见的绩优公司。

最后，我要特别声明的是，以上分析结论只是基于华为财报分析所得出的片面结论，不足为信。本书之分析结论不构成任何要约或承诺，也不对读者在本书基础上做出的任何行为承担责任。本人有权利不经通知随时修改上述结论和信息，恕不另行知会。

第三节　华大基因：事业不是吹出来的

一、引子

2017年11月28日，我发表的“华大基因，为了上市而上市”的公号文章指出：华大基因从财报层面来说只是一家芝麻绿豆大小的公司，难以支撑763亿元的高市值，其静态市盈率已高达218倍，风险巨大。但华大基因董事长汪建似乎并不同意这种说法。他在12月2日的第一财经年度峰会上说：“我们做的都是好事，股票不会下来的。”

现在再次分析华大基因2017年度财报，其总市值已跌去超过300亿元，目前市值为432亿元，跌幅高达43.38%。从股价上来说，几近腰斩。虽然这其中或有大盘调整的原因，但也不排除公司市值有被市场高估的嫌疑。

2017年的分析结论，主要依据于公司2016年度财报。那么，根据2017年度财报，我们又会有怎样的分析结论呢？

诚如之前声明过的一样，财报分析只表达客观事实，不表达主观愿望。无论分析的结

本案例完成日期为2018年6月25日。

果如何，我们都需要以平等心去对待。对于那些只愿意关心概念而不愿意关心业绩、只愿意讨论情怀而不愿意面对现实的读者来说，最好就此打住，不必往下继续，以免浪费你的宝贵时间和精力。

二、一家主业为基因检测与分析的公司?

华大基因成立于2010年，2017年7月14日上市。公司主营业务为“通过基因检测与分析等手段，为医疗机构、科研机构、企事业单位等提供基因组学类的诊断和研究服务”。

根据公司2017年度财报，其销售收入总额为20.96亿元，其中：生育健康类服务收入11.36亿元，占54%；复杂疾病类服务收入4.57亿元，占22%；基础科研类服务收入4.04亿元，占19%；药物研发类服务收入0.91亿元，占4%；其他业务收入0.08亿元，占1%，如图9-22所示。由此可知，华大基因是一家以生育健康服务为主业，兼营基础科研服务和药物研发服务的基因检测与分析公司。

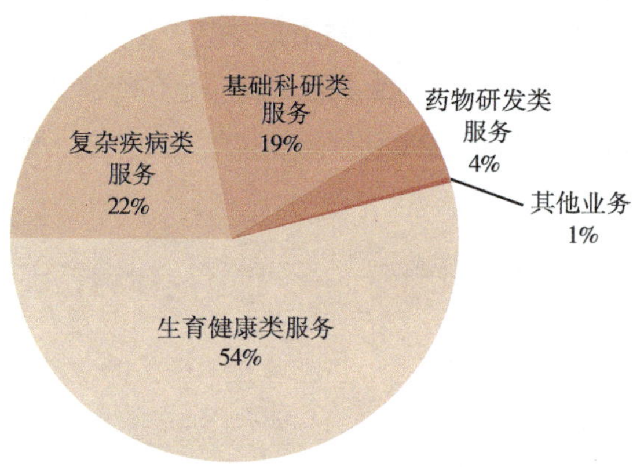

图9-22 华大基因销售构成

华大基因的收入构成，如果纵向来看，增长最快的业务是生育健康类服务，自2012年以来，增长11.34倍，复合增长率高达65.29%；复杂疾病类服务收入增长不足1倍（0.96倍）；基础科研类服务为负增长，2012年收入为4.2亿元，2017年仅为4.04亿元；其他业务收入虽有增长，但因其占比太小，可忽略不计，如图9-23所示。

由此也可看出，即使华大基因之前并不是一家从事生育健康类服务的公司，起码在过去五六年的时间内，它已然成长为一家生育健康类服务的公司。

公司2017年销售收入中，源自中国内地的销售收入为15.96亿元，占总销售的76%；港澳台及海外地区的销售收入5亿元，占总销售的24%，如图9.24所示。由此，我们也可说华大基因是一家具有一定国际化程度的中国公司。

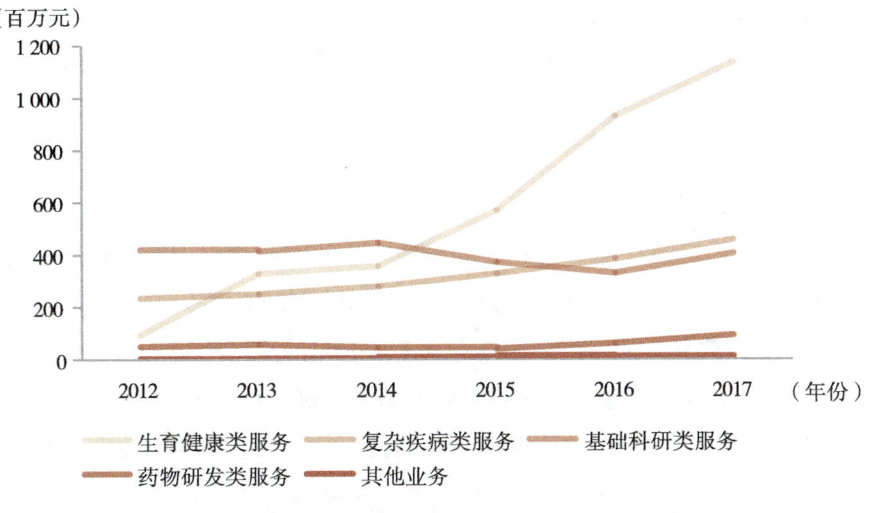

图 9-23 华大基因业务收入增长

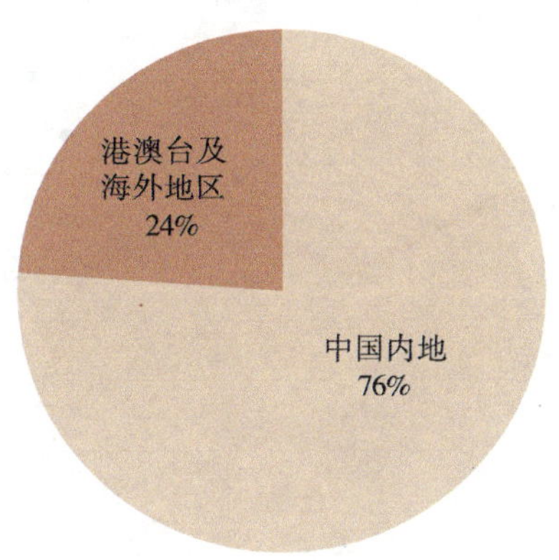

图 9-24 华大基因海外收入

三、增长速度超过行业平均，但幅度有限

由于华大基因上市的时间较短，截至目前可提供的公开财报最早只能追溯至 2012 年，以下结论基于 2012 ~ 2017 年共 6 年的财报数据得出。

公司 2012 年销售收入 7.95 亿元，增长到 2017 年度的 20.96 亿元，增长 1.64 倍，平均复合增长率为 21.40%；2017 年较之 2016 年增长 22.44%。由此可知，超过 20% 或 20% 左右的增幅应当看成是华大基因增长的常态。在中国 A 股市场具有两年以上历史的 36 家生物科技类公司中，平均复合增长率为 15.64%。由此也可知，华大基因的增长速度超过行业平均增长速度，但并非杰出或大幅度领先。

再从公司员工构成来看：2016 年度，员工总数 2 574 人，2017 年度增长到 2 846 人，增长 10.57%。其中，拥有博士和硕士学位的员工人数过去一个年度内有较大幅度的提升，本科学历员工人数略有下降。这或因公司改变招聘策略，或因在职员工获得更高学位所致。从这个意义上来说，这是一家正在开始注重招聘或者培养高学历人才的公司。

四、是否是高科技公司

华大基因2017年财报显示，其销售毛利率为56.95%，较上年的58.44%略有下降，但高于过去6年平均销售毛利率54.44%的水平，如图9-25所示。表明公司产品质量或差异性在过去6年有所改善。但与生物科技行业上市公司的平均销售毛利率相比，其毛利率水平仍然偏低。2016年度的行业平均销售毛利率为60.01%，而2015年度是57.57%。所以，从销售毛利率的角度来看，华大基因的产品具有较大的差异性和技术含量，但并非行业的技术领先者或差异化产品的提供者。其销售毛利率水平甚至不及行业平均销售毛利率水平，提升速度也未能与行业平均提升速度保持同步。

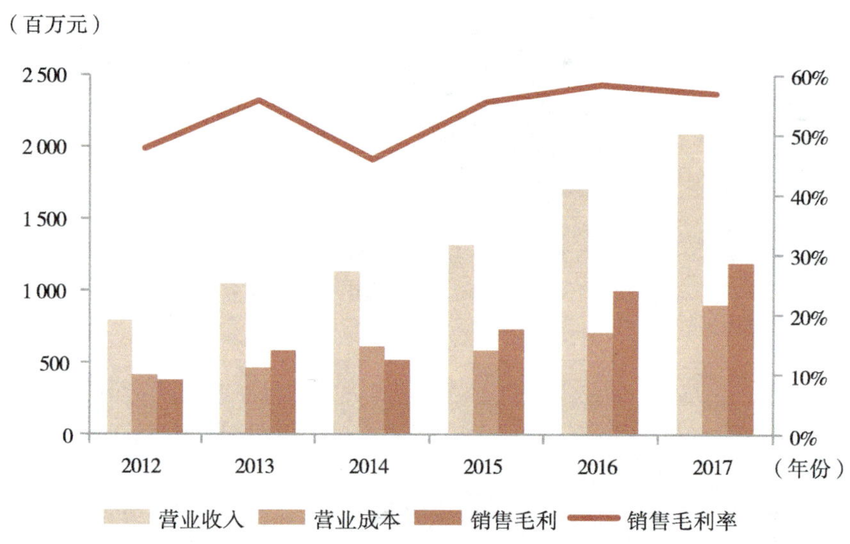

图9-25 华大基因销售毛利率

公司2017年度投入研发经费1.74亿元，较上年度的1.77亿元略有下降，占销售毛利的14.6%，较上年的17.67%也是有所降低。这一方面说明，公司研发投入的规模并不大；另一方面也说明，公司并没有把研发放在头等重要的地位。相较之下，公司投入营销费用4.02亿元，占销售毛利的33.68%，高于上年32.76%的水平，而且也远远高于研发费用投入的占比。从这个意义上来说，公司在经营理念上更多的是把基因检测服务当成为一门生意，而非是一种技术创新。

根据Wind数据库，公司2017年投入研发活动的人员数量为645人，较之2016年度的448人增长197人，增长43.97%。但据公司2017年度报告，2016年度研发投入人数与Wind数据库完全相同，为448人；2017年度却存在较大的差异，年报披露为532人，而Wind数据库为645人，无端相差了113人。当然，不管Wind数据库的数据是从何而来的，我都更愿意相信公司年度数据的真实性和正确性。只不过，这里的重点并不在于是Wind数据库更正确，还是公司年报更正确，而在于公司在缩减研发投入的前提下，何以能够支持研发人员的增长？即使根据公司年报数据的532人，也较上年增长了84人，增幅为18.75%。这大概只能有两种正常的解释：一种解释是研发队伍的人均工资更低了；另一种解释是公司研发人员或研发经费的统计口径有误。或者还有勉强的第三种解释，就是公司研发投入中的人员经费投入增长了，而耗材或别的物料投入大幅度下降所致。不知道公司更愿意认可哪一种解释呢？

无论公司最终给出怎样的解释，都会在某种程度上折射出公司的基础管理薄弱或存在重大缺陷。这一数据矛盾再次使人想起公司IPO先后上报证监会的两份招股书中的产品数量出现重大不一致的过失，即使最终不涉及故意造假，但起码也表明公司基础管理薄弱、内控失效。

五、管理效率呈持续下降的趋势

公司2017年度末，资产总额为51.11亿元，较上年度末的42.30亿元增长20.84%；同期销售收入20.96亿元，较上年17.12亿元增长22.44%，略快于资产规模的增长，如图9-26所示。这表明公司的资产利用效率在过去一年有所提升，总资产周转率从0.40次上升为0.41次。

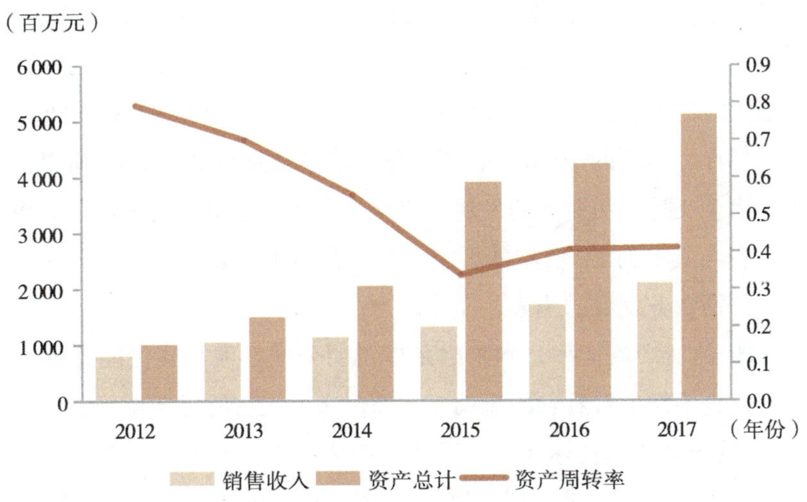

图9-26　华大基因资产周转率

如果进一步分析其总资产构成，我们可以发现：在2017年51.11亿元资产总额中，流动资产为38.32亿元，非流动资产为12.80亿元，非流动资产占总资产比重为25.04%，这在总体上表明它是一家轻资产的公司。不过，其非流动资产占比较上年24.30%略有增长。这表明公司资产在缓慢地由轻变重，这也意味着公司的经营风险略有增加。

2017年度，增长最快的非流动资产项目是固定资产增长，从2016年的5.54亿元增长为7.25亿元，主要原因是公司增加了生产设备的购置。在流动资产部分，增长最快的项目是存货与应收账款。存货从期初余额的0.74亿元，增长至1.39亿元，增幅高达88.31%；应收账款从期初余额的6.12亿元增长至8.12亿元，增长幅度为32.55%。这两类资产的增长都要快于公司销售收入的增长，从而引起公司供应链管理效率下降。虽然存货的占比较低，目前尚不足为虑，但需要引起管理层的重视。

另外还有一点值得关注，公司2017年年末用于购买一年内到期的银行理财产品资产余额高达17.56亿元（含利息），较上年度的16.09亿元略有增长。本年度利息收入达0.65亿元，理财产品平均年化收益率为3.72%。

正如前文所指出过的一样，公司2017年上市共募集资金4.84亿元，而用于购买理财产品的闲置资金便高达17.56亿元。除此之外，公司期末现金及存款余额高达9.47亿元。由此可知，这是一家根本就不缺钱的公司，公司上市的目的只是为了上市而上市，并非因为公司发展缺乏资金支持而上市。公司资金的剩余也导致了公司资金利用效率的降低。由此也可看出，这只是一家在资本市场上长袖善舞、很擅长讲故事的公司。

六、一家财务风险很低，或没有财务风险的公司

华大基因的资金剩余，除了上述资产构成分析可提供这一结论之外，公司资产负债率是另一个可以支持这一结论的依据。公司2017年度资产负债率为16.70%，略低于2016年18.38%的水平，如图9-27所示。公司真正缺钱的时期是2012年及之前。从历年财报中可以看到，公司2012年及2013年度的资产负债率分别为85.02%和60.07%，这是很高的负债水平；但在上市前的2016年，资产负债率已经降为18.38%。所以，公司上市前的融资已经足够用于支持公司业务的发展，完全无须通过上市融资平台来募集资金，上市或许只是上市前参与其中的PE资本的诉求，而非公司本身发展的需求。这样的上市融资很显然也就成为公司业务发展的拖累，而非助力。

公司不足20%的资产负债率，本来已足以说明公司偿债与支付能力的一切。但为了篇幅的完整，我们也不妨来看看它的流动比率如何来表达它的短期偿债能力。

公司2017年的流动比率高达4.71，而短期偿债困难主要出现在2012年，仅为0.97，如图9-28所示。可以说，那个时期它正好处于财务崩溃的临界点上，现如今的短期偿债能力则完全是富而有余的。

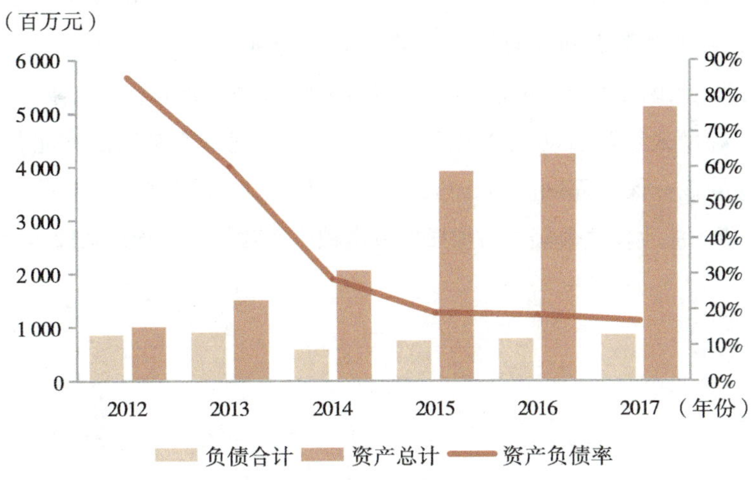

图 9-27　华大基因资产负债率

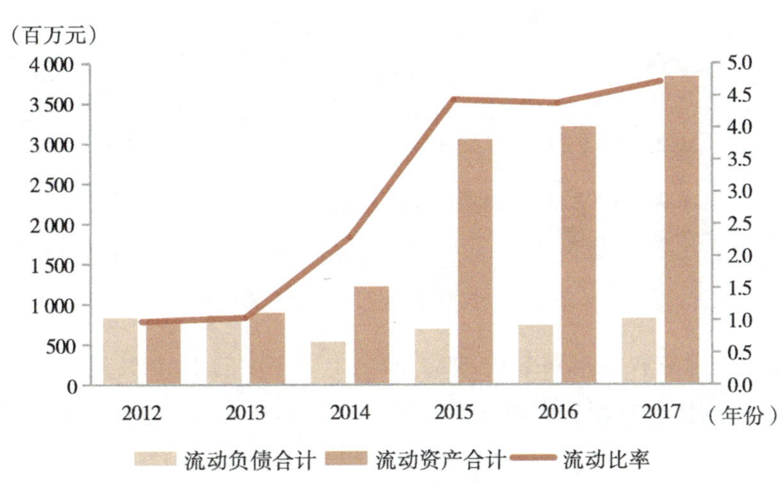

图 9-28　华大基因流动比率

七、业绩平平与股东回报低下

华大基因 2017 年度实现税后净利润 4.24 亿元，较 2016 年 3.5 亿元增长 21.05%，基本保持了与销售收入的同步增长。较 2012 年的 0.85 亿元增长 3.96 倍，平均复合增长率 37.78%。但过去三年增长相对平缓，平均复合增长率为 24.79%。因此，这应当是它目前净利润增长的一个常态。

2017 年度，公司缴纳所得税 0.73 亿元，占税前利润总额的 14.6%，基本与上年度的 14.57% 持平。

2017 年度，公司税前利润总额为 4.96 亿元，其中：源自于理财产品收入 0.66 亿元，占税前利润总额的 13.37%；政府补贴收入 0.28 亿元，占税前利润总额的 5.7%。也就是说，公司接近 20% 的利润源自于理财产品收入和政府补贴收入，主营业务利润对税前利润的贡献接近 80%。由此我们也可说，公司利润主要由主营业务利润贡献。

通过与现金流量表经营活动现金流入净额比较，发现华大基因的利润含金量并不高，2017 年度净利润的现金保障程度仅为 0.53，上年度为 0.67，如图 9-29 所示。现金连续歉收的主要原因是存货与应收款项余额的增加导致资金积压所致。公司信用风险也因此而加大。

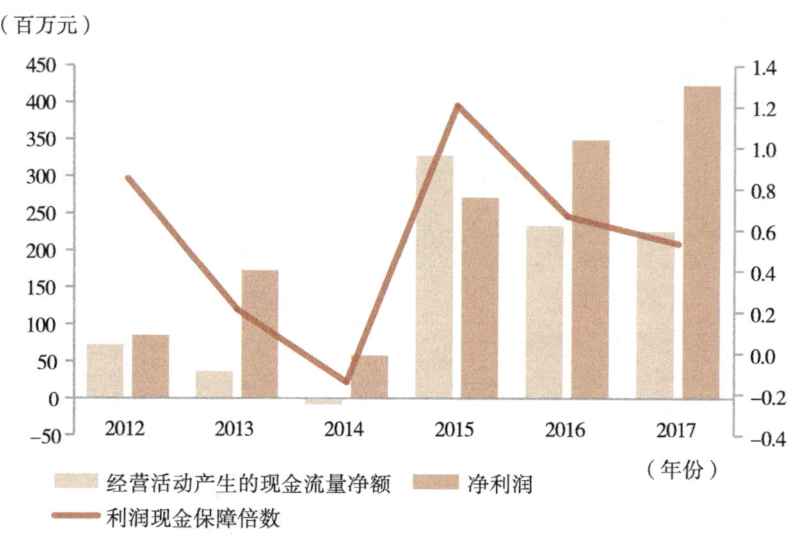

图 9-29 华大基因利润现金保障倍数

2017 年度公司股东权益报酬率 9.95%，较之上一年度的 10.14% 略有下降，与上市前最高峰的 2012 年相比，有相当大幅度的下降，如图 9-30 所示。公司 2012 年股东报酬率

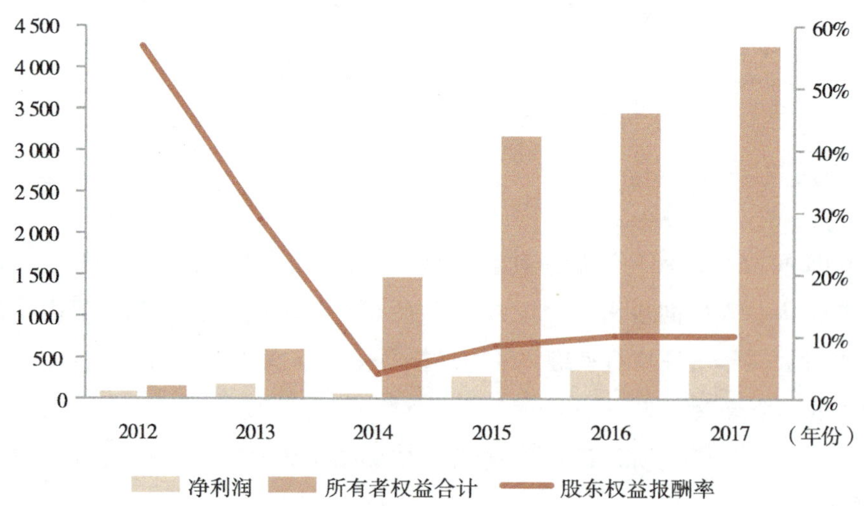

图 9-30 华大基因股东权益报酬率

曾经高达 56.76%。而后随着股权资本的不断引入和大幅度增加，导致公司股东权益报酬率一路走低。单从股东回报角度来说，已经很难再将其列入绩优公司之列了。

八、简要结论

综上所述，华大基因是一家销售收入和净利润保持快速增长的，以提供生育健康基因检测服务为主业的生物科技类公司。公司产品具有一定的差异性和市场竞争力，但销售毛利率低于行业平均水平，表明其服务并不具有较高的技术含量。

公司研发投入在规模上偏小，2017 年仅为 1.74 亿元，较上年度的 1.77 亿元不仅没有增长，反而还有所下降。在重视程度上，也远不如对营销的重视，前者占销售毛利的 14.6%，而后者占销售毛利的 33.68%。由此也可看出，公司主营业务主要以服务为主，而非研发导向。

公司资产中的现金资产及委托理财产品的占比较高，超过总资产的一半，2017 年度末，该两项资产合计高达 28.03 亿元，占总资产的 54.84%。流动比率高达 4.71，说明公司有较多的冗余现金，资金利用效率不高。接近 18 亿元的理财资金收益仅为 0.66 亿元，平均收益率仅为 3.72%。

公司由于在上市前后大量募集股权资本，导致公司资本结构中股东资金占比过高，公司资产负债率仅为 16.70%。从而引起公司股东权益报酬率大幅度下滑至 10% 以下，仅及 9.95%，完全丧失了绩优公司的形象。

除此之外，公司研发投入与研发人员数量增长之间的矛盾性背离，隐含公司相关数据恐涉舞弊之嫌。相关数据的不一致也表明公司基础管理薄弱，以及内控可能存在失效风险，需要引起管理层与监管机构的高度重视。

最后，我要特别声明的是，以上分析结论只是基于华大基因公开财报数据分析所得出的片面结论，不足为信。本案例之分析结论不构成任何要约或承诺，也不对读者在本文档基础上做出的任何行为承担责任。本人有权利不经通知随时修改上述结论和信息，恕不另行知会。

第四节　乐视网的会计“妙手”与“鬼手”

一、上市前后大变脸

乐视网是投资者意见分歧很大、很有争议的一家公司。对于这样的公司，如何保持客观、中立的立场，得出专业的分析结论，呈现公司本来的样子而非是自己想要或某人想要的样子，是财报分析面临的最大挑战。

本案例完成时间为 2018 年 1 月 17 日。

我曾经发表过两篇公号文章，分别讨论乐视网上市前的2007年至2009年，以及上市后的2010年至2016年的10年财报。之所以把这10年分成两个阶段来看，一是因为乐视网的上市节点在2010年；二是因为财报所呈现出来的乐视网，是两个盈利能力完全不同的乐视网。分开来看，或许可以看得更清楚明白。

上市前，它小巧而精致；上市后，业绩大变脸。这期间究竟隐含了怎样的秘密？有人说，乐视网的财报完全符合会计准则的规范；也有人说，乐视网的财报完全是包装、造假的产物。那么，接下来的分析究竟会为我们提供一个怎样的答案呢？我们的立场又如何能够保持足够的中立？

二、上市前的绩优股

上市前的乐视网，绝对算得上是一家好公司。2009年，即上市前一年，其销售收入1.45亿元，净利润0.45亿元，销售净利润率高达30.52%，如表9-2所示。这绝对称得上是一家盈利能力很强的小公司。小巧而精致，至少在会计报表上的表达是这样的，除非它的报表是包装粉饰后的结果。

严格意义上来说，利用公开数据的财报分析，很难就报表的内容是否存在粉饰或舞弊下结论，因为我们不可能利用公开资料而获得舞弊的直接证据。但利用报表间的内在逻辑，或许我们可以推断公司是否存在会计舞弊的端倪或可能。

表9-2 乐视网财务指标 （金额单位：百万元）

	2007年	2008年	2009年
销售收入	36.92	73.61	145.73
净利润	14.68	30.25	44.48
销售净利润率	39.76%	41.09%	30.52%
总资产	64.34	148.16	236.51
资产周转率	0.57	0.50	0.62
所有者权益	59.62	142.67	187.01
股东报酬率	24.62%	21.20%	23.78%

综观上市前的乐视网，除刚才提到的销售净利润率指标外，其他财务指标的表现也同样优异，资产周转率从2007年的0.57次提升到2009年的0.62次，股东报酬率也一直保持在20%以上。因此，无论从哪个角度来看，乐视网的小巧与精致都表现得无可挑剔。

三、上市后的业绩大跳水

乐视网上市后，其销售净利润率便开始节节败退。2010年上市当年，下降为29.42%；

2011 年，下降为 21.87%；及至 2016 年，已跌入负值区间，下降为 –1.01%，如图 9-31 所示。上市后，累计实现税后净利润 7.47 亿元，销售收入 461.87 亿元，平均销售净利润率仅为 1.62%。而上市前三年累计实现净利润 0.89 亿元，销售收入 2.56 亿元，平均销售净利润率高达 34.89%。如此大的业绩反差，让人不得不对它上市前的优良业绩生疑。

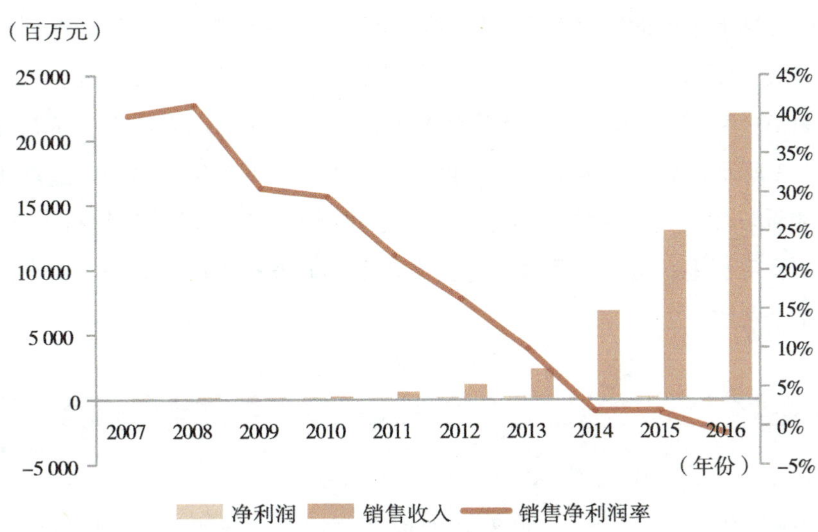

图 9–31　乐视网销售净利率

从财报分析结论来看，导致公司销售净利润率下降的主要原因是公司销售毛利率的下降。公司上市前三年的平均销售毛利率为 70.25%，而上市后的平均销售毛利率仅为 18%，如图 9-32 所示。如果仅仅根据报表数据来解读，公司上市前经营的是技术含量极高的高

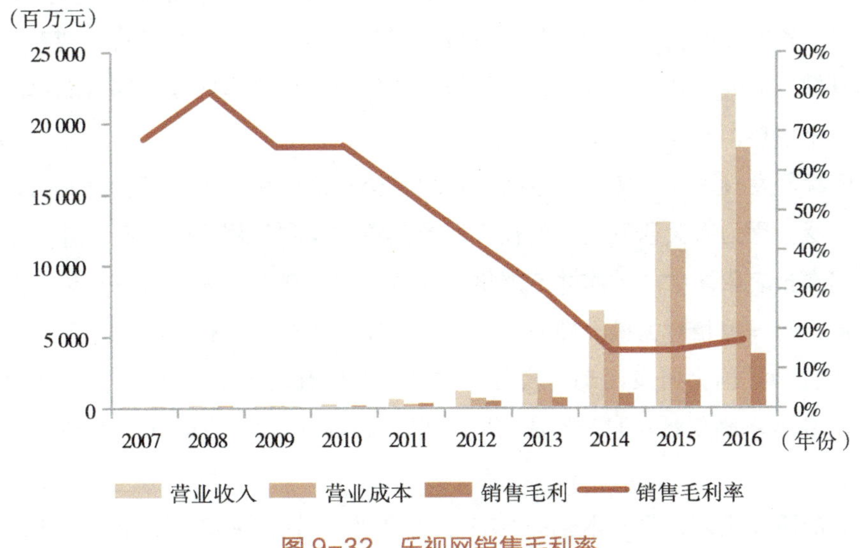

图 9–32　乐视网销售毛利率

科技产品，而上市后经营的则是不具有差异性的普通产品。这种巨大的反差，违背一般的商业逻辑。因此，我们有理由怀疑：公司上市前的财报被粉饰的可能性非常大。

四、离奇失踪的“研发投入”

如果说乐视网上市前的财报存在粉饰的可能还只是一种逻辑上的推断，那么，上市后的财报“大包装”则相对证据明显。最离奇的就是研发投入的“失踪”案。

公司自2010年上市以来，累计研发投入46.3亿元，而同期累计实现净利润仅为7.47亿元，如表9-3所示，如此大手笔的研发投入，让人不得不对乐视网如此追求研究创新的热情而刮目相看。然而，让人费解的是：如果乐视网是一家追求研究创新的典范，那么，为什么它的销售毛利率却会直线下降？这要么说明其研发投入没有效率，要么说明其研发投入本身就是个忽悠。

表9-3 乐视网研发投入 （金额单位：百万元）

	2010	2011	2012	2013	2014	2015	2016	合计
研发投入	30	99	238	374	806	1 224	1 860	4 630
研发投入资本化	2	36	97	203	483	732	1 178	2 730
研发投入资本化率（%）	6.36	36.69	40.63	54.17	59.90	59.79	63.35	58.96

首先，让我们来分析这46.3亿元研发投入的去向。根据公开资料，研发投入的资本化金额为27.3亿元，资本化率为58.96%。如此高的资本化比例表明公司研发具有很高的效率。所以，这与前述研发效率低下的逻辑相矛盾。通常情况下，研发过程中的风险和不确定性越高，研发投入的费用化比例就会越高。而反过来，如果研发投入的资本化率很高，则表明公司研发投入的风险很低，大部分的研发投入都可以形成有效的资产。由于乐视网的研发投入资本化率很高，说明其研发效率很高。另一方面，由于其毛利率大幅度下降，又说明其缺乏研究支持。所以，这一矛盾的背后很有可能指向唯一的可能：巨额研发投入本身只是个忽悠。

为什么巨额研发投入存在忽悠的空间？在现有会计准则体系中，研发投入的确认和计量相对比较宽泛。因为有关研发经费的投入以及其资本化和费用化的比例，并非正表披露内容。各公司在报表附注中的披露并不严格、规范。由于研发投入及其资本化率并非财报表内项目，审计验证也相对宽松。即使退一万步，监管机构将来查出问题，最终也很难问责管理层和审计师。因为研发活动本身的特殊性（很少有两个企业从事同一项目的研发）和研发过程的高度不确定性（能否形成研究成果，难以预料），使得其主观判断是否合理很难被验证。

46.3亿元的研发投入，除资本化的27.3亿元之外，另有19亿元的研发费用应当计入当期损益。由于研发费用在当前会计报表体系中并未要求单独列示，它仅仅是管理费用项目内的一个子项目，因此，同样很难引人关注。

经提炼历年的财报附注信息，我们仅找到一笔研发费用入账，即2016年财报管理费用项目中包括了金额为0.19亿元的研发费用，如表9-4所示。这与19亿元的研发费用相差了100倍！为什么会出现如此大的差异？19亿元的研发费用又去了哪里？或许管理层将来有机会可以给我们一个合理的解释，又或许公司根本就没有投入过如此巨额的研发费用，它只是一个无中生有的数字。

表9-4　乐视网管理费用明细　（金额单位：百万元）

	2010	2011	2012	2013	2014	2015	2016
工资及福利	4.82	9.09	22.51	30.98	78.26	139.52	236.01
咨询费	1.09	7.00	3.32	7.03	11.15	26.39	96.75
办公及会议费			5.42	10.06	11.68	21.16	18.74
差旅费	0.92	2.00	1.94	1.62	6.70	6.67	16.23
股权激励费	—	1.47	7.04	14.18	26.68	17.87	40.88
研发费用							19.22
折旧与摊销及租赁费			14.22	14.25	33.09	83.58	139.13
业务管理费							6.13
税金	0.11	0.40	0.69	1.03	1.75	7.97	5.62
其他管理费用	4.66	10.55	2.66	10.85	6.12	6.34	17.56
合计	11.60	30.51	57.80	90.00	175.43	309.50	596.27

如果说这19亿元的研发费用真的发生过，并且已通过管理费用项目进入报表，只是忘了在报表附注中详加披露。那么，这最多只能算是公司披露上的瑕疵，而说不上是会计舞弊。但如果事实并非如此，公司研发投入舞弊的事实便昭然若揭了。

要证明19亿元研发费用是否进入公司管理费用，这对于大部分公司来说，或许有一定难度，通常只有通过公司内部查账的方式取得直接证据才能够证明。但乐视网的案例倒是相对简单，一目了然。因为它的管理费用总额，也不及研发费用的19亿元。

公司自上市以来，累计管理费用总额仅为12.71亿元，而研发费用却高达19亿元，如表9-5所示。所以，无论如何这12.71亿元的管理费用也无法包含这19亿元的研发费用在内。由此，公司研发投入、资本化与费用化等数字之间，已然存在重大舞弊嫌疑。

公司研发投入的费用化与资本化，是会计职业界最具争议的话题之一。传统的观点认为：研发投入能否形成特定的专利技术具有很大的不确定性。因此，根据会计稳健性原则，公司一般都会在研发费用发生的当年列支为费用，而非资本化为资产，以减低公司未来的经营风险。但这一做法也存在明显的缺陷，即由于方法太过稳健，很可能导致公司专利技术等资产的价值被严重低估。因此，调和的做法便是将研发过程中随着不确定性的减低而部分地将研发投入资本化为无形资产或开发支出。这一方法如果被恰当地采用，或许能够更公允地表达研发活动的本质，避免技术资产的价值被人为低估。但如果这一准则的弹性被恶意利用，它便为公司操控报表开了方便之门。乐视网很显然认识到了这一准则的精髓。因为研发投入无论是资本化还是费用化，都必须高度依赖管理层的主观判断。比方说，研发过程中的什么时间点是过了高度不确定的风险期，应当资本化？创新技术的研发应当投入多少经费才算合理？由于诸如此类的问题并不存在显而易见的标志或统一的可比标准，因此，在客观上便为管理层的操控行为提供了足够大的空间。

表 9-5 乐视网管理费用及应费用化研发投入 （金额单位：百万元）

	2010	2011	2012	2013	2014	2015	2016	合计
研发投入（1）	30	99	238	374	806	1 224	1 860	4 630
资本化率（%）(2）	6.36	36.69	40.63	54.17	59.90	59.79	63.35	58.96
理论上的费用化率（%）（3）=1-（2）	93.64	63.31	59.37	45.83	40.10	40.21	36.65	41.04
应费用化的研发投入（4）=（1）×（3）	28.32	62.82	141.06	171.4	323.03	492.25	681.48	1 900.36
管理费用	11.6	30.51	57.78	89.99	175.45	309.49	596.27	1 271.09

注：表格中的所有数据均进行了四舍五入处理，但为确保结果的准确性，作者在计算时均采用未经四舍五入的原始数据，因此最终结果与依表格中数据计算出的结果存在细微差异，如按照表中四舍五入后的数据计算 2010 年应费用化的研发投入为 2 809 万元，其最终原始数据精确为 2 832 万元，特此说明。

如果说乐视网仅仅只是利用研发费用的资本化来操控公司财报，这问题倒也并不严重，最多只能判定其会计政策和估计失当，而不能轻易认定为会计舞弊。但事实上，乐视网实际所走的路要比研发投入资本化远得多，难以回头。越来越多的证据表明：它所谓的巨额研发投入或许只是一个“子虚乌有”的忽悠，根本上就是一个幌子，而非事实。

首先，如果 46.3 亿元的研发投入为实的话，如何解释 19 亿元费用化的投入去了哪里？如果不能说明去向，也就等于无法说明这笔钱的恰当来源。

其次，公司在不包括这 19 亿元研发费用的前提下，合并利润仅为 7.47 亿元。如果包括这 19 亿元研发费用，公司早已巨额亏损。

所以，一种假设的情形是，这 46.3 亿元的研发投入根本就是无中生有，或者部分无中生有。也就是说，乐视网的研发投入并不是 46.3 亿元。它通过编造的 46.3 亿元的研发投入，一方面赚足了科技创新的“面子”，还得到了掏空公司资产的“里子”。因为被资本化的 27.3 亿元资产是否物有所值，根本无从查证。

根据 2016 年年报，开发支出和无形资产合计为 75.78 亿元，其中开发支出 6.96 亿元，无形资产 68.82 亿元，两者合计占资产总额 322.34 亿元的 23.51%。而截至 2017 年中报，公司报表上的无形资产和开发支出已高达 94.45 亿元；其中，开发支出 8.16 亿元，无形资产 86.28 亿元。

透过前述的分析，大家或许很容易理解，我为什么将乐视网对研发投入及其资本化的操纵称之为会计“妙手”？一是因为技术性资产的研发过程具有相当大的特殊性，其中花费多大的成本存在很大的暗箱操作空间；二是这些研发项目何时取得成功以及最终能否成功很难被客观验证，会计师在审计时会基本依赖管理层的判断和陈述；三是将这些投入资本化为资产，也很难验证这些资产的价值。由此可知，乐视网只是利用了相关会计准则中所包含的弹性，即研发投入的资本化或费用化，这期间所存在的弹性便成为公司操控报表的“黑洞”。当下虽无直接的证据，但可以肯定的一点是，乐视网被费用化的 19 亿元研发投入无故失踪，很难让人有除此之外的第二种解释。

五、巨额亏损的少数股东

如果说研发投入的离奇失踪堪称乐视网的会计“妙手”，那么，少数股东只承担亏损而不分享盈利，便只能称其为“鬼手”了。

上市公司股东既包括股票可上市交易的母公司股东，也包括股票不可上市交易的子公司股东。上市公司作为母体，如果控制了子公司的大部分股权，那么，这部分股权在公司合并报表时便成为归属于母公司所有者的权益，另一部分未控制的股权（被子公司的其他股东控制）便被称之为少数股东权益。如果母公司 100% 控股子公司，则不存在归属于母公司所有者权益和少数股东权益的区分，因为 100% 的子公司权益都归属于母公司。如果母公司只是控制了子公司小部分股权，一般来说，这一小部分股权会作为上市公司的长期股权投资，被投资的子公司财报也不会合并进入上市公司的财报。

但有两种特殊情况例外。一是母公司虽然控制了子公司的大部分股权，但如果有协议约定大股东并不实质性控制这家子公司，那么，按照“实质重于形式”的原则，子公司的财报不会并入母公司，所投入的股权也只是列为报表上的长期股权投资。二是母公司虽然只是小部分股权投资于子公司，但若有协议约定或其他证据指向这家子公司仍然实质上由母公司控制，那么，按照“实质重于形式”的原则，子公司的报表仍然需要合并进入母公司。在这种情形下，母公司合并出来的报表结果就很可能表达了少数股东并不是真正意义上的少数。比方说，乐视网控股乐视电子商务 30% 的股权，理论上，30% 只是少数股权；但实质上，由于乐视网还拥有另外 40% 的表决权，所以，达成实质性控制乐视电子商务的目的，乐视电子商务便成为乐视网控股合并的子公司，另外 70% 控股权的股东便成为少数股东。所以，少数股东并非一定在数量（控股比例）上是少数。

由于上市公司的股东权益区分为归属于母公司所有者权益和少数股东权益两个部分，

那么，与之相应的子公司盈利或亏损也会相应地分成两个部分：归属于母公司所有者的净利润和少数股东损益。所谓合并报表，指的是所有被母公司实质性控制的子公司报表都需要并入上市公司的报表。合并既包括对子公司资产、负债、所有者权益的合并，也包括对销售、成本、利润的合并。合并完成后再根据母公司和少数股东的控股比例来加以切分。所以，如果子公司盈利，归属于母公司的所有者也会分得盈利；如果子公司亏损，归属于母公司所有者也会分得亏损。但乐视网的财报在股权结构的精心安排下却出现了利润归母公司股东而亏损归少数股东的异常情形。

乐视网归属于母公司所有者的净利润高达 21.42 亿元，而归属于少数股东的损益则成为巨额亏损 13.95 亿元，如表 9-6 所示。也就是说，从报表上来看，子公司的盈利似乎都归了控股股东，而少数股东则只负责承担了亏损，并不享有盈利。

表 9-6 乐视网母公司净利润及少数股东损益 （单位：百万元）

	2010	2011	2012	2013	2014	2015	2016	历年累计
净利润	70.1	130.88	189.97	232.38	128.8	217.12	−221.89	747.36
减：少数股东损益		−0.24	−4.23	−22.63	−235.23	−355.91	−776.65	−1 394.89
归属于母公司所有者的净利润	70.1	131.12	194.19	255.01	364.03	573.03	554.76	2 142.25

虽然这一结论难以想象，但当把案例拆解开来，要理解也并不复杂：只要将母公司权益占大头的子公司盈利丰厚，让母公司分到大头盈利，而让那些少数股东占大头的子公司发生巨额亏损，让少数股东去承担巨额亏损。这样，母公司合并报表时的大盈利和小亏损两相抵销，归属于母公司股东的权益自然也就变成了盈利。而分担了亏损大头的少数股东权益，自然也就变成了巨额亏损。当然，如果少数股东是其他独立第三方，或许少数股东并不乐意，这一安排便无法持续。但如果一家公司既有上市部分，又有未上市的集团公司或其他兄弟公司，要达成这种极端情形也就相对变得容易。不过，这一安排仅有会计的“妙手”是远远不够的，老板还必须亲自参与股权设计。所以，我更愿意把它称其为“鬼手”，而非“妙手”可以概括之。

为什么乐视网只要归属于母公司所有者的净利润而不顾其他呢？原因很简单，因为监管部门的要求通常只强调归属于母公司所有者的净利润而忽视合并净利润，乐视网只不过竭尽所能去讨好和满足监管方的要求而已，这并非只是乐视网的过错。在我的案例分析中，我更愿意使用合并净利润，而非归属于母公司所有者的利润，所以，也常常有读者朋友问我的股东权益报酬率怎么跟他自己计算的结果不一样。我之所以更愿意用合并利润，原因在于报表中的资产、负债和收入、成本等要素都是按合并口径来计算的，只有用合并净利润才能口径一致。

六、负值的所得税

乐视网的研发经费失踪案和少数股东巨亏案，早已让人瞠目结舌。但比起所得税费用负值案来说，似乎前面两案又都算不了什么，所得税负值案才堪称经典中的传奇，挑战了大众的思维极限。感谢乐视网又为财报分析案例库贡献了新的素材。

乐视网自上市以来，累计实现税前利润 5.31 亿元，而累计缴纳的所得税则为 –2.15 亿元，归属于母公司所有者的净利润 21.42 亿元，如表 9-7 所示。历史上还真没有见过如此奇葩的财务报表。按照一般的逻辑，所得税为 0 已是极限，–2.15 亿元显然有些匪夷所思。但要恰当地理解这一负值也不困难，这需要从递延所得税资产说起。

表 9-7　乐视网归属于母公司所有者净利润　（单位：百万元）

	2010	2011	2012	2013	2014	2015	2016	历年累计
利润总额	74.84	164.24	228.01	246.4	72.9	74.17	–328.71	531.85
减：所得税	4.74	33.37	38.05	14.02	–55.9	–142.95	–106.82	–215.49
净利润	70.1	130.88	189.97	232.38	128.8	217.12	–221.89	747.36
减：少数股东损益		–0.24	–4.23	–22.63	–235.23	–355.91	–776.65	–1 394.89
归属于母公司所有者的净利润	70.1	131.12	194.19	255.01	364.03	573.03	554.76	2 142.24

注：表格中的所有数据均进行了四舍五入处理，但为确保结果的准确性，作者在计算时均采用未经四舍五入的原始数据，因此最终结果与依表格中数据计算出的结果存在细微差异，如按照表中四舍五入后的数据计算 2011 年净利润为 13 087 万元，其最终原始数据精确为 13 088 万元，特此说明。

递延所得税资产是指公司可在未来抵扣应缴所得税的一种额度。如果它在未来可以抵扣应纳所得税额，那么，它就是有价值的资产。如果不能在未来抵扣，那么，它就会变成是一种资产泡沫。所以，在本质上它只是一种可以在未来行使的权利。

乐视网 2016 年递延所得税资产为 7.63 亿元，其中，可抵扣亏损 6.51 亿元，占递延所得税资产的 85%。此外，坏账准备 0.78 亿元，存货跌价准备 0.07 亿元，无形资产减值及融资租赁摊销利息等，仅有少许。也就是说，所得税资产的大头是可抵扣亏损。所谓可抵扣亏损，是指根据税法规定，公司之前年度发生的亏损，可以用未来 5 年内的盈利先行弥补亏损，弥补亏损之后若仍有盈余，再缴纳所得税。从这个意义上说，亏损公司的盈利虽说都具有未来抵扣所得税的权利，但如果亏损公司持续亏损，即使它享有这一权利也无法行使，所以，这类公司的可抵扣所得税同样难以成为有效的资产。如果亏损公司真的盈利了，那么，所得税资产便有了变现的机会。所以，我们会在报表上看到，公司虽有盈利，但所得税费用却可能成为负值，是因为它抵扣了以前年度的所得税额度。

所得税资产，究竟是真金白银还是纸面富贵？不同来源的所得税资产，其含金量也许会略有差异。正如前面所言，可抵扣亏损的所得税资产，必须要以公司未来盈利为前提。但有些所得税资产，则可能只是暂时的时间性差异，未来抵扣的概率会大一些，例如公司计提的坏账准备。由于公司计提坏账准备采用的是权责发生制，也就是说坏账在还没有真实发生的情况下按照以前的经验加以估计，而估计出的坏账准备按照税务部门的收付实现制原则尚未真实发生，税务部门认为它并不能用以抵税，这就会形成税务部门与企业会计部门在计量原则上的差异。

举例来说，公司销售收入 100 万元，成本 50 万元，本来应该有 50 万元的税前利润。但公司认为应收账款有可能发生坏账，预提 30 万元的坏账准备，这样，最终利润便成为 20(=100–50–30) 万元。如果按照所得税率 25% 计算，应缴所得税为 5 万元。但税务部门并不这样认为，税务部门认为公司预提的 30 万元坏账准备当前并未实际发生，不同意在今年抵税。但税务部门同意，如果公司未来实际发生坏账，届时再用以抵扣未来的所得税。这样，税务部门的应纳税额计算便成为这样：12.5(=(100–50) × 25%) 万元。

税务部门的计算结果与企业的会计计算结果出现了 7.5 万元的所得税差额。也就是说，企业当期必须按税务部门的计算多缴 7.5 万元的所得税。如果将来实际发生 30 万元的坏账，再抵扣这多缴的 7.5 万元。当然，如果企业未来因管理出色，没有发生这笔 30 万元的坏账，那么，这 7.5 万元的所得税便是应该缴纳而不能抵扣的。因此，所得税资产在没有被抵扣前可能是资产，但也有可能只是一个资产泡沫。

反过来的情形也是有的，就是企业认为应该多缴，而税务部门认为应该少缴的情形。这种情形便会形成递延所得税负债，它也是一种暂时性差异。举例来说，如果公司收入 100 万元，会计核算的成本是 50 万元，其中包括固定资产的折旧、无形资产的摊销等；但税务部门根据国家的一些优惠鼓励政策计算企业的成本是 70 万元，公司只有 30 万元的税前利润。这样，企业会计部门认为要交 12.5 万元的所得税，而税务部门认为只要交 7.5 万元的所得税，企业当前少缴的 5 万元所得税便成为递延所得税负债。因为随着时间推移，企业少计成本或许费用迟早会进入未来的成本或费用构成，所以，当期按税务部门少缴的所得税在未来还是要补缴的。这就相当于是企业负债。

由此可知，递延所得税资产虽然名为资产，但是否能够真正成为资产，其实还取决于很多前提条件。在企业持续经营的前提下，它只是一种时间性差异，在未来很有可能转换为资产。但如果前提条件不满足或企业终止经营，那么，它瞬间便会化为泡沫。所以，也可称之为泡沫性资产。

七、乐视网的资产泡沫

上市前的 2009 年，乐视网只是一家小公司，资产总额为 2.37 亿元；2016 年，资产规模扩张到 322.33 亿元，增长了 135 倍。那么，其资产质量是提高了还是降低了？资产构成中又存在一些怎样的泡沫？以下，我们来做一个粗浅的解剖。

上市前的乐视网，几乎就是一家空壳公司。在 2.37 亿元总资产中，非专利技术、系统软件和影视版权等无形资产高达 0.89 亿元，占总资产的 37.42%，固定资产 0.8 亿元，现金、应收款和预付款共计 0.66 亿元，其他资产几乎可以忽略不计，如图 9-33 所示。也可以说，这家公司的资产比较简单，一目了然。

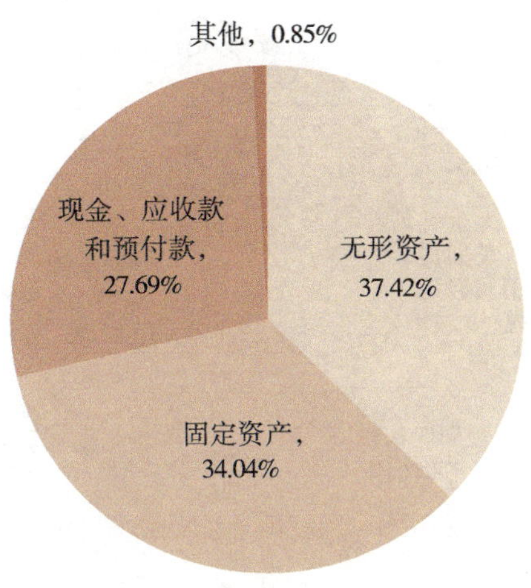

图 9-33　乐视网上市前资产构成

2016 年，公司资产总额 322 亿元，其中，流动资产余额 158.69 亿元，非流动资产余额 163.65 亿元。流动资产中占比最大的资产是应收款和预付款 100.25 亿元，占流动资产总额的 63%；货币资金余额 36.69 亿元，占流动资产总额的 23%；存货及其他流动资产 21.74 亿元，如图 9-34 所示。

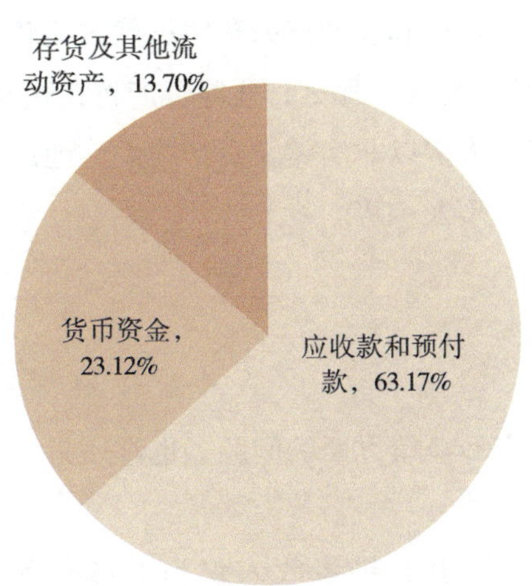

图 9-34　乐视网流动资产构成

注：图中乐视网流动资产各构成占比和为 99.99%，均是多次四舍五入后的误差，特此说明。

非流动资产中，占比最大的资产是无形资产，余额为 68.82 亿元，占非流动资产总额的 42%，开发支出 6.97 亿元，预付版权费 15.74 亿元，三项合计 91.52 亿元，占非流动资产总额的 55.63%；排名第二的资产是长期股权投资 20.7 亿元，占非流动资产总额的 12.65%。除此之外，商誉、长期待摊费及递延所得税资产合计 15.12 亿元，占非流动资产总额的 9.24%。固定资产净值 11.4 亿元，占非流动资产总额的 6.97%，如图 9-35 所示。

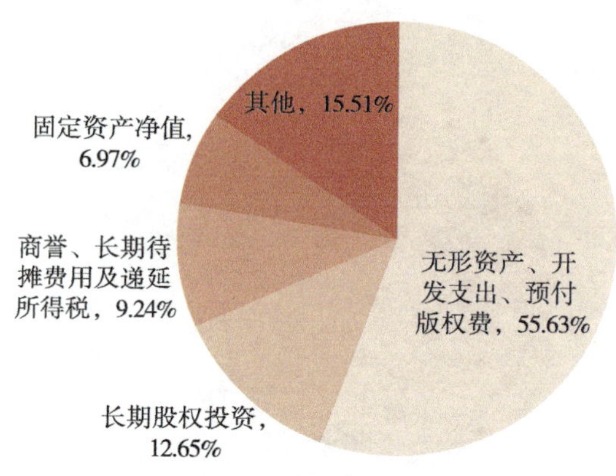

图 9-35 乐视网非流动资产构成

通过以上分析我们初步了解，乐视网的资产风险主要表现在以下三个方面。

第一，以非专利技术、系统软件和影视版权等为主体内容的无形资产，包括内部研发及开发支出等，共计 91.52 亿元，接近总资产的近 1/3（28.39%）。这些资产究竟价值几何？比较难于验证。

第二，公司应收及预付款项 100.25 亿元，占资产总额的 31%，如果公司持续经营，或许风险可控。如果公司经营陷入困境，该资产同样风险巨大。

第三，商誉、递延所得税资产和长期待摊费用虽然占比较小，但仍然金额巨大，高达 15.12 亿元，如果公司经营持续恶化，那么，此等资产将在瞬间灰飞烟灭，风险巨大。

由此可见，乐视网的资产大多以非实体类资产构成，泡沫巨大，尤其是在持续经营困难的前提下，其可变现性或许不及一半。

八、乐视网的经营困境

如果乐视网单纯只是资产和业绩方面的问题，也许还只是次要问题，经营才是一家企业的根本。

乐视网 2010 年 8 月上市之初，销售收入仅为 1.45 亿元；2016 年度销售收入达到 219.87 亿元，较之上市前的 2009 年增长了 150 倍，平均复合增长率高达 87.2%，如图 9-36 所示。如果单从销售业绩来说，这个成长速度是惊人的，其经营是非常成功的。只是公司只赚吆喝不赚钱，销售毛利与销售净利变得越来越薄，在各种会计规则都做到很完美的条件下，2016 年也未能逃脱亏损的命运，以净亏损 –2.22 亿元收官。虽然实际的亏损要远超过这个数，但理论上说，公司只有经营成功，将来总会有“咸鱼翻身”的机会。所以，亏损在一定程度上并不可怕。

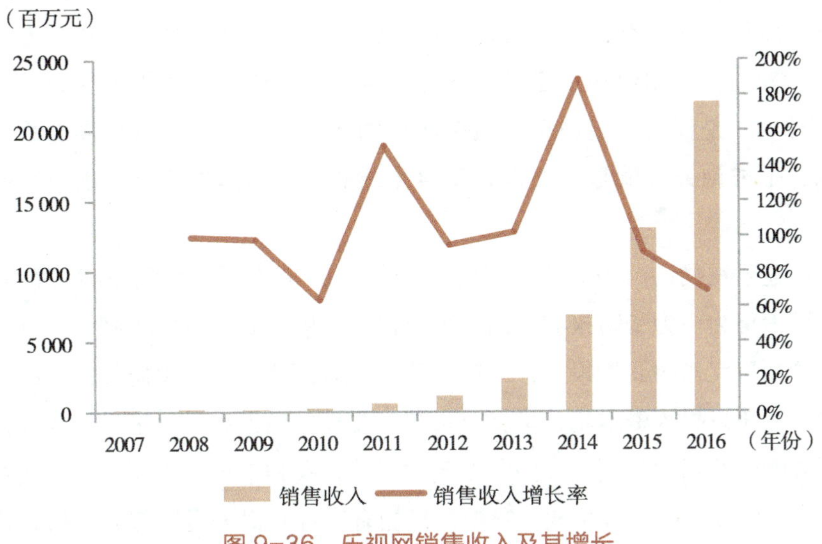

图 9-36　乐视网销售收入及其增长

真正可怕的是，2017 年的乐视网，江河日下，销售一泻千里。收入日渐萎缩，亏损缺口越来越大。眼见得一家百亿级销售的公司一夜回到从前。销售收入从 2016 年度第 3 季度创出 67 亿元的新高后，自 2017 年第 4 季度至 2018 年第 3 季度，分别为 52 亿元、41 亿元、14 亿元和 5.73 亿元。真是发展有多快，衰败也会有多快。再看合并净利润，更是惨不忍睹，如图 9-37 所示，至 2016 年第 3 季度末，亏损缺口已达到 –22.82 亿元。如此一泻千里的局面，看来要再挽回是真的有些困难了。

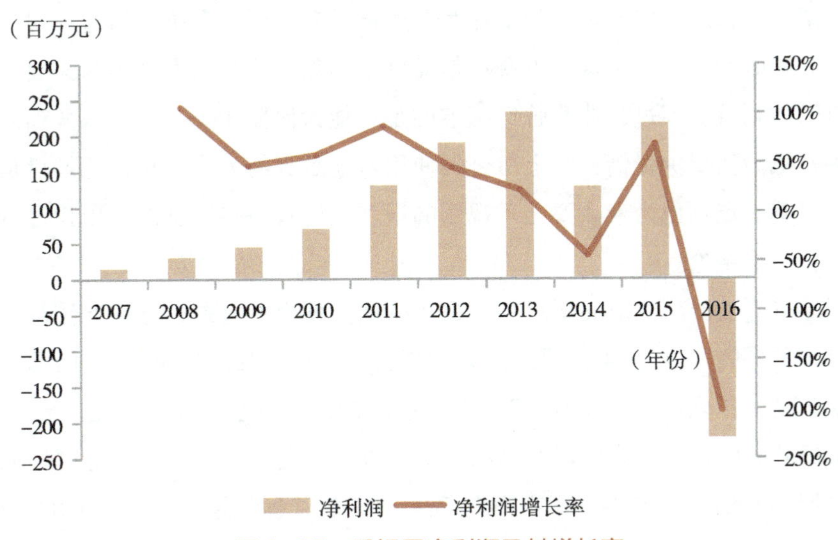

图 9-37　乐视网净利润及其增长率

九、简要结论

有人说：乐视网是一家富有激情和创造力的公司，其创始人贾跃亭，为人低调，胸有大志。至于其商业模式和技术是否具有创新力，我没有深入研究过。但就财报而言，其创造性肯定是显而易见的。不过，听说贾跃亭 1995 年毕业于山西省财政税务专科学校，大专学历，会计专业，我相信他一定被教导过：会计，是最不需要创造性的专业。会计专业所一再教导的，是要人们遵循会计惯例而非创新。投资人也更愿意接受稳健和保守的会计。然而，他或许天生就是一个喜欢颠覆传统的人，不然也不会有乐视网的“生态化反”……

总之，透过乐视网的财报分析，我们真正学会了很多。他为了让乐视网的财报盈利，真的付出了巨大努力。为了财报有利润，可以说他把能想到和不能想到的会计招数都用到了极致。巧妙构思巨额的研发投入，一箭三雕。一方面挣得了重视研发投入的名誉；另一方面通过将巨额研发投入资本化，扩大公司资产规模，做大做强；第三，巨额研发费用无故失踪，不影响公司当期盈利。要同时做到这三点，我相信全世界无人能出其右。他通过精巧的股权结构（控制权 + 表决权）安排，只拥有巨额亏损公司少部分股权，达到实质性控股目的。一方面，全额合并被控制子公司的资产和收入；另一方面，小比例分担子公司的巨额亏损。及至达成合并报表中销售收入快速增长，归属于母公司所有者能够巨额盈利，而少数股东损益承担巨额亏损。如此精心构思的案例，我相信在全世界也找不出第二例。他通过对亏损公司累计亏损的运作，转化为公司递延所得税资产，一方面通过转移定价，操控各子公司间的利润分布；另一方面透过税务运作，利用递延所得税资产抵扣所得税费用，及至合并报表的所得税达成 –2.15 亿元。以上会计操控，随便一条都足以写进历史和会计教科书。

乐视网精心构思这一切究竟是为了什么？严格说来，贾跃亭所做的这一切其实都是为了上市公司股东的利益，关于这一点我深信无疑。当然，他是这家公司的大股东，这样做也符合他自己的利益。不过，让我曾经困惑的是：他为何要让母公司股东盈利而独自吞下亏损的苦果？他为何要免费借钱给上市公司使用？他是真的大公无私，还是只是想让乐视网的报表更好看一点？他为什么要让乐视网的报表更好看一些？也许不用我过多解释，大家已然有了自己的结论。

乐视网的市值被推高到匪夷所思的 1 500 亿元。股价炒上去，究竟谁受益？推高不是目的，减持才是关键。2015 年，贾跃芳先后减持 2 400 万股，套现约 12 亿元；贾跃亭减持约 3 500 万股，套现约 25 亿元。减持不是他的错，高价也不是他的错。让股价上涨再上涨，是市场共同的愿望，是股民共同的心声，大家都受益。他，这个低调的创始人，也难免会受到股民和媒体的追捧，变得高调起来。只有当潮水退去，大家才知道谁在裸泳。

其实不然，即使潮水没有退去，如果你愿意解读财报，你一早就会知道谁在裸泳。

现在反过来冷静地思考：如果中国没有股价虚高的诱惑，是不是这一切都不会发生呢？所以，打造一个健康、理性、可持续发展的市场对深化经济体制改革、实现强国梦是多么的重要。

以上结论只是根据报表公开披露信息的分析结果，也许与乐视网的真实故事有很大出入，又或许我们所讲的故事只是冰山一角，其中还隐藏更多别的“鬼手”和“妙手”，实在无从知晓。

◀ 本章小结 ▶

本章选取的四个案例各具特色，均是中国资本市场不同时期备受关注的热点公司或网红公司。它们的经营成败，在资本市场上贬褒不一。本章并未受此影响，而是应用四维分析法这一经典案例分析框架和方法，以穿透 10 年财报的方式，抛开各种纷繁复杂的声音，洞穿企业的内在价值，还原财报背后的真相，并最终呈现作者自己独到的、客观中立的、具有系统数据支持的分析结论。

主要参考文献

[1] Anderson M C, Banker R D, Janakiraman S N . Are Selling, General, and Administrative Costs Sticky[J]. Journal of Accounting Research, 2003, 1:47-63.

[2] Ball R, Brown P. An Empirical Evaluation of Accounting Income Numbers[J]. Journal of Accounting Research, 1968, 6:159-178.

[3] Barth M J, Cram D, Nelson K. Accruals and the Prediction of Future Cash Flows[J]. The Accounting Review, 2001, 76:27-58.

[4] Bartov E, Mohanram P, Nissim D. Managerial Discretion and the Economic Determinants of the Volatility Parameter for Valuing ESOs[J]. Review of Accounting Studies, 2007, 12:155-179.

[5] Bernard V, Thomas J. Evidence that Stock Prices: Do not Fully Refect the Implications of Current Earnings for Future Earnings[J]. Journal of Accounting and Economics, 1990, 13:305-340.

[6] Brealey R A, Myers S C, Allen F. Principles of Corporate Finance[M]. 8e. The McGraw-Hill Companies, 2006.

[7] Burgstahler D C, Dichev I D. Earnings Management to Avoid Earnings Decreases and Losses[J]. Journal of Accounting and Economics, 1997, 24: 99-126.

[8] Copeland T, Koller T, Murrin J. Valuation: Measuring and Managing the Value of Companies[M]. New York: Wiley, 1990.

[9] Deakin E B. An Analysis of Differences between Non-major Oil Firms Using Successful Efforts and Full Cost Methods[J]. The Accounting Review, 1979, 54(4): 722-734.

[10] Dechow P M, Kothari S P, Watts R L. The Relation between Earnings and Cash Flows[J]. Journal of Accounting and Economics, 1998, 25(2): 133-168.

[11] Dechow P M, Richardson S A, Tuna R. Why are Earnings Kinky? An Examination of the Earnings Management Explanation[J]. Review of Accounting Studies, 2003, 8: 355-384.

[12] Fama E. Efficient Capital Markets: A Review of Theory and Empirical Work[J]. Journal of Finance, 1970, 5:383-417.

[13] Foster G, Olsen C, Shevlin T. Earnings Releases, Anomalies and the Behavior of Security Returns[J]. The Accounting Review,1984, 59:574-603.

[14] Gibson C H. Financial Statement Analysis[M]. 12e. Gengage Learning, 2011.

[15] Hayn C. The Information Content of Losses[J]. Journal of Accounting and Economics, 1995, 20:125-153.

[16] Jensen M C. Some Anomalous Evidence Regarding Market Efficiency[J]. Journal of Financial Economics, 1978, 2/3:95-101.

[17] Jensen M C, Meckling W H. Theory of the Firm: Managerial Behavior, Agency Cost and Ownership Structure[J]. Journal of Financial Economics, 1976, 4: 305-360.

[18] Kothari S P, Karthik R, Skinner D J. Implications for GAAP from an Analysis of Positive Research in Accounting[J]. Journal of Accounting & Economics, 2010, 2/3:246-286.

[19] Lintner J. Distribution of Incomes of Corporations among Dividends, Retained Earnings, and Taxes[J]. The American Economic Review, 1956, 46: 97-113.

[20] Lipe R C. The Information Contained in the Components of Earnings[J]. Journal of Accounting Research, 1986, 24:37-64.

[21] Litzenberge R, Joy M, Jones C. Ordinal Predictions and the Selection of Common Stocks[J]. Journal of Financial and Quantitative Analysis, 1971, 6: 1059-1068.

[22] Miller M H. Debt and Taxes[J]. The Journal of Finance, 1977, 2: 261-275.

[23] Miller M H , Modigliani F. Dividend Policy, Growth, and the Valuation of Shares[J]. Journal of Business, 1961,4: 411-433.

[24] Modigliani F, Miller M H. The Cost of Capital, Corporation Finance and the Theory of Investment[J]. The American Economic Review, 1958, 3: 261-297.

[25] Modigliani F, Miller M H. Corporate Income Taxes and the Cost of Capital: A Correction[J]. The American Economic Review, 1963, 3: 433-443.

[26] Myers S C, Majluf N S. Corporate Financing and Investment Decisions when Firms have Information that Investors do not have[J]. Journal of Financial Economics, 1984, 2:187-221.

[27] Paton W A. Accounting Theory[M]. The Ronald Press Company, 1922.

[28] Paton W A, Littleton A C. An Introduction to Corporate Accounting Standards. Monograph No 3. American Accounting Association, 1940.

[29] Penman S H. Financial Statement Analysis and Security Valuation[M]. 3e. McGraw-Hill Education, 2007.

[30] Previts G J, Merino B D. A History of Accountancy in the United States: the Cultural Significance of Accounting[M]. Ohio State University Press, 1998.

[31] Ross S A, Westerfield R W, Jaffe J F. Corporate Finance[M]. 9e. The McGraw-Hill Companies, 2010.

[32] Scott W R. Financial Accounting Theory[M]. 3e. Pearson Education, 2003.
[33] Shleifer A, Vishny R W. A Survey of Corporate Governance[J]. Journal of Finance, 1997, 52:737-783.
[34] Sloan R G. Do Stock Prices Fully Reflect Information in Accural and Cash Flows About Future Earning[J]. The Accounting Review, 1996, 3:289-315.
[35] Yuji Ijiri. Theory of Accounting Measurement[M]. American Accounting Association, 1979.
[36] Watts R L, Zimmerman J L. Positive Accounting Theory[M]. Prentice Hall, 1986.
[37] 杜兴强，章永奎 . 财务会计理论 [M]. 厦门：厦门大学出版社，2005.
[38] 葛家澍，杜兴强 . 中级财务会计学 [M]. 3 版 . 北京：中国人民大学出版社，2007.
[39] 葛家澍，唐予华 . 关于会计定义的探讨 [J]. 会计研究，1983(5).
[40] 蒋义宏，魏刚 . 净资产收益率与配股条件 [M]. 上海：上海财经大学出版社，1998.
[41] 孔玉生，朱乃平，孔庆根 . 成本粘性研究——来自中国上市公司的经验证据 [J]. 会计研究，2007(11).
[42] 刘峰 . 会计准则研究 [M]. 大连：东北财经大学出版社，1995.
[43] 刘浩，孙铮 . 公允价值的目标论与契约研究导向——兼以上市公司首次确认辞退补偿为例 [J]. 会计研究，2008(1).
[44] 刘永泽，陈立军 . 中级财务会计 [M]. 大连：东北财经大学出版社，2012.
[45] 陆正飞，高强 . 中国上市公司融资行为研究 [J]. 会计研究，2003(10).
[46] 陆正飞，朱凯，童盼 . 高级财务管理 [M]. 北京：北京大学出版社，2012.
[47] 孙铮，刘浩 . 中国上市公司费用“粘性”行为研究 [J]. 经济研究，2004(12):26-34.
[48] 王化成，支晓强 . 财务报表分析 [M]. 北京：中国人民大学出版社，2014.
[49] 汪祥耀 . 美国会计准则体系的重大变革及启示 [J]. 财经论丛，2009(6).
[50] 夏冬林 . 美国会计中的业主权理论与实体理论 [J]. 会计研究，1993(1).
[51] 谢诗芬，吴可夫 .FASB 编纂专题 820“公允价值计量和披露”研究及对我国的启示 [J]. 财经理论与实践，2010(3).
[52] 薛云奎 . 法定会计年度，危害会计信息质量 [J]. 首席财务官，2009(6).
[53] 薛云奎 . 穿透财报，发现企业的秘密 [M]. 北京：机械工业出版社，2018.
[54] 薛云奎 . 克服偏见，还原财报背后的真相 [M]. 北京：机械工业出版社，2018.
[55] 余绪缨 . 要从发展的观点看会计学的科学属性 [J]. 中国经济问题，1980(5).
[56] 杨纪琬 . 关于“会计管理”概念的再认识 [J]. 会计研究，1984(12).
[57] 杨纪琬，阎达五 . 会计管理是一种价值运动的管理——为纪念中华人民共和国成立三十五周年而作 [J]. 财贸经济，1984(10).
[58] 张先治，陈友邦 . 财务分析 [M]. 大连：东北财经大学出版社，2014.
[59] 张新民 . 资产负债表：从要素到战略 [J]. 会计研究，2014(5).

推荐阅读

中文书名	原作者	中文书号	定价
会计学：企业决策的基础（财务会计分册·原书第17版）	简R.威廉姆斯（田纳西大学）	978-7-111-56867-4	75.00
会计学：企业决策的基础（管理会计分册·原书第17版）	简R.威廉姆斯（田纳西大学）	978-7-111-57040-0	59.00
会计学：企业决策的基础（财务会计分册·英文原书第17版）	简R.威廉姆斯（田纳西大学）	978-7-111-58012-6	99.00
会计学：企业决策的基础（管理会计分册·英文原书第17版）	简R.威廉姆斯（田纳西大学）	978-7-111-58011-9	85.00
管理会计（原书第14版）	雷H.加里森（杨百翰大学）	978-7-111-55796-8	79.00
财务会计教程（原书第10版）	查尔斯 T.亨格瑞（斯坦福大学）	978-7-111-39244-6	79.00
管理会计教程（原书第15版）	查尔斯 T.亨格瑞（斯坦福大学）	978-7-111-39512-6	88.00
财务会计：概念、方法与应用（原书第14版）	罗曼 L. 韦尔	978-7-111-51356-8	89.00
会计学：教程与案例（管理会计分册原书第13版）	罗伯特N.安东尼（哈佛大学）	978-7-111-44335-3	45.00
会计学：教程与案例（财务会计分册原书第13版）	罗伯特N.安东尼（哈佛大学）	978-7-111-44187-8	49.00
亨格瑞会计学：管理会计分册（原书第4版）	特蕾西•诺布尔斯	978-7-111-55407-3	69.00
亨格瑞会计学：财务会计分册（原书第4版）	特蕾西•诺布尔斯	978-7-111-59907-4	89.00
会计学（原书第5版）	卡尔 S. 沃伦（佐治亚大学）	978-7-111-53005-3	69.00
会计学基础（原书第11版）	莱斯利 K.布莱特纳	978-7-111-44815-0	39.00
公司理财（原书第11版）	斯蒂芬A.罗斯（MIT斯隆管理学院）	978-7-111-57415-6	119.00
财务管理（原书第14版）	尤金F.布里格姆（佛罗里达大学）	978-7-111-58891-7	139.00
高级经理财务管理：创造价值的过程（原书第4版）	哈瓦维尼（欧洲工商管理学院）	978-7-111-56221-4	89.00

推荐阅读

中文书名	原作者	中文书号	定价
公司理财（原书第11版）	斯蒂芬A.罗斯（MIT斯隆管理学院）	978-7-111- 57415-6	119.00
公司理财（英文版·原书第11版）	斯蒂芬A.罗斯（MIT斯隆管理学院）	978-7-111-58856-6	145.00
公司理财（精要版·原书第10版）	斯蒂芬A.罗斯（MIT斯隆管理学院）	978-7-111-47887-4	75.00
公司理财精要（亚洲版）	斯蒂芬A.罗斯（MIT斯隆管理学院）	978-7-111-52576-9	59.00
公司理财（精要版·英文原书第10版）	斯蒂芬A.罗斯（MIT斯隆管理学院）	978-7-111-44907-2	99.00
公司理财习题集（第8版）	斯蒂芬A.罗斯（MIT斯隆管理学院）	978-7-111-32466-9	42.00
财务管理（原书第14版）	尤金F.布里格姆（佛罗里达大学）	978-7-111-58891-7	139.00
中级财务管理（原书第11版）	尤金F.布里格姆（佛罗里达大学）	978-7-111-56529-1	129.00
财务管理精要（亚洲版·原书第3版）	尤金F.布里格姆（佛罗里达大学）	978-7-111-57017-2	125.00
财务管理精要（英文版·原书第3版）	尤金F.布里格姆（佛罗里达大学）	978-7-111-57936-6	129.00
高级经理财务管理：创造价值的过程（原书第4版）	哈瓦维尼（欧洲工商管理学院）	978-7-111-56221-4	89.00
国际财务管理（原书第8版）	切奥尔·尤恩	978-7-111-60813-4	79.00
管理会计（原书第14版）	雷H.加里森（杨百翰大学）	978-7-111-55796-8	79.00
财务管理：以EXCEL为分析工具（原书第4版）	格莱葛W.霍顿	978-7-111-47319-0	49.00
投资学（原书第10版）	滋维·博迪	978-7-111-57407-1	149.00